U0582105

论文化体制改革

柳斌杰 著

人民出版社

目　　录

附录　关于文化体制改革的媒体专访

文化体制改革的攻坚者*

（代前言）

　　"改革是邓小平理论的灵魂,也是我们这个时代的旗帜。在中国
共产党领导的三十多年的改革进程中,我国经济、政治、科技、教育等体
制都改革了,社会经济基础发生了深刻的变化,唯独文化领域的体制改
革落之于后,成了'计划体制的孤岛'。"我们必须坚定不移地加快推
进,赶上全国改革开放的步伐。

　　由于中国文化的敏感性,提上改革开放的日程比较晚。在党的十
六大之前有过被称为"新闻出版广播影视业改革"的探索,但那只是应
对加入 WTO 的适应性改革。文化仍然还被人们看作非常敏感的意识
形态领域,没有人敢触及这方面的体制改革。然而,十六大之后形势发
生了很大变化,中央明确提出深化文化体制改革、发展文化产业这些概
念,制定了关于文化体制改革的思路和方针。于是,作为文化体制改革
重要部分的出版发行体制的改革成为后起之秀,其不菲的业绩光芒甚
至盖住了之前的一些改革。这是一场历经风雨且现在仍在往前推进的
改革。说起这场涉及中国众多家新闻出版发行单位兴衰成败的改革,
我们不得不提到一个人——国家新闻出版总署的柳斌杰。本文开篇的

　　* 本文系作者 2007 年接受《中华儿女》记者涵子专访稿,曾载于《中国一线高官的从政
智慧》(团结出版社 2011 年版),收入本书时略有修改。

1

一段话,就是他常讲的心里话。

这位从工人成长起来的高级领导干部,留给人的印象是一副善意随和的微笑,然而在这看似普通外表的背后,却有着过人的胆识、魄力和智慧,不然他怎么能成为共青团改革研究小组组长、国有企业改革的理论家、四川省经济和文化体制改革的开拓者,又怎么敢义无反顾地去推动多少年来被人们视为"敏感区"的新闻出版发行体制改革呢?

一

柳斌杰是一个坚定务实的改革者,知难而进,开拓创新是他的工作风格和意志品质。他提出的新闻出版业推进"三大转变"、"实施五大战略"和"优化三大环境"的工作思路,打开了全行业改革、发展、管理的局面。

2002 年 3 月,柳斌杰被任命为国家新闻出版总署副署长。即将到北京上任前,四川省委省政府的领导为他饯行,干部群众为他送行的场景非常感人,一位老红军为他写下了"来四川一身正气,回北京两袖清风"的赠言,一位担任过地下党市委书记的老干部书写了"公生廉,廉生威,公是也"赞誉他,还有老干部书写了"治蜀难得的人才"条幅以赠,临上车前自动来送行的许多老干部流了泪,使他不敢回头。这在四川离任的领导干部中是很少见的。由此可见柳斌杰廉洁勤政、求真务实的精神给四川人留下了深刻的印象,而那一句句听起来亲切无比的四川口音让柳斌杰也对四川这片土地依依不舍。在四川省工作的八年间,他对那里的山山水水已有了很深的感情。不过最重要的是,四川干部群众对他成绩的肯定,至今都在怀念他,令他很欣慰:人民满意是最大的奖赏! 四川的工作已告一个段落,接下来新的岗位上,怎么干? 他在思考中跳出了一个想法,一定要用改革创新打开局面。

在四川已经证明成功的改革经验,突破中国新闻出版业改革的瓶颈,解决新闻出版行业在发展中动力、活力不足的问题,他是有把握的。

熟悉他的领导和同事都知道,柳斌杰是个开拓型的能打开局面的干部,无论在什么岗位上,他都能把工作搞得火起来。自从真理标准大讨论以来,他就一直在改革的前沿奋斗。到新闻出版战线工作的几年中,他提出了一系列新思想、新办法,为行业吹进了时代的新风。柳斌杰是一位坚定务实的改革者,他提出的新闻出版业"推进三大转变"、"实施五大战略"、"优化三大环境"的工作思路,打开了全行业改革、发展、管理的局面。这在新闻出版行业是深入人心的。那么他是怎样推进的呢? 我们先看他的几个举动。

就任副署长不久,柳斌杰就亮出了观点。一是香山会议,他把发展引入了出版业,讲了产业属性问题,与会者为之耳目一新。二是在天津召开的全国发行改革会上讲话,他向大家描述了出版发行业的前景:"发行业是出版改革的前沿,当前的首要改革任务就是解放思想、转企改制,就是要从事业单位转为企业,成为真正的市场主体,面向市场,竞争发展。几年之内要实行发行业的股份制改造,有条件的要搞股份制公司,建立现代企业制度。要大力推动连锁经营、集中配送、信息化管理的现代物流体系的建设,形成统一、开放的大流通、大市场的格局。"柳斌杰演讲时有一个特点,他不爱说官话、套话、大话,他说一件事总是说得很实在,拿一句通俗的话来说就是"操作性很强"。天津会上的演讲,是他第一次在全国出版行业亮相,让来自全国各地新华书店的负责人为之一振,与会者都很激动,感到来了个有作为的领导,改革的方向更明确了。这次会也让柳斌杰对新闻出版改革的前景更有信心。

党的十六大之后,柳斌杰就重点抓改革。为了尽快打开局面,他开始前往全国各地的新闻出版单位搞调研,不长的时间里,他就跑了北京和各地200多家新闻出版单位。最终,柳斌杰将调研的情况汇总后进行了分析,他感到基层要求改革的呼声很迫切,形势发展对改革的要求也很强烈,而全国在这方面的改革情况并不乐观。柳斌杰的本子上记下了这次调研后收集来的情况:十六大后,各行业都在深化改革,文化体制改革正式出现在十六大报告中,新闻出版业的改革如何动作? 出版发行体制到底怎么改？大家心里没底。只是感觉到前几年全国各地都组建了一大批的新闻出版集团，还是"事业性质"的计划体制，只是换了牌子。大家觉得这样不伦不类的改革，到头来也没什么变化。如果本质上没有什么变化，改和不改一个样。他也认为像这样的改革没有意义，一没有形成市场主体；二不能改变缺乏活力和竞争力的现状，国有单位在萎缩，民营公司在壮大；三不能扭转体制内出版活动不如体制外出版经营活跃的现实。而从整个国家的利益来讲，还是要发挥国有主渠道的作用，首先要把国有单位转变成为我们文化市场的主体，扶持它们做大做强，要改变现有国有出版单位体制和机制僵化的运行模式，是当务之急。

柳斌杰下定决心，借党的十六大的东风加快推进文化体制改革，而要"加快"，一要在解放思想、转变观念上下工夫，于是他奔走呼号，到处去做解放思想的工作。二要在明确思路、分类指导上下工夫。为此他通过深入调研，很快提出了关于新闻出版业改革的整体思路。这些思路包括我们大家后来熟知的宏观管理体制改革和微观单位的体制改革，这在后来的中央文件中被正式确定下来。柳斌杰有几句话影响很大，就是"职能决定性质，性质决定体制，体制决定机制"，说出了思考改革的方法。他强调，宏观上实行政企分开、政事分开、政资分开、管办分离，这是行政体制改革的要求。按照这个要求，首先是所有政府主管的新闻出版发行单位都要脱离原来的"主人"。拿柳斌杰的话来说就是，"管出版的人不能办出版，办出版的人不能管出版，裁判就是裁判，运动员就是运动员，各司其职"。柳斌杰认为功能决定性质，党报党刊是为社会公益服务的，宣传任务比较重，少数民族文字出版、盲文出版等，也必须由国家来支持，这些应是公益性的单位，应该变成新的事业单位。另一类是满足市场需求的，靠市场生产和消费的，性质就是经营性的，如图书、音像、电影，本身就是制售产品，那就要考虑让出版社走向市场。还有就是印刷、发行，不管什么人办的印刷、发行单位，都应该是企业性质的，要率先转企改制走向市场。与此同时，中央在新闻出版方面发了好几个文件,更为鲜明地强调提出了"三贴近"的要求,体现了新一代领导人的改革思想。比如关于领导人活动的报道的改革,从2003年"两会"开始,媒体减少领导人讲话,关注人民群众关心的问题,改变了新闻报道的模式。再比如,关于突发事件报道的改进,过去往往24小时我们都拿不出新闻来,要一级一级报批,结果大家都看外电外报外台了。后来改革了,新华社、报纸、电视台对伊拉克战争24小时全景报道,突破了我国新闻报道的落后程式,人们都看我们的媒体了,立即受到了国内外的好评。中央的这些改革决心对他鼓舞很大。

2003年6月,中央决定进行文化体制改革的试点,柳斌杰和他的同事们在全国选了21个新闻出版单位作为改革的试点,包括报社、出版集团和出版社、发行集团。两年多的时间里,柳斌杰深入到每一个试点单位考察调研,每个单位的改革方案都由他亲自审定,有的反复过多次。虽说大家都非常希望早一天改革,但真正开始改革又面临许多困难,好在柳斌杰在四川时就有了很多经验,改革的难度他是清楚的,有心理准备。决定辽宁出版集团作为试点后,到底是事业还是企业性质的呢? 当地对这个问题举棋不定。柳斌杰立即赶往辽宁亲自指导,辽宁出版集团的老总原来是《辽宁青年》杂志的总编辑,柳斌杰20多年前就认识,对这位"老部下"他是了解的,所以两人对于改革的问题无话不谈,沟通起来很快。他们的共识是不能搞那种形式上的集团,而要搞实际上的市场主体,转制必须一次到位。柳斌杰对"事业性质,企业管理"的那种体制的弊端有深刻的认识,因为他曾领导过国企改革,翻牌公司的教训他深深记在心中。接下来,柳斌杰帮助对方设计了一个转制的方案。这个方案非常详细,柳斌杰说辽宁出版集团是出版、发行、印刷整体的转制,是改革的示范点,所以,工作要细,方案也要更为周密。在转制的最初,要统一所属的八家出版社、十几家杂志社、好几家印刷厂、几百家新华书店职工的思想认识并非易事,老总们要一家家去做工作,又是一个庞大而艰巨的工程。因为转制后,将涉及人员的待遇、单位的利益等,必须要做细致的思想发动工作。柳斌杰每到一个单位就发挥他善于演讲善于做群众工作的天赋,他告诉大家,要搞市场经济,就要有市场主体;要发展产业,就要有企业,企业是市场和产业的基础。对于经营性的新闻出版单位而言,凡是转企改制的单位,国家是有优惠政策的,比如,可以一次性核销你的不良债务,处理你的积压产品,还可以解决你的不良资产;离退休人员,政府也有统一政策,在职的人员进入社会保障体制,可以减轻企业的负担;还有转制以后的企业五年内可以享受税收优惠政策;等等。柳斌杰充分应用其影响力和号召力苦口婆心地做工作,每天很晚才回驻地,一进门躺下就不能动了。他这样耗体力耗精力的工作持续了很长时间,其中辛苦自不待言,好在收获不错,改革打开了局面,大家的心理负担减轻了。到后来,一些本来不准备转制的单位也强烈要求转制,阻力减少了。转制后的当年,辽宁出版集团的经济增长就达到 40%,国有资产增值也超过 30%。李长春同志亲自前往视察,他深有感慨地说:"哪里有改革,哪里就有新面貌。"

从 2003 年 6 月开始,21 家试点单位已逐步成功地完成了体制改革试点任务,其中相当多的单位都进行了转企改制和股份制的改革。现在全国所有新闻出版发行单位体制的改革都在借鉴这些试点单位的经验,中央 2005 年下发的关于文化体制改革的文件,也是根据这些试点单位的经验写出来的。在试点单位的改革进程中,柳斌杰又开始推动政府管理体制和审批制度的改革工作,在他的强力推动下,国家新闻出版总署一下就废除了 100 多个文件,减少了 60 多个审批项目,下放了一些权力,方便了基层。比如说过去报纸要增加一页,就要报总署批,现在就不用了。柳斌杰同时也说改革不能搞一刀切,你认为条件成熟你就改革。但他认为中央强调了改革的紧迫性,中央领导多次讲过"早改早主动,晚改就被动,不改没出路",这就是说,有利于发展、有利于建设先进文化的改革是越快越好。

中央领导多次评价新闻出版改革取得了突破性的进展。对于改革的成果,柳斌杰说他还是满意的,但也有太多的遗憾。最大的遗憾是出版业的战略投资者还没有形成,文化市场主体的主导作用没有发挥出来,中国的出版业大而不强,在国际市场缺乏竞争力。那些"不党不政"、"不事不企"的不伦不类的微观体制至今没有改变,一些假改革之名而行倒退之实的事情时有发生,改革的阻力很大,"左"、右干扰都有,这也说明出版发行体制改革是个艰巨的任务,不敢承担风险、没有牺牲精神是干不成的。柳斌杰热切企望一个坚持正确导向、内部充满活力、产业实力强大、在国际市场上具有影响力的现代出版业,尽快在我国出现,成为先进文化建设的主力军。为此,必须继续大力推进文化体制改革,发展我们民族的文化产业。

柳斌杰在总署任上费尽了心血抓改革,在他直接推动和努力下中国的出版发行体制改革实现了重大突破,文化市场发生了深刻变化。实事求是地说我们的出版类文化产业如今能在如此激烈的国际大竞争市场上立住脚,柳斌杰的功劳不能忘了。

2004年,柳斌杰又多了一个职务,他担任全国"扫黄打非"工作小组副组长兼办公室主任。"扫黄打非"工作是一项中央关心、群众关注的非常重要的工作,也是改革发展稳步向前推进的重要保证。柳斌杰认为这是"没有硝烟的战场"。针对当前"扫黄打非"工作面临的新形势,比如境外敌对分子针对中国的政治性书刊增多,非法出版活动猖獗,境内外勾结、走私制造、销售盗版光盘的案件久打不绝,不良信息通过各种渠道传播等等问题。柳斌杰说这是一项长期而艰巨的任务,为给人民站岗放哨守阵地,一刻也不能放松警惕,必须打主动仗。这样他肩上又多了一份千斤重担。

二

柳斌杰很早就使用了"文化体制改革"这个词。他对文化体制改革有整体而独特的思考,这使他一时间成为国内新闻出版改革的名人,他被邀请到全国各地去演讲。

其实,柳斌杰的文化体制改革思想并不只是在就任新闻出版总署新职后才开始,他在四川省工作时就对文化体制改革进行了大量的理论和实践探索,汇编成《文化力论》一书。四川新华发行股份有限公司就是他亲手培育起来的。

至今,只要国内的新闻出版界人士一提起改革,就会说起走在改革最前列的四川省,四川省也因此成为许多省在出版发行体制改革方面的取经之地。当年,柳斌杰正是和四川省的改革同时进入国内外新闻出版同行们的视野的。

1995 年,柳斌杰时任四川省省长助理,主抓改革、发展。那时正值我国进入如火如荼的加入世贸组织谈判期,柳斌杰感到这是一个推动我国体制改革的绝好机会,但是这个改革将同时涉及我们承诺的文化市场开放的问题。柳斌杰开始思考和分析当时我国文化产业生产方式和市场现状。西方国家是市场化的文化,它们的书刊、电视、电影、卡通动漫就是通过市场深入到中国老百姓中,而我们在这方面还处于一种自我封闭的状态,只能是被动应付。加之随着经济体制的变化,人们对文化产品有了多样化需求,文化竞争之势自然就出现了。但是从国际文化竞争来看,加入世贸组织后国外的文化产品相继都会进入中国,而仍处于计划经济体制下的中国新闻出版发行产业还缺乏竞争力或者说没有在残酷竞争环境下生存的能力。柳斌杰认为文化体制一定要改革,文化单位只有深化改革才能生存。他告诫文化单位,各行各业都改革了,你文化单位还能永远在计划经济的"孤岛上"存在吗?就在这时他遇到了一个机会。这时省委让他负责抓四川省经济体制改革之中的投资体制改革,就是改革国有资金投资体制,把过去财政、计委用于发展的资金,由政府直投改为由国有投资企业去投资的办法。根据这一思路,四川省相继成立了基础建设投资管理公司、农业投资管理公司、民族经济发展投资管理公司。当时,四川这种创新的做法被国家计委作为成功的经验在全国介绍过。在此次经济投资体制的改革中,就剩文化投资这一块,怎么办?这正是柳斌杰认真思考文化体制改革的缘由,也是他感到谋划文化体制的改革该是时候了。

在思考成熟后，柳斌杰着手做了一件大事，让四川的文化界为之一振，他竟然要对长期以来政府不敢动刀的新闻出版、文化广电单位进行改革。改革的内容就是要让国家还包揽一切的出版单位转制为自负盈亏的企业，直接参与市场竞争。在这场浩浩荡荡的转制大潮中，一些能力差的单位可能也就"溺水身亡"了。现在来看这样的改革并没有什么好奇怪的，可那时却也算得上是"石破天惊"了，柳斌杰面临的阻力可想而知。因为那时改革、发展、企业这些概念在文化界根本还没有树立起来。有人说，新闻出版是意识形态很强的行业，是不是可以改革？弄不好要犯错误的。也有人说，事业单位政府才能管住，而变成企业就管不住了。对这些，柳斌杰早有心理准备，他给大家分析情况，改革才能解放生产力，不改革就没有发展的动力。企业是社会管理中最严密的组织形式，飞机、大炮、卫星、火箭都在企业生产，不是管得好好的？他希望大家走出思想的误区。柳斌杰深深感到，改革最困难的阶段就是最开始解放思想、转变观念、统一认识的时期。

那时候，柳斌杰一边进行思想发动，一边就开始了他的改革计划，他提出由政府出资成立四川省文化投资控股有限公司，出面对下面的文化单位投资，实行政资分开。政府办的经营性的印刷、发行单位由事业单位转制为企业，有条件的进行二次转制成立股份制企业，建立规范的法人治理结构，使之在市场上真正成为竞争主体。按照柳斌杰关于全省文化体制改革的思路，四川省要建立四川日报报业集团、成都日报报业集团、四川出版集团、四川新华发行集团、四川期刊集团、峨嵋电影集团、四川广电集团、四川演艺集团八个集团。随后他即启动了新华书店的改革，目前的四川新华发行集团就是当时改革的产物。那时，作为四川省新闻出版局副局长的王庆同志有改革思想，愿意放弃副局长的职位来改革新华书店，于是柳斌杰决定以王庆为改革先锋，上下级同心合力共同推进改革。现在这个集团已改造成股份制的责任有限公司，是国内改革最早也是最成功的典范，它每年的经济增长速度都在30%左右，建成的物流中心从规模到技术装备都在全国堪称一流。柳斌杰每当提及这个单位都会很自豪很亲切,当年他亲自给四川新华发行集团制定了改革方案、设定了一个可实现的宏伟目标:"'连锁经营,一网到底',建立一个面向全国全世界的大流通、大市场的经营网络和配送中心,为老百姓提供优质服务和优质产品。"现在这个目标正在四川新华一步步地实现。当年在四川主抓改革的时候,柳斌杰亲自把四川新华发行集团定为试点之一,为改革探索经验。四川新华发行集团的前身就是四川省所有的新华书店。在没有成立集团前,多数书店都不景气,职工待遇也低,这和新华书店没有活力的计划模式有关。长期以来,新华书店系统能够维持下来主要是靠教材发行的垄断经营权,一年两季教材一发行就能赚钱。所以,书店不知道市场竞争,为公众服务的意识非常淡漠。比较典型的是,一些县、市新华书店,因为教材有固定利润,它就不想再更多地进行市场拓展,营业员喜欢看什么书就进什么书,完全不是面向市场的经营行为。随着时间的推移,一年两季教材所产生的利润面临着几个考验:第一,九年义务制教育由国家提供免费教材;第二,剩下的教材,比方说高中教材、职业教育教材、大学教材面临着一个降价问题,利润空间要压缩;第三,教材发行渠道多了,国家招标发行全面推开,必然要竞争。这将给过分依赖教材的那些新华书店带来严重的挑战,不改革确实没有出路。按照柳斌杰的思路,四川省的一家家新华书店要以资产为纽带组织起来,变成新华发行集团,让它们形成一个全省连锁经营的完整体系,这就是当时的基本路子。

为了配合当时四川省的这场改革,柳斌杰主编出版了一本如何应对加入世贸组织的书,在书中,柳斌杰首次对我国文化产业的现状进行了分析,并提出了许多有效的改革方案。在书中,柳斌杰首次提出"文化体制改革"这个词。柳斌杰对文化体制改革的整体而独特的考虑,使他一时间成为国内新闻出版界的名人,他不断被邀请到全国各地去演讲,主题就是"怎么提高新闻出版竞争力"。后来,很多省都到四川去考察,取经。就这样,以四川省为中心,全国各地的出版发行体制陆续开始了实质性的改革探索。

柳斌杰不仅提出了整个四川省文化体制改革的构想。还十分强调改革是为了发展,发展才是目的。所以在省政府工作期间就把文化产业纳入发展的布局,1998年就召开过文化产业研讨会。1999年,他担任四川省委宣传部长之后,又一次召开文化产业研讨会,商讨四川文化产业的发展,这又是柳斌杰率全国风气之先的创新一例,因为类似这方面的研讨,当时在全国还没有,四川是最早开展这些研讨工作的省。

2004年4月,柳斌杰作为国家新闻出版总署副署长前往他曾工作多年的四川省,就"如何进一步坚持正确的舆论导向和出版方向的问题"和"如何鼓励支持和引导出版产业中的非公有制经济发展的问题"进行了调研。他来到四川新华发行集团、四川日报集团、成都日报集团进行考察,算是故地重游了。看到这些他当年亲手组建的集团今非昔比的巨大变化,既亲切又惊喜:"改革就能解放生产力,创新就能发展生产力。你们抓住了改革的机遇,很短时间内就有了大变化!"在四川工作期间,省内省外媒体对他的报道大多都与"改革"有关,而这些新闻出版发行单位如今的巨变更是与他当年的奋斗息息相关,是改革的成果和见证。

三

柳斌杰之所以能成长为高级领导干部,有三段人生经历对他的影响特别大,这些经历使他的理想信念、人生观、价值观,还有工作能力得以完善和提升。

柳斌杰不是那种平步青云的高级领导干部。他是个革命孤儿,在党和政府的怀抱里长大,从小就跟着工作队进过千家门、吃过百家饭,对党和人民有着特殊的感情。今天的成绩完全是他在党的教育下一步步干出来的。

柳斌杰坦言自己有15年的工矿、企业工作经历。第一段是1968—1978年期间,那时的柳斌杰在冶金部白银公司工作,这个公司当时黄金的产量占全国的 1/3，是国家大型联合企业。公司位于甘肃境内，地处茫茫的大戈壁滩，初到这里工作的柳斌杰只记得第一印象就是望不到尽头的一片沙漠，被形容为"天上无飞鸟，地上不长草，风吹石头跑"。因为地处沙漠，生活条件自然非常差，一年四季都吃不上青菜，顿顿都是一点点粉条和海带，至今柳斌杰不能忘记那个艰苦的岁月。柳斌杰最初是从工人干起，每天都是上工地、下矿井、搬砖抹灰、打钻开矿，他都干过，手掌上常常是血泡遍布，吃苦是不用说了，而且这样的工作还很危险。用老百姓的说法，下矿井就是"四块石头夹着一块肉"，每天都面临生命危险，柳斌杰在这样的艰苦环境中培养了吃苦耐劳、不怕困难的精神，这段经历对他后来的成长很有帮助。当工人时的柳斌杰并没有为自己的前途设计太多，他每天想的就是今天开采的矿石应该比昨天更多，他领导的青年突击队曾创造了全国的铜矿深井独头掘进新纪录。柳斌杰的埋头实干使他很快在工人中脱颖而出，不久就被选调到车间、厂里担任了领导，26 岁就已是处级干部了。不过即使是当了领导，他仍然和工人们同吃同住同劳动，与群众打成一片。日后柳斌杰成长为高级领导干部，但他为人仍很本色，耿直实在，始终对普通老百姓有着很亲近的感情，不管到哪里都有很高的群众威信。这和他的这段经历是分不开的。

在共青团中央工作的 14 年时间也是令柳斌杰难以忘怀的。1981年，柳斌杰调入团中央宣传部后，他有过七八年宣传部长的经历。20世纪 80 年代的宣传部长是一个非常敏感的职位，而作为团中央的宣传部长，柳斌杰深深体会到社会转型进程中，青年一代思想上发生的深刻而微妙的变化。80 年代初，有一个叫潘晓的来信说"人生的路越走越窄"，由此在社会上引发了一场人生观大讨论。柳斌杰认为这种看似个别的现象正是说明了一些青年人内心的迷茫。十年"文革"之后的许多年轻人当时看不到国家和个人的前途，由此引发的青少年犯罪现象也日益增多。为了引导和帮助青年人跟上改革开放的步伐，改变其萎靡不振的精神状态，柳斌杰就和他的同事们策划了一个"挽救帮教失足青少年"的活动,当时的口号是:"帮助青年打开心灵的锈锁"、"让遭受病虫害的花朵重新绽放"。这些口号在当时很响亮,活动也在青少年中反响很好,起到了正确引导青少年奋发向上的作用。后来又策划了"五讲四美"、"三热爱"活动,开社会文明风气之先,中央将其推广到了全党全国。接下来,为引导青少年奋发向上,他们倡导"重提学雷锋"活动,还策划了"学雷锋,学习张海迪"的活动。说起学习张海迪这事,还有一个有趣的故事,柳斌杰就是当年的当事者。当时,山东团省委一位副书记到北京来开会,汇报说他们山东有个女青年叫张海迪,身残志坚,奋发学习,精神面貌很好,是个好典型。团中央领导一听非常高兴,就让宣传部去考察。记得那是 1983 年春节刚过,团中央就派人前去山东,不几天,派去的几个人回京就汇报了所了解的张海迪的情况。当时王兆国同志是团中央书记处第一书记,胡锦涛同志是团中央分管宣传工作的书记处书记,向他们汇报后,都认为这个典型不错,要求立即推向社会。于是负责此事的柳斌杰和他的同事们连夜策划了一系列宣传方案。3 月 5 日这天是"学雷锋"的日子,团中央召开了全国学雷锋积极分子会议,会上安排张海迪作了一场报告,效果非常好,所有人都被感动了。接着中央领导为张海迪题了词,张海迪又在人民大会堂作了一场汇报,这样全国上下学张海迪的活动就热起来了,每天负责拆阅青年来信就有五人,还忙不过来。张海迪很快就成了一代青年的学习榜样,激励着无数青年奋发有为,积极向上。这些有力的活动和宣传对当时"文革"后一代青年们产生了巨大的影响。在柳斌杰担任团中央宣传部副部长、部长期间,团中央每年都要策划几个思想教育的主题活动,例如"做四有新人"、"让理想在事业中闪光"、"国情教育"、"建功立业"、"十省百家调查"、"读书演讲"、"学史建碑"等,社会影响都很大。柳斌杰说他在这段工作经历中最大的收获,就是学会了从全局出发看问题,懂得围绕中心、服务大局做工作。这实则是培养了他的大局观和宏观思维能力。团中央工作的后四年,他受命领导国家重点工程——中日两国政府投资的中日青年交流中心的建设和经营工作,他日夜在工地上奋战,克服困难,胜利建成。开业前后他在单位内部大刀阔斧地进行了经营体制改革,完全以新的体制运营,成为北京第一个大型事业转企业的典型,中日两国多位首脑都亲临视察过,这让他积累了企业改革的经验。

还有一段难忘的经历就是在四川工作的 8 年。在去四川工作之前,柳斌杰已在北京工作了很多年,他曾对一些朋友诚恳地谈起过,在四川的工作,使他对国情更了解,对许多问题看得更加全面。比如对我们国家发展的不平衡问题,他就有深刻的体会。许多到过四川成都的人都会说,这是一个非常美丽而现代的城市,这么好的城市显然并不落后于东部。可柳斌杰在那里工作那么多年,到过四川的 181 个县,算得上是半个四川人了,就不只看成都了,还要看"三州"。他说到四川后,才感到四川是中国的缩影,成都平原和高原地区、高原地区和民族地区,在经济发展上有着很大的差别。成都平原的发展日新月异,可在四川的一些偏远县里,全年财政收入只有百万,怎么能不困难呢?柳斌杰记得当年他第一次前往四川的广安县时,初时感觉这个小城建得还不错,发展也还可以。可一出市区,就看到了那些仍在生存线上挣扎的老百姓,他一连进了几户老百姓的家,有的穷得连最起码的油和盐都没有。柳斌杰感到只有改革发展,才会给四川带来更多的生机,给人民带来实惠。后来他主动联系了好几个贫困县,帮助他们改变面貌。正因为有了这样的体会,在日后的四川经济体制改革和文化体制改革中他一马当先,虽然遇到了很多意想不到的困难,但他改革的决心始终坚定不移。

在四川省任职期间,经历了四川省和重庆市分家,省委让他负责省市分家的具体实施工作,他圆满完成了中央交给的任务。分家后,四川省面临的问题就是如何调整生产力布局和产业结构。这样就出现了两种不同的意见:一种意见说四川是农业大省、粮食大省、养猪大省,所谓"粮猪安天下",就是农产品市场要稳定,首先就要种好粮养好猪。另一种意见是,四川要跟上全国的步伐,不但要加速工业化,还要加强信息化和高新领域的发展。柳斌杰此时的任务是牵头制定川、渝分家之后四川的发展战略。柳斌杰先是组织了四川的几十位专家教授，对四川的整体情况、现有的基础、发展的潜力、将来的布局开展调研。调研后，大家都认为四川要发展就要彻底调整四川的生产力布局和产业结构，而这个调整实际上就要和传统的体制发生冲突，毕竟四川在全国一直都是以农业大省的形象出现。分管计划、发展、改革的柳斌杰带领工作组，分片现场办公，180 多个工业项目很快确定并陆续开始建设，从此，四川由农业转变为工业、大力发展信息产业的步伐加快，这是四川经济体制改革最大的重点，打破了农业大省的局限。不仅如此，柳斌杰还积极推动四川的旅游产业。他认为当时全国有 15 个列入世界遗产保护的单位，四川就有 6 个。这么好的资源，怎么不把旅游产业发展起来呢？柳斌杰专程去了国外考察，并建议请来世界旅游业方面的权威专家，请他们高起点地规划四川的旅游业。此事在当时的省长宋宝瑞的支持下很快完成，从此四川的旅游业走上了快车道，发生了翻天覆地的变化。关于四川的经济体制改革，还要提到的是，柳斌杰参与推动的国营企业改革，最早完成了股份制改造，那时候四川是全国上市公司最多的省。柳斌杰说，这段亲自参与国有企业改革的工作经验对他后来设计、推动出版发行体制的改革非常有帮助，终生受益。他深有体会地说，改革发展的实践是最伟大的学校。

第一部分

文化体制改革论述摘编

文化体制改革的前提
是解放思想

1.面对全球竞争的世界,面对长期形成的体制问题,能不能建设一个富强、民主、文明的社会主义现代化国家,关键是要改革开放。有人认为经济体制需要改革,文化体制不需要改革,这是错误的。在我看来,经济体制要改革,文化体制更要改革。经济上不改革没活力,文化上不改革没动力。现在大家只说经济体制改革、政治体制改革,没有人讲文化体制改革。其实文化方面很多东西也已经僵化了,严重地束缚了人们思想和精神生产能力,解放思想是文化体制改革的前提。

《文化力论》(2001 年 8 月 15 日)

2.改革是时代的要求,先改先主动;改革是发展的动力,早改早发展;改革是人民的期盼,真改真受益。必须克服违背中央精神和漠视群众改革热情的"三不"问题:思想僵化不愿改,回避矛盾不想改,怕负责任不敢改。方法就是解放思想、转变观念,加上"不换思想就换人",让那些思想解放、敢于改革的人来干。

《在改革中发展壮大——在高教社五十周年社庆上的讲话》(2004 年 3 月 5 日)

3.要转制,首先要解放思想,转变观念,从计划经济那一整套思想、束缚下摆脱出来。当前的改革必须解决一个转变观念的问题。不要过分夸大新闻出版业的特殊性,而否定它的一般性,新闻出版产品的特殊性,就是它是一种文化价值观,它有某些意识形态属性,而它的一般性,恰恰是它是一个产品,它的生产、加工、制造、包装、上市,都和其他任何产品没有两样。我们不能继续沿用市场经济没有建立之前在新闻出版行业形成的一整套的旧的思想观念和办法来处理新问题。

《出版单位转制中的六个重要问题》(《传媒》2004年第6期)

4.解放思想,转变观念是推进文化体制改革的前提。思想观念不转变,不能站在与时俱进的立场上去看待今天所发生的问题,那么旧体制、旧教条是无法突破的。尽管文化体制改革搞了这么多年,这个问题目前还是一个突出的问题。思想不解放,观念没有转变,对改革中出现的一些新情况、新问题就束手无策。

《出版体制改革与改革中的出版业》(《出版科学》

2007年第5期)

5.新闻出版领域体制改革虽然取得了重要进展,但仍有一些单位和同志的思想观念没有跟上改革的步伐,安于现状,缺乏务实态度和发展的前瞻性,现在比较突出的问题就是等待观望。如果不坚决推进改革,新闻出版业长期存在的矛盾还会依然如故,已经面临的困难局面还将持续加剧。必须进一步解放思想、转变观念,把大家的思想统一到加快进度、加大力度推动改革上来,使"早改早主动、晚改就被动、不改没出路"成为行业共识,引导大家以良好的精神状态投身到深化改革之中。

《全面展开的新闻出版领域体制改革——在全国文化

体制改革工作会议上的讲话》(2008年4月11日)

6.新闻出版行业是一个实体行业,是一个生产、销售产品的行业。不管哪一种载体,都要通过市场、通过产品来传达我们的价值观,传达我们的思想,传达我们的先进文化。没有一个产业实体,没有强大的实力是不行的。这次改革一个重大的观念转变,是强调发展产业,要把产业做大做强。

《哪里有改革,哪里就有新局面——在中国外文局文化体制改革形势报告会上的讲话》(2008 年 4 月 23 日)

7.在改革开放时代必须重视领导干部解放思想、转变观念这个大问题,这是思想政治建设的关键。现在一些领导干部观念陈旧、思想不解放,思维方式落后,不尊重群众首创精神和改革开放中涌现的新事物,用计划经济的方式处理市场经济问题,人为地造成了许多矛盾。思想政治建设应该解决干部的实际思想问题,而不是一般性表态了事。

《以改革创新精神加强领导班子思想政治建设》

(2008 年 4 月 30 日)

8.改革必须解放思想、实事求是、与时俱进、开拓创新。对于全党全国的改革大业来说这是个关键问题,对我们新闻出版改革来说尤其是关键问题。为什么呢?因为在我们这条战线上思想上的拨乱反正严格来说还没有彻底完成。经济领域实现了以阶级斗争为纲向以经济建设为中心的转变,路线清晰,转变比较彻底。由于种种原因,思想文化领域并没有彻底完成这种转变,很多人还是以昨天那个思想来对待今天的改革,当然也就有好多困惑,改革阻力重重,困难重重,这是原因之一。

《在时代的高起点上打好改革的攻坚战——在新闻出版领域体制改革培训班上的讲话》(2008 年 6 月 12 日)

9.当务之急要敢于解放思想,在改革方面要敢于突破。我们长期在思想宣传战线工作,条条框框太多,本来已经过时的东西,我们还当做是经典、珍宝,这是不行的。因为它影响了我们与时俱进,阻碍了我们的改革发展。

　　　　　　《在时代的高起点上打好改革的攻坚战——在新闻出版
　　　　　　领域体制改革培训班上的讲话》(2008 年 6 月 12 日)

　　10.必须在解放思想中统一认识,这是我们行业首要的问题。我们领导干部在改革中必须做到两点:第一头脑要清醒,要把握住方向,深入领会中央的精神,看到改革大趋势;第二思想要解放,不能再用解放初的那些办法管新闻出版,要用新的思维方式去解决今天的问题,排除"左"、右两方面的干扰,坚定改革的信心,确保正确的改革方向,创造自己的经验,创新体制改革的模式。

　　　　　　《在时代的高起点上打好改革的攻坚战——在新闻出版
　　　　　　领域体制改革培训班上的讲话》(2008 年 6 月 12 日)

　　11.一切改革所遇到的障碍,要不是因为认识不到位而产生,就是因为利益关系、利益格局出现了矛盾。我们改革要能改变利益格局,保护人民群众和企事业单位合法的利益,改变那些不合理的利益关系。要发展就要改革,要改革就要解放思想,就要敢于突破旧的体制、突破旧的利益格局。

　　　　　　《在时代的高起点上打好改革的攻坚战——在新闻出版
　　　　　　领域体制改革培训班上的讲话》(2008 年 6 月 12 日)

　　12.中国已经加入世贸组织了,我们打开的大门已经关不上,已经做到的事情也不可能退回来。但要真正融入世界,我们还缺乏很多方面的准备,好多方面我们还不能和国际接轨,这就是我们目前解放思想面临的新任务。

　　　　　　《在新的历史起点上解放思想》(《中国国情国力》
　　　　　　2008 年第 11 期)

13."阶级斗争为纲"形成的"宁左勿右"的思想根深蒂固,重整治轻发展、重审批轻监管、重权力轻服务的思想观念在行政机关普遍存在,"发展是第一要务"、"以人为本"改革创新,科学发展,包容多样,扩大开放这些新观念没有树立起来。判断、观察、认识、处理问题的思想方法落后于时代,跟不上中央的精神。

《深化行政体制改革,推动政府职能转变》(2008 年 11 月 25 日)

14.新闻出版的改革创新,关键是解放思想,观念转变了就能不断解放新闻出版生产力。认识和把握了规律,探索和积累了经验,对于把新闻出版业继续推向前进,具有十分重大的意义。

《高举旗帜,改革创新,推动中国特色社会主义新闻出版业大发展》(《人民日报》2008 年 12 月 27 日)

15.有些同志之所以认识不明确,或者是"求稳怕乱",关键是思想没解放,看不清方向。这是影响其在改革这么一个大风大浪面前,能否经得起考验的一个重要原因。就新闻出版业而言,要与市场、与资本、与产业接轨,要解决市场主体缺位的问题,要改变自给自足、自娱自乐的封闭的小农经济的现状,要发展现代出版产业,就必须解放思想,必须站在时代的高起点,以思想的新解放,推动改革的新突破,探索发展的新思路新办法。

《加快推进中央各部门各单位出版社体制改革》(《中国出版》2009 年第 Z2 期)

16.面对新的改革任务,我们必须进一步增强改革意识和机遇意识,积极支持改革、参与改革、推动改革,以思想的新解放促进改革的新突破。

《加快推进非时政类报刊出版单位体制改革——在

非时政类报刊出版单位体制改革工作电视电话会议

上的讲话》(2011 年 6 月 29 日)

17.改革和科技是当代中国新闻出版业发展的两大推动力,也是新形势下推动党的新闻出版业巩固发展提高的关键。必须在思想上推动"两个解放",排除各种来自"左"的、右的特别是"左"的干扰,把发展作为第一要务,正确处理意识形态属性与产业属性的关系、社会效益与经济效益的关系、主旋律与多样化的关系、推动改革和强化管理的关系、硬实力与软实力的关系,才能牢固树立起科学的新闻出版发展理念。要大力推动体制机制改革,下气力解决体制性障碍和科学技术支撑问题,大力促进新闻出版业科技创新,推动新闻传播方式和出版生产方式大转变。

《在旗帜的引领下——党的新闻出版事业 90 年伟大

实践与思考》(《求是》2011 年第 14 期)

18.只有坚持解放思想、实事求是、与时俱进,才能大力推进文化内容形式、体制机制、传播手段的创新。解放和发展文化生产力,首先要解放我们的思想。

《只有坚持改革开放才能解放和发展生产力》(《人

民日报》2012 年 2 月 16 日)

19.党的十六大厘清了文化体制改革的基本思路,提出了公益性文化和经营性文化概念及其分类改革的要求,相应地提出了发展文化公益事业和文化产业的任务。这是全党在对现代文化认识上的一次思想解放和与时俱进,带来了文化领域的深刻变化。

《进一步深化改革开放加快构建有利于文化繁荣发

展的体制机制》(《人民日报》2011 年 11 月 7 日)

20.进一步深化改革开放,加快构建有利于文化繁荣发展的体制机制,是推动文化建设的关键,也是一项复杂而艰巨的系统工程,需要全党上下解放思想、统一认识、与时俱进、开拓创新,坚定不移地深化改革、加快改革,用强有力的工作把文化体制改革的蓝图变成改革的现实。

《进一步深化改革开放加快构建有利于文化繁荣发展的体制机制》(《人民日报》2011年11月7日)

21.改革是一场伟大的革命,要求我们的干部在对待改革的问题上不能含糊。如果经过30年的改革和思想教育,思想还在僵化,认识停滞不前,那就对不起了,不换思想就只能换人。我们要在最近,对一些改革推进不力,甚至于没有当一回事去做的地区,提出建议,对这些地区的领导要换人,不能再让他无限期地把改革进程耽搁下去。

《在时代的高起点上打好改革的攻坚战——在新闻出版领域体制改革培训班上的讲话》(2008年6月12日)

22.今天是一个传播技术日新月异、开放的、竞争有序的、市场统一的世界,已经不是多年前封闭的社会。世界的文化多样性是一个现实,我们要承认现实。有的人还不承认,还在想搞一元化的文化,实在是不行。各种文化要相互取长补短,共同发展,这是民族文化多样性的一个动力。各种文化都要发展。我们以前在"左"的思想指导下,排斥别人的一切文化,除了中国的都是西方的,也不管是好是坏,这种概念、这种思维方式已经不对了。我们出版界现在是在开放的环境里边进行文化竞争,我们自己要走出去,我们得有这样的思路。我们天天讲解放思想、与时俱进,但往往到了具体问题上仍然那么僵化、保守。我过去很长时间在经济战线上工作,我一到宣传文化这个战线就感觉到是两个世界,改革起码落后了20年。也许大家长期从事意识形态的工作比较谨慎,讲政治的意识非常强烈,这是好的,但不要忽视了其他方面。

《提高创新意识,加快改革发展》(《中国出版》
2003 年第 1 期)

23.把握方向是关键。改革也有方向选择的问题,总的来说,我们是要向市场经济方向转变。具体从出版来说,这个改革的方向始终也有干扰。一种是"左"的干扰。就是以阶级斗争为纲的观念没有根除,在思想意识形态文化领域影响很深。这些年主要是经济领域里彻底否定了"左"的一套,而文化领域方面,"左"的影响没有完全根除。我们的先进武器,飞机、大炮、火箭、导弹都是企业制造的,没见过走偏了,怎么造几本书的出版社转企,就怕走偏了?企业体制是一种管理方式,更何况我们出版转制后仍是清一色的国有企业。另一种是右的干扰。就是要把我们的新闻出版体制引向全盘西化的道路,照搬他们的一套。这也是不行的,因为中国有中国的国情。外国敌对势力总是在我们新闻出版的管理制度上做文章,企图把我们引向右的方面,学他们那一套,为他们的"颜色革命"打开方便之门,这一点我们是有高度警惕的。所以改革的方向是极其重要的,要把握正确的方向,排除"左"、右两个方面的干扰。

《出版体制改革与改革中的出版业》(《出版科学》
2007 年第 5 期)

24.旗帜就是方向,新闻出版是面向世界的敏感事业,一举一动必须高举中国特色社会主义伟大旗帜。在意识形态方面工作,天天都是考验,离开了正确理论的武装,就会偏离方向,就会出问题甚至大问题。

《以改革创新精神加强领导班子思想政治建设》
(2008 年 4 月 30 日)

25.要始终坚持深化改革,在改革中解决发展中的问题;要始终坚持服务方向,在服务中开拓前进的道路。改革是发展的内在要求,是产业发展的巨大动力。

> 《关注新农村,服务新农村,建设新农村——在报业服务社会主义新农村建设研讨会上的讲话》(2007年12月27日)

26.我国的新闻出版业是中国特色社会主义伟大事业的组成部分,既不能固守计划经济时代形成的传统模式,也不能照搬西方发达国家的现成模式,必须实事求是、与时俱进,走中国特色的发展之路。

> 《与时俱进的中国新闻出版业》(《求是》2009年第4期)

27.新闻和出版都是重要文化传播阵地,坚持先进文化前进方向,是新闻出版的神圣职责。

> 《解放思想,深化改革,推动新闻出版业大发展》
> (《中国出版》2008年第10期)

28.现代文化市场体系逐步健全,培育现代市场主体步伐加快。整个新闻出版业改革的总体方向就是市场化、产业化、国际化。

> 《解放思想,深化改革,推动新闻出版业大发展》
> (《中国出版》2008年第10期)

29.坚持方向是根本,改革的每个环节、每一项改革都是事关方向的问题,要力排"左"、右两方面的干扰,使改革按照中央指引的方向推进。

> 《攻坚克难,深化改革,推动新闻出版业科学发展》
> (2007年7月)

30.始终把握一条主线,坚持加快转变发展方式,着力提高新闻出版业发展的全面性、协调性、可持续性,这是改革发展的必由之路。

《攻坚克难,深化改革,推动新闻出版业科学发展》

(2007 年 7 月)

31.始终高举一面旗帜,坚持社会主义先进文化的前进方向,坚持马克思主义在意识形态领域的指导地位,这是新闻出版改革发展的灵魂。

《攻坚克难,深化改革,推动新闻出版业科学发展》

(2007 年 7 月)

32.始终牢记一个宗旨,坚持以人为本,贴近实际、贴近生活、贴近群众,不断满足人民群众日益增长的精神文化需求,保障人民群众的基本文化权益,这是改革发展的出发点和落脚点。

《攻坚克难,深化改革,推动新闻出版业科学发展》

(2007 年 7 月)

33.始终围绕一个重点,以社会主义核心价值体系引领社会思潮,增强主流意识形态和主流舆论的影响力,这是改革发展的责任和使命。

《攻坚克难,深化改革,推动新闻出版业科学发展》

(2007 年 7 月)

34.始终用好一个动力,改革创新是我们事业兴旺发达的不竭动力,必须坚持深化体制机制改革和科技创新,鼓励自主开发新技术,大胆吸收和借鉴一切有利于我国新闻出版业科学发展的有益经验、优秀成果和管理方式,不断解放和发展生产力,这是改革发展的力量之源。

《攻坚克难,深化改革,推动新闻出版业科学发展》

(2007 年 7 月)

35.始终抓住一个主题,牢固树立科学的新闻出版发展理念,深刻认识"发展是硬道理"的本质要求就是科学发展,用发展的思路和办法解决前进中的难题,这是改革发展的根本所在。

《攻坚克难,深化改革,推动新闻出版业科学发展》

（2007 年 7 月）

36.坚持中国特色社会主义文化发展道路,必须坚持把社会效益放在首位,实现社会效益和经济效益的统一,把文化内容的先进性作为文化的灵魂,创新内容形式和传播的方式方法,保持文化的生机活力。

《以改革为动力兴起社会主义文化建设新高潮——学习党的十七届六中全会〈决定〉的体会》（《中国出版》2011 年第 21 期）

37.改革是体制上的变化,并不是一个单位、一个局部所能决定它的,不管什么行业,整体上要转入市场经济体制,这是中国共产党所选择的目标。在共产主义的旗帜上,写上"市场经济",是中国共产党的一大创造,也是一个标志,文化行业能例外吗?

《出版体制改革与改革中的出版业》（《出版科学》2007 年第 5 期）

38.任何一个文化单位都要深化自身的改革,不论事业企业,都有改革的任务,都要建立新的运行体制。

《解放和发展文化生产力》（《中国出版》2006 年第 3 期）

39.必须坚持解放思想、实事求是、与时俱进、开拓创新,敢于挑战旧体制;也要保持清醒头脑,顶住敌对势力的攻击和"左"、右两方面的干扰,坚持中央确定的正确改革方向,立足自主创新,绝不照搬西方那一套。

《全面展开的新闻出版领域体制改革新阶段——在
全国文化体制改革工作会议上的讲话》（2008 年 4
月 11 日）

40.改革没有风险,是不可想象的,改革本身就是开创事业,肯定有一个风险问题。小平同志当年实施改革开放方针时就想到过很多风险,所以用了"杀出一条血路来"的决心。他准确判断可能会遇到哪些风险,同时敢于承担风险,所以国家才有今天的大好局面。

《在时代的高起点上打好改革的攻坚战——在新闻出版
领域体制改革培训班上的讲话》（2008 年 6 月 12 日）

41.事实上,与经济、政治、社会、科技等方面改革相比,文化体制改革启动晚,显然是滞后的。这有多方面的原因,其中一个重要原因是文化涉及意识形态领域,相比较更加难于把握,一旦出现反复,必将造成严重的影响,危及社会的稳定。改革措施的出台,慎而又慎,尽量避免走弯路。这在当时是可以理解的。现在情况不同了,经过 30 年的改革开放和创新发展,我国在经济政治文化社会等改革方面都积累了丰富的经验,这为深化文化体制改革打下了良好的基础。因此,与 30 年前不同,今天的文化体制改革必须站在时代的高起点上,与党的十七大的要求相一致。

《在时代的高起点上打好改革的攻坚战——在新闻出版
领域体制改革培训班上的讲话》（2008 年 6 月 12 日）

文化体制改革的必然性

1.文化体制改革既关系到国家的政治体制,也关系到国家的经济体制。文化体制改革只有在经济体制改革达到一定程度的情况下才能进行。现有文化体制与现有经济体制的不适应增加了文化体制改革的紧迫性。

《以改革为动力加快新闻出版业发展》(《青年记者》2005 年第 1 期)

2.现在,我国整个社会都在按照市场经济的体制来构建其基本框架,文化行业身处其中,不可能单独搞计划经济,走计划经济的老路。

《以改革为动力加快新闻出版业发展》(《青年记者》2005 年第 1 期)

3.信息技术,特别是网络和通信技术的发展改变了文化传播的方式。传统媒体如果不改革,就会被别人替代。

《以改革为动力加快新闻出版业发展》(《青年记者》2005 年第 1 期)

4.我们整个的新闻出版从管理到市场的一整套体制不能适应这个

产业的发展,我们有几千年的传统文化,但是我们文化产业的竞争力与世界先进水平相比有相当大的差距,文化弱势难以在现行体制下改变,只有通过改革来解决。

《以改革为动力加快新闻出版业发展》(《青年记者》
2005 年第 1 期)

5.过去我国是计划经济,一切资源配置、一切产品分配都是按计划进行。最早是错误认识价值,把价值、价格作为内部核算的方法。现在已经走上了市场经济的道路,整个体制要求我们以市场来最大限度地配置资源,调节利益关系。这个体制要求我们相应的各项体制要与之相适应,而我们目前的文化运行方式是不相适应的,必须深化改革,创新体制。

《出版体制改革与改革中的出版业》(《出版科学》
2007 年第 5 期)

6.我们有几千年的优秀文化,在国际上的影响力却越来越小,这样一个局面同我们国家整个政治形势、经济形势不相适应。按照科学发展观的要求来讲,文化在整个大的发展格局里面成了一个短腿,这是非常严峻的形势。

《坚持用唯物辩证法处理好六个关系——在 2007 年全国
新闻出版局长座谈会上的讲话》(2007 年 7 月 14 日)

7.当前,我国新闻出版业缺乏与国家实力相称的国际传播力和竞争力。与国际知名出版传媒集团相比,我国出版传媒企业在资产规模、综合实力、创新能力等方面还存在相当大的差距,有的企业还面临自身发展难以为继的问题。主要原因是体制不顺,机制不活,动力不足。只有通过深化改革,建立起适应国际国内市场发展的体制机制,提升内容创新力、品牌影响力和国际文化竞争力,才能不断提升我国新闻出版业在世界新闻出版格局中的地位。

《认真学习贯彻"七一"重要讲话精神,继续全面深
化新闻出版体制改革——在全国新闻出版局长座谈
会上的讲话》(2011 年 7 月 20 日)

8.从人类社会发展的历程和当前国内外形势来看,两种不同性质
的意识形态之间的对立和斗争,将是长期的,复杂的,有时甚至是尖锐
的。我国传媒业只有不断深化改革,才能增强发展实力,提升影响力,
逐步改变"西强我弱"的国际舆论格局,才能在国内国际社会掌握舆论
话语权,掌握引导主动权。

《国家意识形态与传媒影响力》(2007 年 12 月 16
日,《报告选》2007 年 12 月号)

9.文化体制改革已经成为推动文化发展的根本动力。对于传媒业
来说,就是要继续深化体制改革、机制创新,进一步解放和发展传媒生
产力,为我国意识形态建设注入生机和活力。

《国家意识形态与传媒影响力》(2007 年 12 月 16 日)

10.改革开放是发展社会主义的必由之路,也是新闻出版业发展的
根本动力。只有在解放思想中转变观念、开拓思路,树立和落实新的文
化发展观,才能消除体制机制性障碍,才能解放和发展出版生产力,焕
发出新闻出版行业的生机与活力。

《高举旗帜,全力推进新闻出版业大发展大繁荣》
(《中国出版》2008 年第 2 期)

11.作为政治制度的新闻出版和作为产业、事业的新闻出版,仍然
存在着体制机制方面的问题,必须继续加大力度,深化改革,这是我们
全行业的艰巨任务。

《政治体制改革必须坚持正确方向》(《中国出版》
2011 年第 2 期)

12.文化体制改革已远远落后于其他体制改革。文化体制在整个体制改革的全局中已经成了一个"短腿",这是显而易见的。要从全国整体体制改革的全局来认识文化体制改革。

《哪里有改革,哪里就有新局面——在中国外文局文化体
制改革形势报告会上的讲话》(2008 年 4 月 23 日)

13.事实告诉我们,文化发展的唯一出路就是改革,塑造新的市场主体,创新文化产品和业态,参与国际竞争,没有别的出路。

《哪里有改革,哪里就有新局面——在中国外文局文化体
制改革形势报告会上的讲话》(2008 年 4 月 23 日)

14.我们国家在所有领域的体制方面都进行了改革探索,经济体制、政治体制、教育体制、卫生体制、科技体制、体育体制、社会保障体制……都已经完成了主要改革任务。那么,最后一项改革是什么? 就是涉及意识形态的文化体制。这一体制的改革比其他领域的改革晚了十年,直到 2005 年年底中央发了 14 号文件,做出了《关于深化文化体制改革的若干意见》,文化体制改革才正式推进,我们面临许多新的情况,急需用改革的办法去解决。

《哪里有改革,哪里就有新局面——在中国外文局文化体
制改革形势报告会上的讲话》(2008 年 4 月 23 日)

15.科学技术的进步使文化业态、流通方式发生了深刻变化,特别是互联网传播,打破了国界、地域、行业(界限),形成了新的知识信息传播渠道。技术进步对运行体制提出了迫切的要求。

《哪里有改革,哪里就有新局面——在中国外文局文化体

制改革形势报告会上的讲话》(2008 年 4 月 23 日)

16.遗憾的是,我们的体制没有跟上国际文化发展的潮流。外国人依靠市场、依靠文化产品来传播他的文化价值观,比如,美国的软件、美国的大片,就是其文化传播的载体。而我们还停留在利用宣传来让外国人认识我们的阶段,这种宣传恰恰又是外国人反感的一种做法。教训极其深刻。我们通过反思越来越认识到需要与世界潮流一起进步,也要用市场来应对、来竞争。这就是我们研究文化体制改革的深刻背景。

《哪里有改革,哪里就有新局面——在中国外文局文化体制改革形势报告会上的讲话》(2008 年 4 月 23 日)

17.随着我国开放的进一步加大,国际文化竞争也是越来越激烈。日新月异的科学技术带来传播渠道、传播形式、传播手段的变革,也对新闻出版领域构成严峻的挑战。这一切都要求我们进一步加快改革的步伐,加快进度、加大力度推进新闻出版体制改革,否则我们就有既守不住阵地也走不出去的危险。

《在时代的高起点上打好改革的攻坚战——在新闻出版领域体制改革培训班上的讲话》(2008 年 6 月 12 日)

18.过去在计划经济体制下,我们的产业布局、产业结构,都存在着结构性的弊端,由此导致了部门所有、条块分割、地区封锁、城乡分离、垄断经营,合力比较弱,加上长期严重依赖教材、教辅,生产方式十分落后。实践证明,通过深化改革进行战略重组,转变增长方式,是我们发展的唯一出路。

《在时代的高起点上打好改革的攻坚战——在新闻出版领域体制改革培训班上的讲话》(2008 年 6 月 12 日)

19.就文化单位而言,如果再不改革,就有可能在市场经济的大潮中成为一个个孤岛。我们赖以生存的经济基础、传播技术、运行机制和国际环境变了,整个社会都是市场机制了,你不改革能行吗?思想僵化一定没有出路。文化是一个典型的创造性行业,从内容生产到传播手段,从甲骨文到互联网,不断发展变化,什么时候能够离开创新?

《文化体制改革既有路线图也有时间表》

(《人民日报》2008 年 6 月 19 日)

20.深化改革的实际行动是对改革开放的最好纪念。为什么政府职能不能转到服务上来?为什么出版单位不找市场靠政府?为什么能干的人在社内"混职业",在社外"干事业"挣大钱?都是体制改革不到位,机制转变不彻底。如果改革到位,收入能拉开差距,人才能充分竞争,资源由市场有效配置,价值能充分体现,谁还偷偷摸摸在社外干活呢?

《文化体制改革既有路线图也有时间表》

(《人民日报》2008 年 6 月 19 日)

21.事实证明,不改革,就难以应对国际文化竞争,新闻出版单位就有可能在市场经济的大潮中成为一个个孤岛。改革是推动新闻出版业发展的巨大动力,哪里有改革,哪里就有新面貌;哪里有改革,哪里就有大发展。

《文化体制改革既有路线图也有时间表》

(《人民日报》2008 年 6 月 19 日)

22.当代中国的时代精神是改革、发展、创新。改革是当代中国最鲜艳的旗帜、最神圣的使命;发展是当代中国最伟大的实践;创新是当代中国人民最健康的思维方式、最宝贵的精神状态。经过 30 年改革发展,文化体制改革特别是出版发行体制已经取得了重大突破,但从总体上看还未完全转变旧有的发展方式、管理模式和运行态势,改革开放任重道远,必须继续大力推动。

《解放思想,深化改革,推动新闻出版业大发展》

(《中国出版》2008年第10期)

23.如同经济体制、政治体制改革一样,文化体制改革也是我国坚持改革开放总方针,探索中国特色社会主义建设道路的题中应有之义。任何一个社会,总体上都是由经济活动、政治活动和文化活动构成。当今世界更是如此,文化与经济、政治相互交融,文化知识对于经济发展和政治文明的巨大作用,文化观念对于人们物质生活、精神生活的直接影响,都是无处不在、与日俱增。在综合国力的竞争中文化的地位和作用也越来越突出。一个国家、一个民族如果没有先进的文化理念、名牌的文化产品、强势的文化市场,就很难在世界舞台上发挥影响力,也就很难自立于世界民族之林。

《解放思想,深化改革,推动新闻出版业大发展》

(《中国出版》2008年第10期)

24.深化文化体制改革,发展文化产业,是我国改革开放大局的组成部分,是建设中国特色社会主义的内在要求,是提升我国综合实力的迫切需要,是在科学发展观指导下实现经济、政治、文化协调发展和构建和谐社会的重要内容。

《解放思想,深化改革,推动新闻出版业大发展》

(《中国出版》2008年第10期)

25.以中国的出版行业为例,通过近年来持续深化出版体制改革,一大批经营性出版发行单位转制为企业,成为真正的市场主体,文化产品也成为真正的商品,在经济社会中生产和流通,极大地解放和发展了出版生产力,使这一中国计划经济的"最后孤岛"发展成为具有中国特色社会主义市场经济最具活力的重要组成部分。

《中国：在改革中发展，在发展中前进》（《人民日报》
2010年2月22日）

26.改革是我们这个时代的旗帜，也是各项事业发展的巨大动力。改革开放以前，中国新闻出版业长期在计划经济的轨道上运行，不要说在国际上的传播力、影响力，就连国内的基本需求都难以满足。改革开放以来，特别是党的十六大以来，在党中央、国务院的领导下，新闻出版业在改革中前进，在创新中发展，改革和发展都取得了历史性的突破。

《以改革为动力全面提升我国的传播力——在人民日报
社编委中心组学习会上的报告》（2010年4月2日）

27.一些出版单位还是计划经济模式，不是独立的市场主体，许多出版资源配置还依靠行政手段，整个新闻出版业还处在半市场化阶段。新闻出版业市场条块分割、地方保护的状况长期没有根本性改变，甚至一些地方行政推动的集团化建设一定程度上助长了地区的垄断与封锁，统一、开放、竞争、有序的出版物大市场还没有完全形成。

《加快新闻出版业发展方式转变是当务之急》
（《中国新闻出版报》2010年3月19日）

28.文化是基础工程、灵魂工程，文化的竞争已经成为不同国家、不同民族、不同政治力量竞争的焦点。而新闻出版是文化生产和传播的核心部分，是文化"软实力"的重要体现。面对世界主要发达国家陷入经济困境和国际经济秩序正在重构的新形势，我国正面临着巩固提升国际地位和在全球范围内谋求更大国家战略利益的历史机遇。这就要求我们用世界眼光、国际视野、战略思维，在广阔的空间中来定位和谋划新闻出版改革发展，加快转变发展方式，提升文化传播能力、掌握话语权，为增强我国文化"软实力"，为中华文化走向世界乃至实现中华民族的伟大复兴提供坚实的基础。

《加快新闻出版业发展方式转变是当务之急》

(《中国新闻出版报》2010 年 3 月 19 日)

29.文化传播力影响力在综合国力竞争中地位的日益凸显,使我们提高文化软实力的任务更加紧迫。我国文化产业在世界文化市场上的份额不足 4%,我国文化产业的整体实力制约了我国国际影响力传播力,短时期内难以影响国际主流文化,必须通过改革转变这种态势。

《在旗帜的引领下——党的新闻出版事业 90 年伟大

实践与思考》(《求是》2011 年第 14 期)

30.无论是文化企业还是文化事业单位,都是具体承担文化创造、生产、经营和服务的实体,必须改变其体制不顺、机制不灵、管理不善的现状,通过改革创新,形成富有效率、充满活力,人人奋发向上的生产、经营、服务机制。

《进一步深化改革开放加快构建有利于文化繁荣发

展的体制机制》(《人民日报》2011 年 11 月 7 日)

31.新中国成立六十多年来,我们党创办了数量巨大的国有文化单位,在文化建设中发挥了重要作用,但在市场经济体制下,落后的体制机制使其无法生存,更谈不上发展,必须通过改革让它焕发青春活力。

《以改革为动力兴起社会主义文化建设新高潮——

学习党的十七届六中全会〈决定〉的体会》(《中国出

版》2011 年第 21 期)

32.十六大以来的实践证明,凡是改革开放的地方和单位,文化生产力就能得到解放和发展,文化事业和文化产业发展就能突飞猛进。所以说,只有坚持改革开放,才能解放和发展文化生产力,才能真正建设社会主义文化强国。

《只有坚持改革开放才能解放和发展生产力》

(《人民日报》2012 年 2 月 16 日)

33.如果没有改革,哪有条件和实力走向国际市场?哪有动力和能力参与世界出版业竞争?只有改革后的企业才有动力。法兰克福书展主宾国活动再次说明改革的重要性。

《大力提升新闻出版业的国际竞争力》(《中国新闻
出版报》2011 年 12 月 23 日)

文化体制改革的目标和任务

1.改革,不是我们的最终目的。改革是动力,发展是目标。我们所采取的一切措施都是为了一个目标,就是促进我国社会主义先进文化能够快速地发展。

《提高创新意识,加快改革发展》(《中国出版》

2003 年第 1 期)

2.文化体制改革的根本目的是解放和发展生产力,构建公共文化服务体系,大力发展文化产业,创造更多更好的适应人民群众需求的优秀文化产品。

《解放和发展文化生产力》(《中国出版》2006 年第 3 期)

3.文化建设以发展为主题,以改革为动力,以体制、机制创新为重点,以服务人民为出发点。改革的目的是为了发展,改革并不是目的,只是手段。以体制、机制创新为重点,就是解决体制不顺、机制不活的问题。

《出版体制改革与改革中的出版业》(《出版科学》

2007 年第 5 期)

4.改革的目标是要形成"两个格局""两个体系"。第一个格局是国有资本为主导,多种经济成分共同发展,广大人民群众积极参与的文化产业发展格局;第二个格局是以民族文化为主导,吸收外来优秀文化,让中华民族文化"走出去"的开放格局。两个体系分别是市场体系和创新体系。市场体系与我们整个经济的市场体系是相一致的,出版企业要融入整个市场竞争中去。创新体系是要突出自主知识产权,加强知识产权的保护,提高我们民族创新特色的能力,为国家实现创新型目标服务。

《出版体制改革与改革中的出版业》(《出版科学》
2007 年第 5 期)

5.新闻出版在国际上很敏感,我们的改革就是要做到有生有死、有进有退,有重点有一般,目的是更加有利于发展,有利于树立我们开放的形象,也有利于我们管理到位。

《坚持用唯物辩证法处理好六个关系——在 2007 年
全国新闻出版局长座谈会上的讲话》(2007 年 7 月
14 日)

6.出版发行体制改革的一个重要目的就是要通过转企改制造就一批市场主体。没有主体不能形成市场,没有企业不能成为产业,这是一个起码的道理。我们需要有一批这样的企业,按照社会主义市场经济主导力量的要求,国有出版发行单位通过转企改制走向市场,承担起发展产业的责任,这是战略布局的需要。

《坚持用唯物辩证法处理好六个关系——在 2007 年
全国新闻出版局长座谈会上的讲话》(2007 年 7 月
14 日)

7.综合分析未来十年世界传媒业发展趋势和我国全面建设小康社会进展以及传媒业的基础条件,我们提出了把我国建设成为传媒强国的发展目标,就是要实现"一个体制、两个格局、三个体系"。"一个体制"即:党委领导、政府管理、行业自律、企事业单位自主经营的宏观管理体制。"两个格局"为:以国有为主导,多种经济共同发展的产业格局;以民族文化为主,吸收人类优秀文化共同发展的开放格局。"三个体系"是:一个统一开放、竞争有序、健康繁荣的市场体系;一个以人为本、面向基层、惠及大众的公共服务体系;一个技术先进、传输快捷、覆盖广泛的传播体系。

《国家意识形态与传媒影响力》(2007 年 12 月 16 日)

8.新闻出版工作是党的意识形态的主要工作,新闻出版阵地是党的意识形态的主要阵地,始终处在意识形态斗争的前线。做好我国新闻出版工作,就是巩固和发展社会主义意识形态,服务于改革开放和社会主义现代化建设的大局。一切改革发展都要为这个根本任务服务。

《我国意识形态与国家安全》(2011 年 6 月 5 日)

9.整个改革过程中,必须把发展作为第一要务,把握现代文化的生产、流通规律,创新发展理念,转变发展方式,实现科学发展。要把发展的重点始终放在不断地增强自主创新能力、依靠科技进步和队伍素质的提高上,实现速度和结构、质量、效益的有机统一。

《高举旗帜,全力推进新闻出版业大发展大繁荣》

(《中国出版》2008 年第 2 期)

10.一切改革措施都要有利于发展,有利于增强企业的实力,有利于出精品、出人才,这是我们的最终目的。衡量我们改革是不是正确、是不是成功,就是发展这一个标准。我们在探讨改革的思路和方案的时候,要与我们的发展紧紧联系起来。

《哪里有改革,哪里就有新局面——在中国外文局文化体

制改革形势报告会上的讲话》(2008 年 4 月 23 日)

11.抓住机遇、加快发展是根本问题。改革并不是我们的目的,目的是要使出版企业充满活力,能够成为国际文化市场的竞争者。这才是目的。培育市场主体也好,寻找战略投资者也好,生产精品力作、创造品牌也好,一个目的,都是为了发展。我们在改革过程中,要从发展的思路上多思考。

《哪里有改革,哪里就有新局面——在中国外文局文化体制改革形势报告会上的讲话》(2008 年 4 月 23 日)

12.必须以发展为目标,以解放和发展文化生产力、促进社会主义文化大发展大繁荣为衡量标准,不搞"翻牌公司",不搞形式主义的改革。

《全面展开的新闻出版领域体制改革新阶段——在全国文化体制改革工作会议上的讲话》(2008 年 4 月 11 日)

13.在改革的旗帜下,构建中国特色的新闻出版体系,包括宏观管理、微观运行、企事业单位的发展,这也是我们当前整体改革的目标。

《哪里有改革,哪里就有新局面——在中国外文局文化体制改革形势报告会上的讲话》(2008 年 4 月 23 日)

14.改革是个战略问题,改革不是解决表面上的问题,不是改改名字、换换牌子,而是要触及深层次的矛盾和问题。大家必须要把中央的精神掌握好,领会好。这里我特别提醒大家,要把两个目的、两个格局、两个体系牢牢记在头脑里面,必须要明确文化体制改革的方向。我们所说的体制改革就是为了实现这两个目的、两个格局、两个体系。

《在时代的高起点上打好改革的攻坚战——在新闻出版领域体制改革培训班上的讲话》(2008 年 6 月 12 日)

15.加快重组兼并,培育大型骨干企业和战略投资者。这是一个宏观的任务也是一个微观的任务,是宏观、微观改革相结合的任务。我们将支持资产重组等经营活动,多渠道引进资本,扩充战略投资者的实力,培育国家级大集团。

《在时代的高起点上打好改革的攻坚战——在新闻出版
领域体制改革培训班上的讲话》(2008 年 6 月 12 日)

16.从新闻出版体制改革来看,经过党的十六大以来特别是近年来的改革实践,新闻出版体制改革已从局部和浅层次的改革向全局性调整和系统化创新发展,确立了"一个体制"、"两个格局"、"三个体系"的改革总体目标。在转企改制完成以后,实现改革目标的关键点就是发展方式的转变。

《加快新闻出版业发展方式转变是当务之急》
(《中国新闻出版报》2010 年 3 月 19 日)

17.就近期来说,要通过改革形成中国新闻出版业新的产业格局、市场格局和传播格局。

《在旗帜的引领下——党的新闻出版事业 90 年伟大
实践与思考》(《求是》2011 年第 14 期)

18.建立健全党委领导、政府管理、行业自律、企事业单位依法运营的文化管理体制,是文化体制改革的首要目标。党委领导就是各级党委要担负起文化改革发展的政治责任,管好方向,管好政策,保证党对文化建设的决策落到实处;政府管理就是各级政府要转变职能,履行好政策调节、市场监管、社会管理、公共服务的职能,依法管理好文化行政事务;行业自律就是要充分发挥文化行业组织的作用,制定行规公约作为协调、规范行业行为的准则,维护行业健康发展;企事业单位在改革中要成为独立的市场主体或事业法人,要独立承担经济、法律或刑事、民事责任,必须依法运行。这就要求在宏观上明确各自的社会职能、法律地位、运行规则、权责关系。

《进一步深化改革开放加快构建有利于文化繁荣发展的体制机制》(《人民日报》2011年11月7日)

19.转企改制的目的是为了培育市场主体,更好地发展。把改革理解成政府在"卸包袱",这是不清醒的、错误的认识。我们要创造一个在市场环境下竞争的机制,让企业活力得到充分发挥,把生产力解放出来。

《两会归来话发展》(《传媒》2012年第4期)

20.一种文化产品要能够在市场经济条件下站住脚,必然要参与国际、国内的文化竞争。这个竞争的市场,需要竞争的主体,这个主体就是一大批的文化企业。这是市场的要求。我们的任务首先是要在改革中塑造新的市场主体,这个主体只能是企业或企业集团。

《出版单位转制中的六个重要问题》(《传媒》
2004年第6期)

21.文化行业,有两种性质、两个任务:既有社会公益性的特质,又有市场商品的性质;既肩负着社会主义精神文明建设的重任,也是国民经济中重要的组成部分。目前文化单位要分清性质,按照性质确立体制,按照体制进行机制改革,这两项任务是有联系的。

《以改革为动力加快新闻出版业发展》(《青年记者》
2005年第1期)

22.培育文化产业是重要任务,就是以大型新闻出版企业为支柱,实现工业化生产。企业是产业的支柱,产品是产业的核心。企业是市场投资的主体、产品研发的主体、市场建设的主体。产品代表企业的品牌进入市场竞争,尤其是精神产品。更多的人消费精神产品依赖的是品牌。

《以改革为动力加快新闻出版业发展》(《青年记者》

2005 年第 1 期)

23.发展文化产业先要培育文化企业,建立文化市场必须要有市场主体。这个主体只能是文化企业,文化企业也是文化产业的基础。因此,第一步就要推动各类经营性文化事业单位转制为企业,清产核资、明确产权,出资人到位,资产经营责任制落实。转制后的文化企业,要按照现代企业制度的要求加快公司制改造,完善法人治理结构。有条件的可加快产权制度改革,进行股份制改造,实行投资主体多元化,符合条件的可以申请上市。通过市场机制,以资本为纽带,推动国有文化企业兼并、联合、重组,重点培育发展一批实力雄厚、具有较强竞争力和影响力的大型文化企业和企业集团,让它们成为文化市场的主导力量和文化产业的战略投资者。

《解放和发展文化生产力》(《中国出版》2006 年第 3 期)

24.改革的一个重要任务是要理顺体制、改善宏观管理,形成党委领导,政府管理,行业自律,企业自主经营的新体制。

《出版体制改革与改革中的出版业》(《出版科学》

2007 年第 5 期)

25.既然是市场体制,那么就有市场主体,市场主体不是政府,而是企业,所以塑造市场主体,需要有大批出版企业脱颖而出。这是改革的重要任务。没有企业就没有产业,没有产业就没有市场,这是起码的常识问题。

《出版体制改革与改革中的出版业》(《出版科学》

2007 年第 5 期)

26.转企改制,这是我们的第一项任务,对于这项任务既有方向也有目标和时间表。改革已进入了最后攻坚阶段,大家必须积极行动起来努力完成,要不然我们行业就拖了全国整个改革全局的后腿。

《在时代的高起点上打好改革的攻坚战——在新闻出版
领域体制改革培训班上的讲话》(2008 年 6 月 12 日)

27.打破行业垄断和地区封锁,重点推进跨地区、跨行业、跨媒体、跨所有制联合或兼并重组,努力打造影响力强、覆盖全球的国际一流的传媒企业,加快培育传媒骨干企业和战略投资者,打造中国传媒业"航空母舰"。积极引导企业采取内部融资、业内融资、业外融资、发行企业债券、引进外资、上市融资等多种融资方式,壮大实力,加快发展,促进多种类型、多种所有制传媒企业的协调发展,逐步实现以股份制企业为主体、国有企业为骨干、民营企业为依托,互为补充、充满生机的传媒产业格局。

《国家意识形态与传媒影响力》(2007 年 12 月 16 日)

28.通过转制,要形成一批具有独立法人地位、自主经营、独立承担社会和经济责任的文化市场主体。目前的状况是,有些出版单位不是市场主体,出了问题,只能找它的主管部门。必须通过改革,使出版单位成为能够独立承担法定的社会责任和企业责任的市场主体,拥有自主权、决策权、经营权,这些权利与其两大责任相联系,达到权责一致。这样的市场主体才能独立运行,才能构成一个独立的社会行业,而不再成为党政机关部门和学校的附属单位。

《在时代的高起点上打好改革的攻坚战——在
新闻出版领域体制改革培训班上的讲话》
(2008 年 6 月 12 日)

29.我国出版传媒企业整体实力不强,集约化程度低,规模经营能力差,面对国外出版传媒资本的强势进入,我们始终存在着既打不出也守不住的危险。培育出版传媒业的骨干企业和战略投资者,不仅是改革发展的题中应有之义,也是维护我国的意识形态安全和文化安全的战略举措。

《全面展开的新闻出版领域体制改革新阶段——在全国文化体制改革工作会议上的讲话》(2008 年 4 月 11 日)

30.新闻出版领域公益性单位改革,要实现企事分开,使宣传编辑和市场经营各行其道。用我们过去常讲的和通俗的话讲,宣传编辑部分我们要管好,市场经营部分我们要放活,改变目前这种不死不活的状况。要做到经营部分面向市场独立经营,经营部分和宣传、编辑、报道部分互不干预。

《在时代的高起点上打好改革的攻坚战——在新闻出版领域体制改革培训班上的讲话》(2008 年 6 月 12 日)

31.让人民共享出版发展成果,构建新闻出版公共服务体系是改革的任务之一。要在巩固工作成果的基础上,抓住国家近期出台的扩大投资、拉动内需,推动经济加速发展的重大机遇,加大力度、加快进度,统筹规划、全面推进,在改革中努力建设新闻出版公共服务基础工程。

《高举旗帜,改革创新,推动中国特色社会主义新闻出版业大发展》(《人民日报》2008 年 12 月 27 日)

32.加快新闻出版业发展方式转变,核心任务是体制机制转换,中心环节是结构调整,根本出路是自主创新,关键是要在"加快"上下功夫、见实效。

《加快新闻出版业发展方式转变是当务之急》(《中国新闻出版报》2010 年 3 月 19 日)

33.企业是新闻出版产业发展的基础,经营性新闻出版单位转企改制仍是当前新闻出版体制改革的核心任务,也是新闻出版业发展方式转变的体制保证。

《以改革为动力全面提升我国的传播力——在人民日报
社编委中心组学习会上的报告》(2010 年 4 月 2 日)

34.当前,新闻出版体制改革加大力度、加快进度,取得了实质性突破和重大进展。但是,塑造合格市场主体,打造新闻出版"航母",营造良好市场环境等改革任务还远未完成,必须进一步加快深化改革。

《以改革为动力全面提升我国的传播力——在人民日报
社编委中心组学习会上的报告》(2010 年 4 月 2 日)

35.加快推进新闻出版单位转制,重塑市场主体是当前新闻出版体制改革的重点任务。经营性新闻出版单位转企改制是实现新闻出版业发展方式转变的重要基础。

《政治体制改革必须坚持正确方向》(《中国出版》
2011 年第 2 期)

36.将经营性新闻出版单位从事业单位改为企业,是新闻出版单位走向市场的关键一步,也是加入国际文化竞争的必由之路。这一次,我们不仅要换汤,还要换药,还要把药罐子都砸碎了。

《换汤、换药,砸碎药罐子》(《人民日报》2011
年 2 月 18 日)

37.按照中央的部署和公益性、均等性、基本性、便利性的要求,进一步研究制定保留事业体制新闻出版单位改革的实施方案,加快推进内部人事、收入分配、社会保障制度和管理机制改革。研究制定学术出版、公益出版、民文出版等可持续发展的各项机制和扶持政策,完善投入方式、监督程序、绩效评价等办法,形成稳定的长效保障机制,为党和国家的事业、为人民群众服好务。

《确保新闻出版体制改革继续走在文化体制改革前
列》(《中国新闻出版报》2011 年 5 月 17 日)

38.国有经营性文化单位转企改制,只是文化体制改革迈出的第一步,从推进转企改制到促进文化大发展大繁荣,文化体制改革还要作出更多努力,必须进一步推进国有经营性文化企业进行改革、改组、改造和加强管理,完善现代企业制度。这是第二步改革的任务。

《继续全面深化新闻出版体制改革》(2011 年 7 月 20 日)

39.担负公共文化服务责任的事业性文化单位,主要任务是明确公益性、强化服务功能、增强发展活力,全面推进劳动人事、收入分配、社会保障制度改革。

《进一步深化改革开放加快构建有利于文化繁荣发
展的体制机制》(《人民日报》2011 年 11 月 7 日)

40.文化市场主体、文化产品的流通、文化的社会消费如何同市场接轨,就是要靠现代文化市场体系的发育,构建资本、产品、消费大市场。

《进一步深化改革开放加快构建有利于文化繁荣发
展的体制机制》(《人民日报》2011 年 11 月 7 日)

41.现有的文化改革发展,已经是新的历史起点上的新任务,不仅是改革文化单位体制机制,而且是要创新文化观念、创新组织形态、创新内容形式、创新传播平台、创新技术手段、创新文化业态、创新管理方式,使文化的生产和传播更加生气勃勃。

《在国家行政学院的报告》(2011 年 11 月 7 日)

文化体制改革的路线图

1.党的十六大把文化单位分为两大类：一类是公益性的事业，即为公共事业服务，隶属于国家的一些事业性质的部门；另一类是经营性的产业，它以生产的产品上市，通过市场实现它的价值。今后公益性的事业单位继续以事业体制来管理，坚持政府主导，搞活机制，增强活力，改善服务。经营性的产业这一部分，要求按现代企业制度进行体制的创新。改革的任务是创新体制、转换机制、面向市场、增强活力。大多数新闻出版单位要求作为经营性的产业走向市场，在竞争中发展壮大。

《出版单位转制中的六个重要问题》

（《传媒》2004 年第 6 期）

2.性质决定体制，体制决定机制。一个新闻出版单位，假如是为社会公共利益服务的非经营性的单位，就可以继续作为事业单位加以管理；如果确定它是经营性的单位，要走市场的路子，就要按照企业体制来管理。

《出版单位转制中的六个重要问题》

（《传媒》2004 年第 6 期）

3.新闻出版业是一个具有双重性的产业。它既是一种文化事业，要传达的是一种观念、一种思想、一种知识、一种价值观；它又是一种产品，它有一定内容的载体和形式，有一定的市场价值。这就决定了新闻出版业一方面具有意识形态的属性，所有的出版物都要表达一种文化观、世界观，一方面又是市场上的一类商品，报刊、图书、音像、电子产品都要进入流通，都有商品属性。

《出版单位转制中的六个重要问题》

（《传媒》2004 年第 6 期）

4.新闻出版业的转制，第一是指在计划经济体制下新闻出版业的事业体制迈向市场经济的过程中，一部分经营性的事业单位要转制为企业，就是事业单位转为企业。第二就是已经转为企业体制的新闻出版单位，由单一的国有企业转变为股份制多元化企业体制，就是由单一的国有制转变为股份制。

《出版单位转制中的六个重要问题》

（《传媒》2004 年第 6 期）

5.转制以后企业基本上都要按照市场规则去运行。从我们新闻出版业来说，也要对转制以后的企业开辟发展的道路，主要就是鼓励兼并、重组、股份化，鼓励企业在经营产品的同时也经营资产。让它在市场竞争中尽快做强做大。

《出版单位转制中的六个重要问题》

（《传媒》2004 年第 6 期）

6.在计划经济的条件下，我们新闻出版业主要是按照计划和行政级别来配置资源。在市场经济条件下，要打破垄断经营、地区封锁、条块分割，这依靠计划是办不到的，必须要按照市场的规则，引进竞争机制，突破地区、条块、所有制的限制，冲破垄断经营，造成公平竞争的市场环境。这就需要把我们党和国家、政府部门所属的一大批事业单位推向市场,让它参与公平的竞争。

《出版单位转制中的六个重要问题》

(《传媒》2004 年第 6 期)

7.新闻出版业的很多单位并没有转变成为企业,却急欲进行股份制改造,从逻辑上,从法律上都是不成立的,在实际工作中也是行不通的。只有先由事业转为企业,才能谈得上股份制改造问题。

《出版单位转制中的六个重要问题》

(《传媒》2004 年第 6 期)

8.建立党委领导,政府管理,行业自律,企业自主经营的宏观管理体制,这是中国特色的体现。

《以改革为动力加快新闻出版业发展》

(《青年记者》2005 年第 1 期)

9.文化体制改革的整体思路是由性质决定体制,体制决定机制。首先我们要界定其性质。按照性质分为两大类,一类是公益性质的文化事业,另一类是经营性质的文化产业。公益性质的文化事业由政府投资、政府主办,其改革的方向主要有两个,第一是搞好内部三项制度的改革,增强活力;第二是改进为公众服务的能力。除了公益性的文化事业外,其他皆为经营性的文化产业,其改革的思路是创新体制、搞活机制、面向市场、增强活力,基本上都要分期分批转制为企业,按照现代企业制度,进行内部管理体制、领导机构和运行机制的改造,改造成独立的市场竞争主体。

《以改革为动力加快新闻出版业发展》

(《青年记者》2005 年第 1 期)

10.政府的管理改革,首先要从计划经济高度集中的审批制中解放出来,不能再沿用计划任务的办法。我们管理的指导思想是管活,而不是管死。要解决政府职能转变的问题,由办出版变为管出版。政府主管部门今后的职能是宏观调控、依法行政、强化监管、公共服务。要集中力量加强市场监管,依法行政,依法监管。

《提高创新意识,加快改革发展》

(《中国出版》2003 年第 1 期)

11.政府改革在文化体制改革中发挥着重要的作用,政府应按照转变职能、依法行政、宏观调控、公共服务的要求来改革自身。政府的角色将逐步从监管新闻出版单位转变到监管市场,不干预新闻出版企业单位的自主经营,为其发展创造良好的环境。

《以改革为动力加快新闻出版业发展》(《青年记者》

2005 年第 1 期)

12.能走向市场的经营性新闻出版单位要转机改制。走向市场是它们的必经之路,在同一的市场规则下竞争、生存、发展,适者生存,优胜劣汰。

《论新闻出版业的五大创新》(《公共管理高层论坛》

2006 年第 1 期)

13.管理创新最终牵扯到政府职能的转变问题,我国文化单位过去一直都附属到党政机关行政部门,现在要实现管理创新,即政府要管什么? 主办单位要管什么? 文化单位该管什么? 那么第一步就是要做到政企分开、政事分开、企事分开、管办分离,这样政府才能依法行政。政府的管理是对全民的管理,对全社会文化单位的管理,而不是对一个集团、一个单位的管理,这样就实现了社会管理,这是一个重大的转变。国有企业本身,过去是政府投资、派人,现在实行政资分开,投资归投资,管理归管理,这样企业就获得了自主权,大型的企业还获得了自主经营权。

《论新闻出版业的五大创新》(《公共管理高层论坛》
2006年第1期)

14.过去是按照党政机关的模式去管理企事业单位内部的劳动、人事、分配制度,这不符合企事业单位发展的需要。在微观方面要着重机制方面的创新,要形成一个能进能出、能上能下、能生能死的微观运行机制。在事业单位实行劳动、人事、收入三项制度的改革,同时国家也改革对事业单位扶植的办法。应该形成根据绩效给予扶持的机制,对投入产出的关系进行研究,优化资源配置。

《论新闻出版业的五大创新》(《公共管理高层论坛》
2006年第1期)

15.文化体制改革是一项复杂的艰巨的系统工程,必须高度重视,加强领导,建立党委领导、政府支持、宣传部门协调指导、行政主管部门具体实施的工作体制,必须保证中央确定的指导思想和原则得到贯彻;必须解放思想、实事求是、与时俱进、开拓创新,妨碍改革发展的思想观念都要坚决冲破,束缚文化发展的做法和规定都要坚决改变,制约改革发展的体制弊端都要坚决革除。必须坚持先进文化前进的方向,落实科学发展观,使公益性的文化事业和经营性的文化产业协调发展,一手抓事业发展,一手抓产业壮大,事业和企业都要把社会效益放在第一位,实现两个效益的统一;必须分类指导、区别对待,循序渐进、逐步推开,根据东、中、西不同地区经济文化发展的不同水平,有组织有领导、分阶段分步骤地逐步推开,由点到面,不断深入。

《解放和发展文化生产力》(《中国出版》2006年第3期)

16.建立健全与经济体制相适应的现代文化市场体系,是发展文化产业、丰富人民群众精神文化生活的关键环节。要加强文化产品和要素市场建设,打破条块分割、地区封锁、城乡分离、垄断经营的计划分配资源和产品的旧体系,形成全国统一、开放、竞争、有序、健康、繁荣的市场体系。

《解放和发展文化生产力》(《中国出版》2006 年第 3 期)

17.随着信息时代的到来,文化生产、传播、消费的方式正在发生巨大的变化,文化的价值在人类创造文明历史和实现人们各自追求的各项生活目标中凸显出来。以文化价值为灵魂,以科学技术和现代传播载体为支撑,由文化创意、文化产品制造、文化传播、文化消费、文化服务、文化交流所构成的产业链已经形成。文化产业不仅是社会主义先进文化建设的物质基础,也是国民经济的重要产业门类,是中国经济的新增长点。

《文化产业是中国经济的新增长点》(《中国报业》
2006 年第 5 期)

18.文化产业成了吸引资本的一个高地,国家投资者、企业投资者、民间投资者、国际投资者都争先恐后地进入这个投资领域,"文化是个好生意"已成经济人士的共识。文化产业方面投资热将会长期存在,一定会推动文化产业发展,带动经济持续增长。

《文化产业是中国经济的新增长点》(《中国报业》
2006 年第 5 期)

19.每个企业、每个单位微观运行的机制要创新。不能再沿用过去计划经济遗留的东西,造成生存的困难。从资源配置上来说,计划分配已经过时;从企业运行来说,不生不死,没有进入和退出机制;从企业内部管理来说,能上不能下,能进不能出,有用的人进不来,没用的人出不去,企业缺乏活力。有的单位能干事的人干不了事,想混的人混得很舒服。这种体制怎么参与国际竞争呢?所以微观运行机制的创新,也是改革的一个重要内容。

《出版体制改革与改革中的出版业》(《出版科学》

2007 年第 5 期)

20.完善市场体系。使市场真正在配置资源上发挥主导作用,在调节利益关系方面发挥重要作用。完善投资体系、流通体系。投入就要有资本,资本就要有来源,我们过去的出版单位、政府部门、协会、学校、机关、事业单位多是挂名主管主办,实际很少有投资,资本市场没有形成,更没有流动起来。如出版环节上国家资本占绝对主导,在发行环节、印刷环节上大量吸收社会资本,包括外资。集中配送、连锁经营、信息化管理,这些现代物流方式、整个流通网络要建立起来,形成完整的市场体系。

《出版体制改革与改革中的出版业》(《出版科学》

2007 年第 5 期)

21.过去政府既办出版,又管出版,直接插手出版单位各种具体事务,市场经济不允许政府有这种超越法律的权限。今后必须要政企分开,政事分开,政资分离,管办分离,政、企、事各行其道。政府资本与投资给企业的资本也要分开,资产关系和行政关系不是一码事。政府的职能是管理,企业的职能是经营,事业的职能是服务。政府要坚持依法行政,加强公共服务。政府是公共机构,要为广大人民群众谋利益,而不是为几个企业的问题。

《出版体制改革与改革中的出版业》(《出版科学》

2007 年第 5 期)

22.从市场规律的角度来讲,事业性质企业化管理是世界上最糟的管理形式,因为它不能激发工作人员的创造力。

《坚持用唯物辩证法处理好六个关系——在 2007 年全国

新闻出版局长座谈会上的讲话》(2007 年 7 月 14 日)

23.政府、企业、事业是按照不同社会功能配置的机构体系,我们要理解它们之间的关系,正确对待,正确处理。企业要依法经营、按照市场的规则办事,政府要从自己的职能出发依法进行管理,所有的企事业单位都要接受相关政府部门的管理。新闻出版领域同样如此,只要是新闻出版企事业单位,新闻出版行政部门都要管,不管是谁办的。

《坚持用唯物辩证法处理好六个关系——在 2007 年全国
新闻出版局长座谈会上的讲话》(2007 年 7 月 14 日)

24.以后事业单位的体制,完全是养事而不养人的体制,人员和企业员工一样,以责定岗、以岗聘用。国家和事业单位之间的关系,就是购买服务和产品的关系,事业单位给国家干多少事,国家才给其相应的经费。所以事业单位在改革中也要正确地理解自己在社会上的角色,在公共服务中,服务得越多,政府给的支持也就越多。

《坚持用唯物辩证法处理好六个关系——在 2007 年全国
新闻出版局长座谈会上的讲话》(2007 年 7 月 14 日)

25.要继续推动经营性新闻出版单位转企改制和股份制改造,培育真正的市场主体和战略投资者。

《我国意识形态和新闻出版业的发展——在中央党
校省部级、地厅级等全体学员培训班上的报告》
(2007 年 12 月 20 日)

26.要改革新闻出版管理的模式和方式,创新管理方法和手段,学会用经济、市场手段解决意识形态问题。

《我国意识形态和新闻出版业的发展——在中央党校省
部级、地厅级等全体学员培训班上的报告》(2007 年 12 月
20 日)

27.什么体制能解放生产力就用什么体制,体制并非只有一个现成的模式。体制好不好,发展是一个最终衡量的标准。所以我们不搞翻牌公司,不搞变相的应付,不搞形式主义——这样的改革我们不要,那样宁可不搞,别在那儿瞎折腾,要改就是一个彻底的改革。

《在时代的高起点上打好改革的攻坚战——在新闻出版领域体制改革培训班上的讲话》(2008 年 6 月 12 日)

28.把文化放在产业发展和市场经济的体制中去思考,打破了原来只把文化当作宣传的附属品对待的局限,注重用产业、产品、市场、贸易这些科学来经营文化,传播我们的文化价值观。美国、日本、韩国文化怎么进了中国? 就是靠了他们的文化产品——图书、报刊、软件、节目、电影大片进入了市场竞争。用经济的方式做意识形态工作,这是值得借鉴的。

《我国意识形态和新闻出版业的发展——在中央党校省部级、地厅级等全体学员培训班上的报告》(2007 年 12 月 20 日)

29.要深化市场体制改革,打破垄断经营和地区封锁、条块分割的局面,构建统一开放、竞争有序、健康繁荣的大流通、大市场体系。

《我国意识形态和新闻出版业的发展——在中央党校省部级、地厅级等全体学员培训班上的报告》(2007 年 12 月 20 日)

30.面对当前社会文化多元、多样、多变的现实和各种文化交流、交融、交锋的特点,适应文化体制改革的要求,我们大力推动政府职能转变,把一个审批型的政府部门变成一个服务型的政府部门。

《我国意识形态和新闻出版业的发展——在中央党校省部级、地厅级等全体学员培训班上的报告》(2007 年 12 月 20 日)

31.必须围绕中心、服务大局,紧紧围绕经济建设这个中心,创造性地做好改革工作,在全面推进经济建设、政治建设、文化建设、社会建设和党的建设中充分发挥新闻出版、版权工作的功能和作用。

《高举旗帜,全力推进新闻出版业大发展大繁荣》

(《中国出版》2008 年第 2 期)

32.我们要搞社会主义市场经济,而文化市场主体缺位,就与社会主义市场体系建设脱钩了,不一致了,所以各地要把这一任务作为重点,推动转企改制。这是改革的一个核心问题。从下一阶段的全国改革来说,经营单位的转制,是改革能否取得突破的一个标志,特别是中央党政机关所属的出版单位的转企改制、解决独立市场主体的问题,是这一攻坚战的关键战役。

《在时代的高起点上打好改革的攻坚战——在新闻出版领域体制改革培训班上的讲话》(2008 年 6 月 12 日)

33.要通过跨地区跨行业联合、兼并、重组和股份制改造,重点培育一批实力雄厚、具有较强竞争力和影响力的大型出版发行传媒企业、国有或国有控股文化战略投资者,提高产业集中度和集约化经营水平。

《高举旗帜,全力推进新闻出版业大发展大繁荣》

(《中国出版》2008 年第 2 期)

34.要深化投融资体制改革,支持符合条件的出版发行企业,通过上市融资或其他方式跨行业融资,培养我国出版传媒行业的战略投资者,整体提高出版传媒业的跨国竞争能力,更好地维护国家文化安全。

《高举旗帜,全力推进新闻出版业大发展大繁荣》

(《中国出版》2008 年第 2 期)

35.进入企业轨道、运行正常的出版发行企业,要按照现代企业制度的要求,完善法人治理结构和资本运行机制,尽快形成具有核心竞争力的市场主体,提高国有资本的控制力、影响力和带动力。要深化投融资体制改革,支持符合条件的出版发行企业,通过上市融资或其他方式跨行业融资,培养我国出版传媒行业的战略投资者,整体提高出版传媒业的跨国竞争能力,更好地维护国家文化安全。

《高举旗帜,全力推进新闻出版业大发展大繁荣》

(《中国出版》2008 年第 2 期)

36.事实证明,上市融资是最安全的方式,只要我们措施得当,为我所用,资本市场的传媒板块一定可以为新闻出版业的发展繁荣发挥更大更好的作用。

《全面展开的新闻出版领域体制改革新阶段——在全国

文化体制改革工作会议上的讲话》(2008 年 4 月 11 日)

37.要进一步采取措施打破垄断经营、条块分割、地区封锁的局面,尽快形成全国统一开放、竞争有序、健康繁荣的市场体系,这是深化改革的必然趋势。

《全面展开的新闻出版领域体制改革新阶段——在全国

文化体制改革工作会议上的讲话》(2008 年 4 月 11 日)

38.支持规范的、进行了股份制改造的出版发行企业上市融资,这是最安全、最可靠的融资渠道。这是目前可选择的很好的融资渠道,当然这不是所有单位能够实现的,必须是有实力、有一定基础、有一定社会形象的企业才能上市。

《哪里有改革,哪里就有新局面——在中国外文局文化

体制改革形势报告会上的讲话》(2008 年 4 月 23 日)

39.文化事业单位的改革是整个国家事业单位改革的重要组成部

分,也是整个文化体制改革的重要方面。当前,文化事业单位的改革要着重解决定位不清、职责不明、活力不足、效益低下的问题。

《哪里有改革,哪里就有新局面——在中国外文局文化体制改革形势报告会上的讲话》(2008 年 4 月 23 日)

40.随着整个改革进程的发展,要对管理进行大幅度改革,把属于企业的权利还给企业,把属于社会的权利还给社会,把属于公民的权利还给公民。要构建一个科学、宏观调控自如的体系,而不是干预企业微观运行、干预人民群众的文化创造的体系。

《哪里有改革,哪里就有新局面——在中国外文局文化体制改革形势报告会上的讲话》(2008 年 4 月 23 日)

41.将来事业单位是养事不养人,按照你承担的服务和提供的产品实行政府采购和加工订货,提供服务的公益性的单位也要用市场机制去运作。

《哪里有改革,哪里就有新局面——在中国外文局文化体制改革形势报告会上的讲话》(2008 年 4 月 23 日)

42.这一次攻坚战的重点目标,就是党政机关出版单位改革,不仅是中央党政机关,也包括地方党政机关所属的出版单位,全部要剥离成为独立的市场主体,出版行业不能再有党政机关办企业的现象。

《在时代的高起点上打好改革的攻坚战——在新闻出版领域体制改革培训班上的讲话》(2008 年 6 月 12 日)

43.转企改制是文化体制的核心,衡量一个地区改革是不是到位,关键看是否转企到位。

《在时代的高起点上打好改革的攻坚战——在新闻出版领域体制改革培训班上的讲话》(2008 年 6 月 12 日)

44.经营性新闻出版单位改革转制是关键,因为国际国内形势都要求我们尽快形成、壮大、发展一批大型的出版生产企业和骨干流通企业,增强市场的实力,提高其经济影响力和文化竞争力。

《解放思想,深化改革,推动新闻出版业大发展》

(《中国出版》2008 年第 10 期)

45.长期以来,新闻出版是行政、企业、事业混在一起,管办不分、角色不明。通过改革,从总署到各地,全部实现了政企分开,政事分开,政资分开,管办分离,几百万人告别了"机关",走上了市场,政府实现了由办出版到管出版、由管脚下到管天下的根本性转变,为切实转变政府职能提供了前提条件。

《深化行政体制改革,推动政府职能转变》(2008 年

11 月 25 日)

46.体制机制落后已经是我们的致命弱点。要加快经营性事业单位转企改制步伐,按照中央确定的改革路线图和时间表,在两年内完成中央党政部门在京出版社、高校出版社以及所有地方的出版集团、出版单位的转企改制任务,一部分还要完成股份制改造任务,在转制、脱钩之后进一步推动产业集中和企业重组,组建中国出版的旗舰。

《高举旗帜,改革创新,推动中国特色社会主义新闻

出版业大发展》(《人民日报》2008 年 12 月 27 日)

47.随着文化体制改革的深入,政企实行分开,而党企更加不分,新组成的出版、发行产业集团人、财、物划入同级党委宣传部门管理,违法违规增多,很多地方的行政管理部门感到难以有效行使行政管理职能,对行业的管理缺乏手段。集团公司定位不清,有的集团上收出版社的利益,影响生产单位的积极性,阻碍了发展。这需要从体制上、权利上、职责上理顺党委与政府、党委与企业、政府与企业之间的关系,使各方

面职责走上法制轨道,形成合力。行政方面在中央、省、市各级管理部门的权限和职责的划分也还不够明晰,有些关系也没有真正理顺。

《深化行政体制改革,推动政府职能转变》(2008 年
11 月 25 日)

48.要通过转变职能、理顺关系、优化结构、提高效能,不断推动新闻出版行政机关由权力型、审批型政府向责任型、法治型、服务型政府转变,履行好宏观调控、依法行政、公共服务和市场监管的职能。

《高举旗帜,改革创新,推动中国特色社会主义新闻
出版业大发展》(《人民日报》2008 年 12 月 27 日)

49.要选择那些体制机制改革到位、整体实力较强、基础条件较好的出版企业集团,通过上市融资、资本重构、重点项目支持、出版资源倾斜等措施重点加以培育,造就出版骨干企业和文化产业战略投资者,力争在三到五年内造就六七家企业品牌、自有资产、自营销售三超百亿的国内一流、国际知名的大型出版传媒企业,打造具有国际竞争力的跨国出版传媒企业集团和战略投资者,组成国家的主力"舰队"。

《加快推进中央各部门各单位出版社体制改革》
(《中国出版》2009 年第 Z2 期)

50.我们要着力打破按部门、按行政区划和行政级次分配新闻出版资源和产品的传统体制,打破条块分割、地区封锁、城乡分离的市场格局,加强资本、产权、信息、技术、人才等新闻出版生产要素市场建设,实现生产要素合理流动和资源优化配置。特别是要通过建立新型出版物流配送体系、加大连锁经营、电子商务、搭建交易平台、规范市场秩序等方式,促进新闻出版产品和各种要素在全国范围内自由流动和充分竞争,努力营造统一开放的大市场大流通体系。

《推动新闻出版体制改革,"四个"突破构建市场体

系——在全国文化体制改革经验交流会上的讲话》

（2009 年 8 月 15 日）

51.改革的目的是为了发展,发展的标志是做大做强。经营性新闻出版单位转制为企业只是与市场接轨的第一步,要把刚刚下水的"小舢板"变成实力强大的"航空母舰",还有艰巨的任务在后头。我们进一步坚持深化改革的主攻方向,就是在市场主体到位的基础上,加快产权制度改革,推进出版企业股份制改造,健全法人治理结构,完善现代企业制度,全力打造中国出版传媒的"航空母舰"。

《落实〈文化产业振兴规划〉,推动新闻出版产业又好又快发展》（《经济日报》2009 年 9 月 29 日）

52.各级新闻出版行政部门要按照体现基本性、公益性、均等性、便利性的要求,把改善文化民生作为第一追求,切实加强新闻出版公共服务体系建设,切实解决人民群众最关心、最直接、最现实的利益问题。

《改革创新,科学发展,大力推动我国向新闻出版强国迈进》（《中国出版》2010 年 2 月上）

53.从对内开放来看,与其他行业、国有企业、社会资本进行有序的对接和合作必须有新的突破。

《加快新闻出版业发展方式转变是当务之急》（《中国新闻出版报》2010 年 3 月 19 日）

54.要在市场要素改革的基础上,通过不断深化流通体制改革,积极发展新闻出版流通、物流产业,重点通过建立新型出版物配送体系、加大连锁经营、电子商务、搭建交易平台、规范市场秩序等方式,努力营造现代新闻出版大流通体系。

《以改革为动力全面提升我国的传播力——在人民日报

社编委中心组学习会上的报告》(2010 年 4 月 2 日)

55.要以品牌为核心,以资产为纽带,以市场为导向,推动新闻出版企业跨媒体、跨行业、跨地区、跨所有制联合重组,培育新闻出版骨干企业和战略投资者。

《加快新闻出版业发展方式转变是当务之急》
(《中国新闻出版报》2010 年 3 月 19 日)

56.要用世界眼光、国际视野、战略思维,在广阔的空间中来定位和谋划文化体制改革和发展,进一步提升文化生产和传播能力、掌握话语权,为增强我国文化软实力提供坚实的基础。

《以改革为动力全面提升我国的传播力——在人民日报
社编委中心组学习会上的报告》(2010 年 4 月 2 日)

57.要抓好宣传与经营两分开,积极推进党报党刊发行体制改革。鼓励组建独立的发行公司,完善营销网络,加强市场运作,不断提高传递时效、扩大覆盖范围。在推进两分开的过程中,要防止社会资本特别是境外资本直接或变相介入宣传、编辑业务,禁止买卖刊号或者出租版面,禁止采编人员与经营人员混岗。

《以改革为动力全面提升我国的传播力——在人民日报
社编委中心组学习会上的报告》(2010 年 4 月 2 日)

58.要把转企改制与推动报刊资源整合及治散治滥结合起来,制定市场准入门槛,健全报刊退出机制,推出一批优秀品牌报刊企业和品牌报刊,退出、调整和停办一批不具备出版能力和条件、不具备市场生存的报刊,对于刊号资源向党报集团倾斜,增强主流报刊新闻传播能力、舆论引导能力和市场竞争能力。

《以改革为动力全面提升我国的传播力——在人民日报

社编委中心组学习会上的报告》(2010 年 4 月 2 日)

59.要在充分利用新闻出版系统内国有资本的同时,有效地吸纳系统外社会资本和境外资本,实现以资本扩张带动业务扩张、规模扩张和效益扩张。

《以改革为动力全面提升我国的传播力——在人民日报
社编委中心组学习会上的报告》(2010 年 4 月 2 日)

60.要按市场规则和新闻出版业发展规律进一步推动出版企业深化内部改革,指导新闻出版企业建立以产权清晰、权责明确、政企分开、管理科学为特征的现代企业制度,指导和推动一批具备条件的出版企业实施股份制改造,引入战略投资者,明确所有者、经营者各自职责,通过有效的制度安排,切实提高新闻出版企业的市场竞争能力。

《认真学习贯彻"七一"重要讲话精神,继续全面深
化新闻出版体制改革——在全国新闻出版局长座谈
会上的讲话》(2011 年 7 月 20 日)

61.要积极探索既符合市场经济规律又适合新闻出版业发展实际的企业领导体制和组织管理制度。要以明确范围、规范程序、强化监督和责任追究为重点,建立健全企业"三重一大"决策、执行和监督体系。要推动企业内部管理创新,强化管理和成本核算,形成有效的激励和制约机制。要进一步加强企业领导班子建设,充分发挥企业党组织的政治核心作用。

《认真学习贯彻"七一"重要讲话精神,继续全面深
化新闻出版体制改革——在全国新闻出版局长座谈
会上的讲话》(2011 年 7 月 20 日)

62.要加快新闻出版产品结构、企业结构、所有制结构、区域布局结

构、消费结构等结构调整,健全新闻出版产业体系。

《认真学习贯彻"七一"重要讲话精神,继续全面深
化新闻出版体制改革——在全国新闻出版局长座谈
会上的讲话》(2011 年 7 月 20 日)

63.行政管理体制改革,作为政治体制改革的重要组成部分,具有影响全局、带动各方的关键作用。要继续加快建立和完善党委领导、政府管理、行业自律、企事业单位依法运营的新闻出版行政管理体制。

《政治体制改革必须坚持正确方向》(《中国出版》
2011 年第 2 期)

64.新闻出版制度是社会政治制度的一部分。我国的新闻出版制度是我国社会主义政治制度的重要组成部分。新中国成立 60 多年来,我们逐步建立了以宪法为根据、以法律法规为主导、以行政条规为补充、以部门规章为辅助的完整的新闻出版制度体系和行为准则。依法开展新闻出版活动,依法进行新闻出版管理,是依法治国基本方略和依法行政基本要求在新闻出版活动中的具体体现。

《政治体制改革必须坚持正确方向》(《中国出版》
2011 年第 2 期)

65.推动党报党刊编辑宣传和发行业务两分开,组建独立的报业经营公司。鼓励和支持党报党刊与邮政部门、国有或国有控股大型出版发行企业开展战略合作,整合区域内的图书、音像、报刊等出版物发行、配送、快运、快递等市场流通资源,建立完善有效的现代营销网络。

《确保新闻出版体制改革继续走在文化体制改革前
列》(《中国新闻出版报》2011 年 5 月 17 日)

66.推进非时政类报刊出版单位体制改革,是全国文化体制改革的

一项重点工作,也是今年新闻出版体制改革的核心工作。非时政类报刊是重要的宣传舆论阵地,这方面的改革政治性、政策性很强,一定要按中央要求,统筹规划、分类指导,突出重点、稳步推进。

《认真学习贯彻"七一"重要讲话精神,继续全面深

化新闻出版体制改革——在全国新闻出版局长座谈

会上的讲话》(2011 年 7 月 20 日)

67.要切实提高主流出版传媒企业的综合实力和竞争力,科学整合各种出版传媒资源,着力打造一批实力强大、竞争能力突出、具有世界影响力的综合性跨国出版传媒集团。

《认真学习贯彻"七一"重要讲话精神,继续全面深

化新闻出版体制改革——在全国新闻出版局长座谈

会上的讲话》(2011 年 7 月 20 日)

68.要加快推动新闻出版企业跨区域跨行业跨媒体跨所有制经营和重组,切实提高新闻出版企业的综合实力和竞争力,着力打造一批实力强大、竞争能力突出、具有世界影响力的综合性跨国出版传媒集团。

《大力提升我国新闻出版业的国际竞争力》

(《中国新闻出版报》2011 年 12 月 23 日)

69.要依照公益性、均等性、基本性、便利性原则,着力在管理方式、人事制度、收入分配、社会保险、财政保障等关键环节创新体制机制,不断强化新闻出版事业单位内部管理。

《认真学习贯彻"七一"重要讲话精神,继续全面深

化新闻出版体制改革——在全国新闻出版局长座谈

会上的讲话》(2011 年 7 月 20 日)

70.要加快政府职能转变,继续推进政企、政事、政府与市场中介组织分开,更好地履行经济调节、市场监管、社会管理、公共服务职能。

《认真学习贯彻"七一"重要讲话精神,继续全面深化新闻出版体制改革——在全国新闻出版局长座谈会上的讲话》(2011 年 7 月 20 日)

71.在宏观层面上建立健全党委领导、政府管理、行业自律、企事业单位依法运营的文化管理体制。

《在深化改革中兴起社会主义文化建设新高潮——学习党的十七届六中全会〈决定〉的体会》(《中国出版》2011 年第 21 期)

72.在微观层面上着力形成富有活力的文化产品生产经营机制。无论是文化企业还是文化事业单位,都是具体承担文化创造、生产、经营和服务的实体,必须改变其体制不顺、机制不灵、管理不善的现状,通过改革创新,形成富有效率、充满活力,人人奋发向上的生产、经营、服务机制。

《以改革为动力兴起社会主义文化建设新高潮——学习党的十七届六中全会〈决定〉的体会》(《中国出版》2011 年第 21 期)

73.在市场层面上充分发挥市场机制的积极作用。文化资源的配置主要依靠市场机制,改革政府包办一切文化的状况;文化产品的社会效益也要通过市场来实现,实现两个效益的统一;文化产业的投融资主要依靠市场来吸引,调动全社会的力量发展社会主义文化;解放和发展文化生产力,满足人们精神文化需求。

《以改革为动力兴起社会主义文化建设新高潮——学习党的十七届六中全会〈决定〉的体会》(《中国出

版》2011年第21期)

74.政府自身的改革是改革成败的关键。如果行政管理体制不变,那么文化体制改革也是行不通的。长期以来,计划经济体制造就了高度集中的管理权,行政审批项目过多,行政事务高度垄断,管理行为不规范,官员自由裁量权太大,内外监督机制软弱,既制约了市场机制的调节作用,也妨碍了政府职能的转变,权力寻租、公务腐败、公权私用等问题的久禁不绝,就是因为改革不到位。显而易见,改革文化体制首先要改革行政管理,在宏观和微观两方面求突破,不然文化生产力还是解放不了。

《在国家行政学院的报告》(2011年11月7日)

75.在国际层面上创新文化"走出去"的模式。文化"走出去"既是提升中华文化国际影响力的需要,也是我国开拓文化发展空间的必然选择。关键是要改革、重构我国文化"走出去"的体制机制,主要通过市场主体、市场渠道、市场竞争和名牌文化产品、超越他人的文化服务实现"走出去",让中华文明传遍世界。

《以改革为动力兴起社会主义文化建设新高潮——
学习党的十七届六中全会〈决定〉的体会》(《中国出
版》2011年第21期)

76.发展大型文化流通企业和物流基地。要打破地域、行业界限,通过联合、重组、股份制等方式,加快建设重点文化流通企业和文化产品流通基地,尽快形成以大城市为中心、中小城市相配套、贯通城乡的文化流通网络,方便人民群众的文化消费。要大力发展连锁经营、集中配送、电子商务等现代流通组织和物流形式,提高流通环节的工作效率,保障有效供给。

《进一步深化改革开放加快构建有利于文化繁荣发

展的体制机制》(《人民日报》2011 年 11 月 7 日)

77.中央以主要报刊为基础集团化,像《人民日报》、《经济日报》、《光明日报》、《中国日报》等,以这样一些大报为基础实行集团化。地方上,原则上每个地方由报业集团、出版集团、期刊集团统一管理。不隶属于报业集团、出版集团以外的报刊,无影无踪的这种小单位,管理风险太大,要管也管不好。所以要实行统一,集中管理。

《就起草进一步深化新闻出版体制改革有关文件同
总署改革办同志的谈话》(2012 年 4 月 12 日)

78.政府部门、党政机关所办的出版企业,一律脱钩。其他的出版企业可以自愿地加入集团,也可以独立经营。我们通过市场的手段,不是靠行政的手段让它退出。

《就起草进一步深化新闻出版体制改革有关文件同
总署改革办同志的谈话》(2012 年 4 月 12 日)

79.民营工作室必须是跟大集团、有完善的机制和控制力的出版社合作,不允许再跟那些杂乱的出版社合作。这样会自动淘汰一批既没有出版能力,也没有实质性的出版权的民营企业,这样民营企业会自动向大集团靠拢。

《要思考进一步深化改革问题体制》(2012 年 4 月 12 日)

80.真正的企业建立起来的标志就是上市。能过了上市这一关,标志着企业真正建立起来。没有达到上市公司的水平,说明企业水分还大得很。

《就起草进一步深化新闻出版体制改革有关文件同
总署改革办同志的谈话》(2012 年 4 月 12 日)

文化体制改革的方法步骤

1.改革是多层次的,要总结经验,根据不同情况,分层次地进行指导改革。文化单位的体制、机制不一样,改革也就不能一个模式。所以要总体设计,分步推进。

《抓住机遇,深化改革,加快发展有中国特色的出版
事业》(《中国出版》2002 年第 7 期)

2.党的十六大之后,在文化体制改革上全党思想统一了,改革的思路、方向都有了,步骤上也要和我们的实际相适应。我们要分类指导,区别对待,先行试点,逐步推开。这是文化体制改革的工作原则。

《出版体制改革与改革中的出版业》(《出版科学》
2007 年第 5 期)

3.面对国内改革发展的大局和国际传媒竞争的加剧,新闻出版体制改革必须要在稳妥的前提下加快。我们按照先我后人、先易后难、先试后推的办法,依次加快深化改革。

《关于改革试点工作会上的讲话》(2002 年 6 月 27 日)

4.改革就要有生有死。过去我们把所有的文化企业都保护起来,

都让它活,事实证明是不可能的。今后我们出版业也是这样,通过市场竞争,总有一些要淘汰、关闭、破产,有一些要发展、要壮大,发展壮大了又要兼并、要重组,最终会形成一些大的集团。出版业竞争的结果是向大的实力强的集中。中小出版社是大集团的补充,建设有特色的小而强的一批出版社,把它做强,凭借规模较小、灵活机动、补充市场、应变能力强的优势,也能够生存下来。所以一定要借着这个机会好好研究,抓住机遇求发展。

《抓住机遇,深化改革,加快发展有中国特色的出版
事业》(《中国出版》2002 年第 7 期)

5.集团组建以后,集团里边的编辑业务和经营业务分离,经营性业务与内容无关,可以吸收业外的资金,包括非公有制的资本、境外的资本、国外的资本为我所用,壮大自己。

《抓住机遇,深化改革,加快发展有中国特色的出版
事业》(《中国出版》2002 年第 7 期)

6.成立集团要真改革,而不是挂个牌子的假改革,不搞量的加减,要起化学反应,有质的变化。

《提高创新意识,加快改革发展》(《中国出版》
2003 年第 1 期)

7.集团化是什么意思？不是当年搞的行政集团,而是以资产、业务为纽带建立的市场竞争的主体,真正的法人实体。为什么要组建集团？就是要以集团化作为结构调整、政企分开、管办分离的突破口,组织起真正的市场竞争的主体。因为我们今后的市场竞争,不是说自己和自己比,70 年代和 80 年代比,而是横向的比。现在的竞争是横向的竞争,是跨地区的竞争,也有跨国的竞争,比如中国和美国、中国和德国这样的竞争。横向竞争的市场是不会顾及你的辉煌历史,不同情弱者。

我们要形成自己的竞争主体,就要把我们的国家队先组建起来,做大、做强,以便于在国际国内展开竞争。这是集团化战略的根本目的。

《提高创新意识,加快改革发展》(《中国出版》

2003 年第 1 期)

8.除了有条件组建集团之外,其他出版单位怎么办？要扶持一些出版社走内涵式发展道路,依靠内在的力量进行结构调整,优化资源,形成一批名社大社。还要帮助一部分出版社办成小而特的出版社,作为集团、大社的补充,它们虽然规模小,市场占有率不高,但因为有某种特色,市场离不了它。

《提高创新意识,加快改革发展》(《中国出版》

2003 年第 1 期)

9.发行要完全市场化、企业化,不再作为某一个地区、某一个党政机构、某一个出版社的附属的一个发行机构,完全让它变成第三方物流代理,代理别人的东西。要打破行政界限,鼓励跨地区经营,引进竞争,就是要把竞争机制带到我们发行市场来,建设统一、竞争、规范、有序的市场。

《提高创新意识,加快改革发展》(《中国出版》

2003 年第 1 期)

10.要充分考虑到文化的广泛性、复杂性、特殊性,文化体制改革总体设计必须统筹经济、政治、思想文化体制,统筹文化改革、发展、管理,统筹文化事业、文化产业,统筹城市、农村文化公共服务,使未来的文化体系适应国家全局、充满发展活力。绝不能搞成"盲肠道"、"断头路"、"烂尾楼"。

《在改革试点工作会上的讲话》(2003 年 6 月 27 日)

11.集团化发展的方向,不是按照计划经济的思路走地域化的道路,而是培育大型的市场主体作为战略投资者,通过兼并、重组、收购等形式控制整个新闻出版业,实现跨地区、跨媒体、跨国经营。这也是与国际惯例相通的。

《以改革为动力加快新闻出版业发展》(《青年记者》
2005年第1期)

12.集团化战略的实施就是为了解决我们"小而散"的局面。计划经济按行政单位和级别配置新闻出版资源,使整个行业的力量分散,难以集中。采取集团化这样一种方式实现集约经营。集团化经营有两种思路,最早的思路是通过行政推动,现在的集团化战略是依靠名社、名牌、名人为中心,建设新的集团。

《以改革为动力加快新闻出版业发展》(《青年记者》
2005年第1期)

13.要建立新的新闻出版运行体系,借鉴其他行业的经验,我们现在是创造一个统一配送、由物流中心向连锁经营,以至于向终端销售中心配送的体系,同时纳入我们整个市场监管的体系。

《论新闻出版业的五大创新》(《公共管理高层论坛》
2006年第1期)

14.积极应用先进科学技术和传播手段,推动内容创新,使原创性文化产品在市场上占重要地位,进一步提升我国文化产品的国际影响力和竞争力,形成以民族文化为主体、吸收外来有益文化,推动中华文化走向世界的文化开放格局。这是解放和发展文化生产力的重要标志。

《解放和发展文化生产力》(《中国出版》2006年第3期)

15.在发行体制改革方面,目前的问题不是改制的问题,而是垄断经营留下的痕迹,地区封锁,条块分割打不破,我们讲的统一、开放、竞争、有序就是空话。要培育跨地区发行集团,通过收购、兼并、重组、股份制等措施,来组建跨地区发行集团。

《出版体制改革与改革中的出版业》(《出版科学》2007 年第 5 期)

16.坚持全面协调可持续发展,坚持统筹兼顾,妥善处理好改革发展中的重大关系,一手抓改革发展、一手抓导向管理;一手抓公益服务、一手抓产业振兴,这是改革发展的根本方法和有效手段。

《攻坚克难,深化改革,推动新闻出版业科学发展》(2007 年 7 月)

17.我国的出版物发行业还处于从计划经济向市场经济过渡的阶段,原有单纯、僵化的发行模式和交易规则已被打破,新的市场秩序和良好的信用体系还没有完全形成,在市场利益主体日益多元化,市场主体不断追求利益最大化的情况下,市场环境正变得越来越复杂,大量的诚信方面的问题正在严重制约着发行业的进一步发展。出版物的发行环节是新闻出版业面向市场、贴近群众,实现两个效益的关键环节,是全行业诚信体系建设的重点和难点。

《加强我国出版发行诚信体系建设》(《中国新闻出版报》2007 年 9 月 24 日)

18.要创新管理方法和手段,按照市场化的办法,通过经济、技术的手段实现对传媒业的文化、政治的管理。

《国家意识形态与传媒影响力》(2007 年 12 月 16 日)

19.要通过不断创新办法和手段,理顺行政管理体制,加强行业管理、市场监管和版权管理,建立起一套适合中国特色社会主义新闻出版业发展需要的行政管理和出版物市场执法体系。

《高举旗帜,全力推进新闻出版业大发展大繁荣》

(《中国出版》2008 年第 2 期)

20.要大力推进专业化集团化建设,鼓励发展"专、精、特、新"中小企业,形成富有活力的优势产业群。通过各种有效手段,合理配置出版资源,盘活存量,优化增量,解决国有新闻出版资产结构不优、效益不高、使用不活等问题。

《高举旗帜,全力推进新闻出版业大发展大繁荣》

(《中国出版》2008 年第 2 期)

21.区别对待、分类指导,深化公益性出版单位改革,是我们推进改革的一项重要工作。要按照党的十七大的要求,把发展公益性出版事业作为保障人民基本文化权益的主要途径。党报、党刊以及少数承担政治性、公益性出版任务的新闻出版单位,要建立新的运行机制,推进以事企分开、转换机制、加强服务、改善经营为重点的改革。

《高举旗帜,全力推进新闻出版业大发展大繁荣》

(《中国出版》2008 年第 2 期)

22.必须借鉴其他行业改革的经验,既坚定不移,又科学周密,以功能定性质,以性质定体制,以体制定机制,整体规划、分步实施,循序渐进、防止反复。

《全面展开的新闻出版领域体制改革新阶段——在
全国文化体制改革工作会议上的讲话》(2008 年 4
月 11 日)

23.必须坚持区别对待、分类指导,做到各项改革目标明确,不同单位不同重点,不搞一刀切,不搞一个模式,鼓励各地探索创新。

《全面展开的新闻出版领域体制改革新阶段——在
全国文化体制改革工作会议上的讲话》(2008 年 4
月 11 日)

24.改革是逐步深入的,不能一劳永逸。企业是否转制到位,不是
以注销事业法人注册企业法人为依据的,关键是要建立起现代企业的
法人制度、资本结构、分配模式和运营机制。目前,一些出版发行单位
转企改制后,生产力没有解放出来,凭借若干年积累的资金实力继续生
存,主要是没有继续深化改革,没有完全到位。一些单位转企改制之
后,内部没起"化学反应",仍然用计划经济的办法管理,懂经营、善管
理的人才奇缺,严重制约着企业的改革发展。转制之后必须要继续深
化改革,进行股份制改造、建立现代企业制度,找到与市场经济相适应
的体制和模式。

《全面展开的新闻出版领域体制改革新阶段——在
全国文化体制改革工作会议上的讲话》(2008 年 4
月 11 日)

25.鼓励转企改制后的大型出版发行集团公司跨地区兼并、重组,
以股份化为重点加强联合,做大做强。转制后的出版发行企业,要按照
现代企业制度的要求,完善法人治理结构和资本运行机制,尽快形成具
有核心竞争力的市场主体,提高国有资本的控制力、影响力和带动力。
要按照打造出版发行业战略投资者的要求,加大对骨干出版发行集团
公司的政策倾斜。

《全面展开的新闻出版领域体制改革新阶段——在
全国文化体制改革工作会议上的讲话》(2008 年 4
月 11 日)

26.新闻出版改革必须遵循科学逻辑:以功能定性质,以性质定体制,以体制定机制。首先要分清功能——服务性的经营性的;功能分清楚了,性质也就辨别清楚了,体制也就定下来了:经营性企业体制、服务性事业体制;再以体制来定机制,整个改革规划就清晰了,各个单位该是什么也就明确了。

《在时代的高起点上打好改革的攻坚战——在新闻
出版领域体制改革培训班上的讲话》(2008 年 6 月
12 日)

27.在试点和整体上看,新闻出版领域改革任务占了文化体制改革任务的三分之二,现在,中央决策明确,改革已经没有政策上的障碍。深化改革,既有路线图,也有时间表。

《文化体制改革既有路线图也有时间表》
(《人民日报》2008 年 6 月 19 日)

28.集团化是集约化的主要途径。要加快兼并重组股份化的进度,打破地区行业限制,培育大型文化企业集团,使大集团成为市场主体和战略投资者,在左右文化市场,参与国际竞争中发挥更大作用。

《科学发展观是新闻出版业繁荣发展的指导方针》
(《中国出版》2008 年第 11 期)

29.以资产为纽带的企业集团化是调整结构、实现新闻出版业集约化发展的主要途径。要通过体制创新和政策跟进,加快企业兼并重组的进度,打破地区行业限制,培育大型出版企业集团,使大集团成为市场主体和战略投资者,在左右国内市场和参与国际竞争中发挥更大的作用。

《高举旗帜,改革创新,推动中国特色社会主义新闻
出版业大发展》(《人民日报》2008 年 12 月 27 日)

30.完备的转制方案是做好出版社转制工作的基础。在制订转制方案的过程中,要统筹考虑方方面面的问题,特别是涉及人员、资金、资产等方面的事情,要逐一理清,在方案里写得明确一点,不给后续工作遗留障碍。

《加快推进中央各部门各单位出版社体制改革》

(《中国出版》2009 年第 Z2 期)

31.对于当前的新闻出版体制改革而言,关键环节就是要率先完成全行业的转企改制,打造一批主业突出、核心竞争力强的出版发行集团公司,积极推动产业升级。

《加快推进中央各部门各单位出版社体制改革》

(《中国出版》2009 年第 Z2 期)

32.要把当前的中央各部门各单位出版社转制同出版资源整合、结构调整结合起来,鼓励拥有多家出版社的部门组建出版集团公司;鼓励业务相近、性质相同、产业相通的出版社跨部门组建集团公司,鼓励中央和地方出版传媒企业跨媒体、跨行业、跨地区、跨所有制并购、联营、重组,打通整个行业的产业环节和市场网络,鼓励教育、科技、卫生、财经、文化等领域的出版社先行整合,形成一批导向正确、主业突出、实力雄厚、管理规范、运行高效、核心竞争力强的综合性新闻出版企业集团和专业性新闻出版企业集团。在资源整合和重组过程中,鼓励国有企业特别是大型国有企业以各种方式参与中央各部门各单位出版社的股份制改造或重组。

《加快推进中央各部门各单位出版社体制改革》

(《中国出版》2009 年第 Z2 期)

33.转制方案是出版社改革的具体路线图和时间表,也是出版社改革的具体操作指引。能否全面贯彻中央的精神和政策措施,能否用足用好各项政策,很大程度上取决于能否制订一个好的方案。

《加快推进中央各部门各单位出版社体制改革》

(《中国出版》2009 年第 Z2 期)

34."小舢板"捆绑起来还是"小舢板",打造"航空母舰"必须下决心淘汰没有战斗力的"小舢板"。在两年之内,对于那些方向不正、效益较差、资不抵债、无力生存、难以发展的中央各部门各单位出版社注销停办、退出市场。

《加快推进中央各部门各单位出版社体制改革》

(《中国出版》2009 年第 Z2 期)

35.经营性新闻出版单位转制为企业只是迈出了万里长征的第一步,还必须按照现代企业制度的要求,加快产权制度改革,实施股份制改造,完善法人治理结构和资本运行机制,成为运作规范的现代新闻出版企业。在这个过程中,要重点推进新闻出版企业联合重组,培育骨干企业和战略投资者,打造中国出版传媒业航空母舰,参与国际竞争。

《推动新闻出版体制改革,"四个"突破构建市场体
系——在全国文化体制改革经验交流会上的讲话》

(2009 年 8 月 15 日)

36.近年来,书报刊等纸介质传统出版产业受到了以数字出版、互联网出版为代表的新兴出版业态的冲击,加上体制落后,活力略显不足。面对这种形势,要进一步开拓市场,挖掘潜力,以内容创新为重点,在新业态难以涉足的领域进行深度开发。打破出版载体界限,延伸现有产品和品牌的价值链,加快从主要依赖纸介质出版物向多种介质形态出版物共存的现代出版产业转变。

《落实〈文化产业振兴规划〉,推动新闻出版产业又
好又快发展》(《经济日报》2009 年 9 月 29 日)

37.未来若干年中国的新闻出版业总资产、总规模、影响力可能会形成以若干出版集团为龙头的格局。这些改革在先的大型国有出版集团,下一步必然将作为国家支持的主体,市场经济的主体,投资的主体。由于它改革在先,国家政策、资源有倾斜,资金也支持,所以将会越做越强,越做越大。

《以改革为动力全面提升我国的传播力——在人民日报社编委中心组学习会上的报告》(2010 年 4 月 2 日)

38.集团化是新闻出版业调整结构、转变发展方式的重要途径,是新闻出版业实现规模优势、提升国际竞争力的重要手段。要通过大力实施"三个一批",重点推进出版发行企业联合重组,加快培育出版传媒骨干企业和战略投资者,打造中国新闻出版业的"航空母舰"。今年要重点推动中国教育、科技、卫生等领域的新闻出版资源先行整合,组建几个导向正确、主业突出、实力雄厚、管理规范、运行高效、核心竞争力强的出版传媒集团。

《以改革为动力全面提升我国的传播力——在人民日报社编委中心组学习会上的报告》(2010 年 4 月 2 日)

39.培育一批大型出版传媒"航空母舰"、重组一批大型印刷复制企业、组建一批大型发行物流集团公司,通过银企联盟造就战略投资者,打造国家级出版传媒主力"舰队",这是调整结构、培育骨干企业的必由之路。

《在新的起点上深化改革加快发展》(2010 年 8 月 20 日)

40.坚持统筹兼顾,围绕"两个主体"、"三个大型"、"四个体系"深化改革。要重塑合格的市场主体和优质的服务主体。培育一批大型出版传媒"航空母舰",重组一批大型印刷复制企业,组建一批大型发行物流集团公司,打造国家级出版传媒主力"舰队",这是调整结构、培育骨干企业的必由之路。推进资源、资本、产权、信息、技术、人才等新闻出版中介组织和市场建设,加快完善新闻出版产业要素市场体系;以构建全国性和区域性的新闻出版流通网络为目标,加快完善集中配送、连锁经营、电子商务为支撑的健康繁荣的大市场大流通体系;大力盘活国有文化资产,有序吸纳社会资本和境外资本,发挥金融、基金、股市、证券的投融资功能,建立有利于新闻出版产业发展的投融资体系;全面优化新闻出版业改革发展的政策环境、法制环境、市场环境,加快完善宏观调控、政策调节、公共服务、依法行政的科学管理体系。

《开创新闻出版业改革发展新局面》(《求是》
2010 年第 23 期)

41.在转企改制中,要按照做强做优一批、整合重组一批、退出停办一批的原则,加快报刊结构调整。要进一步推动党报党刊发行体制改革,创新、拓展党报党刊发行模式和有效渠道。

《抓住战略机遇,把握主题主线,科学谋划精心实施
新闻出版业"十二五"规划》(《中国出版》2011 年 2
月上)

42.在改革之初,根据体制改革中突出存在的观念和思路问题,以党的十六大精神为指导,引导行业转变观念、理清思路,明确了性质决定体制、体制决定机制、机制决定活力的改革思路,依据新闻出版业不同属性、不同功能、不同层次的改革对象,分别设计了行政管理体制改革"四分开"、转企改制"四到位"、事业单位"两分离"的改革路线。

《认真学习贯彻"七一"重要讲话精神,继续全面深
化新闻出版体制改革——在全国新闻出版局长座谈
会上的讲话》(2011 年 7 月 20 日)

43.要打破传统上按行政梯次、行政区划配置文化资源的局面,打破条块分割,推动文化资源由纵向配置转向横向配置,主要由市场来决定。

《认真学习贯彻"七一"重要讲话精神,继续全面深化新闻出版体制改革——在全国新闻出版局长座谈会上的讲话》(2011年7月20日)

44.坚持中国特色社会主义文化发展道路,必须坚持一手抓公益文化事业,一手抓文化产业,做到"两手抓"、"两加强"。形成以政府为主导,以公共财政为支撑,以公益文化单位为骨干,按照公益性、基本性、均等性、便利性的要求,保障全体人民的文化权益的服务体系;培育一批有实力、有竞争力的大型文化骨干企业,形成以公有制为主体、多种所有制共同发展的文化产业格局,努力提高我国文化产业整体实力和竞争力,培育国民经济支柱产业。

《以改革为动力兴起社会主义文化建设新高潮——学习党的十七届六中全会〈决定〉的体会》(《中国出版》2011年第21期)

45.推进文化行政体制改革,首先改变了政企不分、政事不分、管办不分的混乱局面,实现了政企分开、政事公开、事企分设、管办分离,政府、企业、事业单位各自回归本位,各自承担自己的任务,各自履行自己的职责。

《进一步深化改革开放加快构建有利于文化繁荣发展的体制机制》(《人民日报》2011年11月7日)

46.文化体制改革要按四个步骤、依次推进:第一步,以转企改制为中心,塑造新兴的市场主体。这个阶段主要是政事分开,并按照经营性和公益性两种不同性质,把文化单位分成两类:经营单位转企改制,成为市场竞争的主体;公益性单位不理经营部分,深化机制改革,成为公共服务主体。第二步,以"三改一加强"为重点,建立现代企业制度。第三步,以"转变发展方式"为重点,调整结构,优化布局,激发转制企业的创造活力,提升文化企业竞争力。第四步,以"投资分配改革"为重点,扩大文化产业投资渠道,利用财政、上市、引资和社会资本参与多种渠道,增强文化发展实力,完善绩效挂钩的分配制度,探索股权激励的办法,调整管理者和广大职工的文化创造性。

《在中央党校全国青联委员培训班上的报告》

(2011 年 11 月 28 日)

47.联合重组,用市场的办法组建大型的国家出版集团。这个问题要突出,"三改一加强"强调了改组,不光要改革,还要改组。

《就起草进一步深化新闻出版体制改革有关文件同

总署改革办同志的谈话》(2012 年 4 月 12 日)

48.加快推进出版传媒企业集团建设。出台新的举措,以强有力的政策鼓励出版传媒企业进行跨媒体、跨地区、跨行业、跨所有制、跨国界发展,加快新闻出版资源向优势企业集聚,打造和培育 5—10 艘国家出版传媒"航空母舰",其中包括国家三大出版集团、两大物流公司和地方出版、报业、印刷集团。

《努力开创新闻出版改革发展奋发进取的新局面》

(《中国新闻出版报》2012 年 2 月 24 日)

49.加快构建现代出版物市场体系。发展以跨地区连锁经营、集中配送、电子商务为特征的现代物流,建设大型现代新闻出版流通体系,打破条块分割、地区封锁和城乡分离的市场格局。加强新闻出版资本、版权、信息、技术、人才等要素市场建设,促进要素市场与出版物销售市场、有形市场与网上交易相结合,建立统一开放、竞争有序、健康繁荣的现代出版物市场体系。

《努力开创新闻出版改革发展奋发进取的新局面》

(《中国新闻出版报》2012 年 2 月 24 日)

50.一些同志一听讲科学发展观就以为是讲经济发展,觉得与文化关系不大。其实科学发展观是一种世界观方法论,贯穿在所有行业、所有领域和所有工作中,适用于各行各业,不单纯是指经济问题。

《科学发展观是新闻出版业繁荣发展的指导方针》

(《中国出版》2008 年第 11 期)

文化体制改革的重点难点

1.改革的关键,是要把文化生产力解放出来。特别要强调的是,改革不只是体制改革,机制转换也是难点。要继续扩大试点,加速外部结构调整,整合资源,减少低水平的重复;推动社内经营机制转换,改革劳动、人事、分配三项制度,增强内部活力;鼓励产业升级、产品更新、技术创新,向世界先进水平迈进。

《抓住机遇,深化改革,加快发展有中国特色的出版
事业》(《中国出版》2002 年第 7 期)

2.集团化建设是目前转制改革的一个突破口,目的是要组织我们中国出版的主力军进入世界竞争。集团化怎样建设,集团怎样搞,得有一个标准。我们搞的是以资产为纽带,以强社为核心,体制机制一起改的有发展潜力的大集团。

《抓住机遇,深化改革,加快发展有中国特色的出版
事业》(《中国出版》2002 年第 7 期)

3.在计划经济条件下形成的文化体制,最大的问题是党、政、企、事混在一起,宏观、中观、微观没有区别,不党不政不企不事,管理不顺,职责不清。这是我们宏观上的最大难题。近几年虽然强调了理顺关系,

但实质上没有什么根本改变。体制改革首先要创新管理体制,突破旧的管理模式。

《解放和发展文化生产力》(《中国出版》2006 年第 3 期)

4.对于传媒业来说,在转变经济增长方式方面肩负双重转变的任务。一方面,传媒业自身需要转变增长方式,另一方面,传媒产业在经济发展中具有优结构、扩发展、增就业、促跨越、可持续的独特优势,对实现我国经济发展方式转变具有重要意义。

《国家意识形态与传媒影响力》(2007 年 12 月 16 日)

5.科学发展观的核心是以人为本,实施农家书屋工程就是关注民生、体现民意、服务人的全面发展、解决农民的现实问题的一件实事,是头号工程。

《全面贯彻十七大精神,努力开创农家书屋工程建设

新局面》(《中国出版》2008 年第 1 期)

6.要勇于面对改革发展中遇到的体制机制性难题和深层次矛盾,对看准了的就要大胆去试,先试点,后推开。对那些在改革创新中涌现的并被实践证明确有成效的好经验好做法,就要理直气壮地去推广。

《高举旗帜,全力推进新闻出版业大发展大繁荣》

(《中国出版》2008 年第 2 期)

7.我国新闻出版业存在的突出问题就是结构不合理,无论是产业结构还是地区布局、产业配套、企业结构、产品结构,都存在严重的结构性弊端,由此导致了部门所有、条块分割、地区封锁、垄断经营、媒体综合经营能力弱,加上严重依赖教材教辅等突出矛盾和问题,造成了落后的发展方式。在深化改革的过程中加大结构调整和战略重组的力度,是转变发展方式的关键措施。

《全面展开的新闻出版领域体制改革新阶段——在
全国文化体制改革工作会议上的讲话》(2008 年 4
月 11 日)

8.现在改革的难点是什么？是转企改制。党政机关的出版单位脱
钩转制,要培育新的市场主体,要跨地区并重组,要引进战略投资者。
这是当前形势所需要的,也是改革的难点问题,推进改革必须在这方面
下功夫。绕开这些问题,搞这个制度、那个制度都没用,根本体制没有
改革,你弄那些表面文章有什么用？所以推进改革要敢于突破难点
重点。

《在时代的高起点上打好改革的攻坚战——
在新闻出版领域体制改革培训班上的讲话》
(2008 年 6 月 12 日)

9.政府是执法的主体,企业是市场的主体,事业是服务的主体。单
位性质不同,担负的任务也不同,改革的要求也不同。我们要搞清楚,
厘清职能并不易。

《在时代的高起点上打好改革的攻坚战——
在新闻出版领域体制改革培训班上的讲话》
(2008 年 6 月 12 日)

10.“十二五”时期是我国文化产业格局形成的关键时期,出版传媒
产业发展的重点是调整布局、优化结构、加快转变发展方式,落实“做
优做强做大”的要求。

《在新的起点上深化改革加快发展》(2010
年 8 月 20 日)

11.我国新闻出版业改革有两个难点,这也是我们今后改革和努力

的方向:一个难点是解放思想。新闻出版总体上在文化领域的解放思想仍然是一个大问题。因为长期以来,我国在计划经济的条件下,形成了一种思维模式和思想观念,思想僵化,这种心态要转变到市场经济上来,解放思想是最大的问题。改革每前进一步,就都得解放思想;发展每突破一点旧框框,都要有一个思想解放的过程。第二个难点是体制转换。我国以前的体制是在计划经济条件下形成的一个僵化的、适合于计划经济的那种体制,现在要转变到新体制上,难度很大。解放思想和转换体制作为两个最大的难点,前一个是解决人的观念问题,后一个是解决运行的制度问题、体制性的问题,这两个问题如果能解决了,才能积极推动出版事业繁荣、产业发展,为社会主义文化大发展大繁荣作出积极贡献。

《解放思想,深化改革,推动新闻出版业大发展》

(《中国出版》2008 年第 10 期)

12.所谓的事业性质、企业化管理,那是个非事非企的怪胎,其结果是人往事业靠(当干部)、钱按企业拿(多分配),越搞越糟,是单位没活力、事业难发展的根源。这个难题迟早要破。

《解放思想,深化改革,推动新闻出版业大发展》

(《中国出版》2008 年第 10 期)

13.要从粗放型数量扩张型增长方式向质量型效益型科技型增长方式转变,利用传媒领域高新技术,构建新的发展平台和出版业态,使传统出版单位向数字出版方向发展,大力培育新闻出版新业态,发展产业群、产业带、产业园区,形成新的增长点。

《科学发展观是新闻出版业繁荣发展的指导方针》

(《中国出版》2008 年第 11 期)

14.从目前我国新闻出版业发展状况看,落实科学发展观、解放和发展新闻出版生产力,必须走出一条依靠改革开放、科技进步、自主创新,不断提高人员素质和企业素质,速度较快、结构优化、社会效益和经济效益俱佳、产业整体质量不断提高的资源节约型、环境友好型可持续发展之路。走向这条科学发展之路,关键是要真正实现增长方式、体制机制和政府职能的转变。

《高举旗帜,改革创新,推动中国特色社会主义新闻
出版业大发展》(《人民日报》2008 年 12 月 27 日)

15.国家经济社会科学发展的新形势新情况要求新闻出版业必须实现由粗放型、数量型、扩张型增长方式向效益型、质量型、科技型增长方式的转变。这是技术进步和市场规律决定的,不以我们意志为转移的客观要求,是我国新闻出版业发展的必由之路。

《高举旗帜,改革创新,推动中国特色社会主义新闻
出版业大发展》(《人民日报》2008 年 12 月 27 日)

16.转企改制是文化体制改革的中心环节,也是衡量改革是否取得突破的重要标志。要抓紧时间,集中力量,紧紧盯住转企改制这个中心环节,打好改革攻坚战。只有先完成转制,才能成为真正的市场主体,参与市场竞争,在竞争中成长壮大,取得发展。

《加快推进中央各部门各单位出版社体制改革》
(《中国出版》2009 年第 Z2 期)

17.实现体制机制转换是推动出版产业发展的根本之策,但不是一劳永逸。转变增长方式、推动产业升级,是重构出版产业新格局、解放和发展出版生产力的又一个关键措施。

《加快推进中央各部门各单位出版社体制改革》
(《中国出版》2009 年第 Z2 期)

18.转企改制是经营性文化单位改革的工作重点,也是当前新闻出版体制改革的核心任务。

> 《推动新闻出版体制改革,"四个"突破构建市场体系——在全国文化体制改革经验交流会上的讲话》(2009年8月15日)

19.之所以称"体制改革",转制始终是改革的重中之重。

> 《改革创新,科学发展,大力推动我国向新闻出版强国迈进》(《中国出版》2010年2月上)

20.要抓住世界印刷、复制产业结构升级和梯次转移的难得机遇,切实推动传统印刷、复制企业采用数字和网络技术改造生产流程和现有设备,实现从单纯加工服务型向以提高信息增加值为主要内容的现代服务型转变。

> 《改革创新,科学发展,大力推动我国向新闻出版强国迈进》(《中国出版》2010年2月上)

21.产业集中度低、规模小,结构不合理,企业布局分散并且弱小。以图书、报纸、期刊出版等为代表的传统产业经历了高度增长阶段后出现增长乏力的局面,"小舢板"、手工式、单品种发展模式受到重大挑战;以网络游戏、数字出版、手机出版等为代表的新兴产业增速惊人,发展势头已超过传统产业。

> 《加快新闻出版业发展方式转变是当务之急》(《中国新闻出版报》2010年3月19日)

22.加快新闻出版业发展方式转变,根本出路在于自主创新。新闻出版业从来都是与新技术发展结伴而行的。必须站在现代科技发展前沿,抓住新一轮世界科技革命带来的机遇,更加注重自主创新,为加快新闻出版业发展方式转变提供强有力的科技支撑。

《加快新闻出版业发展方式转变是当务之急》

(《中国新闻出版报》2010 年 3 月 19 日)

23.随着产业规模不断扩大、高新技术飞速发展、国际竞争日趋加剧,新闻出版业不可避免地进入了产业格局调整、产业形态转换的战略转型期。转变发展方式已成为不可回避的紧迫历史课题。我们既要看到挑战,更要看到机遇,做好转变发展方式这个大文章。

《加快新闻出版业发展方式转变是当务之急》

(《中国新闻出版报》2010 年 3 月 19 日)

24.新闻出版改革已经把调结构、促转变作为重点工作,着眼于提高产业集中度和发展质量,在继续推动新闻出版产业集群、产业带建设的同时,有计划地扶持中西部地区特色产业基地、产业集群建设,促进产业的战略升级和区域新闻出版业的均衡布局。

《开创新闻出版业改革发展新局面》(《求是》

2010 年第 23 期)

25.创新包括内容创新、体制机制创新、技术创新等,其中最重要的,是要改变我们的文化生产模式。过去计划经济时代,新闻出版单位由国家完全养起来,没有形成一种内在的活力,竞争机制不适应当前市场经济的需要。别的门类都在按照市场经济的规律,而我们这个行业却游离于市场经济之外。

《换汤、换药,砸碎药罐子》(《人民日报》

2011 年 2 月 18 日)

26.转企改制只是改革的第一步,深化改革的任务依然艰巨。必须指导和帮助已完成转企改制任务的出版企业完善法人治理结构,尽快建立现代企业制度,这是一个新的难点。有条件的要进行股份制和公司制改造,规范公司的运行。同时要推进内部机制改革和创新。

《确保新闻出版体制改革继续走在文化体制改革前
列》(《中国新闻出版报》2011 年 5 月 17 日)

27.转型意味着变革,但这种变革不是对过去的彻底否定,也不是新与旧、活与死的替代关系,不是有了"数码照相"就彻底扔了"照片",而是一种适应性的变化,国际现代出版业是一个拥有几百年历史的成熟行业,它一直是在不断地转型中自我完善的。

《数字时代的全球出版走势》(《中国新闻出版报》
2011 年 9 月 1 日)

28.发展上的重点是注重内容创新。让内容回归文化产业发展的核心。只有生生不息的优质内容和基于内容的服务才是出版业长远发展的基础,没有了内容也就没有了传播、没有了市场价值。

《数字时代的全球出版走势》(《中国新闻出版报》
2011 年 9 月 1 日)

29.加快经营性文化单位转企改制,培育合格的市场主体,这是文化体制改革的中心环节。

《进一步深化改革开放加快构建有利于文化繁荣发
展的体制机制》(《人民日报》2011 年 11 月 7 日)

30.由于计划经济体制的影响,我国文化单位是按照行政级次配备的,实为行政部门和地方党政机关的附属机构,没有独立经营能力。在市场经济体制下,文化市场主体缺位,显然是难以发展文化。所以,中央把国有经营性文化事业单位转企改制作为文化体制改革的中心环节,紧抓不放。

《进一步深化改革开放加快构建有利于文化繁荣发
展的体制机制》(《人民日报》2011 年 11 月 7 日)

31.党的十七届六中全会特别强调了市场体系建设。这个市场体系不光是产品市场体系,它首先是一个资本市场体系的问题。要有重组、兼并、联合,就要有资产、资本市场体系。下一步改革要攻克这个难点。

《就起草进一步深化新闻出版体制改革有关文件同
总署改革办同志的谈话》(2012 年 4 月 12 日)

32.搞市场经济,要发展产业。企业是产业的基础,是市场的主体。搞市场没有主体,谁去搞? 那么,紧迫的任务就是塑造新型市场主体。主体从哪儿来? 需要将国有单位进行转变,让它当市场主体。这始终是个重点。

《就起草进一步深化新闻出版体制改革有关文件同
总署改革办同志的谈话》(2012 年 4 月 12 日)

文化体制改革必须坚持
对内对外开放

1.我们不是消极地抵制外来文化的渗透,我们也要向外渗透,中国文化要走向世界,组织一些外向型的出版工程,鼓励名社、大社,采取合作出版、区域代理、版权贸易等形式,开展对外活动,扩大我们在国际图书市场的影响和份额。

《抓住机遇,深化改革,加快发展有中国特色的出版
事业》(《中国出版》2002 年第 7 期)

2.对内、对外,都要开放。对内部,要调动编辑人员出谋划策、开发选题的积极性。对外要吸收社会上在专业方面有造诣、有特长、有权威的学者参与,向这些人开放,联系一些有用的专业人才,帮出版社出题审稿。

《抓住机遇,深化改革,加快发展有中国特色的出版
事业》(《中国出版》2002 年第 7 期)

3.中国是一个有着深厚文化底蕴的国家,文化弱势使我们很惭愧,因此我们下决心改变这种状况,通过文化产业把我们的文化价值观带到国外去,不只带着产品去,而是带着市场去。通过合资、合作、项目引

进,利用国外的销售渠道走出去,传播中华文化。

《以改革为动力加快新闻出版业发展》(《青年记者》

2005 年第 1 期)

4.国际文化市场的竞争与一般意义上的市场竞争有许多不同,它不仅取决于经济实力,还与历史、文化、语言、宗教、法律背景等密切相关。所以,对我们而言"走出去"的困难更多,难度更大。在这样的情况下,选择管理规范、技术先进、对我友好的国际知名出版企业进行合作,借助它们的出版、发行能力、销售网络及各种现有平台,在国外合办报刊、出版社、发行企业等,往往会比我们自己独立经营成本更低、效果更好。实施本土化策略,也是国际通行规则,我们应很好地借鉴和采用。

《努力开创中国图书"走出去"的战略——在"中国

图书对外推广计划"工作小组第三次会议上的讲话》

(2007 年 3 月 22 日)

5.中国图书"走出去"是一个战略任务,实质是要更多参与国际文化领域的竞争,增强中国的综合国力,提升中国的国际形象。

《努力开创中国图书"走出去"的战略——在"中国

图书对外推广计划"工作小组第三次会议上的讲话》

(2007 年 3 月 22 日)

6.中国图书"走出去"离不开政府的推动和支持,但仅依靠政府的推动和支持也很难持久,更难做大。在市场体制条件下,各类出版企业才是图书"走出去"的真正主体和生力军。

《努力开创中国图书"走出去"的战略——在"中国

图书对外推广计划"工作小组第三次会议上的讲话》

(2007 年 3 月 22 日)

7.面对西强我弱的国际舆论环境,实施"走出去"战略是必然选择。经过多年的探索,新闻出版业在传播中华民族优秀传统文化方面开辟了路子。

《我国意识形态与国家安全》(2011 年 6 月 5 日)

8.就全行业而言,"走出去"的能力还很弱很弱。走出中国一看,看不到我们中国能够在国际市场叫响的出版产品。中国有哪几本书能在国际上畅销? 看不到。这就是我们长期以来不重视参与国际竞争、与国际市场脱节造成的后果,在短期内还难以扭转这种弱势。

《哪里有改革,哪里就有新局面——在中国外文局文化体
制改革形势报告会上的讲话》(2008 年 4 月 23 日)

9.特别是这次藏独分子在国际上制造的一些过分(破坏)行为,更使我们文化战线上的同志感到必须在世界建立传播中国文化的网络。为什么几个犯罪分子就能在全世界形成这样的局面? 几十个大使馆同时被破坏和捣乱、几十个国家的极少数人破坏奥运圣火的传播? 不是藏独分子有那么大的能量,而是我们文化影响力太弱,许多人不明真相,许多人不了解中国的文化,不了解中国的历史,不知道中国的体制是怎么样。就是这样一个缺陷,造成了这样一个严重的后果。

《哪里有改革,哪里就有新局面——在中国外文局文化体
制改革形势报告会上的讲话》(2008 年 4 月 23 日)

10.随着改革的深入,出版业的开放进一步加大,民营工作室在体制改革中将作为出版体系的一个重要方面。传统出版单位要抓紧进入新的出版领域,要用新的技术来改造传统的方式,实现出版的转型。这也是我们发展的迫切任务。否则就要受到威胁。

《哪里有改革,哪里就有新局面——在中国外文局文化体
制改革形势报告会上的讲话》(2008 年 4 月 23 日)

11.必须把发展的目光放到国外,要充分利用两个市场、两种资源来发展我们的行业,尤其是在今天这种多媒体、互联网、跨国界文化传播的态势下,我们更要加强做好这项工作。要作为发展的一个基点,而不应作为一个任务,更要作为发展的内容来思考,把市场走到国外去。总结奥运会圣火传递这段时间的一些教训,要下功夫打通世界传播中国文化的渠道,真正让世界人民了解中国、认识中国、理解中国,而不是以前那种肤浅的宣传,每次到关键时刻都顶不住,人家并不理解中国的文化,并不了解中国的历史。这既是发展的着眼点,也是推广中国文化的重要渠道。过去只是注重从外在角度加强文化交流,这是计划经济下形成的模式,现在更多的是要利用文化产品市场"走出去",加强对外文化交流和宣传。要学习外国,要做得巧妙,要有技巧。

《哪里有改革,哪里就有新局面——在中国外文局文化体制改革形势报告会上的讲话》(2008 年 4 月 23 日)

12.只有改革开放才能使中国真正融入国际社会,学会怎么样跟世界打交道,世界也在学习怎么样和中国打交道。

《在时代的高起点上打好改革的攻坚战——在新闻出版领域体制改革培训班上的讲话》(2008 年 6 月 12 日)

13.要进一步把"走出去"战略落实到创意、生产、销售、发行活动的各个环节。思想要解放,办法要创新,善于用国际渠道和国际名牌企业输出中国产品,用自主品牌参与市场竞争。要精心组织每届国际书展和博览会,树立中国国际形象,文化奥运精神要进一步发扬。

《科学发展观是新闻出版业繁荣发展的指导方针》

(《中国出版》2008 年第 11 期)

14.抓发展要抓国际市场,落实"走出去"战略。鼓励企业进军国际市场,实行"以进带出"、合资合作开发海外市场和跨国投资等政策,扩大我国出版产品"走出去"渠道,进一步加强出版界的交流与合作。

《解放思想,深化改革,推动新闻出版业大发展》

(《中国出版》2008 年第 10 期)

15.对我们行业体制外已经形成的新的文化生产力关注不够,甚至排斥,几次调研把这些问题弄清了,但在结论、政策方面总是放不开。

《科学发展观是新闻出版业繁荣发展的指导方针》

(《中国出版》2008 年第 11 期)

16.新闻出版业本身是一个开放的行业,但却十分封闭,各自为战,难以实现对内整合、对外协力的要求。只有不断增强对内对外开放的力度,对内形成大集团、大制作、大流通、大市场;对外充分运用"两种资源、两个市场","走出去"参与国际竞争,才能逐步打破条块分割、地区封锁、城乡分离的局面,才能逐步形成以民族文化为主体、吸收外来有益文化、推动中华文化走向世界的文化开放格局,才能逐渐改变新闻出版在国际市场竞争格局中的落后状态,才能真正提高我国文化软实力。

《高举旗帜,改革创新,推动中国特色社会主义新闻

出版业大发展》(《人民日报》2008 年 12 月 27 日)

17.中国文化"走出去"是个战略问题,我们把它当做战略任务来完成。在坚持对外开放的同时,我们实现了由"引进来"向"走出去"的转变,参与国际竞争、利用国际资源和国际市场加快发展成了行业的共识。

《在改革创新中繁荣发展新闻出版业》(《经济日报》

2009 年 1 月 6 日)

18.随着中国经济实力、综合国力的不断提升,中国在国际上的影

响力不断扩大,国际社会对中国发展道路和发展模式更加关注,与中国合作的愿望也更加强烈,这给中国出版业开展国际合作带来了新的机遇。

《后金融危机时代的出版国际合作》(《中国出版》2010 年第 17 期)

19.无论从出版行业的发展,从出版人的文化、社会使命来看,还是从出版业在国际市场融通、发展中的作用来看,加强国际出版合作,都是一个互惠双赢的选择,进一步扩大对外开放仍将是中国出版业坚定不移的发展方向。

《后金融危机时代的出版国际合作》(《中国出版》2010 年第 17 期)

20.传播载体、传播技术、传播能力本身就是物质创造、技术实力,是硬上加硬的东西,实力上不去,传播力就上不去。我们的新闻不能影响世界,我们的出版产品不能主导国际市场,我们的文化精神不能左右世界文化进步潮流,很大程度上是由于我们的影响力、传播力不强造成的。

《改革创新,科学发展,大力推动我国向新闻出版强国迈进》(《中国出版》2010 年 2 月上)

21.增强"软实力",要用"硬功夫"。我们讲"软实力"是与经济、科技、军事这些物质力量相比较而言的,其实"软实力"是战略力量,刚性是非常强的。要创造出能够影响世界文明进步的中国形象、中国故事、中国创造、中国思想、中国精神,必须要调动全民族的创造精神,集中当代中国人民的聪明智慧,攀登世界科学、学术、文化的高峰,这不是一件容易的事情,而是要尽心竭力地去创意、创新、创造,这是民族自主的真正的"硬功夫"。

《改革创新,科学发展,大力推动我国向新闻出版强
国迈进》(《中国出版》2010 年 2 月上)

22.在对外开放不断扩大的新形势下,扩大对内对外开放是新闻出
版业发展方式转变的一个重要方面。从对内开放来看,与其他行业、国
有企业、社会资本进行有序的对接和合作必须有新的突破。特别是要
抓紧研究解决民营文化工作室的发展通道问题。在对外开放方面,要
继续加强版权引进,继续鼓励引进世界各国的优秀出版物,吸收各民族
创造的优秀文化和科学知识。要拓宽外商投资领域,引进战略投资者。

《以改革为动力全面提升我国的传播力——在人民日报
社编委中心组学习会上的报告》(2010 年 4 月 2 日)

23.要全面把握我国经济发展和对外开放的新形势,把扩大内需和
促进出口结合起来,拓宽新闻出版对外开放的广度和深度,构建由版
权、产品、实体、资产等多种形式、多种载体构成的新闻出版"走出去"
格局,建立健全新闻出版产业开放型经济体系。

《改革创新,科学发展,大力推动我国向新闻出版强
国迈进》(《中国出版》2010 年 2 月上)

24.要客观分析国际形势变化给"走出去"带来的有利条件和制约
因素,准确把握"走出去"的阶段性特征,借鉴跨国文化企业的经验,探
索我国新闻出版业进军国际文化市场的战略布局,并抓紧制定和实施
推动我国新闻出版"走出去"的中长期规划。

《改革创新,科学发展,大力推动我国向新闻出版强
国迈进》(《中国出版》2010 年 2 月上)

25.对内对外开放不够仍是我国新闻出版业发展的障碍。在对外
开放不断扩大的新形势下,扩大对内对外开放是新闻出版业发展方式

转变的一个重要方面。

《加快新闻出版业发展方式转变是当务之急》

（《中国新闻出版报》2010 年 3 月 19 日）

26.鼓励、支持和引导非公有资本以多种形式进入政策许可的领域。鼓励和支持非公有制文化企业从事印刷、发行等新闻出版产业的有关经营活动。引导和规范个体、私营资本投资组建的非公有制文化企业以内容提供、项目合作、作为国有出版企业一个部门等方式，有序参与新闻出版活动。鼓励和支持非公有制文化企业开拓境外新闻出版市场。加强和改进服务，为非公有制文化企业持续快速健康发展创造良好的政策环境和平等竞争机会。扩大对外开放，引进战略投资者，加强版权合作和产业运作，努力形成以民族文化为主体、吸收外来有益文化共同发展的新闻出版市场格局。

《在新的起点上深化改革加快发展》(2010 年 8 月 20 日)

27.我国新闻出版业的国际话语主导权，还有待进一步提高。我们很少能提出关注人类文明的问题，也很少能提出全世界关心的、能变成世界议论中心的问题。要改善这种现状，就需要创新。我认为，创新不足是中国文化国际影响力弱的一个主要原因。

《换汤、换药，砸碎药罐子》(《人民日报》

2011 年 2 月 18 日)

28.鼓励和支持非公有制文化企业以内容提供、项目合作、作为国有出版企业一个部门等方式，有序参与出版活动，把民营书业的能量释放出来，纳入科学发展之中。支持民营出版、发行企业与国有、外国出版、发行企业合资合作，在国外办社、办店、办报、办刊，共同开发国际出版物市场，扩大中华文化影响力。

《确保新闻出版体制改革继续走在文化体制改革前

列》(《中国新闻出版报》2011年5月17日)

29.新闻出版业发展离不开非公有制文化企业的积极参与。一方面,要引导和支持非公有资本有序进入国家允许的新闻出版领域;另一方面,必须加强对非公有制文化企业参与新闻出版的规划和管理。

《认真学习贯彻"七一"重要讲话精神,继续全面深

化新闻出版体制改革——在全国新闻出版局长座谈

会上的讲话》(2011年7月20日)

30.要坚持一手积极引导发展、一手严格依法管理的方针,引导非公有制文化企业不断强化自身建设,增强管理和服务能力。要加强动态监管,对合法经营的非公有制文化企业依法予以保护,对扰乱市场秩序、从事非法经营行为的要依法查处。

《认真学习贯彻"七一"重要讲话精神,继续全面深

化新闻出版体制改革——在全国新闻出版局长座谈

会上的讲话》(2011年7月20日)

31.要深入分析国际出版传媒市场新变化和结构布局新情况,准确把握"走出去"的阶段性特征,有效进军西方主流市场,进一步扩大亚洲市场,巩固和加强港澳台和周边市场。要加强政策引导,适时将工作重点转变到推动版权、产品、服务、企业、资本、品牌等综合"走出去"上来。要强化保障措施,确保在出版资源配置、财政、金融、税收等方面优惠政策的落实,强化"走出去"工作机制建设,为企业进入国际市场奠定基础,创造条件。

《认真学习贯彻"七一"重要讲话精神,继续全面深

化新闻出版体制改革——在全国新闻出版局长座谈

会上的讲话》(2011年7月20日)

32.为了提升我国的国际竞争力和中国特色社会主义的生存空间，必须统筹运用"两种资源"、"两个市场"，"走出去"参与国际影响力和话语权的竞争，变新闻出版大国为新闻出版强国，逐步形成以民族文化为主体、吸收外来有益文化、推动中华文化走向世界的开放格局，增强国家软实力。

《在旗帜的引领下——党的新闻出版事业90年伟大
实践与思考》(《求是》2011年第14期)

33.要从打造具有较强实力的新闻出版国际传播企业，搭建国际交易平台，培育国际知名品牌，开辟国际传播通道等五个方面入手，提升国际传播能力，进而鼓励企业和资本"走出去"，实施本土发展战略，落地生根，增强国际传播实效。

《在旗帜的引领下——党的新闻出版事业90年伟大
实践与思考》(《求是》2011年第14期)

34.坚持扩大开放，实施"走出去"战略，要统筹国际国内"两个市场"、"两种资源"，以更加开放的政策、更加广阔的视野、更加自信的心态，在更加开放的国际环境中建设中国特色社会主义新闻出版业，在更高起点上实现中华文化"走出去"。

《在旗帜的引领下——党的新闻出版事业90年伟大
实践与思考》(《求是》2011年第14期)

35.文化的特点是多元并存，我们探讨文化的融合，前提是要尊重文化的多元性，保护文化的多样性。文化的融合并不是要消解民族本土的特色文化，恰恰相反，抓住这一契机可以让全世界各地的优秀文化发扬光大。数字环境让这一趋势变得更加明显，开放兼容与共存共享已是不可阻挡的文化大势。

《数字时代的全球出版走势》(《中国新闻出版报》

2011 年 9 月 1 日)

36.为国际市场和国际文化交流作出应有贡献,是出版业走向发达的一个重要标志。中国政府高度重视中华文化走向世界。

《数字时代的全球出版走势》(《中国新闻出版报》
2011 年 9 月 1 日)

37.中国新闻出版业不断深化改革,培育新型市场主体,加快产业结构调整和发展方式转变,取得丰硕成果,为开展国际合作创造了新体制新机制。

《后金融危机时代的出版国际合作》(《中国出版》
2010 年第 17 期)

38.中国出版业开拓国际市场的经验不足,出版企业普遍实力较弱,竞争力不强,在内部运营机制、策划编辑、营销推广、版权贸易、翻译力量等方面与国际大型出版企业相比,总体上还有不小差距。

《后金融危机时代的出版国际合作》(《中国出版》
2010 年第 17 期)

39.文化"走出去"既是提升中华文化国际影响力的需要,也是我国开拓文化发展空间的必然选择。关键是要改革、重构我国文化"走出去"的体制机制,主要通过市场主体、市场渠道、市场竞争和名牌文化产品、超越他人的文化服务"走出去",让中华文明传遍世界。

《进一步深化改革开放加快构建有利于文化繁荣发
展的体制机制》(《人民日报》2011 年 11 月 7 日)

40.要创新对外文化传播方式方法,增强我国国际话语权。要改变被动应付为积极主动发声,回应外部关切,使国际社会了解我国的政策方针、基本国情、价值观念、发展道路,树立我国民主、开放、文明、进步的形象。

《进一步深化改革开放加快构建有利于文化繁荣发展的体制机制》(《人民日报》2011 年 11 月 7 日)

41.新闻出版业"走出去"要加快建立完善以政府为主导、企业为主体、市场化运作的新闻出版"走出去"运行体制和政策扶持、项目带动、平台支撑相结合的"走出去"运行机制。

《大力提升我国新闻出版业的国际竞争力》
(《中国新闻出版报》2011 年 12 月 23 日)

42.新闻出版业数字化、国际化、全球化趋势进一步走强。受金融危机影响,国际出版业兼并、收购、重组步伐不断加快,国际出版传媒格局出现新变化。资本、技术、人才等生产要素在世界范围内正在进行重新配置,对国际出版市场份额的争夺更加激烈。这对推动我国新闻出版业走出去,加快海外并购、拓展海外市场、抢抓海外资源,扩大国际出版市场份额,创造了有利的外部环境。

《大力提升我国新闻出版业的国际竞争力》
(《中国新闻出版报》2011 年 12 月 23 日)

43.没有品牌产品是走不出去的,这是实践的结论。由于缺少一批被国际社会广泛认可的中国品牌出版产品,在很大程度上制约了中华文化的国际影响力。

《大力提升我国新闻出版业的国际竞争力》
(《中国新闻出版报》2011 年 12 月 23 日)

44.与西方主要媒体和出版传媒集团强大的整体实力相比,我国新闻出版业的整体实力、影响力和竞争力都还较小。在新一轮国际竞争面前,我国新闻出版业在内容的原创性、人才、技术、设备、开拓国际市场等方面实力较弱,竞争力不强。新闻出版业走出去必须立足国际较量、实力竞争,只争朝夕地追赶发达国家。

《大力提升我国新闻出版业的国际竞争力》

(《中国新闻出版报》2011 年 12 月 23 日)

45.科技进步和技术创新,丰富了出版形态,拓展了传播渠道。我们要大力使用这些跨国界出版平台和技术,为新闻出版走出去构建重要支撑。

《大力提升我国新闻出版业的国际竞争力》

(《中国新闻出版报》2011 年 12 月 23 日)

46.开展国际合作是推动中华文化走向世界,共享世界文明成果的有效形式。新闻出版企业是国际合作的主力军,在国际化的大趋势下,要继续扩大国际合作的领域和范围。

《大力提升我国新闻出版业的国际竞争力》

(《中国新闻出版报》2011 年 12 月 23 日)

47.文化走出去不仅是中华文化的影响力问题,更是中华文化的发展空间问题。在信息全球化和国际出版市场高度竞争条件下,必须从战略高度合理谋划走出去宏观布局,面向世界求发展。

《在全国新闻出版工作会议上的报告摘登(二)》

(《中国新闻出版报》2012 年 1 月 5 日)

文化体制改革的两大支撑

1.文化体制改革要始终强调政策保障,适时制定出台有力的政策。政策的核心是无论体制如何变化,都要切实加强各级党组织、各级领导班子建设,确保党对新闻出版工作的宏观控制力;经济政策上要体现谁改革就支持谁,早改革早受益,早改革早发展。这是改革发展的政策保障。

《攻坚克难,深化改革,推动新闻出版业科学发展》

(2007 年 7 月)

2.文化体制改革政府居于主导地位,组织推动改革,行使行政权力,政府部门的政策、举措、规划对改革发展会产生巨大的影响,对企业的发展、对事业单位的运行也有极大的影响。所以,政府要在主导地位上多为企业事业的发展出台好政策。

《坚持用唯物辩证法处理好六个关系——在 2007 年全国
新闻出版局长座谈会上的讲话》(2007 年 7 月 14 日)

3.要深入探索运用经济政策、技术标准、质量监管、行业自律等多种手段加强管理的有效办法。不断完善新闻出版业的宏观调控机制和管理手段。

《高举旗帜，全力推进新闻出版业大发展大繁荣》

（《中国出版》2008 年第 2 期）

4.各级政府要为文化改革、发展提供配套的政策，用好政府的政策资源，在服务中实现管理目标。

《我国意识形态和新闻出版业的发展——在中央党校省部级、地厅级等全体学员培训班上的报告》

（2007 年 12 月 20 日）

5.大家改革中有些观望、疑虑，是对有些政策问题不了解，或者一些政策难以落实。一方面有主观认识问题，另一方面有改革配套政策问题。

《哪里有改革，哪里就有新局面——在中国外文局文化体制改革形势报告会上的讲话》（2008 年 4 月 23 日）

6.抓发展要抓政策，认真落实支持发展的各项政策。要落实中央政策，必须加强对改革的领导，理顺工作体制。按照中央的规定，文化体制改革实行党委政府统一领导、宣传部门协调、行政部门具体推进，中央由中央文化体制改革领导小组办公室协调这项工作。各地也要加强这方面领导，克服无所作为的问题，抽出专门的力量来推动改革，而且要责任到人。

《解放思想，深化改革，推动新闻出版业大发展》

（《中国出版》2008 年第 10 期）

7.发展问题在以往行政法规中很少涉及，这是行政职能管理的根源。要以发展为第一要务，完善新闻出版法规，制定出版产业发展的法规和政策，为科学发展提供制度性保证。

《深化行政体制改革，推动政府职能转变》（2008 年

11 月 25 日）

8.要切实加大政策扶持力度,对已经出台的政策要落实到位,将非公有文化机构参与图书出版活动纳入新闻出版管理范围。

《改革创新,科学发展,大力推动我国向新闻出版强国迈进》(《中国出版》2010 年 2 月上)

9.抓文化建设要像抓工程一样,要有项目的概念,做好项目论证。论证要细化,区分轻重缓急,成熟一个安排一个。坚决防止在党报传播能力项目建设中出现"拍脑袋决策、拍胸脯保证、拍大腿后悔、拍屁股走人"等情况的出现。

《以改革为动力全面提升我国的传播力——在人民日报社编委中心组学习会上的报告》(2010 年 4 月 2 日)

10.采取工程投入、产出预算、考核等办法,把实体项目列入工程管理。只有落实责任、落实指标、落实政策,改革发展才能扎实推进。

《在新的起点上深化改革加快发展》(2010 年 8 月 20 日)

11.公共服务主要是靠行政配备资源,政府的法规政策是重要保障,要系统梳理和完善经济政策,切实使公共服务体系建设得到长期保障。

《认真学习贯彻"七一"重要讲话精神,继续全面深化新闻出版体制改革——在全国新闻出版局长座谈会上的讲话》(2011 年 7 月 20 日)

12.深化文化领域的改革开放,法律保障和政策保障是重要条件,必须要机制化、长效化。

《以改革为动力兴起社会主义文化建设新高潮——

学习党的十七届六中全会〈决定〉的体会》（《中国出版》2011 年第 21 期）

13.要完善政策保障机制,落实支持文化改革发展的经济政策,加大财政、税收、金融、用地等方面对文化产业的政策扶持力度,设立国家文化发展基金,扩大有关文化基金和专项基金的规模。

《以改革为动力兴起社会主义文化建设新高潮——
学习党的十七届六中全会〈决定〉的体会》（《中国出版》2011 年第 21 期）

14.要提高文化支出占财政支出的比例,保证公共财政对文化建设投入的增长幅度高于财政经常性收入增长幅度,扩大财政覆盖范围,完善投入方式,加强资金管理和绩效考核。

《以改革为动力兴起社会主义文化建设新高潮——
学习党的十七届六中全会〈决定〉的体会》（《中国出版》2011 年第 21 期）

15.加快文化立法,制定和完善文化公共服务保障、文化产业振兴、文化市场管理等方面的法律法规,提高文化建设法制化水平。

《以改革为动力兴起社会主义文化建设新高潮——
学习党的十七届六中全会〈决定〉的体会》（《中国出版》2011 年第 21 期）

16.社会保障是每个单位都必须解决的问题,先解决先受益。国家社保体系很快就会并轨,所有的企业、事业单位和公务员都要并轨在一起,也就是说,将来大家都是一样享有社会保障,每个单位都面临社保这个问题。新闻出版单位率先解决了社保问题,对于职工利益就有了保障,大家无后顾之忧,就能全身心投入到文化大发展大繁荣的事业中去。

《两会归来话发展》(《传媒》2012 年第 4 期)

17.改革创新必须要有改革创新的人才支撑。新闻出版业核心技术是什么？是人脑再加上电脑,其他方面核心技术并不多。关键在什么地方？关键在人才。

《提高创新意识,加快改革发展》(《中国出版》2003
年第 1 期)

18.新闻出版行业本身就是知识创造,编辑、记者、主持人每个人都在创造,不同于生产流水线上的工人,所以人才在这个行业有特别重要的地位;同时,在新闻出版行业人才竞争很激烈,外国的新闻出版集团伺机进入中国的市场,他们现在也在调查我们的人才资源。文化人才的产生是长期积累的结果,不是一朝一夕就可以造就的。所以,人是新闻出版行业的核心竞争力。

《以改革为动力加快新闻出版业发展》(《青年记者》
2005 年第 1 期)

19.没有足够的复合型、创新型人才,是支持不了我们这个行业的改革创新的。

《论新闻出版业的五大创新》(《公共管理高层论坛》
2006 年第 1 期)

20.我们新闻出版业要走创新之路,基础是在创新人才的培养上。新闻出版行业改革发展的任务,就是突出创新这样一个主题。创新是我们国家民族的希望,创新也是我们新闻出版的希望。

《论新闻出版业的五大创新》(《公共管理高层论坛》
2006 年第 1 期)

21.新闻出版业这个行业,不是一个需要重型装备的行业。大家都知道,它的主体就是人,在这个行业里面就是人,人才决定了我们这个行业的兴衰成败。

《论新闻出版业的五大创新》(《公共管理高层论坛》2006 年第 1 期)

22.有了人才就能打开局面,没有人才寸步难行,在国际文化竞争中尤其如此。

《努力开创中国图书"走出去"的战略——在"中国图书对外推广计划"工作小组第三次会议上的讲话》(2007 年 3 月 22 日)

文化体制改革的组织领导

1.我们要高举邓小平理论伟大旗帜,坚持和巩固马克思主义在意识形态领域的指导地位,大力推进社会主义精神文明建设,使作为整体的宣传思想文化工作同我们党建设有中国特色社会主义经济、政治、文化的伟大实践相适应。

《宣传文化事业要改革创新》(1999 年 11 月)

2.文化体制改革始终要在党的领导下进行。要做到党和国家宣传文化的控制力不能削弱,只能强化。在坚持和改善党对文化建设的领导上,在路线、方针、政策的制定、贯彻上,在思想政治教育和组织人事管理上,都要体现这一点。

《宣传文化事业要改革创新》(1999 年 11 月)

3.改革就是破旧立新,是创造性的工作,没有勇气、不敢探索是搞不成的。领导者勇于探索是推进改革的关键。

《攻坚克难,深化改革,推动新闻出版业科学发展》
(2007 年 7 月)

4.新中国成立 60 年来,特别是党的十六大以来我国意识形态的建设和传媒业的发展,让我们深深体会到,巩固和发展我国意识形态,必须始终坚持党管传媒,牢牢把握正确的政治方向和舆论导向,不断提升传媒舆论引导力;必须始终坚持以改革促发展,不断提升传媒产业实力;必须始终坚持服务人民,不断扩大传媒传播力;必须始终坚持科学管理,不断增强传媒公信力;必须始终坚持对外开放,不断提升传媒国际竞争力。

《国家意识形态与传媒影响力》(2007 年 12 月 16 日)

5.从政府管理来说,现在要按照转变工作职能、转变工作方式、转变工作作风这个根本要求来抓。要遵循政企分开、管办分离、转变职能、强化服务的思路,充分发挥政府的宏观调控、社会管理、市场监督、公共服务这四个方面的功能。

《抓住机遇,深化改革,加快发展有中国特色的出版
事业》(《中国出版》2002 年第 7 期)

6.现代管理就是生产力,管理就是效益。这个已经是大家都认识到的。一个出版社能不能科学地管理,是关系它能不能发展、壮大的一个关键的因素。管理有两个方面,有政府的管理,也有出版社的管理。

《抓住机遇,深化改革,加快发展有中国特色的出版
事业》(《中国出版》2002 年第 7 期)

7.提高工作水平,就是要处理好这些复杂的关系。许多同志在看待、处理问题时,往往是"一点论",只看一点,不及其余,不讲辩证关系,表现在工作中,就会出现片面性问题。管理也是一样,要大胆管理,坚决管理,依法管理,但同时也要注意和谐社会的全局,要化解矛盾而不是激化矛盾,不能干扰中央的大局,不能转移人民群众的注意力。

《坚持用唯物辩证法处理好六个关系——在 2007 年全国
新闻出版局长座谈会上的讲话》(2007 年 7 月 14 日)

8.要坚持用唯物辩证法开辟前进的道路。这个问题我思考了很久,目前全国新闻出版系统既作出了突出成绩,也面临着不少困难;社会各界对我们有赞扬,也有批评;在发展中,既有许多有利因素,也存在着诸多无法回避的矛盾;真是前所未有的机遇,前所未有的挑战。这样一个状态是客观存在的,工作能否打开局面,关键在于我们自身的主观能动性,在于领导工作中的思想方法和思维方式。

《坚持用唯物辩证法处理好六个关系——在 2007 年全国新闻出版局长座谈会上的讲话》(2007 年 7 月 14 日)

9.很多政治性的问题,很多意识形态领域比较麻烦的问题,用市场的手段去解决比较简单,用程序化、法律化手段解决比较容易,不必陷入对内容的争执和争论中。这也是中央领导强调的重点,大家要学会运用市场手段解决复杂问题,市场化的手段越多,麻烦就越少。

《坚持用唯物辩证法处理好六个关系——在 2007 年全国新闻出版局长座谈会上的讲话》(2007 年 7 月 14 日)

10.回顾改革历程,我们深深体会到,党的领导是保证,坚持方向是根本,勇于探索是关键。只有坚持以科学发展观为指导,坚决贯彻中央部署,排除干扰、敢闯敢试、破旧立新,才能在改革的重要领域和关键环节取得突破,才能始终走在文化体制改革的前列。

《认真学习贯彻"七一"重要讲话精神,继续全面深化新闻出版体制改革——在全国新闻出版局长座谈会上的讲话》(2011 年 7 月 20 日)

11.文化关系着国家的安全、民族的命运。我们处在改革开放的环境下,文化环境表现为一个开放的、全球性的、多样化的状态,不同文化之间是互相影响的。中华民族几千年来能够不断地发展壮大,得益于我们祖先形成了中华民族独特的文化,得益于我们的民族以中华文化为凝聚力和精神发育的标准。因此,在全球化条件下保护文化环境,就是保护中华民族的精神家园,具有十分重要的战略意义。

《保护文化环境是国家战略问题》(《求是》2011 年 10 月)

12.文化是一个稳定的、长期影响人们生活的要素。总体上说,文化是由经济基础决定的,但它本身又具有稳定性和超前性。文化本身的这种特性,决定了文化环境保护的战略性。

《保护文化环境是国家战略问题》(《求是》2011 年 10 月)

13.改革正处在攻坚阶段,容易做的事情,改了就见效的事情,大家都已经做了,剩下的都是硬骨头,难干的事情。

《在新的历史起点上解放思想》(《中国国情国力》
2008 年第 11 期)

14.必须坚持党对新闻出版领域体制改革的统一领导,在制订方案、出台政策、组织实施的每个环节上,都要取得党委、政府的指导和支持,才能保证改革的整体推进。

《全面展开的新闻出版领域体制改革新阶段——在
全国文化体制改革工作会议上的讲话》(2008 年 4
月 11 日)

15.整个文化体制改革包括新闻出版体制改革,中央是有规定的,必须在各级党委政府的领导下进行,这是改革的一个前提。各级宣传部门负责协调,行政主管部门负责执行落实。因此,党委、政府、宣传部门和行政主管部门都有任务。

《在时代的高起点上打好改革的攻坚战——在新闻出版
领域体制改革培训班上的讲话》(2008 年 6 月 12 日)

16.美欧一些发达国家一方面把版权问题与经贸问题挂钩,为维护其经济利益,不断以版权问题向我国施压,抢占我国市场;另一方面,利用版权交易对我国进行文化渗透,输出其意识形态和价值观,挑战我国的社会制度。从这一点而言,版权制度已日益成为我国加强文化内容管理、传播渠道管理,维护意识形态安全,促进社会主义文化大发展大繁荣的重要保障。

《以版权工作新突破推动文化大发展——在 2011 年
中国版权年会上的讲话》(2011 年 11 月 12 日)

17.与国际形势的新变化对传媒业提出的新要求相比较,我国传媒业在全球格局中的产业份额与实际影响力仍还偏低、偏弱,传媒业的对外传播能力、应急应变能力、化解风险能力、舆论引导能力、提高话语权能力都还面临着更大的压力与更多的困难。

《国家意识形态与传媒影响力》(2007 年 12 月 16 日)

18.切实加强党对新闻出版工作的领导,保持新闻出版行业各级党组织的先进性,发挥广大党员的先锋模范作用,是几十年来新闻出版业从小到大、从弱到强的政治基础和组织保证。

《在旗帜的引领下——党的新闻出版事业 90 年伟大
实践与思考》(《求是》2011 年第 14 期)

19.面对新情况,必须加强行政能力建设和管理创新,不断改革管理体制、完善运行机制、建立健全政策法规,提高综合运用法律、经济、行政、市场、技术、思想政治工作等多种手段加强管理的能力,提高文化管理的科学化规范化法制化水平。

《在旗帜的引领下——党的新闻出版事业 90 年伟大
实践与思考》(《求是》2011 年第 14 期)

20.上下级之间要互相尊重、互相体谅、互相支持和信任。作为上级,要大力支持下级大胆履行职责、加强管理,也要帮助他们解决困难。作为下级,要及时贯彻上级的指示要求,把工作落到实处。上下级之间要加强信息沟通,要建立快速反应机制,不能上下脱节。切忌在行政和执法的过程中互相推诿、扯皮,不敢负责,造成不团结、不得力的印象,影响行政形象和执法效率。

《坚持用唯物辩证法处理好六个关系——在 2007 年全国新闻出版局长座谈会上的讲话》(2007 年 7 月 14 日)

文化体制改革要着眼创新发展

1.在经济全球化的背景下,世界文化交流日益频繁,特别是互联网技术的应用,使文化的边界已经突破了国界线。从整个全球来看,文化与政治、经济、社会已经相互交融,文化的作用越来越大。从我国来看,在全面建设小康社会,在实现我国现代化建设的战略目标中,文化的全局性、战略性地位和凝聚力、创造力、生命力的作用越来越突出。文化不再是过去人们所认为的吃吃喝喝、玩玩乐乐的问题,而是国家发展、事业发展的一个全局问题。从发达国家的实例看得更清楚,比如美国,它的文化产业发展已经成为国民经济的主要支柱之一。建设文化强国,深化改革、加快发展是唯一出路。

《出版体制改革与改革中的出版业》(《出版科学》2007 年第 5 期)

2.国家与国家之间一个重要的较量就是国家文化软实力,这种文化软实力的较量,集中表现在文化产品的互相渗透和影响。这一点,我们在自己的国土上就有深深的体会。美国的大片、软件,日本的动漫,韩国的游戏和电视剧等一系列产品统统进入了我们的市场,不出家门已经感受到了国际的竞争。而我们对这样的竞争形式没有深刻的理解和认识,以致我国优秀的文化走不出去,中国优秀的历史文明为世人所不了解。这是我们文化工作者所面临的困境,出路就是壮大文化产业。

《哪里有改革,哪里就有新局面——在中国外文局文化体
制改革形势报告会上的讲话》(2008 年 4 月 23 日)

3.文化产业所具有的生产、技术、投资、市场等几个方面的优势,决
定了文化产业必然成为国民经济的新增长点,无论是城市还是农村,无
论是东部还是中部、西部,都可以抓住机遇,在文化产业发展上大做
文章。

《文化产业是中国经济的新增长点》(《中国报业》
2006 年第 5 期)

4.发展文化产业必须深化改革,因为现在大多数单位体制不顺、机
制不活,发展动力不足,没有摆脱计划经济的模式;市场主体作用不明
显,内部活力不强,市场规则不完善,进入和退出机制不健全,体制性障
碍还未消除。

《在改革创新中繁荣发展新闻出版业》(《经济日报》
2009 年 1 月 6 日)

5.什么是跨越式发展呢? 在产业上能够横跨一步,单一的产业并
非有利于发展。过分的产业单一化使它的生产环节不连贯,大大地影
响了生产力的发展。我们现在促进跨越式的发展,首先就是行业的跨
越,鼓励我们新闻出版、广播、影视行业首先要相互跨越。我们现在就
是要鼓励有实力的报业集团办出版社、办影视,鼓励有实力的出版社办
报纸、办期刊、办影视。行业上先要跨越,这样才能实现跨越式发展。
行业限制过多、过死,大家都抱着这一条腿,这是不符合经济规律的。
第二方面是经营地域要跨越,不能固守在一个地方,不仅市场是这样,
出版也是这样,我们要把自己的产品推广出去。否则大家死守着自己
的那一块天地,控制得死死的,谈跨越式发展不就是一句空话? 在地域

上不仅要跨省、跨境,到香港、台湾、澳门,我们能出去的都可以去做,还要往国外走,在国外发展更好的市场。所以行业要跨出去,地域要跨出去。第三是资本市场要跨出去。在确保安全的基础上,投资渠道上要放开一些。出版社得到出版权形成你的无形资产,加上你多年的积累,你可以依托这个进行扩大融资范围。

《提高创新意识,加快改革发展》(《中国出版》2003
年第 1 期)

6.新闻出版体制改革也要两手抓,在抓好转企改制、产业发展的同时,要硬化公共服务这一手。

《推动新闻出版体制改革,"四个"突破构建市场体
系——在全国文化体制改革经验交流会上的讲话》
(2009 年 8 月 15 日)

7.科学技术是第一生产力,它的每一个进步不仅创造了文化,成为文明的标志,而且推动了文化生产和文化传播的革命。互联网技术、电子技术、光储存技术、计算机技术、移动通讯技术、动漫制作技术等等,普遍应用于文化产业,提升了文化产业的技术含量,使文化产品的制造和流通进入了大工业时代。

《文化产业是中国经济的新增长点》(《中国报业》
2006 年第 5 期)

8.对待新技术一定要统一思想认识,不要惧怕新媒体,更不能排斥先进的东西,而要研究它、应用它。在这方面"左"的影响还比较多。新技术的发展,可能会给传统媒体带来不小的冲击。就像当年互联网刚刚兴起,人们还没来得及弄清是该抵制还是积极应对时,它就做大做强了,变成了主流渠道,进入了社会各个方面。我们必须坚信的一点是,新媒体是阻挡不了的,但也不能够完全代替传统媒体。新媒体的信

息虽然更新快、容量大,但传统媒体却更加符合人的逻辑思维能力,从人们对互联网论文的应用远远低于书报刊论文应用这一点就可以看出各自的优势。

《新媒体现状与趋势》(《青年记者》2007 年第 Z1 期)

9.计算机、互联网、数字化这些高新技术的发展,改变了和正在改变着新闻出版的生产方式和传播手段,多媒体融合的新业态给社会提供巨大的信息平台和传播渠道,对整个社会的生产方式、生活方式都产生了划时代的影响。对于这些新技术,如果我们不能主动参与、积极发展、为我所用,我们同发达国家的差距还会拉大,我们的舆论强势和文化优势就难以发挥,在国际舆论和文化实力较量中,"西强我弱"的局面将难以改变。

《我国意识形态和新闻出版业的发展——在中央党
校省部级、地厅级等全体学员培训班上的报告》
(2007 年 12 月 20 日)

10.近年来技术发生的最大变化是信息和传播技术的革命,计算机、互联网和数字化这三大技术支撑的传播技术的革命,给我们新闻出版行业带来了最大的挑战。有人说这是几千年来前所未有的挑战。我们传统的文化生产、传播模式被现在高新技术所代替的趋势越来越明显。在这种条件下,如果我们的出版体制不改革,我们还继续实行计划经济的那套办法,仍然没有人投入技术领域,不去开发、研发新技术,不推广应用新技术,那么我们的传统出版业就要崩溃,就要被别人所代替。

《出版体制改革与改革中的出版业》(《出版科学》
2007 年第 5 期)

11.面对技术进步,面对新的媒体、载体、材料和传播方式的巨大变革,我们如何应对?是阻挡变革还是顺应潮流?是抓住机遇发展还是用落后的生产力阻挡先进的生产力?我认为,对新技术和新媒体我们应采取正确的态度,即"主动参与、积极应对,为我所用,趋利避害"。

《新媒体现状与趋势》(《青年记者》2007年第Z1期)

12.新媒体对传统新闻出版业来说是机遇也是一种挑战,因此全行业都要解放思想、把握潮流,一定不能闭目塞听、固步自封,要积极应用新媒体和新技术,而不是像现在那样,满足于传统业态,而把新媒体的发展权让位于IT行业、通讯公司,这就会使出版业边缘化。我们应该了解和把握趋势,不仅仅是看技术上掌握多少,更主要还是看思想上的解放,这是首先需要解决的问题,不了解、不认识,谈何发展?

《新媒体现状与趋势》(《青年记者》2007年第Z1期)

13.要用新技术来改造传统的出版业。这是目前一个迫切的任务。数字出版、在线出版原来也发展,这些新兴的领域现在完全被一些IT公司、一些信息方面的公司所主导,而出版业基本上没有能够占主导地位。一些单位建立的网站也无非是传播自己已经出版的、纸质的产品,不算真正的数字出版或在线出版。这些新技术如果我们不使用,出版领域将会被这些新的公司代替。

《哪里有改革,哪里就有新局面——在中国外文局文化体制改革形势报告会上的讲话》(2008年4月23日)

14.整个新闻传播和出版业发展到了关键时期,正在由传统出版向数字化出版方向转变,与国际水平相比,我们的出版业在传统领域没有优势,但数字化与别国同时起步,一定要抢占先机,中国就有可能引领数字传播潮流。

《科学发展观是新闻出版业繁荣发展的指导方针》

(《中国出版》2008年第11期)

15.抓发展要抓技术进步,运用新技术,占领新阵地,培育新业态。要大力应用互联网、计算机、数字化这些新技术,大力推进传统出版向数字出版转型,努力打造主流媒体在多元传播格局中的强势地位。

《解放思想,深化改革,推动新闻出版业大发展》

(《中国出版》2008 年第 10 期)

16.从当前世界科技发展的态势看,信息技术高速发展,日新月异,谁的传播手段先进、传播能力强大,谁的思想文化和价值观念就能更广泛地流传,谁就能更有能力影响世界。历史和现实的经验都一再证明,出版业要始终保持蓬勃生机和创造活力,必须站在科技发展的最前沿,及时把科技成果运用到发展中。

《加快推进中央各部门各单位出版社体制改革》

(《中国出版》2009 年第 Z2 期)

17.随着信息技术、数字技术和计算机技术的不断发展,以数字网络出版、数字印刷业为主体的新型出版业态呈现高速发展态势,成为我国新闻出版产业改革开放以来传播手段变革的重要标志。

《与时俱进的中国新闻出版业》(《求是》2009 年第 4 期)

18.高新技术对新闻出版各个方面所带来的影响都是革命性的,但相当一部分新闻出版单位对新技术反应迟钝,在发展高新技术、推动产业升级方面缺乏动力,创新能力不足。

《加快新闻出版业发展方式转变是当务之急》(《中国新闻出版报》2010 年 3 月 19 日)

19.新闻出版数字化、网络化是时代潮流,大力推动传统产业技术进步,加快培育新兴产业,促进文化与科技的融合,提高文化企业装备水平和科技含量,培育新的文化业态,是改革发展的任务。

《开创新闻出版业改革发展新局面》(《求是》
2010年第23期)

20.要大力推动音像、电子出版企业向数字化转型,鼓励其创新手
段,通过互联网开展出版业务,延伸产品价值链,拓展市场空间。要积
极发展数字出版、网络出版、手机出版等以数字化内容、数字化生产和
数字化传输为主要特征的新兴业态,加快结构调整步伐,大力推动以互
联网为平台,以图文、音频、视频等形式对出版内容资源进行全方位、深
层次的开发利用。要积极支持数字内容产业装备的制造技术研发,探
索电子纸、终端阅读器等新产品、新载体的技术开发和应用。要通过加
大技术和资金投入,从创新机制、规范标准、强化管理入手,力争在较短
时间内,初步构建覆盖广泛、技术先进、传输快捷的新闻出版传播体系。

《改革创新,科学发展,大力推动我国向新闻出版强
国迈进》(《中国出版》2010年2月上)

21.要进一步增强推动动漫、游戏出版产业发展的主动性,认真分
析动漫游戏出版产业发展趋势和内在规律,优化和完善扶持政策,鼓励
原创动漫出版产品的创作和研发,特别是要鼓励原创网络游戏产业向更
高层次发展,鼓励新闻出版企业对动漫游戏出版资源进行深度开发利
用,延伸动漫游戏出版产业价值链,提高产品的市场针对性和有效性。

《改革创新,科学发展,大力推动我国向新闻出版强
国迈进》(《中国出版》2010年2月上)

22.“数字化”既是重点,又是核心,必须将数字出版放在事关新闻
出版业未来发展的重要位置,这也是推动新闻出版业成为支柱性产业
的必然选择。

《积极推动全行业实现数字出版大跨越——在第四
次部市合作会议上的讲话》(2011年7月27日)

23.出版企业与技术开发商、内容集成商、渠道提供商、平台运营商以及终端生产商之间的合作将越来越紧密,相互借助优势,相互促进发展。原有的产业链主体的位置将出现调整,原有的产业环节将通过合并、分拆进行重建,克服薄弱环节,强化竞争能力。产业链的融合将最终实现产业运作效率的整体提升。

《数字时代的全球出版走势》(《中国新闻出版报》2011 年 9 月 1 日)

24.传统出版企业应该坚定文化产业发展的核心是内容,积极向数字化转型,利用各种类型的信息加工方式加速内容数字化,借助互联网、手机等新型传播途径,重构知识与内容的销售渠道,实现传统出版与数字出版的融合发展。

《积极推动全行业实现数字出版大跨越——在第四次部市合作会议上的讲话》(2011 年 7 月 27 日)

25.大众的阅读习惯在变,出版的产品形态在变,商业模式和服务模式在变,产业的结构和格局也在变,这一系列的转型还在进行中,转变的结果,就是实现整个行业的升级换代、技术更新、业态革命。

《数字时代的全球出版走势》(《中国新闻出版报》2011 年 9 月 1 日)

26.加快建立长远、健康、共赢的商业模式和利益协调机制。这是数字出版稳健发展的关键所在。业界需要认真研究内容产业背后真正的商业逻辑,创造实实在在的需求,完善数字出版产业的生态链条。内容、技术、平台、渠道等各方要发挥各自所长,开展深度合作,合理分配经营利益,形成优势互补,互利共赢的产业机制。

《数字时代的全球出版走势》(《中国新闻出版报》2011 年 9 月 1 日)

27.相对于新兴的市场主体,传统出版商转型面临更多的困难。如果内容无法实现增值,出版企业将不愿意将优质内容拿出来开发数字出版产品或与渠道商合作。而如果技术平台没有好的内容,就不能形成内容提供能力。内容与渠道分离产业链不打通,大家各行其道,就会形成产业发展瓶颈和合作僵局,发展就不可能进入良性循环。可见,各环节如何重新定位自己的价值,如何建立新的市场公平交易规则,如何形成合理的利益分配机制,如何完善平台和内容的对接等,都是我们需要面对的问题。

《数字时代的全球出版走势》(《中国新闻出版报》
2011 年 9 月 1 日)

28.新媒体技术正在使出版业向着更宽泛的内容产业各领域扩展。图书、杂志、报纸、电视、网站、无线互联及通讯等将发挥各自的载体优势,全方位满足用户的内容需求。这种会聚与融合不仅会对原有的产业做加法,也将衍生出新的产业。这种融合将使内容产业真正实现效益最大化,覆盖的最大化,人们的精神文化消费将变得空前丰盛。

《数字时代的全球出版走势》(《中国新闻出版报》
2011 年 9 月 1 日)

29.新闻出版业在社会主义先进文化中的地位和作用将更加突出,而在整个新闻出版业中,作为战略性新兴产业,数字出版前景广阔,潜力巨大,必将成为未来的发展重点。大力发展数字出版产业不仅仅是新闻出版业转变经济发展方式,实现升级转型的现实需要,更是加快建设社会主义先进文化,提升我国综合竞争力的客观要求。

《积极推动全行业实现数字出版大跨越——在第四
次部市合作会议上的讲话》(2011 年 7 月 27 日)

30.要加强内容企业与技术公司的深度合作,发挥技术公司的技术实力和出版机构长期积累的内容资源优势,促进数字出版不断突破新技术、探索新模式,实现内容优势与技术优势的有效结合,达到优势互补,互利双赢。

《积极推动全行业实现数字出版大跨越——在第四次部市合作会议上的讲话》(2011年7月27日)

31.以高新技术为支撑的数字出版,是一个科学体系,也是一个全球产业体系,如果没有统一的技术标准、产业标准和产品标准,那将是无法通用的、封闭的、独立的。那么它的流通、使用、全球化将严重受阻。目前,由此造成的"信息孤岛"比比皆是,制约了数字出版的发展。

《数字时代的全球出版走势》(《中国新闻出版报》2011年9月1日)

32.要在市场层面上充分发挥市场机制的积极作用。文化资源的配置主要依靠市场机制,改革政府包办一切文化的状况;文化产品的社会效益也要通过市场来实现,实现两个效益的统一;文化产业的投融资主要依靠市场来吸引,调动全社会的力量发展社会主义文化;解放和发展文化生产力,满足人们精神文化需求。

《进一步深化改革开放加快构建有利于文化繁荣发展的体制机制》(《人民日报》2011年11月7日)

33.文化是一个最具创新特色的行业,文化一旦不创新就失去了生命,失去了光彩。简单地复制别人的文化,复制别人的知识,那么我们这一代人在历史上就是一个空白,没有给中华民族文化宝库增加一点新东西,就枉为一代人,所以要创新。我们今天看到的中国历史文化上沉淀下来的东西都是一代一代的创新积累起来的。任何东西都是有自然寿命的,唯独文化可以世世代代流传下去,文化创新可以永垂不朽,历史留下的只有创新发展的文化成果。

《出版体制改革与改革中的出版业》(《出版科学》

2007 年第 5 期)

34.新闻出版产业作为文化产业的重要部分,肩负着坚守意识形态阵地、传播科学理论、传承优秀文化、引领时代潮流、增强文化软实力等重要历史使命,在文化产业发展全局中发挥着不可替代的作用。

《落实〈文化产业振兴规划〉,推动新闻出版产业又

好又快发展》(《经济日报》2009 年 9 月 29 日)

35.引入竞争机制,对重要新闻出版公共产品、重大新闻出版公共服务项目和公助性文化活动,要实行政府采购、项目补贴、定向资助,扩大服务范围,提高服务质量,增强服务效益。

《加快新闻出版业发展方式转变是当务之急》(《中

国新闻出版报》2010 年 3 月 19 日)

36.树立以人为本的发展观念,加快构建新闻出版公共服务新体系。要以国家重点出版工程、少数民族新闻出版"东风工程"、农家书屋工程、全民阅读工程、基层阅报栏工程、文化环保工程等为抓手,着眼文化长远发展、立足群众基本需求,继续完善新闻出版公共服务体系,实现由"点"到"面"到"线"的联通。服务人民是发展的根本目的。

《努力开创新闻出版改革发展奋发进取的新局面》

(《中国新闻出版报》2012 年 2 月 24 日)

37.只有加快发展,才能更好服务。要重点推进农家书屋工程、全民阅读工程、少数民族新闻出版"东风工程"、重大出版工程、盲文出版工程、国家古籍整理出版工程、重点报刊传播能力建设工程、国家重点学术期刊建设工程、公共阅报栏(屏)建设工程、中国出版博物馆建设

工程等十大重点工程。从根本上解决人民群众读书难、看报难、买书难问题要靠发展,只有实力强了,才能进一步保障人民群众基本文化权益。

《认真学习贯彻"七一"重要讲话精神,继续全面深

化新闻出版体制改革——在全国新闻出版局长座谈

会上的讲话》(2011 年 7 月 20 日)

38.整个"十二五"这五年,是改革的攻坚时期,发展的转变时期,服务体系的完善时期,"走出去"的布局时期,管理的创新时期,必须突出科学发展这个主线,抓住改革创新这个主题,围绕国家的大局,在"深化改革,加快发展,做优做强做大"十四个字上下功夫、做文章,使之成为改革的规划、发展的规划。规划不是为了看,而是为了干。因此我们强调求真务实、先进可靠。

《在新的起点上深化改革加快发展》(2010 年 8 月 20 日)

39.规划的真正价值在于用它指导工作,必须要明确改革的任务,必须要明确服务体系建设的目标,必须要明确产业发展的规模和经济指标,与此相应的政策,资金投入和技术、管理、落实措施要配套,能够考核,便于检查,不能搞模糊概念、数字游戏。

《在新的起点上深化改革加快发展》(2010 年 8 月 20 日)

第二部分

论文化体制改革的重要文稿

宣传文化事业要改革创新[*]

　　站在历史和时代的交汇点上,坚持用马克思主义的基本观点和中国共产党人的战略思维、世界眼光来看待我们的宣传文化工作,就不能不讲"两点论":一是我们高举邓小平理论的伟大旗帜,坚持和巩固马克思主义在意识形态领域的指导地位,大力推进了社会主义精神文明建设,取得的成绩是巨大的,作为整体的宣传文化工作同我们党建设有中国特色社会主义经济、政治、文化的伟大实践是相适应的。二是我们面临的挑战是严峻的,我们是在两种政治制度、两种思想体系,两种价值观念长期并存、互相影响和斗争的地球上生存,各种思想文化相互激荡、竞争异常激烈,必须深化改革、锐意创新,以充满活力的新机制繁荣和发展先进文化,壮大我们的思想文化阵地。下面我就后一点作些说明,进而探讨一下宣传文化领域改革和创新问题。

一、严峻的挑战和改革的紧迫性

　　宣传文化事业是一个特殊的行业,由于属于意识形态方面的工作,它的改革和创新都十分敏感。同经济领域的改革发展相比,宣传文化

---

　　* 本文系作者 1999 年 11 月在改革研讨会上的发言,2001 年 10 月扩充后,以《大力推进宣传文化事业的改革创新》为题发表。

领域的挑战更加严峻,改革更加艰难,甚至还有不小的风险。这些挑战主要是来自以下四个方面。

第一,经济全球化方兴未艾、势不可挡,我国顺应历史潮流,主动参与,因势利导,抓住机遇,发展自己,把中国经济逐步融入世界经济发展之中。国际竞争,适者生存,这是一个正确选择。但是,谁都知道,当今的经济全球化是资本主义主导下的全球化,资本主义借助强大的经济实力和科学技术,在扩张资本、生产、流通、消费、市场的同时,也必然推行他们那一套政治理念和文化价值观。随着我国加入WTO和开放度的提高,国际范围内意识形态的斗争将会是长期的、激烈的。

第二,高新技术在宣传文化领域的使用,使精神产品的生产和传播手段发生了革命性的变化,从而更加开放,更加广泛地流动起来。像基因工程革新了生物遗传、纳米技术改造了物质结构一样,信息网络技术改变了社会交往方式和社会文化生活空间。因特网扩散到经济、科学、技术、教育、传媒、文化和社会生活的各个领域,既推动了经济、科学、文化的发展,加速了人类文明的交互作用,又给我们带来了艰巨的任务。不言自明,改造我们的文化传播手段,建造我们的信息传播渠道和网络平台,抵制西方文化的渗透,巩固马克思主义在意识形态领域的指导地位,就显得格外重要。

第三,社会主义市场经济体制的确立,不只是适应于物质产品的生产、流通和消费,当然也是一切精神文化产品生产、流通和消费的基本取向。而我们的宣传文化事业目前多是点多线长,实力不强,小本经营,效益太差,机制不活,难以竞争。既要改革,利用两个市场、两种资源,引进竞争、扩大开放、发展自己,又要坚持导向,加强领导、科学管理、规范行为、抵御腐朽思想文化的影响。这里我们面临两个任务:一是尽快建立与社会主义市场经济体制相适应的宣传文化工作新体制;二是探索一些能有效代表先进文化前进方向的精神产品的生产和管理新机制。

第四,社会对精神文化产品的要求越来越高,实现了小康的社会,人们需求主要转向精神文化方面,满足人民精神文化消费要求是对我们的考验。改革发展的实践带来了我国社会生活的四个"多样性",使人们的社会心理、文化心态、价值观念乃至理想信念正经受着全面的冲击。作为社会个人具体利益的力量往往超过真理、正义、道德的力量,上层建筑与经济基础的矛盾很多。但对于宣传文化工作能从战略上正确理解的人并不多,从"左"的方面的指责或从右的方面的批评却不少。由于上层建筑与经济基础严重错位,很多现实问题难以统一认识。本来是存在于生产力、生产关系、经济基础上的问题,却希望用宣传教育手段去解决,硬是怪罪于宣传文化尤其是新闻出版,连社会存在决定社会意识、经济基础决定上层建筑这点常识都不讲。这就增加了满足社会要求的难度。怎么样摆脱这种被动局面,我看唯一的出路就是抓紧推进和深化宣传文化领域的改革,形成与市场经济和国际竞争相适应的体制和机制。唯其如此,改革创新就成为我们的紧迫任务。

二、紧扣发展主题,着眼提高"四力"

我在经济体制改革方面做过十年的研究和实际工作,有过理论和实践探索,深深体会到改革旗帜下目标的差异是最大障碍。例如,搞国企改革,大家都在喊,但目标不一样:有人是为了搞活国有企业,壮大国有经济实力;有人则想搞垮国有企业,改变整个经济基础,走私有化之路。宣传文化领域的改革首先要把方向搞明确,把目的搞清楚。目的论是马克思主义认识论的一个重要范畴,认为人的行为是由他的目的规定的,没有目的的实践是不存在的。我这里说两点:

第一,宣传文化领域改革目的是发展,始终要紧扣发展主题。当今世界的主题是和平与发展,党中央关于制定"十五计划"的《建议》中也指出发展是主题。那么这个"发展"也当然是我们宣传文化工作的主题。宣传文化领域的改革,一定要紧扣主题作文章,有两层意思:一层是要围绕国家发展的主题,设计、实施、推进宣传文化领域的改革。建立起适应社会主义市场经济体制的、服务于全党全国工作大局的、在国际国内竞争和斗争中永远立于不败之地的宣传文化工作新体制,也就是立足于三大文明建设的协调发展。另一层是立足于宣传文化事业的自身发展,就是适应精神文明建设的需要改革目前存在的一切落后体制和僵死的机制,解放和发展精神生产力,把我们的宣传文化事业做好做强做大,形成先进思想文化生产和传播的内在动力,使我们的宣传工作坚强有力、文化传播走向世界、精神产品丰富多彩。我们的精神文化生产不仅能满足人民群众的消费需要,而且能代表人类文明的优秀成果。

第二,宣传文化领域改革的目标是壮大自己,始终要着眼提高"四力"——活力、实力、竞争力和宏观控制力。改革首先碰到的是利益调整,往往就陷入了权力划分、人事关系、利益分配的误区,经济体制改革20年难点就在这方面。宣传文化领域的改革起点要高,一切着眼点要放在提高内部的活力、整体的实力、市场竞争力和宏观控制力上。因此,我们必须从理顺体制、搞活内部机制入手,调动宣传思想文化战线的积极性,引入市场竞争机制,提高单位、行业和整个战线的活力;以盘活资产、优化重组、调整结构、扩大投融资渠道来实现低成本、快速扩张,壮大我们的整体实力;从两种思想文化谁战胜谁的高度,在统一、开放的国内外市场较量中提高质量、增加效用,扩大我们的市场占有份额,提高我们的竞争力。这三种力是我们行业自身发展必备的。还有一种力就是宏观控制力,它不仅要保证宣传文化事业能够按照精神文明建设的客观要求、文化事业发展的内在规律和市场经济固有的基本原则健康发展,而且还要充分保证党的领导、社会主义意识形态的性质和国家安全,维护社会稳定。也就是要体现两个基本点统一:四项基本原则要坚持,改革开放要深化,放而有序,活而不乱。这种控制力要通过加强党的领导、国有资产的控制地位和国家的科学管理来变成现实。所以,文化体制改革始终要坚持在党的领导下进行。要做到党和国家宣传文化的控制力不能削弱,只能强化。在坚持和改善党对文化建设的领导上,在路线、方针、政策的制定、贯彻上,在思想政治教育和组织人事管理上,都要体现这一点。

三、我们的具体探索和整体思路

四川是一个文化大省,在中央各部门的支持下宣传文化事业发展很快。但是摊子很大,实力不强,机制不活,问题不少的现实,迫使我们从实际出发探索新的路子。应该说从20世纪90年代初开始,具体单位、具体项目的改革就开始了,例如报刊体制、广电运营、电影投资和发行改革、出版发行探索、文艺院团市场化改革等,已初见成效。在宣传文化事业投资上实际已经不是单一的党委、政府投资了,在政府掌握无形资产和政府投资占主体的前提下,吸纳了多方面的投资,有其他部门的国有资本,也有国有企业、股份企业的投入,还有新闻单位互相参股和上市筹资的。在传媒定位上也开始了专业化、对象化,面对竞争也有了联合、合作等自发行为。在报刊发行上邮政、市场、自办多种方式并存,扩大了市场,提高了效率。在广播电视内部实行人事制度和分配制度的改革,竞争上岗、优胜劣汰,以责任绩效确定工资,调动内在的积极性。在电影创作上实行竞争制(剧本、制片人、导演竞争使用),在单本剧投资上实行多元化,在发行上分别组建了两条并行的院线,上联中影公司和电影制片厂,下连全川各地影院和站点,竞争发展之势已经形成。在出版、印刷、发行上由协作向集团化发展。例如四川发行集团是以"新华书店"这个品牌为核心组建起来的,无形资产和有形资产的实力都比较强,现在已开始跨地区发展。文艺团体和院团的改革已经抓了四个方面的试点,绵阳市的全面体制改革、省歌舞团的重组、成都市专业院团的结构调整和制作人、导演中心制以及成都市艺术中心经营新体制等都显示出一定的活力。

但是,这种局部的改革,确实是阻力太大,成本太高,困难太多,必须考虑从整体上设计和推进宣传文化领域的改革,实现两个"决裂"——同计划经济体制决裂,同旧观念决裂。事实上,改革动力不足是目前的普遍问题,被教育改革、住房改革、医疗改革、保险制度改革掏空腰包的人,农民减收、职工下岗、干部分流的现实使许多讲实惠的人,难以保持改革的热情。所以今天的改革主要靠党和政府的推动,这种推动力有多大,改革就有多深入。攻坚的关键取决于我们党委和政府的决心。

我们总的思路是在坚持以邓小平理论为指导,坚持"三个代表"重要思想的要求,坚持党的基本路线,做好三个服务(为人民服务、为社会主义服务、为党的工作大局服务),有利于调动一切积极性,有利于宣传文化事业繁荣发展,有利于满足人民群众精神文化要求的前提下,从四个方面整体推进宣传文化事业的改革和发展。

(一)改革体制,壮大实力

以产权制度改革为核心,以资产为纽带,以现代企业制度为框架组建四川省文化传播投资有限公司控股的八大集团:四川广电集团、四川日报报业集团、四川期刊集团、四川出版集团、成都日报报业集团、四川新华书店发行集团、四川艺术展演集团、峨眉电影集团。改革的主要内容是组建集团、资产重组、转换机制、集中优势、快速扩张。具体操作上区别不同情况去处理:品牌效益和以出版权、发布权、展演权为基础构成的无形资产永远为国家独有;新闻出版广播电视必须由国家主办经营,绝对控股;国有投资和已经增值的部分核资后归集团经营,集团承担保值增值的责任;集团内的资产统一重组、以资产为纽带组成母子公司,所有权和经营权分离;在盘活存量的基础上,以不丧失控制力为尺度扩大投融资渠道,吸纳体内、体外资金,改善投资结构和资产质量;在风险投资项目(如网络、市场开拓等)和经营性业务(如广告、印刷、发行、零售等)上要放得开一些,业外参股、上市、基金等可以利用。相应地完善法人治理结构,把长期机关化的单位变成独立自主依法经营的实体。

(二)转换机制,增强活力

以调动积极性和内在的创造力为基点,改革决策机制、用人机制、分配机制和约束机制。决策上科学民主,市场能调节的不下指令,自己能担风险的不再审批,新项目必须科学论证、民主讨论、最后集中。用人上一次并轨,按岗聘任,竞争择优,公平公正,造就高素质的队伍,对于未聘的现职职工落实社会保障,妥善分流,离退休人员按国企制度办理,生活待遇从优。分配上适当拉开差距,以岗位工资和效益工资体现按劳分配,以资历和基本生活保障确定的基本工资兼顾公平,稳定有能力、有效益、有作为的骨干力量。在生产、流通、消费环节上引入市场机制后,自我约束的机制必须强化,管委会、董事会、监事会、编审会、质检组和专家评论、民主评议、市场反馈等一系列措施要变成有效的约束机制,贯穿全过程。

(三)调整结构,集约经营,提高竞争力

由于长期不按市场配置资源,主要是按行政单位布局,重复建设、结构单一、层次太低、极不合理,加上经营分散、市场分割、没有规模效益,宣传文化事业普遍没有竞争力,更不用说跟国际上传播集团去争高低了。鉴于这种现实,集团化就解决了调整结构和集约经营问题。从组织结构、资产结构、资源结构到人员结构、产品结构、市场结构都进行最优化的调整,合并同类、减少重复、消灭低档,促进结构升级。以品牌、精品、市场为核心整合业务、重组力量,形成各自的特色和优势,集中扩大信息和销售网络,尽快占领市场,全面提升竞争能力。

(四)理顺关系、科学管理,强化控制力

整个意识形态和上层建筑的改革最敏感的问题就是控制力。政党失控、舆论失控、思想文化失控在苏联和东欧地区已经有过惨痛的教训。在社会主义与资本主义两种制度的长期较量中,这是关系前途和命运的大事,时刻不能丧失警惕。宣传文化领域改革最大的风险也在这里,所以在探索宣传文化领域改革时,始终要做到党和国家对宣传文化的控制力不能削弱,只能强化。一是坚持和改善党对宣传文化工作的领导,在路线、方针、政策的制定和贯彻上,在思想政治教育和组织管理上,都要体现这一点。重要的体制和产权变动,重要干部的推荐、任免,党组织要发挥主导作用。二是国家通过庞大的资产投入(包括垄断版权、政策投入等),提高国有资产的有机构成,按国际惯例、市场法则行使控制权,股份流动要限制在保证党的宏观控制力的前提下。三是通过立法和规范市场发挥宏观调控作用。四是集团的党组织要建设好,充分发挥政治核心作用和监督保证作用。减少行政干预,强化科学管理。宣传要管住,经营要放开,先进要保护,公益要支持,违法要打击,让"两只手"同时起作用,既走市场化的路子,又不削弱宏观控制力。

四、整体推进大胆创新

实践证明,整体推进宣传文化领域改革的条件已经成熟:(1)我国社会主义市场经济基本框架已经形成,市场化程度相当高;(2)经过近10年的试点摸索,宣传文化领域改革已有相当的实践经验;(3)社会保障机制的完善为我们提供了机遇;(4)经过20年改革,宣传文化事业单位的干部职工都有了心理准备和承受力;(5)物质基础比较雄厚,以四川为例,新闻、出版、广电影视、文艺展演、网络媒体五个方面已有总资产180多亿元,年营业收入总额达到160多亿元,三个集团进入省级利税大户前10名,成为新经济的增长点。教育、体育、科技、卫生体制改革都是整体推进,成本低、阻力小、政策到位,我们应当借鉴。我们这条战线上要知难而进,树立改革开放的新形象。

改革本质上就是创新,不创新就难以改革,而创新就需要党和国家政策上的全力支持,中央有关单位给予有力的指导。从目前实际看,创新主要在五个方面:

(一)体制创新

现行的领导体制和管理模式不突破,改革是无法进行的。层次过多,政事不分,集团就难以摆脱附庸地位,自主经营、自负盈亏、自我约束就谈不上。条块分割不突破,开放、竞争、统一、有序的市场就建立不起来。管理模式不突破,政府职能就不能转变,由于行政直接干预严重,资产纽带和市场原则就不起作用。许多单位的改革实践说明,要增强活力、提高效益,必须减少层次、减少行政干预和审批事项,实行由党委宣传部统一领导,政府行使行业管理和依法行政职能,集团自主决策、独立运行、依法经营的新体制,绝不能再搞条条块块分割,政企不分、部门所有那一套。

(二)机制创新

体制创新只是解放生产力,机制创新才能发展生产力。搞活机制是调动积极性激发创造力的关键。有了新体制还要有好机制,"改名换姓"的假改革根本没有机制创新,所以就以失败告终。这里重要的是以下几个方面创新:一是资本运营机制创新,要依照国际惯例和全球化的要求,创造中国特色的资本运营机制,包括资本进入、重组、流动、转移、增值、收益等一套市场化机制。二是内部管理机制,主要是人事制度、财务制度、分配制度和管理层次要彻底转换和改革。三是经营机制要创新,依据精神产品生产、流通、消费的特点,建立起反应机敏、灵活高效的市场主导机制,造成追求社会效益最优化、经济效益最大化的价值取向。四是约束激励机制,集团内各个环节、行业内各个方面都要形成真正起作用的约束激励机制,使良好的信誉和职业责任、职业道德、遵纪守法、诚实守信、健康发展成为自觉行为。

(三)技术创新

宣传文化领域是知识经济的基础部分,技术创新是提高竞争力的支撑点,新型声光电材料技术、数字电影、数字广播电视、网络传播、网络书店、网络票务以及世界上创造的最先进的精神文化产品的生产技术、流通技术和市场开拓技术,都应大力吸收、应用、推广,提高我们现代化的水平。

(四)思维创新

精神产品的生产主要依靠思维的功能,观念是思维的要素,思维创新首先要更新观念,僵化保守、怕犯错误、安于现状、不思进取、只谋小利、不图大业以及经济上反"左"、政治上反"右"的社会心态,确实束缚了人的精神创造力,很多能做的事居然不敢想。还有思维方式,也要不断改造。所以从领导机关到宣传文化战线上的职工都有继续解放思想、转变观念的任务。封闭性的思维方式要转向开放式,办事情、想问题要从人民的根本利益出发,体现"三个代表"重要思想的要求,不可把个人和小团体利益看得太重。要加强学习,改善思维的知识基础,掌握辩证思维的科学方法,在宣传文化领域里实现创新、创新再创新。

(五)市场创新

精神文化产品是特殊产品,在市场消费中才能实现本身价值,有些产品生产、消费是同一个过程。这就要通过市场创新扩大最终消费者群体。例如电视电影与网络的结合、会员制的读者俱乐部、电影院线、城市演出协作网、国际文化交流等等,都是市场创新的方式,应该总结推广,大力扩展先进文化的影响力和覆盖面。

以改革创新和科技创新为动力,推动社会主义宣传文化事业的发展,是历史赋予我们的光荣任务。我们一定要认清形势、坚定信心、振奋精神、锐意改革,全力创造新世纪马克思主义思想文化繁荣发展的新局面。

文化事业发展，必须
走改革之路[*]

一、积极探索，深化文化体制改革

深化文化体制改革是繁荣发展社会主义文化事业的必由之路，建立与社会主义市场经济体制相适应的文化管理体制也是建设有中国特色社会主义文化的内在要求，文化事业的发展必须坚持走改革的道路，文化战线的各级领导干部要转变观念，开拓创新，在改革中探索出一条适应社会主义市场经济的文化工作新路子。

文化体制改革的核心问题就是要遵循文化艺术内在发展规律和市场经济规律，改革与社会主义市场经济体制不相适应的文化管理体制、运行机制和自我约束机制，最大限度地解放和发展艺术生产力，满足人民群众日益增长的精神文化需求。改革的重点是政事分开、制度创新和搞活机制。一是转变行政管理职能，政事分设。党委、政府部门要改进对文化工作的领导，文化管理部门自身要明确职能，从主要"办文化"转向主要"管文化"，从部门管理转向行业管理，从行政单一管理转向行政、经济、法治的综合管理。要建立适应社会主义市场经济体制的

---

　　* 本文系作者 2001 年 1 月 19 日在四川省文化局长会上的讲话节选，收入本书时的标题为编者所加。

131

文化经费多渠道投入方式和管理制度。二是以艺术表演团体为重点,积极推进文化事业单位的改革。艺术表演团体要经过改革,形成与社会主义市场经济体制相适应、与社会主义精神文明建设要求相一致、与艺术自身发展规律相符合的新型艺术表演团体管理体制和运行机制,建立符合艺术生产要素组合和艺术规律的充满活力的人才管理制度和有利竞争的用人制度,使之成为产权明晰、责权明确、政事分开、自主经营、自我调节、自我发展的艺术实体,彻底解放艺术生产力。这方面,必须加大力度在短时间内取得实质性进展。三是区分情况,分类进行。要根据事业单位的性质和社会功能,在有利于事业的前提下,确定改革目标,制定改革措施,加速和深化管理体制、运行机制和内部制度的改革。

文化事业的改革要全面规划,分步实施,切忌一哄而起,既要积极大胆,又要慎重实施,把握发展、稳定的关系,审时度势,稳步推进。文化行政部门对事业单位改革要加强领导,主要是管好领导班子,监管国有资产,对事业发展进行政策引导和宏观调控,保证其健康有序地进行。

二、加快改革步伐,推进文化产业和基础设施建设

文化产业和文化事业是一体两翼。充分利用文化资源,搞活存量,大力开发文化产业是推进我省文化事业改革发展的重要任务。特别是我们即将加入 WTO,国外文化产品正虎视眈眈,伺机打入我国市场,文化产业已成为文化竞争的战略支撑点,发展自己的文化产业就显得尤为迫切。各级文化部门要进一步解放思想,转变观念,遵循社会主义市场经济规律,以市场为导向,以资源为依托,积极探索多种所有制共同发展的形式,加快规划,加大力度,切实推动文化产业的发展。

文化是综合国力的重要标志,也是经济的重要组成部分。应当深入研究文化生产和经济生产之间的共同之处,文化生产在理论上和实

践上都可以按照经济改革的一些模式加以思考和探索，借鉴经济生产的方法和经验，在符合国家法律法规和社会主义精神文明建设原则的前提下，按市场规律办事。四川文化积淀深厚，文物古迹魅力四射，文化艺术人才济济，为文化产业开发准备了良好的条件。要像抓工业、农业、旅游业一样抓好文化产业。要在"十五"期间奠定我省文化产业大发展的基础，省内的文化产业应该尽快改变分散、弱小、低层次的状态，有条件的可以组建产业集团，开发特色拳头产品。希望四川能有更多的文化产品走向全国、走向世界，在文化交流中掌握主动，甚至成为文化的输出大省，为巴蜀文化增光添彩。

　　文化基础设施是向社会公众开放的文化活动场所，是传播知识普及教育、发展文化事业的主要阵地，是繁荣文化的必要前提和基础。长期以来，文化基础设施严重滞后于经济建设的发展和人民生活的需求。文化行政部门要有强烈的阵地意识，高度重视文化基础设施的规划、建设、保护利用和经营管理，最大限度地发挥文化基础设施在社会生活中的积极作用。各地要根据国民经济和社会发展计划，把文化基础设施建设纳入城乡建设的总体规划，使文化基础设施满足经济发展、社会进步和人民文化生活的需求。省会和部分经济较发达的城市应当新建一些具有时代特色、民族特色和地方特色的标志性文化设施，县乡文化设施建设要因地制宜，经济实用，重点建设图书馆、文化馆、乡镇文化站及多功能综合性文化设施。除了政府投入以外，要制定相应的经济政策和优惠措施，吸收社会资金投入文化设施建设，按照谁投资、谁经营、谁受益的原则，采取独资、合资、合作、股份制等多种形式，鼓励外商及社会团体、个人兴建、改建、扩建文化设施，共同建设完善的城乡文化网络，为繁荣文化提供强大的阵地支持。

以改革为动力，加快
发展文化产业[*]

　　四川省文化厅这次专门召开文化产业的工作会，把"文化产业"列入了会议的标题，这是一个重要的实践，应该说，是解放思想的一种表现，是开创事业的一种表现，所以我很想到会跟大家一起研究探讨文化产业问题。2000 年已是第二次和全省各地的文化局长见面了。两次见面，一个主题，就是大力推动文化事业单位的改革，以改革为动力，加快发展全省文化产业，为把四川建成文化强省，实现新的跨越增加动力。不过这次和上次相比情况有些变化：

　　第一，江总书记提出了"三个代表"的重要思想，明确了先进文化在党的建设和两个文明建设中的重要作用，为文化发展提供了行动指南。对文化工作来说，正是发展自己的最好机会。在这样的形势下，你的认识还提不上去，还列不上日程，还是用传统的观念看待文化事业，我觉得就有点麻木。

　　第二，我们有了西部大开发的机遇。西部大开发所带来的机遇不单是经济发展，而是包括政治、文化在内的各项事业的发展。西部大开发的全局意义，就在于带动我国经济发展，实现新的战略布局，促进西

＊ 本文系作者 2000 年 9 月 25 日在四川省文化产业工作会暨研讨会上的讲话。

部地区民族团结、社会进步。西部要发展，最主要的是一个文化问题，而不单纯是一个经济的问题。大家都清楚，许多民族地区，国家给予的投入不算少了，人均比一般汉族地区高得多，为什么发展不起来呢？根本的是文化教育落后，社会文明水平低。所以，要根本地改变它，文化要上去，社会要进化，现代文明要进去，彻底改变那里的生存、生活、生产方式，这才能实现整个西部地区的发展。我省就有很明显的比较。为什么阿坝能好一点？因为靠近汉族地区，先进主流文化对它的影响比较大。甘孜康定以下地方为什么要好一点呢？是因为处在与汉族交错的地方，文化的影响，使它的社会进步了，而越是封闭的地方越落后。所以我认为，通过西部大开发，不但要建设西部经济，而且要建设与西部大开发相适应的文化！我们党建设社会主义的目标历来都是三个：富强、民主、文明，一个讲的经济、一个讲的政治制度，一个讲的文化。党的基本路线上这 6 个字、3 个目标，我们不要忘记了。

第三，2000 年的文化工作有了开拓性进展，表演文化的档次和品位开始大幅度提高。在传统文化与现代文化结合上积极探索，全力扶持先进文化，发挥其影响作用，高度重视加强对文化事业单位的引导，培育文化市场，提高主流艺术市场所应有的文化品位。在可表现的文化领域里，在成都地区，省市联合，文企联办，几个月已经请了二十余个高档的艺术院团来川登台，演了 60 多场世界一流、中国一流的高雅文艺节目。我就是支持文化部门、公司、单位做这件事。要改变那种认为四川人只会搞卡拉 OK 厅，只会搞地摊文化，只需要低档文化的错误看法，不要让人小看我们四川人。要用事实证明我们也有高档艺术，四川人也是有文化素养的人。要树立自己的文化形象、城市形象。对于这一点，省、市各有关部门都做了大量工作。刚才，有些同志在讲话中已列举了一些数据，证明我们四川人的文化艺术修养、文艺欣赏的水平并不比别的地方低，关键在于文化部门如何引导、培育高档次的文化市场的问题。文化单位、艺术家不能搞那些低档次、地摊化的东西，丢了四川人的脸，而是要加强引导、提高文化品位，要用先进的文化去带动或影响那些落后的文化。

第四,文化产业的发展。2000年年初我强调这个问题,现在已经提到议事日程。省委宣传部对全省文化产业的状况做了调查,后来文化厅等几个单位又对业务内的文化产业状况做了调查。我看了一些资料,还是相当丰富的,很有启发。为了这个事业,再把我的一些想法给大家说说。会议提供的一个稿子,是我修改过的,就直接发给大家。这里再补充三点:

一、提高认识,明确重点

当前文化工作一个重要问题是要提高对其地位的认识,也要明确文化发展过程中的重点。文化管理工作有执法、改革、发展、产业几方面,重点应放在什么地方? 我们目前还是处于发展中的地区,很多人急于摆脱贫穷,这是可以理解的。在这种条件下,有很多人,包括一些领导,对文化的认识往往是很不够的,你去给一个领导讲一个招商引资项目,他可能兴趣十足;你要是给他汇报一下文化的事情,不感兴趣,还可能把你打发到一边去,这就是个认识问题。

现在,知识经济的时代即将到来。知识经济时代和以往传统时代的不同就在于:农业社会是以土地为资本,工业社会是以大机器工厂为资本,知识经济是以文化为资本的——人脑加电脑,就是我们最大的资本。我最近到美国专门参观了微软、康柏这两个重要的软件生产公司,就是人脑加电脑,创造了人类历史上的奇迹,造就了当今世界上最大的公司。这说明了知识、文化资本的重要性,而我们有很多人还没认识到这一点,他关心的仍然是土地、工厂、资金,没有看到知识文化所具有的无穷无尽的潜力。如比尔·盖茨,一没土地、二没工厂,就是因为有"知识、文化"的头脑,所以成为当今之首富。我们要懂得社会发展的趋势,刀耕火种的年代,有文化和没文化倒是差不多,那个时候也确实没有文化。现代社会有没有文化,就完全是两回事了。为什么人们倾家荡产也要供孩子上学? 就是为了让后代有文化。知道这一点了,你就会理解文化的重要性。

首先,它是现代生产力的基础。要发展经济,就要发展生产力,基础就是文化。现在不再是完全靠体力来劳动,或者说,体力劳动并不占绝对的优势。据调查,在传统的以体力为劳动力的社会中,"一个好汉"可以顶三个一般的人;在工业社会,一个技术工人已可以顶四十个一般工人;在知识经济时代,一个最普通的头脑只相当于一个发达头脑的五百分之一。文化是经济中最主要的基础,是精神文明建设最主要的组成部分,两个文明建设的每一项任务都离不开文化。从国家来说,文化已成为综合国力的重要表现,我们国家现在发展仍比较落后,而文化的落后是其中的一个重要表现。为什么我们的信息,我们的文化在世界上传播相当困难呢? 就在于没有占领世界文化的制高点,一走出国门就会发现我们的影响力是远远不够的,往往是通过文物、演出、展览,一星半点地介绍中国文化的局部,而中国文化的整体、它的精神实质都传播不出去,也不为别人认可,其原因就在于我们文化的实力不强,所以在综合国力的表现上就显得很弱。

其次,对整个社会进步而言,文化是一个支撑点。我前边已说到,这是个民族的问题。两次世界大战,都有一个重要的理由,就是传播所谓的"欧洲文明"。在目前的国际斗争中也是这样,英国的布莱尔、美国的克林顿都有"精彩"的讲话,认为"我们现在不是为了疆土、石油而进行战争,是为我们的价值观而战"。可见,他们也要把资本主义文明传播全世界。所以,社会的进步,不能没有文化。我们中国要实现现代化,不能没有现代文化,这个现代文化就是有中国特色的社会主义文化。江总书记"三个代表"重要思想的讲话更进一步明确指出,代表先进文化前进方向的文化就是有中国特色的社会主义文化。无论从经济的发展、社会的文明进步、国际的竞争各个方面来看,文化的发展已成为一个非常紧迫的问题。可惜这一点并不为很多人所认识。尽管江泽民、朱镕基等党和国家领导人多次讲到文化,如说我们的三星堆,就是

"西部大开发的经济增长点,社会文明进步的增长点",但并没有引起我们有关人员的重视。因此,我希望各级领导能进一步提高对文化在社会文明进步、经济发展等各个方面的地位和作用的认识。没有这个认识,大家就会忽略它,把它排在工作的一个次要的地位,这个现象相当普遍。

最后,党委领导抓什么? 最近我在一个会上就说过,有些党委书记连共产党最基本的东西都不知道,你还怎么当书记? 为什么这么说呢? 市委书记、县委书记不抓"三个代表"要求的落实,不抓党的建设,只知道抓钱抓项目,其他的一概不知。说到党的建设,精神文明,文化建设,说到维护代表人民利益,全没有了。这样的书记就成了问题。作为一个书记,首先是要管党,管党的方针、政策,你跟那些市长、县长不同,他的责任就是抓经济、抓社会的发展,而党委书记应该体现的是共产党的基本意图。你应该要知道共产党在做什么? 中央领导最近讲的例子就够生动的了,台湾的经济不是搞上去了吗? 国民党不是使台湾经济走到世界前列了吗? 为什么国民党下台了,支持率才百分之二十几? 这说明一个执政党不能光讲一条,还要讲政治、讲文化、讲党的建设。所以江总书记讲的"三个代表",有其深刻的意义,总结了国际、国内的教训,不只是从抽象的道理出发,而是有其实际的教训的,由此我们应该认真思考。我认为,对文化的认识上不去,有我们文化工作者宣传认识不够的问题,也有领导思想的片面性问题。你让他讲经济项目的时候,他还能说几句,离开了经济,他就一句话都没有了,这是当前认识上相当重要的问题。所以我强调的一点就是要提高认识,明确重点,把文化作为整个社会文明进步建设的重要支点来抓好。一个城市没有文化,就是没有灵魂。列宁曾讲过:没有文化的军队是愚蠢的军队。我认为没有文化的民族也是一个落后的民族,一个没有文化的城市也不会成为现代文明的城市,而只能是在低层次上的发展。

二、解放思想、转变观念

整个文化系统,整个精神文明战线,整个社会都需要进一步解放思想,转变观念。在文化产业的发展问题上,必须要有全新的认识、全新的观念、全新的机制,如果这三点不转变,而是用老的观念思考问题,就难以得到发展。具体来说,我认为有以下几点应该引起大家的重视:

1.文化不能看成单纯的精神消费,而是精神文明、物质文明的结合点和支撑点,它们是分不开的。谁可以说没有文化的国家能够现代化?谁可以说没有文化的国家能有精神文明? 这一点非常重要。我觉得很多人有一种误解,一说到文化,他认为是"谈谈笑笑、蹦蹦跳跳、看看节目、热热闹闹",没有意识到它牵涉到意识形态、牵涉到国家政权的巩固、牵涉到整个民族能否站在世界民族思维的制高点上去想问题,去寻求发展。所以在他的工作里排不上议程,在预算里挂不上号,等把那些经济发展、科技教育、政府人员工资等搞完后,如果有一点剩余就给文化一点。可以说全国都是这样。我在政府工作那么多年,感觉文化事业没有一个固定的说法,大家总是把它排在"剩下"的部分,只把文化看成是单纯的精神消费,没有下功夫去投入,去解决它的问题,这样是不行的。我们应该有长远的眼光,尽管文化事业有时候"见效"没有经济那么快,但它是意识形态,具有潜移默化的作用。几千年的文明所汇聚的中华文化是继承下来的,不会因为一个名人的去世或一个政权的更替而中断、消失。文化是连绵不断,是长期积累发展起来的。我今年已经在省委的许多会议强调了几次,把文化看成单纯精神消费的观念不转变,舍不得下力气,舍不得投入是搞不好现代化的。

2.不能把文化看成单纯的事业,而要看成一个产业。实际的文化工作中,要由计划经济单纯的事业型向市场经济的产业型转化,要注重文化产业的发展。在发达国家或发达地区,文化的发展都是依托了很多的产业,而在西部地区,文化仍然被当成一种事业,很艰难地在那里爬行。我最希望看到的是通过自己的事业发展、通过改革,形成自己的活力,再加速发展。为此,要转变观念,不能把文化产业的发展寄托于传统计划经济体制下的支持。当然文化有它不同的部分和职能,文化部门有管理的任务,有执法的任务,也有发展、改革的任务,不同的工作内容有不同的经济支持。但除了政府的经济支持外,在事业发展上视野要开阔。这一次会议获表彰的文化产业"十佳"单位具有各种不同的发展模式,虽然不能说它已经是发展得最好的,但毕竟是已迈出了第一步,有了一个好的起点,接下来就是要按照这个思路和方向坚持走下去。除了政府管理、执法等职能外,其他的事业要尽可能地转化到产业这个方面去。

3.不能单纯从自身业务出发,而要站在国际政治、经济、文化综合竞争的立场上去看待文化,特别是民族文化生存的空间问题。新的经济产业带来了新的文化,它的空间占领越来越大,压缩了民族文化的生存空间,如果我们不去发展壮大,就会吃大亏。比如,为什么在互联网上我们显得相当被动?80%多的信息掌握在美国人手里,80%多的产业也掌握在他们的手里;信息发布方面,英文消息占96%,中文的信息在全世界(包括新加坡、中国香港、中国澳门、中国台湾)只占百分之几。而这里有很多都是负面文化。对这样的文化态势我们难道就没有一点紧迫感?因此,要从国际竞争方面看待我们文化生存的空间。现在面临加入WTO,文化市场还会进一步开放,很多领域还要参与国际经济文化运行,要遵循统一的运行规则,如果我们不发展、不壮大,怎么去竞争?所以在思想观念方面,眼界要开阔一点。我知道大家常局限于自己工作的小天地里,有很多的困难和负担,也许有些还是前任积累下来的,这是很现实的问题,但是也不能不看大的发展趋势,没有这个眼光,就感觉不到那种时不我待的紧迫感。

4.以市场为基础来发展文化,摆脱计划经济模式、观念,寻找新的与市场经济相适应的机制、办法、途径。我觉得大家对这一点的认识已经越来越深刻,我刚才看了这次的经验交流材料,大多数已在这个方面有了很大的进步，不再是向政府要多少钱就办多少事，而是开始自己想办法，虽然没有完全摆脱对政府的依赖，但也有了很大的突破。要下定决心向市场要资金，向改革要机制，向群众要办法。

5.文化部门要从社会全局的高度去看文化，眼光也要扩大。文化厅是政府的文化厅，是统管社会文化的，只知道自己管辖范围内的一点事业是不够的。思考文化产业的出发点仅仅是从文化系统那几个单位出发也是不够的，文化部门应该是我们这个社会文化总体推进的主导部门，正像计委对经济各部门有一个通盘规划一样，文化部门也要对全省文化有一个通盘的考虑。我了解了一下上海的情况，它把所有的文化部门包括广播电视、新闻出版等总体合并到文化局，这个思路就已经开始向全社会文化管理的方向迈进。当然，我们现在的体制还有诸多部门分管了文化社会事业，但作为思考这个问题的出发点，文化厅也应该从全社会，从四川整体文化发展的角度来考虑，给省委、省政府在文化发展上当好参谋。

三、扎实工作，推进发展

文化这项工作非常具体实在，比经济工作还要复杂得多，因为文化生产是在人脑中完成的，每一个环节都相当复杂。所以文化事业的发展需要扎扎实实地工作。我之所以提出这一点，是因为在思想、宣传、文化战线上工作的有些同志过去有一个很不好的习惯：非常注重开头、过程、形式，但对结果重视不多。不像经济部门，更重视结果，如最后产值是多少，GDP 是多少，投入产出的比例是多少，将此作为衡量工作成果的标准，抓落实的人比较多一些。而在意识形态的工作中这方面要弱一些，所以我要专门强调扎扎实实工作这一点。

1.要充分利用我省的文化资源，抓住西部大开发的机遇，发展文化产业。四川的文化资源很丰富，水平档次也很高。怎样利用好这些资源，在西部大开发的过程中构建文化产业的基础，这一点很值得我们认真研究。现在世界经济发展的趋势就是物质资源在贬值,知识技术在增值,全世界经济发达的地区并不是资源丰富的地区,而是在人员素质较高、技术较发达、文化素养较高的地区。这一点要引起大家的重视,不要以为只要有了资源的优势,就能成为文化的优势、经济的优势。在西部大开发中重要的一点是:要利用资源而不要过分依赖于自己已有的资源,经济如此、文化也如此。岚清副总理这次来四川时也讲到这个问题。过分依赖资源,反而会限制事业的发展。要充分利用资源,构建我们的产业,把它做大、做好、做强。这次会议后,大家还要解放思想,去设计、构思,形成具有各地特色的文化产业。

2.制定好文化产业发展战略和五年规划。制定发展战略是为了理顺我们的思路。这次会议邀请了一些专家和领导,通过他们介绍外面的新的情况、思路,把我们的战略确定好,明确思路,并根据它落实"十五"规划,这已是迫在眉睫。中央十五届五中全会召开后,"十五"期间经济和社会发展的指导方针、战略重点就明确了,各省接着就要敲定自己的规划,因此我们一定要抓紧。这次会后大家要从发展大产业的高度思考一下,尽快把它做好。

3.建立支持文化产业发展的机制和政策体系。当前的机制不能激发知识分子、文化人的创造力,需要建立新的激励机制,使文化上的创造力有效地发挥,造就四川文艺文化的大家、名家。因此,要认真研究什么样的机制能够在运行过程中解放文化生产力,使文化人发挥创造力。有了这个机制,还要有政策支持的体系。中央在文化政策上将继续大力支持西部大开发,重申了"九五"期间各种文化政策继续沿用到"十五"期间,并还要出台新的政策。如民族地区广播电视全部要由国家出资进行改造,还要加大对西部文化发展的支持力度。在研究政策体系上要分为两个方向:一是清理一下过去的哪些政策不利于文化产业的发展;二是提出在制定"十五"规划时还需要哪些政策的支持,制定出新的促进文化产业发展的政策。同时,要完善文化产业的发展、管理、市场运行的各项制度,有规划、有组织、有指导地发展文化产业。

4.加速文化事业的改革,解放和发展文化生产力。这是当前落实文化工作的一个重点。要调整结构、提高档次、培育名牌,生产精品,整体推进文化事业的发展,这是我们改革的目的。要把整个四川的文化结构加以优化,支持一些新项目的发展。要提高档次,提高文化品位,不能一说搞文化产业就是卡拉OK厅。文化产品是长期积累的结果,是要留给后人看的,不要经不起时间的考验,特别是一些俗气、低级的东西要加以限制。最近永康书记已多次讲到我们文化的档次、品位问题,一定要引起我们的重视。

我省文化产业的发展,也要依托名人、名牌、名企业。世界上有名的文化品牌都是做得很大的,占领了很多国家的文化市场。我们也要培养自己的名牌。要生产精品,生产出的产品要有档次,包含丰富的文化内容,凝结了知识分子的创造,而不能用粗制滥造的产品败坏了文化的名声。我们的工作,就是要抓住这些实实在在的东西,不要空喊口号,而是要解决实际问题,解放文化生产力,发展文化生产力。

5.扩大文化交流,提高文化竞争力,占领文化市场。我们大家不是很希望把我省建设成文化的强省吗? 我们现在是文化的大省,但还不强,要通过全国性的、世界性的文化交流,在交流的过程找到不足,不断改进,提高竞争力,扩大市场。四川的文化产品应该在全国文化市场中占有相当份额,占领世界文化市场的一部分,这才能算是文化强省。现在我们的文化产品在全国领域并不占优势,因而在全国的影响不大。最近有家电视台在全国各地采访,问当地居民一个问题:你知道四川什么? 结果除了有人知道四川是邓小平的故乡,知道大熊猫、知道川菜,其他的就没有什么了。由此可看出,我们文化的影响力还不大,有很多文化的精华不为人所知,有很多文化的精品没有变成市场主打产品,这与我们参与市场竞争不够有关系。熊猫是四川很大的品牌和优势,现在赠送到世界各个国家的熊猫全都是四川的。但作为一项产业来说,做得最好的是美国,他们的玩具、椅子、床等等都掀起了"熊猫热",他们通过动物园开发出一大批产品来占领市场。而我们的相关产品数量、品种、规模、档次都低得让人惭愧。这说明我们不是没有东西,而是没把它策划好、组织好,这就需要多下些功夫,扎扎实实抓好各项工作,让巴蜀文化走出盆地,面向全国,进入世界。

6.省、市文化主管部门在文化产业发展方面要发挥主导作用。从广泛的文化事业来说,我们有新闻出版、信息咨询、文化文物文艺、广播电视电影、有形广告业(广告牌、广告栏)、文化市场经营六大板块,产值170多亿。但还不够强,同发达省市相比还差得很远。文化主管部门就要在总体思考文化建设、发展方面发挥主导、协调、规划的作用,使整个文化产业形成统一、有序发展的良好局面。各自为战、地域分割,而没有总体规划,没有通盘的考虑,是不利于文化产业发展的。所以,我们要支持文化厅局发挥主导作用。江总书记在"三个代表"中的文化概念,是与经济、政治并列的文化概念,在学术上称为"中"文化概念,就是不"大"也不"小"。我们的工作大体要在这个范围内规划和发展我省的文化产业。

改革报刊体制,提升竞争实力*

刚才,省委组织部就四川日报业集团领导班子干部的任命,作了宣布。借此机会我想讲几个问题。第一要给大家说明一下为什么要组建报业集团;第二要给大家说明组建一个什么样的集团;第三要说一说这个集团应该怎么工作。

第一,说一说为什么要组建这个集团。组建集团是当前新闻报业改革的需要。

首先,它标志着我们中国共产党所办的报纸,从无到有,从小到大,逐渐地发展。共产党从成立的那一天起,就把办报纸、办刊物作为发动群众、武装头脑的重要武器。历经毛泽东同志、邓小平同志到江泽民同志为首的三代党中央领导核心,都把掌握舆论的武器作为共产党的一项重要工作。江泽民同志多次讲过,无论形势怎么发展,体制怎么改革,政治的民主化怎么进行,共产党有几样东西是不放弃的,一是共产党领导武装不放弃,二是报刊要管到底,三是掌权以后我们的政权不能放弃。这都是一些带根本性的问题。今天,我们建立报业集团,就标志着我们共产党领导的报纸在发展壮大。我们也要组成自己的集团军,参与当前国际舆论的竞争。

---

* 本文系根据作者 2000 年 9 月 8 日在四川日报报业集团干部会上的即席讲话整理而成,收入本书时略有修改。

其次,是适应加入世贸组织以后中国市场化进程加快的需要。世界上的新闻机构都是组织成集团的。一些主要的集团占据了世界新闻的主要阵地。尤其是在美国,报业、文化也是一种市场。尽管那是一种特殊的市场,但是它也要符合国际运行的统一规则。所以,我们的报刊、广播、电视、电影都要组织成为集团军,去参与国际竞争。

再次,这也是适应国内竞争的需要。关根同志说,中国的报刊不可能是一个省一个集团的局面。最终结果中国也就是七八个报业大集团,兼并了全国所有的报纸。为适应这个形势,就要把以党报为核心的集团军组织起来。各地组建报业集团工作已全面展开,批准权也下放到省了。将来资源、人才、市场向优势报刊集中,这个倾向会越来越明显。

从我们内部来讲,也有几个方面的改革。一个是有利于我们建立起新的运行机制。过去的报刊是按机关单位的方式去办,内部缺乏新的运行机制。所以,一定要通过改革从运行机制上发生一个变化。按照社会主义事业的运行机制,现在国家分了四大块,一块是党政机关,一块是事业,一块是企业,一块是军队,四大块各行其道,按照自己的规则去运行。最近公布了事业单位人事制度改革的意见,事业单位就要按照这个意见去运作。报纸也是一样,通过改革确定一个新的发展机制。包括我们的组织结构,人事运行的机制,分配的机制,事业发展的机制,都按照新的规则去运行。再一个是集中我们的优势资源。我们现在的报社很小,一个个报社都是小而全。川报集团里面有 11 家报纸,一个刊物,还有网站。以后,媒体集团要向多元化发展。一个新闻媒介的集团既可以办报纸,也可以办刊物,也可以搞出版,也可以搞电视,也可以搞广播,也可以搞网络。这个中央已经明确,主要的强大的集团,一定要办成多元化的、多种形式的。采写消息的人员集中使用信息资源,提供给新闻中心。广告也一样。许多单位组建集团后广告大幅度提升,自己的杀价竞争没有了,形成了优势,形成新闻中心,发行中心,广告中心,其他的事业发展中心,把这一切优势都集中起来办事情。

这是我们组建集团的资源优化。另外,还有利于优化报刊的结构。原来十几个报社,各自有办报方针。这样就形成报刊结构不合理,读者群没有层次。就以川报为例,全省平均 276 个人一张川报。用共产党员来比的话,11 个人才一张川报,并不多。报刊消费水平也是很低的。问题就是你要有固定的读者群。不要个个报纸都是一个样。我们四川日报的集团组建以后,对自己这些报纸要调整结构,寻找它固定的读者群。

最后,有利于加强党对报纸的领导。中央不允许党报以外的报纸组建集团,就是将来的竞争也是在党的报刊范围内来竞争;绝不允许私人办报,同仁办报,非党的其他什么组织办报。在共产党领导的报业集团间来竞争,就加强了党对报刊的管理。简单说,为了这么些原因,所以我们要组建成集团。

第二,我讲一讲办一个什么样的集团。我们这个集团,就是要以省委的机关报四川日报为核心,包括四川农村日报。以办报为主业,以报业为主体。这是两句话,以办报为主业,办报是集团的主业,你将来可能办网络,可能办电视,可能办广播,还可能办出版社,办什么都可以,但主业是办报。以办报为主业,以报业为主体,兼营其他业务的现代传媒集团。这就是我们这个集团的性质。这个集团,在目前的情况下,要实行事业化的管理体制,作为一个事业单位,企业化的经营,也是两句话。作为一个事业单位来管理,但是又要按照企业经营的方法来组织运作。为什么不搞成一个现代企业集团呢? 有个原因,就是目前中央对新闻资产授权经营没有正式的规定。而且现在不容许擅自将新闻资产授权给某个经营集团来经营。没有这个规定。所以,我们是事业化的单位,企业化的管理。它的任务就是要充分发挥集团的优势,坚持以报业为本,办好党报为主。办好《四川日报》、《四川农村日报》,以这两张党报为主。同时管理好集团内部的其他报纸刊物。包括已办的网络。在舆论引导方面,党报的引导作用不能有丝毫削弱,而且要加强。经济实力要不断地加强。通过放开经营,实力不断增强,竞争力不断增强。舆论引导的力量,经济实力和在报刊市场竞争的实力都要不断地增强。

组建报业集团的原则,有这么几条要遵守。一是,要有利于加强党对报刊的领导。集团首先是成立了党委。在党委领导下,进行经营和报纸的其他运作。二是,机制上,要造成一个有利于调动新闻工作者积极性、主动性、创造精神,有利于提高我们新闻舆论宣传工作的水平这样一个机制,人事管理、劳动分配、人才培养各个方面都要造成这样一个机制。另外,我们还要坚持的一条原则,就是政治家办报,企业家经营。这也是我们集团的一个方针。该管的要管住,新闻宣传要管住;该放开的要放开,经营的这方面要放开。组建集团以后,就要达到这样一个效果。

集团领导体制方面,刚才已经宣布了党委领导下的总编辑、总经理负责制。原来是编委会领导下的总编辑负责制,现在是党委领导下的总编辑、总经理负责制。就是集团党委统一领导集团内部的各报各刊。集团内部要形成两大系统来运转:一个系统,政治家办报的这个系统,要组成《四川日报》等十一个报纸一个刊物的编辑委员会;另外一个系统,要组成经营管理委员会,负责经营我们报纸发行,经营我们的广告业,经营我们的其他附属的产业。按照这个体制,我们报社的领导机构,就要进行一些调整。四川日报社党委解散以后,我们组建集团党委,就是因为这个结构性变动。同时,集团也要成立纪律检查委员会,负责行使省纪委赋予的职责,进行廉政建设,党风党纪的教育,干部的监督,大要案的查处几项职能。

内部的机制,采取逐步过渡的办法,其他吸收进来的报纸,在我们集团的统一领导下,人员、资产、报刊的结构调整,逐渐地融合。目前的一些报刊,底细不清,比方它的资产、负债等,在不清楚的情况下,我们首先理顺它的领导关系,逐渐把它变成由资产纽带联系的报纸,该控股的控股,该参股的参股,逐渐融合。人员,以这次改革为一个起点,从内部以新的用人机制、新的干部任用的办法,把它建立起来。主要的干部我们要把它管住，用党委管干部的这个原则把它管好。同时，对各个经营的、编辑部的，有一定的自主权，让它们有配备工作机构的这样一种自主权。不能采取老的办法，一个事办不成，很多时候是我们干部配备出了问题，配的助手是对手。很多部门都存在这个问题。要从机制上解决这个问题。任何一个单位，不能配的助手是对手，大家互相对着干，好的事业也会搞散。所以，省委在机构改革的时候非常强调一把手对副手选择的权力。没有这一条，高效的统一的指挥系统怎么能建立起来呢？我们机构改革的时候是双向选择，领导有选择下级的权利，干部有选择单位的权利。我们也要建立这样的机制。用行政的办法管理我们事业单位干部的作法，不能再沿用下去。

第三，就是关于集团建立以后的运行工作的问题。怎么运行？首先，就是领导班子。必须建立一个很好的领导班子，带领集团办好报纸，发展好事业，按照省委要求的竞争力、经济实力、舆论的引导能力，三个能力来建设好领导班子。过去，我们四川日报的党委，历届党委，领导四川日报，在四川现代化建设的过程中间，特别是在改革开放的时代，作出了重要的贡献。到组建集团以前为止，省委对四川日报的工作，是充分肯定的，多次表扬了四川日报在各方面所发挥的重要作用。

现在，我们新的集团党委成立以后，就要更好地带领整个集团按照政治家办报、企业家经营这个要求，报纸要办好，经营也要搞好，社会效益和经济效益两个都要丰收，要做好这个方面的工作。

党委的产生，是按照省委这一次机构改革的一些办法进行的。党委的书记兼任集团的董事长，党委的副书记一个应该是总经理，另一个应该是总编辑。

产生的过程，大家都参与了。开始，董事长、总经理、总编辑都公开推荐。然后我们集中大家的意见作考察，也是在相当的范围内考察，最后又经过四川日报的党委集体讨论，形成了现在这样一些成员组成的党委。

原则也有几条。第一条，年龄结构要合理，要按照省委机构改革的要求;第二条,要坚持公推、公选、公示制。首先要经过公推,正厅级干部由各市地州和省级机关单位(部门)的第一把手来推荐,推荐以后,由省委来集中,然后将名单放回原单位,去投信任票;如果不是原单位的干部还要实行公示,登报。最近在地市州新选拔的干部一律实行了公示制。我们干部管理逐渐地要公开化、民主化,避免少数人选干部,选少数人为干部。不能只是在那么几个人里边,视野要宽,范围要广,要坚持公示、公推、公选这种民主化、透明度很高的办法。以后要避免多数人不拥护,硬还要喊他干,他本身也难为;多数人拥护的,我们又不用,这样一种难堪局面,这样一种不一致的局面。这就克服了两方面的问题。一方面,一些领导常常是凭个人的好恶选拔干部,对干部工作造成很大的恶果。另一方面,干部本身不是对群众、对工作负责,而是只对某个领导负责,认为抱定一个大腿他就可以往上爬。这种局面也要改变,不能成天跟着领导屁股转,工作做不好,拍马溜须,形成这样一种风气,把我们的干部队伍搞坏了。实行公示、公推、公选,就基本上解决了这样两个方面的问题。我们的干部也会把精力集中到工作上去,集中到事业上去,不必成天动脑筋拉关系,搞勾兑,抱大腿,走门子,成天忙得不亦乐乎。这也是对干部从整个作风、思想意识到工作思路,都是一个转变。我在省政府当秘书长的那个期间,一开始,省政府最大的最头疼的问题就是干部问题。因为省政府的周围都是领导干部,今天这个写条子,明天那个打电话,今天这个的儿子要提拔,明天那个的秘书要安排,谁来干都头疼。我就一条,实行公开竞争上岗。一下子全部问题都解决了,也没条子来,也没有电话来。干部管理要增加透明度。把这个事情搞得越神秘,越不利于干部队伍建设。选拔干部注意力要集中在成绩上,而不是关系上。

其次,报纸一定要办好。我们现在的报纸办得不错,但是不能说很好。在发行会上我已经讲了,我作为一个宣传部长,在这里来推销报纸,我感到很惭愧。共产党办的这么一张报纸,怎的没人要呢? 一方面说明我们发行工作还有一定差距,但更主要的从报纸来看,难道我们不去思考一下，我们报纸不能办得更好一点，让更多的读者来看这个报纸？所以，我说集团成立以后，如何把各个报纸办得更好也是一个重大的课题。办好报纸第一位的，就是记者队伍素质要高。对于我们有的记者，人家形容说，"无车不下乡，无钱不到会，不发红包绝不到会"。有的记者深入不下去，凭道听途说就写稿件，打个电话就等于采访。这个作风要不得。一些小报之所以出现问题，追究起来就是没有深入下去采访。深入不下去的问题相当普遍。包括会议报道，核心都没抓住，弄了半天，会议的主题是什么，都没有找到。有的人一天跑好几个会，到会上拿了稿子就走，看都没看懂。其次，就是编辑。编辑是把关的。你虽然坐办公室，但是你是把关的。我可以打个比方说，记者，即使是自由撰稿人，他采写什么消息，我认为都是可以的。但是要上我这个电视，要上我这个广播，要上我这个版面，要经过编辑，我就是要抓你这个编辑工作，你要这里把关。报纸犯错误，范围都是放大的。你发行 40 万份，就是 40 万份的"放大镜"呀！总体来看，川报改版以后，面貌焕然一新，社会一致都是叫好，这是进步的方面。但是还要改进。其他一些子报，下一步通过调整结构要办得各有特色，各有优势，各有自己的读者群。

最后，就是经营的问题。我刚才已经讲了，政治家办报，办报这一方一定要管住；企业家经营，经营的这方要放开。让大家按照市场经济的要求，放开经营，搞活经营，增强我们四川日报报业集团的实力。这项工作，我们也不能放松。新的经营委员会建立起来以后，从体制上、运行机制上、奖励分配制度上，要搞出一套办法来。首先，我们经营的几个主要渠道要搞好。比方说，我们的报刊发行，这是我们收入的一个渠道。第二个重要渠道就是广告。第三个就是我们所属的一些产业，包括过去搞的星光系列。下一步，要发挥我们集团的各种优势，开辟更多的经营渠道，使四川日报集团不但是强大的报业集团，而且是强大的经济集团。

阻碍我们发展的根本问题[*]

一、新闻出版当前的首要任务是发展

党的十六大进一步明确了我党的指导思想,确定了未来 20 年我国改革开放发展的总体思路和与此相适应的国家部署,核心问题就是发展。新闻出版业本身也处在一个发展的关键时期。

目前,我国有报纸 2100 多种,期刊 9000 多种,出版单位 560 多家,音像发展到 300 多家。流通市场出现了多元化,7 万多个发行单位,国有的只有 1.3 万多个,市场发展的局面开始形成。

但是应该看到,改革开放 20 年,经济领域发生了很大变化:通过改革,解放了生产力,生产力水平不一样;调整了生产关系,生产关系也发生了很大变化。但是,作为上层建筑的一个部分的新闻出版业,改革的实践远远落后于整个经济基础的变化,违背了马克思主义上层建筑与经济基础相适应的规律,显得不协调,业内人士感觉到发展面临很多困难;政府部门也感觉越管越混乱,越管越理不清头绪。是什么原因? 根本的问题是没有改革。就像中央领导同志说的,在这条战线上基本上还是计划经济的一套,从资源配置到管理方式到市场的运行,还没有走

　＊ 本文系作者 2003 年 4 月 8 日在四川新闻出版界作的出版形势报告,收入本书时略有修改。

上市场经济的轨道,严重地制约着发展。

阻碍新闻出版业发展的有哪些根本问题?

首先,从产业本身来讲,思想观念陈旧。一些人受了过去计划经济思想的影响,受了"左"的思想影响,以意识形态的特殊性为由,拒绝了改革的一些措施,所以在很多方面思想没有转变过来。在经济战线上20年前就解决了的问题,在我们这条战线上可能到现在大家还接受不了,以至于中央领导同志最近的一些讲话在地方党委传达的时候居然还不敢传达,说是数字说破了。可见我们的思想观念远远落后了。

其次,产业相当分散,缺乏竞争力。由于管理体制上的限制,有主办主管的要求,所以办报、办刊、办出版社都按照行政级数配备,有一个部委就要办一张报、一本刊、一个出版社,有一个地方就要布几个局……完全是按照计划经济配置起来的,所以相当分散。现在,按照市场经济的要求,要搞集约化经营,很难打破这个界限,因为是部门所有。虽然从数量、品种上讲,我国是新闻出版的大国,但远远不是强国。我国发行量超过1000万的报纸和期刊还没有,在世界上排不上号;我们总的图书的价值、市场的价值赶不上别人一个集团,明显地表现出产业分散。这是参与国际竞争很不利的一个方面。

最后,就是管理落后。这表现为适应计划经济的一套高度集中的审批制。所以在各种适应市场经济的变化中间难以突破,有时候显得寸步难行。增加一张报纸、改变一下名称,改变一下主办单位,所有的管理权限高度集中在中央,所有的出版单位都要跑这些东西,大大降低了我们适应市场的能力。当然在管理趋向上,往往本着"管得住、不出问题"这样一个思路考虑,所以逐渐形成了一套制度是不利于发展的。再加上我们的队伍是在过去的体制下训练出来的,所有书报刊的出版单位都重视编采人员的培养,而市场经营、经济管理方面的人才匮乏。可以说,我们现在只会出版,不能经营,这是普遍的弱势。这些因素影响了行业内部竞争的活力,离市场比较远。

解放思想,开拓创新。特别是要改革计划经济体制下形成的一套管理体制,改革不适应发展的一些规定和办法,转变束缚发展的思想观念,解决发展过程中的体制性障碍,这是当前迫切需要解决的问题。党的十六大之后,从发展的要求方面分析行业现状存在的问题,这使大家难以做大做强、难以进入市场竞争、难以参与国际竞争。从另一方面看,这与我们党提出的新要求和任务也不相适应。比如说,过去把新闻出版看得过分单一,强化了它意识形态方面的作用,但是,对于"三个代表"重要思想指导下的新闻出版工作的功能、本身的性质缺乏了解,这方面也要进一步解放思想,提高认识。

从"三个代表"重要思想的要求看新闻出版的作用,并不是单一的宣传、意识形态所能概括的。新闻出版也能促进经济发展,是先进生产力的促进者,科学技术文化本身就是先进生产力,也是先进文化建设的推动者,是先进文化的重要载体,是国民经济的重要产业。李长春同志多次在讲话中强调要认识新闻出版的经济属性、商品属性、市场属性,这就给我们指出了认识上陷入误区的根本原因所在——宣传阵地和产业属性对立起来了。实际上,产业是事业的基础,任何一项事业没有产业的支持是不能长久的。

既定的全面建设小康社会的战略目标里,包括了新闻出版将来对人民群众需求的满足。换句话说,20年后,我们建设的全面小康社会,新闻出版的各项指标也是小康社会的重要指标,人民精神文化生活的重要指标。我们怎么样建立起一个满足小康社会需要的新闻出版的支撑体系?所以,从这些方面来看,发展是我们的第一要务,我们要突出这个主题。不要一讲发展,就认为是发展经济,而是各项事业、各项产业都要发展,当然也包括新闻出版的发展,全面发展才是小康社会的物质基础。

经过了50年建设的积累,经历改革开放的考验,大家现在蕴藏着发展的积极性。只要我们解放思想,开拓创新,把这股力量引导到发展上来,我们是能够实现新闻出版大发展要求的。四川的报纸在全国是较多的,占1/20强;期刊也是全国最多的一个省之一,也是全国省一级出版社最多的省份之一,音像出版、电子出版、发行市场、产权保护的产业也在逐步形成,新型的网络出版也有了一些闪光的东西。怎样把这些技术和力量利用起来,很好地发展,在西部地区建设成新闻出版强省? 最近,成都市市委、市政府集中研究本市支柱产业——文化产业的问题,报纸上已经有了连续的报道。他们要将成都建设成新闻出版的印刷基地、光盘生产基地,要在成都的经济发展中发挥重要作用,这是对新闻出版经济价值的充分认识。

党委部门、政府、企事业单位都要集中精力、聚精会神抓发展,恢复四川在新闻出版领域的地位。说实话,现在地位在下降,在全国的影响力不如以前,我们业内的同志要努力。

二、深化改革,为发展提供动力

怎样走出发展的困境? 向改革要动力! 20 多年的实践证明,哪个方面改革了,哪个方面就发展:经济体制改革了,经济发展了;政治体制改革了,民主政治进一步发展;科技体制改革了,科技事业就发展;教育体制改革了,全民办教育的形势已经形成;体育体制改革了,体育作为产业来办,就有了发展空间……新闻出版也不例外。对新闻出版业的改革,党中央十分重视。新一届中央领导机构产生以后,为新闻出版业的改革吹进了一股强劲的东风。从年初到现在,陆续出台了一些精神。中央把新闻出版、广播电视文化的改革,作为今年调查研究、确定总体改革方案的一个重点。这次组织全国大规模的调研,就是中央的总体部署之一。中央总共确定了 117 个调研题目,大约每个专题在 5 月份做出初步成果,6、7 月份开始终端性研讨。7 月份调研的结果汇总上报到中央,9 月份中央将要召开专门的会议,确定总体改革的方案和文化产业发展的政策导向。胡锦涛同志讲,文化体制改革和文化产业的调查研究,是党中央抓的六项重大工作之一,已经提到了中央的议事日程上。

李长春同志在今年的讲话中反复强调了我们这条战线的改革问

题。他强调,文化领域的改革,要按照十六大的精神加快步伐,分类指导。一部分确属于党的喉舌、社会公益性的文化产业,由中央给予政策扶持,其他的一律按照市场经济的法则,进行市场化经营。这是首先要区分的。非常强调新闻出版的经济属性、市场属性、产业属性,要求在新闻出版行业也要建立起市场法则、竞争机制、优胜劣汰的一套办法。他说,无论是企业的,还是企业化管理的,都要落实企业的一套管理办法。作为市场竞争的主体、法人实体,要充分地把它给发展起来。

报业集团要按照现代企业制度深化内部改革。所以总署在提出的意见中,所有组建集团的,都要按照企业去管理,要按照市场化运作的方式改造我们现在的体制。

机关办报办刊办社问题要分两步走:要从解决行政干预、减轻农民负担、解决机关小金库、治散治滥搞摊派等行业不正之风出发,整顿机关办报办刊问题。胡锦涛同志已经两三次讲到,这样一个人民群众意见很大的问题,说了若干年,这次要下决心解决。解决的办法就是分成两步走:近期实现"三脱钩",财务、人事、发行与党政部门脱钩,经营只和税收挂钩,不和其他任何挂钩,逐渐解决机关报、机关刊乱摊派、依靠权力发行的问题。从远期来讲,要完全与党政部门脱钩,形成若干个社会办报办刊办出版的集团,由这些真正的市场主体去办。在内部也要实行优胜劣汰,摆脱部门分割的局面。通过调查研究,提出从根本上解决一些权力部门报刊乱摊派的问题,增加群众负担的问题,作为今年党风建设的三大问题之一。

报刊宣传方面,提倡按照新闻规律办事,坚持"三贴近"的原则。不以领导人的位子决定新闻的重要,而是由它的信息质量、新闻价值、人民群众关注的程度决定,减少会议和一些不必要的领导活动的报道,把更多的版面让给群众、让给基层、让给第一线。改革的措施从"两会"期间已经开始实施。目前,新闻改革的力度相当大,中央领导身体力行,新闻改革已经发生了很大变化。

出版的改革主要是按照当前出版集团的实际,选择一部分集团进行多方面的试点。试点包括大家非常关心的管理体制问题、内部机制问题、投资多元化的问题、融资渠道的问题……另一方面,走内涵发展的道路,以经济为纽带,发展一批专业出版集团。另外,按照突出特色、发挥优势的要求,扶持一批小而精、小而强的出版社也加快发展。根据不同层次,提出不同要求,也就是行业内长期要求的分类指导的办法,推动各方面的发展。既不单一地发展大型集团,也不排斥内涵式发展的专业集团,也要支持中小出版社做出特色,发挥优势,建设小而精的出版社。我们今后出版社的总体格局是:以集团为龙头,以专业出版集团为骨干,以各具特色的中小出版社为基础的出版局面。所以,过去大家长期担心,今后只有一种模式,就是集团化,其实不全是这样。

当前,按照中央的部署,主要是选择了若干个各种类型的集团和一部分省市进行深化改革的试点。这次试点就不是完全按照原来17号文件确定的那些办法进行,而是有大的突破,是按照中央新的要求进行试点。过去试点是新闻出版总署、广电总局的试点,现在是中央直接领导下的试点。5月份,全国试点方面的会议将研究深化改革的问题。过去,我们四川按照17号文件的要求,也进行了集团化建设,在体制、机制方面也进行了很好的探索,取得了很好的成绩。我们的新华发行集团在全国也是走在前面的,已经进行了股份制改造,连锁经营、物流配送中心也正在建设,完全走上了市场化的道路,这次也被确定为国家试点之一,进一步深化改革。

下一步的改革,是在中央新试点方案的指导下,进一步探索。打算用一年半的时间,为我们全面整体的改革推进提供些可资借鉴的、实实在在的经验。不同的集团有不同的试点方向,有的是实验多元化投资的,有的是实验股份制的,有的是实验上市的……为我们将来总体的改革提供一些成熟的经验。大家知道,在这方面,改革的难度要大些。因为长期以来,业内人士、社会国家已经形成了一些固定的看法,猛然间要发生根本性的变化,会遇到很多关键性的问题,体制性的障碍,法规方面的问题,都要逐步地配套解决。不改革没有出路,想退回到以前的老路上去是不可能的。因为我们面对的是市场经济的体制,面对的是国际性的竞争。新闻出版领域不可能像以前那样封闭起来,而是要逐渐地改革开放,走上和国际接轨的道路。

出版社内部,要按照现有部署,加快"三项制度"(劳动制度、人事制度、分配制度)的改革。不改革,人才竞争的局面就形成不了。按照对世贸组织的承诺,我们的出版物分销市场要逐步开放。去年开放了5个特区和3个沿海城市,今年扩大到省会城市,明年全国的城乡都要开放。批发也要开放,3年时间放开批发。这就是国际竞争的局面。不改革别人就要取而代之。要加快"三项制度"改革,培养我们的人才。新闻出版业不需要很多的高新技术、设备,核心竞争力就是两样:人脑加电脑。没有人,靠什么竞争?外国出版商、发行商进入中国也没有带上千军万马,而是实行"人才本土化"战略,靠高薪挖我们的人才,这在沿海已经非常激烈了。

发行环节就完全是企业化、市场化的。中央已经明确规定:发行、印刷、光储存产业完全是按照企业管理的,没有任何特殊性。而且早已经开放。按照李长春同志的要求,借鉴现代物流业的一些规则,尽量缩短制造商与消费者之间的距离,搭建快捷、便当的流通渠道。发行流通领域就是要建设中国的沃尔玛。不需要研究,就是按照沃尔玛的连锁模式去做。现在正在加紧这方面的改造。总署的要求有4个方面也正抓紧落实。(1)对发行进行企业化的改造,组建大型的、有竞争力的发行集团。(2)原有的发行渠道进行股份制改造,形成新的市场竞争的主体。李长春同志最近讲,市场竞争的主体、发行流通的主渠道不是任命的,不是自封的,而是从市场上去奋斗、去争取的。不进行股份制改造,就难以摆脱国有企业的后遗症。法人治理结构建立不起来,内部的机制得不到彻底改造,管理水平上不去,就难以与别人竞争。(3)尽快建立物流信息的标准。统一全国性市场的标准,为下一步打破地域封锁、垄断经营、部门分割作准备。总署正在培育几个实力相当、规模相当的全国性的流通主体企业,形成统一、开放、竞争、有序的市场。(4)

加速建设连锁经营体系、物流配送中心。市场终端的销售网点是应对外国强势集团进入中国的必要措施。现在,全国比较大的连锁总部已经有17家,有很多省市正在投巨资建设出版物的物流配送中心。一些省市已经通过人大政府确定了市场网点规划。这是我们应对加入世贸时就提出来了的,全国性的普遍问题是要抓落实。我们原有的国有发行的主渠道没有完成改造,以资产为纽带的市场体系没有建立起来。从出版社、报社、杂志社的发行来说,发行的渠道单一,图书主要依靠新华书店,报刊依靠邮政系统,农村零售主要依靠供销社。这三个国有渠道太单一,不能满足出版发展的需要。要尽快在一个地区同时造成几个主体进行竞争,通过竞争来解决目前市场流通不畅的问题。现在不是出版的产品多了销不出去,而是流通这个重要的环节出了问题。

总体改革要求:转变思想观念,改革管理体制,改革运行机制,制定产业政策,完备法律体系,培养专业人才。通过改革,成熟新闻出版的市场主体,提高我们的竞争力。

有一些大家非常关心的问题。比如主办主管的体制。为什么出现党政部门办报、办刊、办社,就是因为要求要有主办主管,而这个主管必须是党政部门或社会团体的哪一级。像这个问题,我们正在研究。又比如大家强烈希望的投资多元化的问题。怎么样多元化?按照李长春同志的讲法,能对外国人开放的就对外国人开放,能对港澳台开放的就对港澳台开放,能对民营、非国有制经济开放的就对民营、非国有制开放,这些都不能开放的,也要对国有企业的其他行业开放。要形成投资多元化的体系,不能像现在这样,投资的单一主体就是政府主办、国家拿钱。这些重大的政策性问题还在研究,通过试点,取得一些办法。总之,既要放得开,又要管得住。这个管,是用经济的办法去管。

集团化问题。很多地方比较多地用行政力量组建了一些集团,这是当时情况下形成的。现在,这些集团有的做得好,有的做得不好,主要是有几个问题没有解决。一个是集团到底发挥什么作用,它的定位没有解决。现在的法规完全是以出版社、报社、期刊社为一个法定实体制定的法规体系,没有一个法规条例里面有集团的表述,这是让集团很为难的事。二是集团组建后处理集中与保护基层积极性的问题也还没有恰当的办法。有的集团强调了"几个统一",削弱了出版社下面的报社、子报、分公司的积极性,下头的活力不强,影响了集团的整体实力;有的过于分散,搞成一个法人联合体,下面的任何东西都没有变更,集团的调控能力受到影响。这两种情况都存在,在集团化试点的过程中要进一步研究这些问题。集团的改革要以名牌、名社为龙头,以资产为纽带组建集团。还有一个领导体制的问题。要完善法人治理结构,解决资产授权经营问题、不良债务和不良资产清理问题、原有人员的社会保障体系问题。

三、加强管理改革

改革是发展的动力,管理是发展的保障。没有良好的市场秩序,没有良好的政策环境也发展不了,这要求政府的管理也要加快改革。改革主要应沿着建立宏观调控、市场监管、公共服务、公正透明的政府行为为它的基本倾向。技术操作上,一是要求政企分开,管办分离。总署已经完成了这样的分离工作,组建了中国出版集团,直属的15家单位全部归了集团,与总署脱钩;组建了中国印刷集团,把由总署管理的全国的印刷企业集中起来,也与总署脱钩,交给了资产管理委员会。由办出版向管出版转变(亲儿子与干儿子、裁判员与运动员)。二是由直接管理向间接管理转变。现在政府管得太多,一竿子插到底,影响了企业的创造力;要转变为依靠法律、政策来管理,运用法律规范管理,运用政策进行调节,不去直接管理企事业单位的事务。三是由管直属向管社会转变。四是由管微观向管宏观转变。总署的审批事项在中央各部委是最多的,所有审批事项高度集中在中央,过于微观化;要转变为统一规划、宏观调控、市场监管。

要改革管理方式。已作了一些改革:

1.一切审批权限实行分级管理,能下放给省市出版行政管理部门的下放到省市出版行政管理部门,不能下放的(指法律规定由中央一级审批的)委托地方行政管理部门管理,加大地方行政管理部门宏观调控的权限和审批权限。

2.对书号的管理。A.下放了书号的管理权限,地方行政管理部门来调节;B.准备推行出版单位的等级管理制度,按照企业等级评估的一套办法,把出版企事业单位分成不同的等级,优秀、良好类的出版单位放开书号,支持它们发展,能走多远走多远;C.在书号资源配置上,更重视奖励的作用,实行"奖优罚劣"的规则;D.建立图书网站,3月份已经开通了中国图书网站,目前正在给各省局、出版单位联网。一旦连通,将取消书号配置,按照需要在网上自动申请。

3.报刊管理的一些审批权限也下放到地方,如图书、音像制品选题的审批由出版单位严格把关,由地方行政管理部门审批调节。通过这些措施,提高行政效率,减少审批事项,方便出版单位,促进工作发展。

政府在管理思想、职能配置、管理的重点方向方面也开始大量调节,是要管"活",不是管"死",重要的是提供发展环境和政策支持。管理手段由行政手段转向法律手段,依法行政。判断一个新闻是否真实、一本书好不好、一部电影能不能放、一部电视剧能不能播,不能由哪个人的批示、哪个人的意见决定,而要有法律依据。要把市场管理作为管理的中心。以前是管企事业单位不是管市场,现在将市场监管作为重要内容。市场经济主要管市场,计划经济主要管源头。

今年,总署要出台政策法规一类的重要文件20多个,其中包括报纸管理的规定、期刊管理的规定、市场管理的规定都要出台。以后就要严格按照这些法律法规进行管理。

四、关于产业发展问题

凡是文化公益性的事业,包括新闻出版方面,比如,确属党的喉舌的新闻宣传机构、带有公益性的出版单位(如盲人出版物、民族地区的出版)、带有公益性的国家重点工程,国家将在政策上给予扶持。现在,全国已有100多种出版基金,在支持这些属于国家重点文化工程的建设项目。公益性的基础建设,也主要依靠国家的投资,如文化馆、博物馆、图书馆等。所有经营性的文化产业进行市场趋向的改革,按照市场化经营。为了支持文化产业的发展,国家原来出台的支持文化产业发展的政策,"十五"继续使用,"十一五"期间的正在调研。这一行业表面看来利润很高,其实,这种利润不是市场经营的结果,不是管理水平、劳动效率提高的结果,而是垄断造成的,是暂时现象,对此要有清醒的认识。在产业准入、投入的体制、融资机制方面,都要出台一系列政策。最近,总署已公布了外资投资发行业的规定;下一步市场管理规定要出台,要开放市场投资的主体,允许公众资本进入;再下一步,在报刊等新闻性很强的单位也要实行编辑和经营分开,经营部分也要允许各种资本进入,逐渐开放。吸收业内外资金,加速资本积累,为以后的发展积聚实力。

大家要按照党的十六大精神主动思考一些问题。宏观方面,政策性的问题、大环境的问题。中央加速这方面改革的决心已经下定,大环境非常好,业内人士也普遍感到目前的形势是前所未有的机遇。也要研究小环境,报纸、期刊、出版的具体单位,要按照改革的精神,按照十六大的要求,要造成一个能干事、能发展的环境。有些单位,虽然大环境很好,但小环境很糟,领导班子不团结,发展没有思路,改革没有动作,甚至有的同志固守以前的一丁点利益,不顾大局,鼠目寸光。小环境不利同样发展不了。同样的政策环境,为什么有的单位就发展起来了,有的单位就发展不了? 同样的市场条件,为什么有的单位经营就很好,有的单位经营就不行? 这与小环境有很大关系。因此,在注重大环境的改变、国家宏观上的改革、政策试点的同时,要注意结合你的小环境,改善你的小环境,加强两方面的动力,才能推动新闻出版改革更好地深入下去。

出版发行体制改革要加快推进[*]

一

出版物发行环节面临的问题。

第一,需要从计划经济转到市场经济。

为什么我们要研究这个问题,大家可能也看出来了,我们市场流通严重制约了整个新闻出版,正像计划经济时期的商品市场一样,消费者拿不到书,出版社的书发不出去,两种矛盾同时存在。经常听到一些地区来信反映我们没有这种书、那种书,这是一方面;另一方面我们出版社常常抱怨大量的好书发行不出去,本应取得很好的社会经济效益反而由于渠道不畅未能实现。这里边有很多的问题,首先信息不灵,这是我们市场没有完全畅通起来的一个因素。发行的主体长期被新华书店垄断,垄断已经养成了严重的官商作风。我们教育界同志都清楚,新华书店依靠教材它就过得很好,不必那么费劲,在开拓市场、寻找消费者群体等方面,它没有积极性,很多基层店一年发两季教材就行了,还不好好地发行。为什么有的书进入了个体流通渠道发行得很好,一进入了我们国营的渠道就不行,这是很重要的原因。所以有些同志反映到

---

* 本文根据作者 2003 年 2 月 17 日在出版物发行体制改革研讨会上的即席讲话整理而成,收入本书时略有修改。

基层书店是什么情况呢？就是"小姑娘决定大命运"，来一个征订单，书店小姑娘感兴趣的是武侠小说，她圈一下就进武侠小说，她喜欢言情的东西就圈起来，对科学著作、有价值著作她一概不问，既不了解也不研究。基层店的销售人员不像我们大学的学生教育训练有素，有的人书念得很少，反映出这个弊端。以至于我们现在积压，2002 年就有297.5 亿，加上历年积累下来的流通途中的，我们一些发行界人士估计有 600 亿左右，这是相当严重的问题。出版社为什么叫苦连天，这些书都积压了发不出去。发出去了钱回不来，出版社的书卖了好几年了书店也不给钱。上一年的教材到下一年发行的时候才给你钱，基本上这样类推下去，这种情况怎么能够维持下去。从另外一方面讲，确实面临新的问题。我们现在整个新华书店的改革状况相当于 20 世纪 80 年代初期。因为过去这个行业过分强调意识形态，而对市场商品的研究不够。甚至于有些人就不敢说这还是个商品，所以头脑没有从严重计划经济的影响中转变过来。

第二，从事业单位转变为企业。

过去我们长期把新华书店当成一个事业，国家办的事业，缺乏经营思想观念。现在中央已经多次地明确了新华书店是发行企业，必须从事业向企业转变。我在跟新华书店系统一开始讲股份制改造时，他们吃了一惊，怎么新华书店还股份制改造呢？他就把它看成政府里的一个附属机构，没想到它是企业，这种认识是错误的、是过时的，在延安时期，新华书店执行的任务就是怎样把那些传单、书报送到解放区或送到敌后去，那个就叫事业，钱是由我们党的渠道筹集的，我们那时候的目的是怎么能发出去，我们不卖钱，那时叫事业。65 年以后的现在不是这种情况了，现在是变成一种商品了，你要卖出去，卖商品的，你难道不经营？事业的观念特别强，没有企业化的思想。

第三，从附属地位转变到自主地位。

从附属地位要转变到自主地位上讲，它没有这个准备。过去的发行任务、教科书，都是政府分配给它的，哪里还有自己去主动经营什么，还没想这个,它的附属性很强,没有认识到自己是独立自主的企业,所以对自负盈亏,还没有想呢,许多新华书店亏得一塌糊涂,它根本还没有想呢,它就知道亏损了向政府打报告,因为它是政府的附属单位。

第四,从封闭转变到开放。

过去的出版物发行行业是封闭的,除了新华书店以外是不允许别人经营的。90年代开始,出版社可以有一点自办发行。报刊有点自办发行,到了1992年邓小平南方谈话以后,个体经营零售点向个体经营开放,但不允许有批发权,基本上还是封闭的、垄断的。那么现在一下子转向开放,不但是对国内要开放、对国内的公民开放,而且要对外国的发行企业开放;对行业内要开放,行业外也要开放。李长春同志讲话指出,不能给国外开放的要对国内开放,不能给民营开放的要对国营开放,不能对国营开放的要对行业内开放。总之,你全部要开放,不能是封闭的,这一点我们国内仍然没有开放的,更谈不上应对加入世贸后全球竞争。要从更高的层次来看这个市场的变化。

第五,从垄断转变到竞争。

新华书店长期是垄断经营的,所有的出版物总发行都是新华书店,它是一种垄断性的竞争。这种垄断性的竞争造成什么后果?造成大量的退货,卖了书不交钱、不结算,钱明明收回来了也不给出版社,所以现在出版社经营有好几个数字,出版码洋、销售收入、回款,那就成了几个等级了。码洋不等于销售收入,销售收入不等于回款,大量的出版社都是码洋4亿多、销售3亿多、回款1—2亿,这就大打折扣了,这就是垄断经营造成的结果。如果说我们有好几个渠道作为出版物流通的话,那自然就结算了,不会造成现在这样的问题;另外一个就是压低了出版社的收益,所以出版社的利润空间不断缩小。今年在南京开会的时候,据说广东现在的新华书店是越来越难弄,它要价太高,所以它就完全没有竞争的概念。我们采取一些竞争的措施,也没竞争得起来。教材、出版、发行的竞争进行试点,为什么没有,因为没能构成新的市场经营的主体。现在竞争它是自己跟自己竞争,在一个省里面,那就是老子、儿子、孙子在一起竞争，省店管着市店还管着县店，它竞争的时候，省店再找两个市店参加，表面上看符合招标要求三家，实际是它们一家竞争。为什么没敢拿出这个标底，怎么竞争啊？它是老子，以下是几个小子，怎样竞争？它上面是一致的，完全是一致的，竞争的主体不充分，所以才有这个局面，这种垄断性至今仍然没有打破。我看人大写的材料里提到这个问题，就是最近成立的出版集团由于是行政区划性的出版集团，没有打破地域的界线，所以垄断性进一步加强，原来市店、县店它有进货权、有结算权，它可以不通过省店直接通过我们出版社这个渠道进货，现在它这个三权上收，三权上收以后，就取消了下面的市店、县店的进货权、结算权，所以这也造成了2002年一大批的退货，因为市店、县店不行了，就得大量退货。现在进货要从省内集团里进货，结算也不行了，结算也是省里面统一结算。改革也没有更好地解决这个问题，这个问题目前比较严重，所以我们这次研究市场竞争问题，找出适应市场经济建设需要的，找出适应应对加入世贸以后挑战的，找出我们出版物发展的现代流通的最好的新的渠道。在出版社和消费者之间，找到最便利、最便宜、最快捷的方式能够流通，这样就能加快出版事业的发展。我觉得目前涉及的问题主要是这些。我们的研究要不断改善、解决这些问题。

二

目前我们需要采取的措施呢？

第一，改造原有的国有主渠道新华书店，组建全国性的几个发行渠道。它不改造，也是一个单一的投资形势，所以它一些毛病都改不了，把新华书店系统先改造成为一个股份制现代流通企业，目前这个事情正在做。改造以后还想成立有流通能力，比方邮政、铁道等等商业系统有流通能力的，通过股份制方式再组建几个相当于新华书店系统这样的大的流通集团，在同等实力的基础上进行竞争，不是目前这种老子跟儿子竞争的情况,竞争不起来的。

第二,组建发行集团。从 2001 年开始到今年,陆续批准一些地方组建发行集团,就是把原来分散的、零散的发行系统组织成集团公司。通过多种方式组织成三五家、七八家这样的中国的出版业的发行集团,像大家都知道的国际的发行集团来承担我们的发行任务。要打破按地区分设的发行,我们过去的发行完全按照行政机构设置,这大家都知道,中央是一级批发,市是一级批发,县是一级批发,它是完成按行政级别下来的。我们组建集团以后,打破原来管理的体制,按照市场竞争的需要,来批准经营的权限,这就是看实力、看资本、看信誉,不再看你的行政级别。也许 3 年以后,全国总批发的集团只有 3 家,我们现在划了杠杠,国内还没有划呢,国际进入的资本比如 3000 万美元、5000 万美元以上。那么你的小摊摊、小点点就没有权限,因为你这个省就没有权限,就要打破这个界线,完全按照经济的办法来管理发行体系,从现在起在全国组建一些集团。

第三,按照现代物流业发展的需要,推行连锁经营、集中配送这样一套现代化物流的手段。这两年已经做了些工作,物流中心建设按照中央规定的东西南北的大物流中心格局已经基本形成。各省也都在发展,现在有十几家在搞,连锁店总店已经有 13 家。现在连锁的门店达到 4000—5000 家。今年总署要召开一次物流配送、连锁经营的会议,这个已经列入工作日程了,召开会议的时候我们课题组的同志也可以参加。

从政府管理部门来讲目前主要是做好两件事情:

一是推动新华书店发行系统的企业化。这已是明确了,完全按照现代企业制度及其管理,按照国有企业改革的一整套办法去改革。中央精神是明确的,没有什么限制,也没有什么禁区。不再把新华书店作为政府的附属。作为总署会积极做这个剥离的工作。新华书店总店我们已经剥离,现在新华书店总店、图书进出口公司、邮政局的几个公司,5 家股东正在协商组成一个新华发行集团,完全是股份制的,市场化的,也不属于任何一家政府部门。谁家经营得好,谁家就是老大,你们就按照经济市场的办法去做。这个事情我们正在做,政府系统能够真正地站到裁判员的位置上,不去参加踢球,不去参加竞争,管理市场的公平性这是我们做的一件事情。

二是推动各地作发行网络的规划。因为我们主体多元化后,就不像新华书店,新华书店是统一的,以后的就不是这样的。各种主体,外国人要建,中国人要建,可能是别的省的也得到你的省里来建,你这个网点怎样做,避免重复浪费等不合理因素,要有一个规划。你这个省要设置多少个发行点,都在什么地方,外地、国外、省外、本省、民营、个体的,谁来投资? 要有规划,你就选这个投资,不至于把这个建乱了。我们现在推动做的这两件事情就是为下一步公开的市场竞争创造一些条件。

三

我们初步强调,调研的时候大家还要深化,按照中央的精神,我们思考出版物发行市场体系要强调几个方面。

第一,强调它的主体多元化,主体内投资多元化。我们强调这个问题,主体多元化不能是一家垄断,希望各方都来投资出版物发行行业,形成多元化的投资风气。一个投资主体的股份也可以是多元化的,可以吸收内资、外资、业内的、业外的都可以吸收。这是我们在 3 年之内完全放开,在世贸承诺里边也讲过了。3 年内保护中国发行主体的形成,还有没有后果的问题,还有地域次序的问题,比如说我们头一年开放特区,加上两三个城市,共八个地方。第二年我们开放所有的省会城市,到 2004 年 12 月份应该全境都开放。实际上就剩一年的时间,保护期也就没了,保护期一过,批发、零售都是放开的,股份也是没有限制的,股份多少、地域都没有限制,我们承诺的就是这样,就意味着我们全部开放了。这个是我们明确的完全企业化,不能总是讲出版物如何特殊,如何有意识形态,如何影响政治,无论如何我觉得是企业化的。

第二,按照现代物流建设要求,连锁经营,集中配送,加盟、特许、直销等等方式的连锁网络。我们这一套是按照国际上最先进的建设。按照李长春同志要求就是:你就把沃尔玛搬过来就行。沃尔玛是世界上零售商业中最好的,连续两年名列世界500强之首,在中国也做得很好,最早进入深圳。你们大概也知道了,它们这样进入深圳以及在全国的发展实际上都是非法在搞。国家经贸委查了,到现在也没有批准沃尔玛在中国境内经营。中央领导多次接见过沃尔玛的首席执行官,最近说了,我们承诺了人家要开放,你们还在找文件,服从你们还是服从中央?所以最近北京其他两个区又批准扩大沃尔玛的建设。这就是我们实际工作跟不上发展需要的一种表现。我们也要学习这个方式,按照沃尔玛这种代表现代连锁店经营的一套办法,这一方面是明确的,连锁经营、集中配送,现代物流逐步过渡到生产单位,生产单位委托第三方物流代理,就是建一个大通道,商业的大通道,跟高速公路是一样的,不管谁的车你都可以上去跑。我们这个物流体系也是这样的,实际上很多地方已经在建设。像邮政局、物流公司等它现在不只是经营报纸、期刊、邮票、邮政储蓄,它还已经承担了其他业务,它就是个大通道。我们讲的建设发行领域的第三方物流代理,不单纯是给某一个出版社、某一个集团服务,我是一个公共大通道,所有的出版物都可通过我们这个网络去销售。这个具体怎么做,现在还想得不是很清楚。

第三,从市场要求上来说,必须是一个统一开放、竞争有序的市场。不能是乱来,一搞主体多样化了,出版物的市场乱了,这可不行。也不能怕乱,就封闭起来,那也不行。必须是按照加入世贸的承诺对外开放,只能加快步伐。今年就开始正式审批中外合资的发行企业,申请在中国登陆的,管住它,让它在我们内地是合法的。对一些民营的发行渠道也要进行改造,也要争取让它实现一些股份化、正规化的管理,不要搞一些偷偷摸摸、鸡飞狗跳的那套,不要干那些事情,让它该走到桌面上就走到桌面上来,你老钻在桌子底下也不行啊。就是要开放,既然对外国人能够开放,那么对国内自然就可以开放。都可以投资这个领域,都可以开放。另外是有序,所以我们要颁布市场管理的一些规定,在法律的基础上去竞争。

四

通过我们这次实际调查,研究分析总结我们的历史经验。

第一,研究我们现实的矛盾,能够提出一个中国未来出版物发行市场体系的框架。要说的土一点,就是中国将来的出版物发行市场是个什么模样,把这个弄清楚,我今天这么改,明天那么改,今天要办这个,明天最终办成的是个什么样子。有鼻子,有眼,有耳朵,就是一个完全的框架体系。什么是市场的主体?是一个什么样的流通渠道?城市里边,乡村里边,这个纵横网络怎么建设?能够使得我们出版物生产者与消费者保持最密切的、最快捷的通道。我们能够最终拿出这样一个东西。如果能总体拿出来,我们在下一步市场改革总体框架里面,就能够把我们研究成果利用上去。这是最主要的。因为现在还说不明确中国的出版物市场未来到底是什么。原来我们有一些提法,我们曾经也讲过,以集团为龙头,以大中城市为重点,以连锁店为主要通道等等一系列提法。也有些现在看来,在实际操作上,咱们到底是一个什么体系?什么样的格局?我们希望通过这次调研能够解决,这个问题解决了,就解决了我们未来出版物市场建设的一个大问题。这个问题我们是要研究的。

第二,我们调研这个体系里面,怎么样能够解决垄断经营、地区封锁、贸易壁垒这个锁链,怎么能够解决不公平竞争的这个框框。目前这是突出问题,在新华书店这个主渠道上有一个垄断经营没有解决。作为各地要跨地区经营,地区封锁没解决。市场封闭、区域封锁没有解决,所以现在这个市场是很难办的一个市场。没有突破,我们还需要调查研究怎么样能够解决这个问题。

第三,从我们国家意识形态这个特点出发,从我们国家的文化安全、国家安全的角度考虑,将来我们这个市场主体要掌握到什么分寸,就像当前是三年以内国有控股等做法,有没有风险,有没有问题。现在有些人担心出版物市场一开放,是不是从市场反过来影响你的出版。简而言之,我们现在出版要卖"三个代表"的书籍,外国公司掌握发行以后如果不给你发行这个,它叫你必须卖四个代表,你怎么办?有人就提出这个问题,能不能影响。我们现在也不能说就没有影响,因为从市场的情况来看,从其他产品的生产来看,流通环节是可以影响生产的,其他产业也有这个问题。流通不畅,它就要求你改变你这个产品,比如说我们电视的合作,我们前两年电视开放的第一个合作,就是中央电视台的节目包给了一个广告公司,也是说编辑是编辑,广告是广告。结果这个公司是我们内地人在香港开的公司,它承诺广告商的收视率比原来的低,它的广告上不去,半年以后也就亏了,因此它就急了,就要求你这个编辑必须改变这个栏目节目的内容,吸引广告。那么这个编辑也被逼无奈,要不然人家就终止合同,编辑就按照人家的要求改,结果改出了问题。后来不就终止了吗?中央下令不能干,因为你进入我编辑领域,影响我编辑领域,你连篇就是登的外国的动画片,宣传的是外国人的价值观,迪斯尼的价值观,怎么能够跟中国联系起来,它就出了这个问题。我们要面对这个问题,像教材市场开放一样,也有人担心能不能保证课前到书、人手一册,这些发行渠道有没有补偿能力,我们新华书店长期都养成一个好的作风,就是你发了大水,发生地震,书毁了,马上由新华书店再给你补上,一册不少。那么公司做的时候,遇到这个情况它能够及时补上吗?能够做吗?要研究这个问题,这也是我们值得从另外一个地方反思,在我们市场全部开放以后能不能影响到出版业的上游,下游影响了上游,反推上游。大海有时候还推到江里面来了,也有这种情况,也不能说没有。这个问题也是我们应该考虑的,对构架体系的把握的思考。由这点出发,还有我们出版发行业经济成分问题,我们手里边也有这个题目。研究一下民营的、个体的经济介入发行业的政策问题,外国的、其他所有制介入发行业的政策问题,要不要用防护栏? 有些什么东西完全开放? 这需要研究。因为短时间内可能看不出问题,长期下去也可能就出了大的问题。

五

包括在改革中形成新的发行体制方面,到底政策上需要什么样的税收政策、财政政策? 因为一个产业幼稚期当然需要国家来扶持,这些政策方面有些什么东西。就是出版的各个环节上,政策问题,定价问题,包括图书的发行定价问题。也有人说图书发行的定价是不是就要包括图书定价,也是重大问题。传统的做法都是定价包括平均距离的发行价,到祖国最远的地方,到你出版社最近的地方,有一个平均计算办法,然后定价。你运到和田去,或者运到你们人大的学生宿舍里面去,它加起来这个发行的费用是平均的,不能说我到宿舍里边去我就少给你点定价,我到和田去我就多一点定价。我就提出了这样的问题,这是政策性问题,也要进一步的思考,是课题调研里面的内容。关于我们这个课题,我就先说这些,就是我们在想一些什么问题,碰到一些问题,我主要跟大家交待这个。至于最终我们应该取得什么样的调查研究的结果,通过调查研究以后,经过大家论证,我们拿出一套办法来,解决我们国家出版发行业重大的问题。

提高创新意识，加快改革发展[*]

　　用"三个代表"重要思想统领出版工作，是 16 号文件里面的一句话，含意深刻。

　　下面我想从四个方面谈谈"三个代表"重要思想指导下的出版业改革、发展和管理的问题。

一、对出版业地位的认识

　　2001 年 10 月份中央"两办"发了 17 号文件，文件集中讲的是关于新闻、出版、广播、影视业改革的问题。2002 年 7 月 29 日中央"两办"又发了 16 号文件，专门谈的是出版工作，内容有二十四条。从这两个文件可以看出，党中央、国务院对新闻出版工作非常重视，非常关心。17 号文件讲的是加入世贸组织以后，我们的新闻出版业怎么改革的问题。16 号文件是总结 1983 年中央发出关于出版工作的意见以来的二十年的经验，提出了新世纪我国出版工作总的布局、发展思路、改革要求等等。中央文件里讲，出版业是有中国特色社会主义建设事业的重要组成部分。这句话就是用"三个代表"重要思想论述了出版工作的

---

* 本文曾载于《中国出版》2003 年第 1 期。

社会职能,说明出版业对于发展先进生产力,对于建设先进文化,对于满足广大人民群众精神文化生活的需要具有极其重要的作用。首先是发展先进生产力。先进生产力是什么呢?就是劳动者和科学技术。劳动者的训练有素靠的是什么呢?靠的是书。我们一代一代文明能够传承下来,我们的知识能够积累下来,我们的文化能够不断地、连续地往前推进,靠的就是书本,靠的就是出版业。出版业本身就是先进文化建设的基础产业,从物质产品来说,它就同粮食生产一样是最基本的东西。当然对广大人民群众来说,从精神文化生活的需要上讲,生活中也离不开书。我们常常讲书籍是人类文明进步的阶梯,我们谁都需要它,发展出版业就是满足人民精神文化生活的需要。这就是用"三个代表"重要思想的要求重新审视我们出版业的社会功能。

文件中还有一句话:"出版业的整体水平,直接反映并影响着我国经济、政治、文化的发展。"这句话分量很重。从这些话来看,中央对于我们出版业——它的社会功能和它的重要地位已经给了充分的肯定。我们从事这个行业的同志们一定要充分认识本身从事的这一项工作的社会作用和它在整体事业中的社会地位。很多同志可能是在一个局部上工作,很少有时间思考中央对于出版工作的这样一些认识,我觉得认识到位是非常重要的,它可以使我们增强使命感、责任感。我虽然来总署时间比较短,但是先后到过七八个省,几十个出版单位做过调查研究,听过同志们很多的意见、要求、建议,我觉得业内人士总体上缺乏对这一事业崇高性的认识,目前特别需要从全局的高度去看待这个问题。

16号文件第二点指出:"高举邓小平理论伟大旗帜,以'三个代表'重要思想统领出版工作。""三个代表"重要思想不仅是治党兴国的指导思想,而对于我们思想文化战线的工作来说,也是千载难逢的机遇。我们知道无产阶级革命领袖对文化事业历来是重视的。列宁提出过:"没有文化的军队就是愚蠢的军队。"毛泽东讲过:"我们打败蒋介石要靠两支队伍:一支是拿枪的队伍,一支是拿笔的队伍。"我们党在任何艰难困苦的情况下都注意文化建设。大家看到我们中国共产党的出版事业，包括我们的新华书店，都是在解放区时就开始了。当年党中央转移到陕北以后的第二年就办了两件事：一件是成立了中共中央的出版部，在出版部里成立了新华书店发行机构。我们说新华书店65周年怎么来的？就是周恩来同志、廖承志同志这些领导人亲自领导了这项工作。另一件事情就是成立了供销社。我们大家都知道供销社是我们党组织在解放区的物资供应部门，而新华书店是精神产品的供应部门，这说明我们党从一开始就非常重视这个问题。但是把先进文化建设放在党的纲领中去认识，成为党的指导思想，这还是"三个代表"重要思想首次提出来的。认真贯彻"三个代表"重要思想，对我们出版业的发展应该是很好的机遇。有"三个代表"重要思想，各级党政领导都要审视它的三大块：发展先进生产力、建设先进文化、满足人民群众的根本利益。这三大块已经放在党纲党章里，从我们本行业来讲，大大提升了我们这项工作在党的全部工作中的地位。

讲到这里，顺便说说我们这个产业的性质。大家常常模棱两可、笼而统之地把出版只当意识形态的工作去抓，这远远不够。要完全地说，出版业是一个特殊的产业，既有意识形态特殊性，又有一般产业属性；既是宣传思想阵地，也是文化传播载体，也是知识经济的基础产业。必须要把它当成一个产业去看待。国外有的叫书业，有的叫传媒业，都是看成一个产业。说它是一个特殊的产业，是因为它所搭载的内容有意识形态的性质，本身的发展又符合一切产业发展的本质属性，要投入产出，加工制造，上市流通，完全是一个物质生产的过程。这一点很多出版社还没有进入角色，把自己混同于一般的宣传单位、文化单位，这是不对的。出版是一种产业，你要生产出产品为读者服务，你要创造经济价值，应该说是新经济的一个增长点。你要生产、设计、加工、制造、流通、销售、消费，它是符合于任何一种物质产品的生产规则。为什么要强调这一点呢？如果把它只看作一般的意识形态宣传工作，那就会使我们的产业受到严重的损失，不能按照产业本身发展的规律去发展，不能按社会行业去对待，只能作为意识形态的一个附庸，这是我们长期以来产业发展缓慢的一个重要原因，也是我们这行业不能兴旺发达的原因。如果我们的工作不是按照产业本身发展的规律去发展，而是按照政治气候需要去发展，必然发展不好。哪一个国家也不这么搞。所以这一点我觉得在学习"三个代表"重要思想的时候要很好地去认识。

那么为什么要讲这段话？我感觉到我们很多的同志过于局限于具体事业，目光不远大，把自己从事的出版业当成一种解决就业、应付职业、一种机关的附属来看待，没有放到整个社会这个大局中间去认识。所以本行业首先要大大提高对自己工作性质的认识。在社会上也要形成对出版业一种新的认识，既把它看成是党的意识形态、宣传思想阵地，又要看成先进文化传播载体，也要把它看成新兴产业。大家常常讲美国，美国的文化产业已经居于全国各种产业的第一位，就是在出口产品里面，波音飞机现在仅仅占第四位，第一位就是它的信息产品，第二位的就是文化产品，特别是好莱坞的电影，它的影片光盘已经销售到70多个国家，基本上占领世界大多数市场。它一方面是发展它的产业，把文化产业当作它的基本支柱；另外一方面它通过这些产业的输出也传播了美国的文化价值观。就我们全国来说，新闻出版业已经是相当重要的产业，就我们每年交给国家的纯利润来说，在全国生产行业里边，我们是始终处在前几位，仅次于石油、电信等这样一些产业部门。所以，我们行业本身要很好地去理解它，抓住机遇，加快发展，全面振兴和发展我们的出版业。党的十六大之后，我们还要进一步学习贯彻，要大家更进一步地理解"三个代表"重要思想对于我们出版行业的指导作用，落实用"三个代表"重要思想统领出版工作的要求。

二、谈谈出版的改革问题

如何改革是大家比较关心的问题。16号文件下来以后，我们进行了一些学习，但是很多部门学习得还很不够，更重要的是在贯彻16号文件，推动出版业改革的实际问题上，有很多方面大家还是不很了解。

所以今天来讲讲出版的改革问题。

总的来说,出版的改革,是出版业发展的活力,也是解放出版生产力的需要。具体点:一是要应对加入世贸组织的挑战,满足中国出版业发展的要求;二是要解决我国市场经济框架基本形成以后出版业的生存问题;三是要根据当前全面推进社会主义现代化建设的要求来改造我们这个行业。应该说,我们这个行业的改革二十多年来经过了很多的探索,有些是失败的,有些是成功的,也积累了一些经验,也有一些教训。比方说我们20世纪90年代初期搞过集团建设,结果搞起来一些皮包公司,没有起什么作用。在出版社的上头又加了一个行政管理的层次。那么也有成功的地方,比如发行市场开放,这就是成功的。90年代以来,我国民营市场发行单位已经有57000多个,数量上超过国营,是国营的四倍,这是成功的,是符合市场多元化发展要求的。这次改革对于出版业来说,主要集中在以下几个方面:

第一是集团化建设。这一两年来主要是加大出版集团、发行集团的建设。集团化是什么意思?不是当年搞的行政集团,而是以资产、业务为纽带建立的市场竞争的主体,真正的法人实体。为什么要组建集团?就是要以集团化作为结构调整、政企分开、管办分离的突破口,组织起真正的市场竞争的主体。因为我们今后的市场竞争,不是说自己和自己比,20世纪70年代和80年代比,而是横向地比。现在的竞争是横向的竞争,是跨地区的竞争,也有跨国的竞争,比如中国和美国、中国和德国这样的竞争。横向竞争的市场是不会顾及你的辉煌历史,不同情弱者。我们的出版社,规模偏小,竞争实力很差,无法和其他国家的出版集团竞争。其他国家基本上是两三个集团控制了整个国家的出版行业,日本是两大集团,德国是三家集团,美国不是出版集团,而是几个强势传媒产业集团控制着全国的新闻出版。当然它们这个控制不是行政的控制,而是资产、产品、市场等实力的控制。那么我们要形成自己的竞争主体,就要把我们的国家队先组建起来,做大、做强,以便于在国际国内展开竞争。这是集团化战略的根本目的。今后出版业的发展也很难是一统天下,这只是一个时间的问题。我们所管到的只是国家队的问题,把国家的竞争的主体培育起来。真正的法人实体是独立负责,自主经营,能独立承担刑事、民事法律责任,这样的实体。不受所谓上级的限制,依法经营,市场是它最高的上级。为什么组建集团后要脱钩?作为法人实体,要公平竞争,要承担对国有资产增值保值的责任,承担市场发展的责任,承担出版业发展的责任,不再有行业保护的特权。

目前集团化的进展,现在全国已经经中宣部、总署批准成立的出版集团共8家(其中图书集团7家、期刊出版集团1家),发行集团5家,报业集团有39家。总署的十几家直属单位已经完全归入了中国出版集团。这个集团就是独立经营的法人实体,由中宣部领导,总署依法管理,财政归国家财政部直接管理,党的关系划归中直工委直接管理,与总署彻底脱钩。下一步准备组建的中国印刷集团也一样,正在组建移交。还准备组建一个股份制的中国发行集团,吸收中央重要发行单位的股份,包括体制以外的股份,是完全市场化的企业,独立的法人实体。成立集团是真改革,而不是挂个牌子的假改革。除了有条件组建集团之外,其他出版单位怎么办?我们也要为它们创造跨越式发展的条件。有两条:一条是扶持一些出版社走内涵式发展道路。过去已讲过,就是依靠内在的力量进行结构调整,优化资源,形成一批名社大社。目前正在确定一部分出版社作为内涵式发展的试点,年初就会公布第一批名单。这种发展国家会给集团化类似的优惠政策,在资源配置、对外融资、跨地区经营、跨国兴办实业方面都有一定政策支持。另一条就是帮助一部分出版社办成小而特的出版社,作为集团、大社的补充,它们虽然规模小,市场占有率不高,但因为有某种特色,市场离不了它。各地也有这样一批出版社,我们也要扶持它发展。

第二是政府职能的转变。这也是大家关心的问题,大家对这方面的问题反映较多。大家感到政府的管理特别烦琐、具体,小小的一件事要跑很多趟。那就涉及政府管理方面的改革问题。政府的管理改革,首先要从计划经济高度集中的审批制中解放出来，不能再沿用计划任务的办法。我们管理的指导思想是管活，而不是管死。第一个方面是解决政府职能转变的问题，由办出版变为管出版。政府主管部门今后的职能是宏观调控、依法行政、强化监管、公共服务。2001 年以来，中央和各省两级出版行政主管部门都在按照中央的要求，朝着这个方向进行调整，由过去计划经济高度集中、以审批为主的管理转变为市场监管、公共服务。要做这个事情，前提是要依法行政。目前，总署正在加紧法制建设，除了国家已发布的"一法五条例"以外，今年出台了 17 个改革管理方面的配套文件，就是要逐渐走上法制化的轨道，每一项执法都要有根据。对以前出台而已经不适应的法律要修改、修订、甚至于废止。第二个方面就是要集中力量加强市场监管。这几年来我们基本上都是突击式的、运动式的管市场，主要依靠"扫黄打非"这样一个专业的机构进行市场监管。这样一种方式也要转变为正常的、经常性的依法监管工作。这方面也正在探索新的办法。就是把这几年来市场监管的成功的经验总结出来，也吸收其他行业、部门的市场监管方面的经验，不断改进和加强。总之要做到依法行政，依法监管。政府的行政要法制化、规范化、制度化，这是目前在进行的一项改革。

第三就是关于市场流通的改革问题。中央已经确定，发行业要完全变成企业性质，要走现代流通的路子，按照现代化的流通体制来建设我们的发行市场。所以发行不管是国营的、私营的或者是合资的都要走上市场化，实行完全的企业化管理，这是方向。既是企业就要按企业的规则来运行。

当前，在它的改制过程中，首先要进行四个方面的工作：第一项工作就是新华书店的改制。由国家一股独当，改成投资主体多元化、股份制的发行公司。目前新华书店的改制正在进行。就是让它脱离国有这个保险箱，要走向市场，真正地形成一个流通部门，逐步地向第三方物业代理发展。现在还不完全是第三方，因为现在很多发行集团隶属于省里的出版集团，规定它为本集团出版服务，主要任务是发行本地图书,容易形成新的贸易壁垒、地区分割,现在一个省的发行集团实际控制一个省的发行。原来其他地方出版社的图书还可以进去,现在不能进去了。有的集团规定省里下边的发行单位一没有结算权,二没有订货权,三没有进货权,一切归它统一管理。这是最近对出版社影响很大的一个问题。第二项任务是建设物流配送中心和连锁经营体系。为什么要推动连锁经营呢?现代物流的一个特征就是连锁经营、覆盖面大、效率高、效益好。所以要通过连锁店,扩大我们出版社的市场覆盖。那么与连锁店相适应的就要有配送中心。中央文件里边提到6个大区的物流配送中心。实际上有17个省在建设物流配送中心,规模都相当大,从1万平方米至10万平方米这样的规模就有13家,有的省里投资达五六个亿,大力建设连锁经营和物流配送体系。在两三年之后,我们的发行局面会有大的改变,不像现在这种完全吊死在一棵树上,大家离开它不行,只有它也不行。第三项就是出版物发行网点的规划。现在要求各省、市都在进行出版物发行覆盖城乡,一网到底的规划。不像现在这样,新华书店萎缩,很多地方覆盖不到位,人民群众需要的图书下不去。当然订货体制也有问题,它不是按照市场流通,而是按我们新华书店员工的好恶来订货。据一些出版社反映,很好的书它不订,为什么呢?营业员在决定问题。营业员是爱看武侠小说的,他就专订武侠小说;他喜欢哪一类书,他就专订那类书,其他再好的书,他也不看、不订,不是按市场需要。我们规划的网点,是个双向网络体系,每个网点上人民群众的需要信息都能反馈回来,是哪个出版社的书,什么样的书。那样会加大市场流动的效率和速度,这是发行改革的第三项。第四项就是发行系统要引进外资。我说的引进外资,包括引进体制外的资金,省外的资金,国外的资金。这里可以告诉大家发行业是完全按照企业化放开。按照加入世贸组织的承诺,出版物的分销服务是在一年放开零售,三年放开批发,五年以后时间、地点、数量不受限制,而且还规定每一个省会城市或者上海、北京这样的大城市必须有两家外国的物流公司进来发行我们的出版物,这样就形成了一个竞争态势。这段时间就给了我们一个准备的时间,说到底也就五年的时间。另外发行市场的改革要进行网络化技术标准的管理,从批发到零售,将来都有全国统一的技术标准,便于大家从网上进行图书交流和贸易。现在也在进行这项技术标准的研究制定工作。总的一个思想:发行要完全市场化、企业化,不再作为某一个地区、某一个党政机构、某一个出版社的附属的一个发行机构,完全让它变成第三方物流代理,代理别人的东西。目前大家看到的连锁经营还是不很规范的,大多数是新华书店按照行政建制改建过来的。一个省一个统一的体系,还没有打破行政区划的界限,下一步要打破行政界限,鼓励跨地区经营,引进竞争,就是要把竞争机制带到我们发行市场来,建设统一、竞争、规范、有序的市场。

印刷业和音像出版、光碟的刻录、复制等等也要放开。目前总署正在和外经贸部共同制订一个关于对外开放的文件。整个行业都要有计划、有步骤地对外开放,逐渐地形成统一的市场竞争的机制。

第四就是出版社内部的改革。除了大的、宏观的改革,出版社内部的改革也是一个重要的问题。因为我们组建集团并不能包括所有的出版社。将来还有相当一部分出版社继续向着各具特色、小而强的方向发展,那么就有一个内部改革的问题。出版社内部改革目前主要强调适应加入世贸后的需要,要看到我们出版战线上将来竞争最激烈的就是人才竞争。出版业核心技术是什么? 是人脑再加上电脑,其他方面核心技术并不多。关键在什么地方? 关键在人才。外国新闻出版机构进入中国的第一步,我们一定看到就是挖走你的优秀人才,包括我们中央新闻出版单位、中央电视台,很多有名望的优秀人才为什么都跑到外国的公司里去呢? 这就是一个机制问题。我们没有形成能够留住人才的好机制。所以人家一进来,年薪几十万、上百万,这样人就被挖走了。怎么办? 面对这样一个压力,我们首先要把我们的机制搞好,首先要在出版社内部按照国家事业单位改制的要求,进行三项制度的改革:劳动、人事、分配制度的改革。劳动制度的改革实行能进能出的劳动体制,公开录用人才的办法,不能搞祖宗三代在一个出版社里干,这种过去干的事情再不能干了。第二项人事制度要改革。人才选拔从我们专业方面来说,总署现在规定的方向是资格认证制度,通过统一的考试来认证新闻出版各专业的资格,取得这个资格以后,你就可以在出版社里通过公开、公平、竞争、择优,争取出版社的各种职位。与人事制度、劳动制度改革相适应的分配制度也要改革,我们过去沿用党政机关的办法不再适应出版社发展的要求,出版社要建立适合自己特点的分配制度,要把分配同绩效挂起钩来,鼓励竞争,必要的时候还可以实行首席编辑、首席主持人、首席记者等国外通行的制度,对于首席编辑、首席记者,国外公司给多少钱我们就给多少钱,要放开,否则优秀人才怎么能留得住呢? 用什么跟别人竞争?

三、出版的发展问题

改革,不是我们的最终目的。改革是动力,发展是目标。我们所采取的一切措施都是为了一个目标,就是促进我们出版业能够快速地发展。按照中央文件所讲的要求,中国要由一个出版大国尽快向出版强国转变。为什么我们现在还不是出版强国呢? 大家看看我们的现状就知道了,我们现在的出版单位:图书出版社有 564 家,可以说十年前是这个水平,现在依然是这个水平。报纸出版社现在有 2111 家,期刊出版社有 8889 家,另外我们还有 290 多家音像出版社,电子、网络出版现在也有一批正在成长起来。看起来有这么多摊摊,但是我们的实力不很强,散、乱是我们基本的特征,拿不出一个在世界上像样的公司。中国的新闻出版集团能够在世界排到前几位,为世人所敬仰的一个也没有。我们的市场占有量少,许多的出版物(包括书、报刊等),其产品不受欢迎,印出来就滞销,没人愿意要,摊派都摊不下去。这就反映了我们的现状。图书也是这种情况,不要认为图书就好多了, 也好不了多少。美国两亿多人口,它的图书销售一年是 250 亿美元,中国一年是多少? 不到 50 亿美元。我们去年 408 亿人民币,还不足 50 亿美元,所以一点也不强。跟人家比较我们这个产业是很脆弱的，需要大发展，跨越式发展，这是我们一个总的指导思想。我们中国的出版业在过去体制的影响下相当脆弱，经不起多少折腾，再好的出版社那点家当也折腾不了几年，所以我们要有一个比较开放的、发展的方式放手让它去做，逐渐地把它壮大起来。要不然，我们怎么能够成为出版强国呢？当然从品种、数量上来说，中国是不少。我们一年的图书，十年前还是 8 万多种，现在已经发展到 154000 多种，几乎是翻了一番。我们图书销售十年前是 200 亿，现在是 408 亿，比较来说也是翻了一番，十年还是在发展。但是与世界出版强国比较我们的差距还很大。作为业内人士我们不能不跟世界比较，不能不跟其他行业比较。你们看看我们国内的其他行业，经济部门的各个门类，哪一个不是十多年都翻了好几番，都在发展？十年前的电讯业还不如我们出版业，现在都到最前面去了。这样一比较，我们就会知道加快发展的紧迫性。当然出版社更多关心的是生存，但是有实力、有前景的出版社更应该关心发展。发展才是积极的生存。一心光想着生存，是生存不下去的，就像经济领域一样，你想把它稳在那个水平上，那必然是倒退，只有往前发展才能稳住你的目标。

那么在发展方面，我们当前怎么发展？第一就是党政领导要解放思想，转变观念。首先要把出版产业当成新兴的文化经济的增长点去看待，不能像过去那样，让它自生自灭。有些部委的出版社说到底是一个蓄水池、小金库。什么叫蓄水池？一年换了几个社长。什么原因换得这么快？因为这个地方好提拔干部。一个提起来就调走，再来一个提起来……这些干部当然很好，是部门学校的骨干，但他不懂出版，又来得快走得快，怎么会把出版当成一个很好的事业去做呢？"小金库"是什么呢？有的发奖金、办福利，有的请客吃饭不便的时候，到出版社去要钱、报账。有很多地方反映这个现象。我们必须转变这个观念。出版就像中央文件讲的，它是我们整个事业的一部分，有机的组成部分。那么我们对待它就不能把它当成党政机关的附属，而是当成一个产业来尊重它,支持它的发展。第二就是我们要从政策上支持它的发展。我们多年执行的政策从很多方面对出版社起了很大的保护作用,但是限制太多,发展的空间不大,这就影响到我们出版社的发展。今后在政策制定上我们要向出版社倾斜,让它有一个搞活、发展的空间。

作为具体的发展有三个方面的内容:第一个就是精品战略。这是我们发展的核心问题。中国的图书数量不少,但在世界上有影响的精品力作并不多。无论从政治上来看,从文化的品位上来看,还是从产业发展来看,精品力作都是带动产业发展的一个关键问题。在商品社会里就是品牌意识。这一点这些年很多出版社很重视,从抓精品力作的过程中体会到两个效益都丰收的快乐。这一点是今后发展的重点问题。中国这么大的国家,文化这么悠久,出版的资源又非常丰富,市场又这么广阔,我们只要能够抓出精品力作来,那么我们图书前景就会是另一番模样。第二个就是"走出去"的战略。走出去的战略是广泛的含义,对于出版社来说要走出本社、走出地区;对于整个出版业来说,要跨省、跨境、跨国。这一点我们潜力非常大。中国文化的优秀传统和它深厚的积淀,是其他文化不可比拟的。最近国际上举办的一些书展,完全反映了国际读者对中国出版物的关注。很多领袖人物建议中国的出版业应该能够很好地组织一些精品力作推广到世界各地去。这一条无论从出版的发展、文化的战略来看,我们必须抓紧抓好。我们非常敏感别人的文化渗透,最近我们出版界有人在分析外国的文化渗透如何如何,你怎么不去渗透呢?你怎么不往外走呢?是东方文化不敌西方文化的力量?还是我们的民族文化不优秀?统一的世界大市场,公平的竞争,为何不走出去呢?这就是检验我们实力的问题,是思想观念的问题。有人天天在那研究防备,你能防备得了吗?我们今天是一个传播技术日新月异、开放的、竞争有序的、市场统一的世界,已经不是多年前封闭的社会。世界的文化多样性是一个现实,我们要承认现实。有的人还不承认,还在想搞一元化的文化,实在是不行。各种文化要相互取长补短,共同发展,这是民族文化多样性的一个动力。各种文化都要发展。我们以前在"左"的思想指导下,排斥别人的一切文化,除了中国的都是西方的,也不管是好是坏,这种概念、这种思维方式已经不对了。我们出版界现在是在开放的环境里边进行文化竞争,我们自己要走出去,我们得有这样的思路。我们天天讲解放思想、与时俱进,但往往到了具体问题上仍然那么僵化、保守。我过去很长时间在经济战线上工作,我一到宣传文化这个战线就感觉到是两个世界,改革起码落后了 20 年。我们现在争论的问题已经是 80 年代就已经解决的问题。比如新华书店股份制的改造,很多人不理解,国家怎么对有 65 年历史、老一辈革命家为之奋斗的新华书店进行股份化呢? 怎么不能股份化? 与时俱进的意识,跟经济部门相比较差得很远。也许大家长期从事意识形态的工作比较谨慎,讲政治的意识非常强烈,这是好的,但不要忽视了其他方面。第三个就是要跨越式的发展的战略,就是要做大做强。一年多出两本书、三本书并不能解决问题,而是要跨越式发展。什么是跨越式发展呢? 在产业上能够横跨一步,单一的产业并非有利于发展。我们过去把它做得纯而又纯,办报纸的只能办报纸,办期刊的只能办期刊,出版社只能出书。据说是书配盘、盘配书还争论了很长时间。过分的产业单一化使它的生产环节不连贯,大大地影响了生产力的发展。我们现在促进跨越式的发展,就是行业的跨越,鼓励我们新闻出版、广播、影视行业首先要相互跨越。我们现在就是要鼓励有实力的报业集团办出版社、办影视,鼓励有实力的出版社办报纸、办期刊、办影视。行业上先要跨越,这样才能实现跨越式发展。行业限制过多、过死,大家都抱着这一条腿,这是不符合经济规律的。几百年的现代经济发展说明每年大约有三分之一的产业要衰败下去,有三分之一的新型产业要增长上来,有三分之一的产业平平。不管是在经济衰退的时候,还是在经济发展的时候,都是这样,不可能所有的行业齐头并进。一个企业集团跨越的产业越多,风险越小,世界上的跨国公司之所以能够立于市场不败之地,就是因为它跨的行业很多。总是东方不亮西方亮,年年能增收。再一方面经营的地域要跨越,不能固守在一个地方,不仅市场是这样,出版也是这样,我们要把自己的产品推广出去。否则大家死守着自己的那一块天地,控制得死死的,谈跨越式发展不就是一句空话?在地域上不仅要跨省、跨境,到香港、台湾、澳门,我们能出去的都可以去做,还要往国外走,在国外发展更好的市场。所以行业要跨出去,地域要跨出去。第三是资本市场要跨出去。我们现在出版业是什么?有的给了点开办费,有的连开办费都没有,完全是靠自己的努力,然后靠自己的积累在发展。有的几年积累以后盖个办公楼,改善一下编辑的条件就了不起了,再谈什么投资、发展,无能为力。所以我们在确保安全的基础上,投资渠道上要放开一些。为什么呢?你占有天时、地利,是国家垄断出版权,别人是得不到的。出版社得到出版权形成你的无形资产,加上你多年的积累,你可以依托这个进行扩大融资范围。大家有这样一个问题,说我们出版社不允许融资。不是不允许,而是在编辑环节上不允许,不能让外资支配我们编辑出版的权利,这是国家不允许的。但在经营方面要放开。所以所有的出版集团,经营和出版业务要相对分开。因为出版方面我们要管住,发行方面要放开,经营方面要放开。你把经营做大做强,支持你的出版业,不是很好的事情吗?有了经营方面的放开,你可以首先在我们同行业,也可以在国有企业之间融资,进一步可以进行社会融资,在社会的各方面进行融资,再进一步也可以和国外进行合作,进行经营,进行发行。现在很多出版社的经营公司和产业开发公司都与外边合作,只要你不介入编辑业务,不影响编辑工作,都可以进行。再过几年大家会看到,产业基础不雄厚的出版社生存不下去,市场化的程度越来越高。所以这几年要在这方面下功夫,有所发展。从物质基础、体制、发展的思路各方面树立跨越式发展的意识。作为国家来说,出版业作为新兴的产业,也作为我们文化建设的主要阵地,要不断加强这方面的工作。像国家的重点图书规划,历史典籍整理,国家的出版投资都在年年加大,各地也在建设一些重点的项目。这在总体上给我们出版的发展造成一个大的环境。

出版发展的另一个问题是技术创新的问题。技术创新是出版发展的重要动力,这些年来,在出版界,新技术使用得相当广泛。在中国,在出版技术的使用方面从历史到现在一直是走在世界前列。像我们的活字印刷历史最长,这几年信息技术所带来的激光照排系统我们比其他国家领先10年,现在世界上其他国家大量进口的是我们的设备。但是我们出版社的工作,技术装备方面远远落后于我们的现实要求。有些出版社,现在还是原始作业的方式,计算机的网络都没有普及,而有些出版社完全在计算机上操作,从编稿到终审,都是在计算机上完成。我看了一些出版社的演示,设计相当科学,文字的把关比较准确,中间的审改都有标识,稿子从进来到终审,经过了九个人就有九种颜色的标志区别开来,确实很先进。但是很多地方还没有推广。这无论是从效率,从工作的流程,从出版工作管理来说,都是非常有效的。将来,你与销售的网络一联网,发行也会有新的变革。其他环节上技术性的方面还有很多,所以在利用新技术方面,特别是当前信息技术、网络技术、各种创造的新形式方面,出版社应该领先。

出版社的发展方向就是这些方向,动力有两个:一个就是改革,另一个就是技术进步。所以出版社考虑发展时,要抓住这些要点,结合自己的实践,很好地研究我们的发展。特别是在这5年,在统一的国际市场没有完全形成之前,我们自己如何做大做强,经济实力,内部活力,市场竞争力,都能有一个大幅度的提升,那样我们出版业才能说在建设出版强国中发挥作用。

我认为出版物作为一种文化消费,特别是图书的消费,跟物质商品消费完全不是一回事。很多同志误解,以为现在出版物销售不畅,是因为经济还没有发达的缘故。事实不是这样的。图书产品的消费和经济收入没有必然的联系,不是有钱人消费的图书产品就多,有时却恰恰相反。它凭什么发展?是凭文化背景、文化气氛、文化环境来发展。为什么一个"奶酪"都炒得那么热?为什么关于保健的报告一天就能销售一万多册?这是文化气氛的问题。发展出版时要注意这些机会。一种舆论价值的导向、一种文化氛围就可能推动我们出版的某一个方面快速的发展。比如现在,在技术类里,信息方面的图书大约已经上升到整个科技类图书的30%左右。这就是一个文化气氛的问题。我们出版的发展机遇和经济上的机遇还不完全等同,经济上消费汽车消费别墅肯定是收入问题,收入达不到不可能消费,但图书不是这样,穷则思变者往往读书最多。我们要注意研究这个规律,各种产品的消费都有它本身的规律。

四、关于加强管理问题

(一)出版的管理

从政府来说,各级党委和政府对出版的管理,出版社对出版的管理,各有侧重。所以,在加强出版管理的总的要求之下,各级党委、政府、出版单位,各负其责,加强自己的工作。从党委来说,当然是方针、政策、路线的领导和导向的管理。中央24条早就讲得很清楚,各级党委要加强对出版工作的领导主要是政治上的领导,加强方针政策的指导。政府主要是行政管理工作,行使政府的行政管理的职权,加强市场监管。目前,一些同志在这方面有些糊涂,认为组建集团以后,归宣传部领导,又有新闻出版行政部门,还要有集团,还要有出版社,这样就成了宣传部,出版局,集团,出版社,层次更多,关系越来越复杂。这是改革之中暂时出现的问题。为什么造成这样?有几个原因。一个是目前改革不到位,党委宣传部门加强了改革力度,可能直接解决出版方面的问题。出版局现在处于两难的境地,过去有直属的,不直属的,过去以行业管理为主,社会管理为辅,每个省都是这样,直属的出版社管的多一点,支持的多一点,大学里办的,管的很少,也不去过问,现在由行业管理,变为社会管理,不再分"亲儿子"和"干儿子",一视同仁地去管理,那么这个转变现在还没有到位。二是现在少数局的领导,立场摇摆不定。想去当官,又怕少了钱,过去局社合一,享受出版社的一些福利待遇,要分开完全成为政府的公务员,收入减少了很多,想到集团里,又怕丢了官。为什么组建集团这么步伐艰难，问题不在出版社，而是在新闻出版局。三是集团刚刚起步，新组建的集团，没有形成真正的法人实体。很多地方都是新闻出版局领导兼任集团领导，没有分开。中央的要求是必须要分开，有些地方是报假情况，说分开了，但财务没有分开。在这种情况下，集团还是不能很好地行使职能。四是集团和出版社的问题，我们现行的法令都是管出版社，所有的法律条例，新闻出版总署的各种规则是对出版社，并没有对集团，所以集团被悬空了，在新闻法规里没有出现集团，没有出版职权，那么出版集团和出版总署打交道的时候，很困难。总署在行文的时候，只好抄报给集团。这是出版社和集团的关系没有完全理顺造成的。

（二）政府的管理

对出版社来讲，目前集中在几个问题上。

首先是大家非常关心的出版社的设立和撤销。这么多年，全国出版社没有什么变化，既不能生，也不能死，这样是不是一个办法？我们将从行政管理的角度很好地研究这个问题。过去我们出版社的设立，条件是必须有一个主管单位，所以就形成部门、地区管理体制。中央有多少个部委就有多少个出版社。地方按不同的专业，也设立出版社，再一块就是高等院校出版社。由于出版资源比较稀缺，设立一个出版社实属不易，所以大家设立了一个出版社就是再糟糕，再亏损，也要把它保下来，谁也不敢让它死掉，这是现在出版社不死不活的一个原因。目前在我们国家有这个问题，其他国家没有，那都是随行就市，市场竞争非常激烈，应该有生有死，有搞得好的，做大做强的，也有衰败的，垮台的，关门的。经济领域是优胜劣汰，我们这行业没有这样做，这问题影响我们当前行业的整体水平。实际上，我们相当多的出版社是很好的，但是整体水平还是偏低。

其次是宏观调控问题，特别是书号管理，这是业界反映最多的问题。一方面书号奇缺，书号不够用，另一方面仍然有买卖书号的情况发生。那么就要研究彻底解决这个问题的办法。当然书号管理是我们在改革过程中所出台的一项措施,也发挥了一定的作用,不能说是一无是处。但是大家目前反应比较大,怎么管理,我们正在研究办法。总体上,书号管理,要有利于图书出版,我们不能让一本好书因为书号出不来,也要减少出不好的书,不能因为书号的买卖出了坏书,这是原则。至于书号多一点少一点,十几亿人口的中国,多出一点书,只要有销路,读者需要,我认为书号不是大问题。我们要在广泛征求大家意见的基础上进行书号管理的改革。总的方向,就是向优秀的、良好的、精品多的出版社倾斜,逐步做到这些出版社,要多少就满足多少。就像银行的信用等级制度一样。另外书号管理的权限也要下放,不要全部集中在总署来,让地方新闻出版局也有限额内的调控权力。接下来的一步是实现网络化的管理。总署正在实施金版工程,推进网络管理。一旦网络化的管理到了出版社,出版社和总署图书管理部门正常联系渠道建立起来,我们就不再用分配书号的老办法了,可以实行实名申报制度,有一本书就拿一个书号。逐渐要向这个方向发展。

还有就是出版社有关变动事宜的管理。过去也非常具体,一点小变动,出版社就要跑北京,甚至多次,那么我们要变更管理,将来一部分采取网上办公的办法解决,一部分下放到地方局来解决,逐步方便大家。减少审批事项,减少管理环节上特别复杂的一些东西。图书查处的管理,过去,往往都是由中央有关部门,根据群众的举报进行查处,我们也要把它规范化,制度化。首先支持地方依法进行监管,由地方提出处理意见,不搞那么神秘,那么复杂。作为经常性工作的选题、审读等,让地方局充分发挥职能,严格选题,加大审读,经常监管。其中一般性的问题,自己去解决,不要把一些问题弄复杂。突击式、运动式的管理实际上不利于出版事业。

人员的管理,总署的管理主要是资格的管理。编辑,记者,出版工作者,发行工作者,社长,总编辑,都要进行资格管理,具体由集团或地方局管理。对单位的管理主要是许可证制度,凭证依法生产、经营,不受干扰。对出版社的主要领导要经常加强联系,因为这是基本生产单位,我们要创造条件,加强交流,组织培训,学习,进修,国外考察,提高管理人员层次和水平,培养高素质的出版管理人才,2003年这方面的工作还要继续加大力度。因为出版是高智力的创造性劳动,人才是支持出版业发展的决定因素。

转企改制中的六个重要问题[*]

一、什么是转制

国有企业改革中的转制,主要指的是在国家确定公有制的实现形式以混合所有制为主要形式的前提下,要求国有企业以产权制度为核心进一步深化改革、创新体制、搞活机制,使单一的国有制向多元化的混合所有制的体制转变。文化单位的改企转制,第一是指在计划经济体制下文化事业体制迈向市场经济的过程中,一部分经营性的事业单位要转制为企业,就是事业单位转为企业;第二就是已经转为企业体制的新闻出版单位,由单一的国有企业转变为股份制多元化企业体制,就是由单一的国有制转变为股份制的文化企业。

从实践中看,文化行业的很多单位并没有转变成为企业,却急欲进行股份制改造,从逻辑上,从法律上都是不成立的,在实际工作中也是行不通的。只有先由事业转为企业,才能谈得上股份制改造问题。下面,我就以新闻出版单位为例,说说文化单位转企改制问题。

---

　　* 本文系作者在第十四届全国书市的"'出版业改革与发展'高层论坛"上所做的发言,曾刊载于《传媒》2004 年第 6 期、《新疆新闻出版》2004 年第 3 期,收入本书时有删节。

二、新闻出版业为什么要转制

第一,新闻出版业是一个具有双重性的产业。它既是一种文化事业,要传达的是一种观念、一种思想、一种知识、一种价值观;它又是一种产品,它有一定内容的载体和形式,有一定的市场价值。这就决定了新闻出版业一方面具有意识形态的属性,所有的出版物都要表达一种文化观、世界观;另一方面又是市场上的一类商品,报刊、图书、音像、电子产品都要进入流通,都有商品属性。

党的十六大把文化单位分为两大类:一类是公益性的事业,即为公共事业服务,隶属于国家的一些事业性质的部门;另一类是经营性的产业,它以生产的产品上市,通过市场实现它的价值。今后公益性的事业单位继续以事业体制来管理,坚持政府主导,搞活机制,增强活力,改善服务。经营性的产业这一部分,要求按现代企业制度进行体制的创新。改革的任务是创新体制、转换机制、面向市场、增强活力。大多数新闻出版单位要求作为经营性的产业走向市场,在竞争中发展壮大。

第二,我国已经实行了市场经济体制,而且正在向一个更为完善的市场经济体制迈进,社会整个的运行要按照市场经济的要求,调整自己的运行规则、运行方向。新闻出版业也不能例外。

第三,国内外的文化市场,已经形成一个多样性、多元化,在激烈竞争中生存发展、在互相比较中间取长补短的局面。一种文化产品要能够在市场经济条件下站住脚,必然要参与国际、国内的文化竞争。这个竞争的市场,需要竞争的主体,这个主体就是一大批的文化企业。这是市场的要求。我们要在改革中塑造新的市场主体,这个主体只能是企业或企业集团。

第四,在计划经济的条件下,我们新闻出版业主要是按照计划和行政级别来配置资源。在市场经济条件下,要打破垄断经营、地区封锁、条块分割,这依靠计划是办不到的,必须要按照市场的规则,引进竞争机制,突破地区、条块、所有制的限制,冲破垄断经营,造成公平竞争的市场环境。这就需要把我们党和国家、政府部门所属的一大批事业单位推向市场,让它参与公平的竞争。

简而言之,对于经营性的新闻出版单位,不转制就不能走向市场,就不能打破垄断经营,就不能形成新的市场主体,就不能参与国际国内的文化竞争,就不能适应新闻出版事业和新闻出版产业发展的要求。

三、什么单位转制,什么单位不转制

性质决定体制,体制决定机制。一个新闻出版单位,假如是为社会公共利益服务的非经营性的单位,就可以继续作为事业单位加以管理;如果确定它是经营性的单位,要走市场的路子,就要按照企业体制来管理。中央对区分新闻出版单位的性质的问题提出了明确的界定:今后作为事业管理的一部分,非营利的机构主要指的是党报、党刊、电视台、广播电台和人民出版社(或者是无营利能力的政策性出版社),它的主要任务不是参与市场经营,而是主要为党和国家的宣传、思想文化工作服务。出版行业目前主要确定人民出版社作为事业单位保留,已经进入集团的要从集团里划出来,没有进入集团的不再进入集团。要保留的中央和各省市的一个人民出版社,主要就是担负马克思列宁主义基本理论的宣传和意识形态任务比较重的一些工作。除了党报党刊、人民出版社以外的报纸、期刊、音像电子出版、图书出版社,基本上都要分期分批转制为企业,按照现代企业制度,进行内部管理体制、领导机构和运行机制的改造,把它改造成一个独立的市场竞争的主体。

四、出版业怎样进行转制

第一,在确定为经营性的出版单位之后,要制定自己的转制方案。

方案要包括这么一些东西:其一是单位的产权关系,谁的财产,谁是出资人,要把它弄清楚,以便于转制以后确定它的股东是谁;其二,在转制中要把企业所属的经营性的资产搞清楚。有多少资本,有多少经营性的资产,家底要搞清楚。要通过社会中介、一些评估机构对我们单位的国有固定资产、流动资产、无形资产和其他的资产来进行评估。第二项确定清楚之后,要确定转制以后的企业的体制。转制以后的体制,是一个集团、有限责任公司,还是一般的公司,这些都要依据国家法律搞明确、搞清楚。特别关键的一个问题,就是明晰产权,国有资产不能流失。

第二,要依法确定管理体制。转制以后进入企业管理的轨道,就不限于原来新闻出版业管理的一些规定,要按照公司法、企业法来确定公司的结构。如果是公司制的,必须明确公司制的出资单位和股东;假若转制以后还是一个国有独资的公司,那么确定公司的经营体制就可以了。假若转制以后,企业成为股份制的公司,公司的领导体制只能是董事会领导下的经理负责制的企业体制。如果仍然是单一的国有投资的一个出版单位,只能是公司制,就不能成为股份有限公司。它的财产代表就由出资单位的国家代表机构来委任。中国出版集团目前就属于后一种情况,国务院作为中国出版集团的出资人,它委托财政部来代表国务院行使资产管理的责任。单一的国有制公司还必须由上级管理部门、资产的拥有部门委派它的领导机构,股份制公司则完全要靠董事会来产生领导机构,由董事会来聘任经营管理人员。

第三,人员过渡的问题。转制过程中,对于继续从业的职工,只是改变了就业的方式和参加分配的方式,并没有改变别的身份。但在实际工作中确实也有一些问题。在事业单位,是按照国家工资分配政策,按照一定的级别领取报酬。一些出版单位实行了一些灵活的奖励政策,但作为事业单位这并不合法,只是过去提出"企业化管理"给了出版单位一份自主权。将来转制为企业,有两种可能性,一种是企业搞得很好,职工的收入直线增加,这就不存在问题;另一种就是转为企业以后,有些企业经营得不好,企业的效益下降,造成有些职工收入分配的水平下降,特别是离退休职工的生活保障可能遇到极大的问题。考虑这个实际情况,目前在改革中,针对人员实际问题,我们也出台了一系列相应的政策,保证这一次转制顺利实施。原则上是离退休职工利益不受影响,现有职工有工作岗位,除自愿者外,不搞下岗再就业。

第四,转制之后企业的发展方向问题。转制以后企业基本上都要按照市场规则去运行。从我们新闻出版业来说,也要对转制以后的企业开辟发展的道路,主要就是鼓励兼并、重组、股份化,鼓励企业在经营产品的同时也经营资产。让它在市场竞争中尽快做强做大。在转制企业就要走上产业化发展道路的时候,国家要制定一系列支持文化产业发展的政策。在这次试点中,国务院已经出台了十几条政策,保证转制以后的企业,有一个很大的发展空间。

第五,就是企业本身的问题。转制以后的企业要制定发展的规划,特别要明确企业发展的思路和战略。尤其是转制以后进行公司制的改造、准备上市融资的这些单位,必须要有一个明确的发展思想和战略,通过股市募集的资金要做什么,发展什么,这是一个前提条件。总的原则是发展主业,壮大主体,在关键产业上下工夫。

最后一个环节,就是转制以后的企业到底处于什么样的地位,转制后的新闻出版企业到底是归谁管?总的体制是党委领导,政府管理,行业自律,企业自主经营。"自主经营"是企业和事业的根本区别。转制为企业以后,它就是一个市场独立的主体,它归市场来管,在市场主导下来发展,不隶属于任何一个单位,不由任何一个部门来单独管理。那么国家怎么管理?国家像管所有的企业一样,出资部门管人管资产,税务总局来管理你的税务,工商总局来管理你的工商登记,新闻出版总署来管理你的业务。该管什么就管什么,但是这个管理是依法管理的问题,不是一个隶属关系的概念。出版企业是一个单独的市场法人主体。目前规定转制企业以后,党政关系维持不变。

五、转制过程中的难点是什么

第一个问题就是思想观念的转变。我们现在正在从业的一大部分人，主要是在计划经济的事业体制下培养起来的，所以比较熟悉事业单位体制运行的这一套规则。管理部门也是比较熟悉用行政手段来管理的这一整套办法，所以我们当前有一个转变观念的问题。不要过分夸大新闻出版业的特殊性，而否定它的一般性，新闻出版产品的特殊性，就是它是一种文化价值观，它有某些意识形态属性，而它的一般性，恰恰是它是一个产品，它的生产、加工、制造、包装、上市，都和其他任何产品没有两样。我们不能继续沿用市场经济没有建立之前在新闻出版行业形成的一整套的旧的思想观念和办法来处理新问题。所以要转制，首先要解放思想，转变观念，从计划经济那一整套思想、束缚下摆脱出来。

第二个问题就是产权关系问题。新闻出版业过去要求是单一的国有投资，而事实上，很多单位的国家投资很小，大部分是在自身经营、发展过程中积累起来的，有一些报刊还吸收了一些其他的资本。按照法律，现有的新闻出版单位无论以何种方式形成的财产都是国有资产，国有资产就要按照国有资产转制的一套规则来进行，这个是大家感到比较困惑的问题。在试点单位中间也碰到了这个问题。我想大家应该这样看，就是在我们现在说的由事业单位转为企业的过程中，我们是作为一个国有事业单位转为国有企业，所以全部资产进入企业这是正确的，是符合我们国家现在的财政管理规定和法律规定的。对于企业本身的利益和对于职工的利益怎么体现，那就要在下一步进行股份制改造的时候，体现为企业的法人股或者是职工的自然人股。通过它的股份制改造来体现职工或者企业本身的利益。这样我们就把这两次转制的不同要求分开，减少了第一次转制的难度，这是对财产认定的问题。那么对财产在转入企业以后处置的问题有两种情况。一种就是组建为企业

197

集团的,只要符合国家条件,政府就可以通过授权资产经营、委托企业来经营它这一部分资产。很多小的出版单位也要求资产授权经营,这个从法律来讲是不可能的。因为资产授权经营是有条件的。新闻出版行业是一个例外,没有按照大型企业集团的这个标准去授权,所以最近也已经先后有一些授权。像国务院已经为中国出版集团总公司授权资产经营,四川省人民政府为四川新华发行集团授权资产经营,福建省人民政府已经对福建省新华发行集团授权经营,辽宁省人民政府对辽宁省出版集团已经授权资产经营等。剩下一部分不能授权资产经营的国有新闻出版企业怎么办?可不可以经营资产?这在一般情况下是没有资产经营权的,因为政府并没有授权你经营资产,而只是授权你使用它的资产。这种情况下,要遇到结构调整,要遇到资产重组,要遇到兼并、收购怎么办?按照国有企业的一般做法,要向上级主管资产的部门事先打报告、请示批准,才可以进行资产的重组。

第三个问题就是关于人员安置的问题。

1.离退休人员的问题。在事业体制下,很多新闻出版单位并没有进入社会保障体系。就是从1992年开始征缴社会三项保障费在事业单位也并没有落实,这就意味着转制以后,企业没有社会三项保险费用,就要背上这些离退休职工的包袱。在这一次转制过程中我们对这个问题也做了规定。就是凡是新闻出版单位转制,从转制之日起开始征缴三项保险费用,就是医疗保险、就业保险和养老保险。在开始征收这个费用以后转制单位就按企业的规定去交,而以前的那些部分由国家给你补充。这样我们转制以后企业的包袱就卸下来了。

2.已经接近50岁或者55岁,在5年之内有可能离休或者退休的这一部分人,国家给予一定的特殊政策,保障了年纪比较大、在企业里边竞争能力比较差的这一部分人的实际利益,使他能够按照我们现在的事业体制享受他的离退休的保障。作了这些保障以后,剩下的年轻力壮的同志就要转到新的体制下,依靠自己的竞争力在以后的企业里边创造你的社会保障和实现你的利益了。

3.我们有一部分职工可能在企业结构调整、资产重组的过程中,通过竞争、竞聘没有找到单位。这次,中央也提出了一些思路,就是一般在文化行业进行体制改革过程中不主张使用下岗这样一种概念,确实有少数人因为岗位竞争等等问题造成失去工作机会的人,企业在一定的范围内给予调整,安排其他的工作。因为新闻出版行业主要是些文化人,文化人职业适应的能力很强,和一般工人不一样,工人长期固定在一个岗位上工作,离开这个岗位就没有其他特长,所以就存在着下岗、培训再就业的问题。而文化人不存在这个问题,所以不再用下岗这个办法,而采用其他的办法解决问题。最近,在转制过程中,大家在人员安置方面还提出了一些新的其他的问题。我们也正在作调查研究,准备在下一步全面推行文化体制改革中,继续完善这些政策,尽量不至于使大家在转制过程中受到利益上的损失。

第四个问题是关于资产债务的问题。现在有一些企业在事业体制下过去积压了一些问题,比如说出版单位库存积压问题,由于过去出库就要上税,很多单位就不出库,库存积压越来越多;有一些单位有不良的资产,有一些单位有不良的债务,这一次在转制过程中,对于不良资产、不良债务进行一次性的核销。在企业净资产中扣除这些债务、负担,由国家来核销这些不良资产,减免不良债务,使企业能够轻装上阵。所以在转制过程中搞清家底、搞清库存、债务、债权是非常重要的。能不能把这些问题一次解决掉,这是关系到企业能不能轻装上阵加快发展的问题。

第五个问题是关于税收、财政政策方面的问题。也有一些同志担心过去作为新闻出版单位可以享受一些财政、税收方面的优惠政策,转制以后会不会受影响。国家规定,确定在转制为企业的这些新闻出版单位,原来享受的财政补贴继续享受,原来享受的税收减免的政策继续享受。不会因为你转变成为企业的性质,就改变了原有的财政税收的政策,在此基础上国家还出台了一些新的财税政策给予扶持。至于政策能够享受多少年,这要看改革发展的情况。目前确定是在 2008 年之前是不变动的。

第六个问题是国家对改制企业在发展方面的支持主要体现在两个方面。第一个方面,国家确定转制为企业的报业集团、发行集团、出版集团可以以集团作为一个纳税单位,企业里边所有的纳税单位可以由企业集团统一交纳所得税,作为一个纳税单位,可以在内部盈亏相抵,平衡以后,剩下的部分交税,这是一项支持的政策。第二个方面,转制以后的企业投资、创办的新的文化企业,5 年内是免税的,支持企业在这 5 年内利用税收支持政策加快发展,尽快壮大起来。国家对文化企业的政策是很优惠的。

六、中央对出版业转制的具体部署是什么

从党的十六大之后,中央着手研究文化体制改革的方案和加快文化产业发展的政策,去年 6 月开始在全国范围内进行试点工作。中央直接确定了 9 个省市和 35 个试点单位进行试点。其中新闻出版有 21 个单位进入了这个试点。到目前为止,我们已经有 17 个单位制定的试点方案得到了批准,正在组织实施。还有几个单位正在修改体制改革的方案、报批。还有一些单位由于情况发生了一些变化,在一些重大问题上现在还没有拿出方案,所以还正在讨论之中。总之,试点单位在今年 10 月份要基本进入总结阶段,11 月份至 12 月份开始交流、推广、制定文化体制改革的总体方案。预计明年初整个新闻出版改革就可以在试点基础上全面推开。目前的要求是,能够进入试点的单位和参照试点单位进行体制改革的单位,主要就是以中宣部、新闻出版总署所确定的 67 家集团都可以按照目前试点单位的要求进行体制改革。明年的要求主要集中在地方新闻出版单位的体制改革方面。按照中央的要求,地方新闻出版单位的体制改革要加快步伐,因为地方有更多的集中决策权。很多同志去参观了北京市的一个体制改革的试点。市委一个协调会议,就把工商、税务、财政、国有资产各部门的问题全面解决了。

所以试点从地方上先开始,地方进行一段以后,中央各个部委、各个部门也要进行新闻出版体制改革。我们要求是在三年到五年内完成这个体制的创新工作。因为改制问题也涉及我们整个行业将来生存发展的框架问题,也涉及我们现有几十万甚至几百万职工的实际利益问题,所以我们还是坚持,成熟一个,就改革一个,哪一家有条件,政策条件好,哪一家就转制,不要求大家必须在什么时间就要完成这个转制。但是改革是要加快步伐的,如果我们在很长的一段时间内,还不能完成我们的事业单位向企业的转变,还不能完成我们增长方式的转变,也还不能完成我们管理方式的转变,我们就会丧失了加入世贸五年的保护期给我们的优惠条件,失掉竞争发展的机遇。从这个意义上讲,早改早主动,晚改就被动,不改没出路。

解放和发展文化生产力[*]

在总结党的十六大以来我国文化体制改革试点经验的基础上，中共中央、国务院于去年出台了《中共中央、国务院关于深化文化体制改革的若干意见》（以下简称《若干意见》）。这是继农村、城市经济、国有企业、科技体制、教育体制改革决定之后的又一个重要的历史性文献，既是对十六大以来文化体制改革实践的充分肯定和深化，又是对马克思主义文化发展观的丰富和创新。认真学习文件，领会精神实质，统一思想认识，制定落实措施，是我们文化战线深化体制改革的首要任务。

一、文化体制改革的紧迫性

如同经济体制、政治体制改革一样，文化体制改革也是我们坚持邓小平同志改革开放总方针，探索中国特色社会主义建设道路的题中应有之义。任何一个社会，总体上都是由经济活动、政治活动和文化活动构成自己的基本内容。当今世界更是如此，文化与经济、政治相互交融，文化知识对于经济发展和政治文明的巨大作用，文化观念对于人们物质生活、精神生活的直接影响，都是无处不在、与日俱增的。在综合

---

* 本文曾刊载于《中国出版》2006 年第 3 期，收入本书时略有删节。

国力的竞争中文化的地位和作用也越来越突出,文化立国、文化战争、"为文化价值观而战"这些已经作为国际流行的关键词频频出现。一个国家、一个民族如果没有先进的文化理念、名牌的文化产品、强势的文化市场,就很难在世界舞台上发挥影响力,也就很难自立于世界民族之林。

从国内来看,中华文化是中华民族团结统一的根基和灵魂。民族精神、民族传统、民族观念、民族特色以至于整个中华民族的凝聚力、生命力、创造力都是由文化来维系的。在全面建设小康社会、实现中华民族伟大复兴的历史进程中,建设和发展社会主义先进文化,具有全局性战略性的意义。因此,深化文化体制改革,发展文化产业,是我国改革开放大局的组成部分,是建设中国特色社会主义的内在要求,是提升我国综合实力的迫切需要,是在科学发展观指导下实现经济、政治、文化协调发展和构建和谐社会的重要内容。

从社会实践看,经过 28 年的改革开放,我国社会主义市场经济体制基本形成,对外开放不断扩大,文化赖以生存和发展的经济基础、体制环境、社会条件、传播技术都已发生了深刻的变化,而我国的文化体制则远远落后于改革进程,出现了五个不相适应:一是与完善社会主义市场经济体制和国家发展文化生产力的要求不相适应;二是与人民群众日益增长的精神文化生活和构建和谐社会的需要不相适应;三是与建立法治国家和实现社会主义民主的环境不相适应;四是与高新技术在文化生产、传播、流通领域的广泛应用和信息技术的突飞猛进的趋势不相适应;五是与世界各种文化相互激荡和国际文化市场竞争的新形势不相适应。无论是实现文化事业全面繁荣和文化产业快速发展,使中华文化走向世界;还是增强"软实力",进一步提高我国的经济、政治、文化在国际上的地位,都迫切需要深化文化体制改革,解放和发展文化生产力。

二、文化体制改革的近期目标

文化体制改革的根本目的是解放和发展生产力,构建公共文化服务体系,大力发展文化产业,创造更多更好的适应人民群众需求的优秀文化产品。因此必须从全面落实科学发展观,构建社会主义和谐社会,巩固马克思主义在意识形态领域指导地位,加强党的执政能力建设的高度,思考和规划文化体制改革的目标和任务,为建设社会主义先进文化提供体制机制保证,注入强大的动力和活力。近期的目标是:

第一,创新文化宏观管理体制。在计划经济条件下形成的文化体制,最大的问题是党、政、企、事混在一起,宏观、中观、微观没有区别,不党不政不企不事,管理不顺,职责不清。这几年虽然强调了理顺关系,但实质上没有什么根本改变。体制改革首先要创新管理体制,突破旧的管理模式。一是建立党委领导、政府管理、行业自律、企事业单位依法运营的文化管理体制,明确党委、政府、行业协会、企事业单位各自的任务和职责。二是转变政府职能,加快政企分开、政资分开、政事分开、政府与市场中介组织分开,实现由办文化向管文化的转变,依法行政,创新管理,运用法律、经济、行政、行规等多种手段实现科学管理。三是完善宏观调控体系,在投资、准入、监管、考核、评估、奖惩、退出、市场、布局等环节上建立应对机制和政策规范,实现有效调节。四是制定文化企业、文化事业公开、明确的运行规则,完善扶持公益文化事业、发展文化产业、支持文化创新、鼓励文化产品和文化服务"走出去"的政策。五是分类制定文化体制改革的实施办法和相应的政策措施。六是完善文化综合执法体制。

第二,重塑文化市场主体。发展文化产业先要培育文化企业,建立文化市场必须要有市场主体。这个主体只能是文化企业,文化企业也是文化产业的基础。因此,第一步就要推动各类经营性文化事业单位转制为企业,清产核资、明确产权,出资人到位,资产经营责任制落实。转制后的文化企业,要按照现代企业制度的要求加快公司制改造,完善法人治理结构。有条件的可加快产权制度改革,进行股份制改造,实行投资主体多元化,符合条件的可以申请上市。通过市场机制,以资本为纽带,推动国有文化企业兼并、联合、重组,重点培育发展一批实力雄厚、具有较强竞争力和影响力的大型文化企业和企业集团,让它们成为文化市场的主导力量和文化产业的战略投资者。

第三,健全现代文化市场体系。建立健全与经济体制相适应的现代文化市场体系,是发展文化产业、丰富人民群众精神文化生活的关键环节。要加强文化产品和要素市场建设,打破条块分割、地区封锁、城乡分离、垄断经营的计划分配资源和产品的旧体系,形成全国统一、开放、竞争、有序、健康、繁荣的市场体系。大力推动集中配送、连锁经营、电子管理的文化产品大流通、形成大市场。加快资本、产权、人才、信息、技术、专利等文化生产要素市场建设,支持以新技术为支撑的新兴文化产品的市场发育,大力开拓农村市场和国际市场,扩大文化产品的市场覆盖面。打破计划经济体制留下的按行政级次、行政区划、行政部门分配文化资源和产品的旧框框,建立现代流通组织和跨地区营销网络,让资源向优势企业集中,产品向终端市场流动。发展和完善经纪、代理、评估、鉴定、推介、咨询、策划等市场中介机构,提高文化生产经营和文化服务的市场化程度。依法规范和管理市场,营造诚信、公平的市场竞争环境。

第四,深化文化单位的体制改革。任何一个文化单位都要深化自身的改革,不论事业企业,都有改革的任务,都要建立新的运行体制。党的十六大明确指出,文化按不同性质和功能分为公益性和经营性两种,按不同要求进行改革。《若干意见》讲得更加明确:"国家兴办的图书馆、博物馆、文化馆(站)、科技馆、群众艺术馆、美术馆等为群众提供公共文化服务的单位,为公益性文化事业单位。党报、党刊、电台、电视台、通讯社、重点新闻网站和时政类报刊,少数承担政治性、公益性出版任务的出版单位,重要的社会科学研究机构,体现民族特色和国家水准的艺术院团,实行事业体制,由国家重点扶持。其他艺术院团,一般出版单位和文化、艺术、生活、科普类报刊社,以及新华书店、电影制片厂、影剧院、电视剧制作单位和文化经营中介机构,党政部门,人民团体、行业组织所属事业编制的影视制作和销售单位,逐步转制为企业。"

这里分了三种类型:一是政府兴办的文化事业,如图书馆等"六馆"和社区、农村公共文化设施等,改革的要求是整合文化资源,调整配置方式,加大政府投入,引导社会资金以捐赠、赞助等多种方式投入公益事业,逐步构建公共文化服务体系。二是政府扶持的文化事业,如党报党刊、电台电视台、政治性公益性出版社、重要社科机构、国家水准的艺术院团等,改革的要求是转换扶持资金的使用效益,扶持政策和措施与成果评价结合,要保证完成国家确定的任务。三是经营性的文化单位,改革的要求是创新体制、转换机制,面向市场、壮大实力,就是首先要转制,通过清产核资、明晰产权、资产评估和产权登记,确认出资人,建立资产经营责任制。规模较大的可以实行资产授权经营,变成真正独立的经营主体。转制企业自工商登记之日起,一律实行企业的财政、税收、分配、社会保障、劳动人事制度。一定时期内国家将在财政、税收等方面实行优惠政策,支持企业做大做强。

第五,形成两个新的格局。一是充分发挥国有资本在文化领域的主导作用,调动全社会力量积极参与文化建设,形成以公有制为主体、多种所有制共同发展的文化产业格局。二是积极应用先进科学技术和传播手段,推动内容创新,使原创性文化产品在市场上占重要地位,进一步提升我国文化产品的国际影响力和竞争力,形成以民族文化为主体、吸收外来有益文化,推动中华文化走向世界的文化开放格局。这是解放和发展文化生产力的重要标志。

三、文化体制改革中的新闻出版业

新闻出版业是文化事业的重要组成部分,也是实体文化的主要部分,其产业比重在小文化(文艺、电影、广播、电视、新闻、出版等)范围内占到了70%以上。所以,正在推进的文化体制改革,也把新闻出版体制改革作为重点,在2003年开始的改革试点中,新闻出版单位的试点就占了全部试点单位的 3/5。

新闻出版业的改革从 20 世纪 80 年代就开始探索,90 年代初试办民营发行。加入世贸组织时承诺开放书报刊分销服务市场,为此也提出了新华书店转为企业的改革要求。但这些改革都是适应性的改革,并没有触动计划经济体制。所谓的事业性质、企业化管理,那是个非事非企的怪胎,其结果是人往事业靠(当干部)、钱按企业拿(多分配),越搞越糟,是单位没活力、事业难发展的根源。

党的十六大提出了公益性文化、经营性文化、文化产业等概念和文化体制改革的要求(以前一直叫"新闻出版广播影视业"改革),这才开始了以体制机制创新为重点的真正的文化体制改革。2003 年 6 月开始的新闻出版体制改革试点,贯彻了党的十六届三中全会关于文化体制改革的思路,着眼于解放和发展新闻出版生产力。两年多的试点,取得了突破性进展,据统计,转制改制的试点单位,国有资产增长 40% 以上,利润增加 20% 以上,收入增加 15% 以上。中央领导多次肯定新闻出版改革的成果和经验。《若干意见》中完全肯定了我们试点的具体思路和做法,提出了新的要求。可以概括为六个更加明确:

一是更加明确了新闻出版改革的任务。以发展为主题,以改革为动力,以体制机制创新为重点,形成科学有效的宏观管理体制、富有效率的出版生产和服务的微观运行机制;增强出版事业单位的活力,提高出版企业的竞争力;建设现代出版物市场流通体系,更大程度地发挥市场在出版资源配置中的基础性作用;以新的产业格局和开放格局,提升我国出版产品的国际影响力和竞争力。

二是更加明确了新闻出版改革分类指导、区别对待的要求。国家扶持的新闻出版事业单位是党报、党刊、通讯社、重点新闻网站、时政类报刊和人民出版社、盲文出版社、少数民族文字出版社及有公益性出版任务的出版单位。转制为企业的是一般出版社和文化、艺术、生活、科普类等报刊社,以及新华书店、出版物经营机构等。国家免费的义务教育的课本、图书馆公用性出版物、农民读物等由国家兴办或由政府采购,纳入公共文化服务体系。

三是更加明确了新闻出版事业单位改革的要求。确定公益事业单位的,要整合内部资源,转变经营方式,政治性图书、报刊、出版社内的广告、印刷、发行、传输网络、三产等经营部分,要从事业体制中剥离出来,转制为企业,进行市场运作,为主业服务。事业单位人员不得与党政机关人员相互混岗,全面推行聘用制度和岗位管理制度,推进人事、分配和社会保障制度改革,合理调节收入分配,依法参加社会保障,促进人才有序流动。

四是更加明确了新闻出版单位转制的规范。(1)转制企业要在清产核资的基础上合理界定产权归属,做好资产评估和产权登记工作。(2)确认出资人身份,明确出资人权利,建立资产经营责任制,确保国有资产保值增值。(3)有条件的可实行资产授权经营,给企业以更大的资产经营权。(4)实行工商登记,自登记之日起,实行企业财政、税收、社会保障、劳动人事制度。(5)建立现代企业制度,加快推进新闻出版企业公司制改造,完善法人治理结构、落实自主经营权。(6)加快产权制度改革,推动出版公司股份制改造,实现投资主体多元化,符合条件的可申请上市。

五是更加明确了新闻出版体制改革的政策。(1)转制企业在一定的期限内给予财政、税收等方面的优惠政策。(2)重视职工权益保障,做好劳动人事、社会保障的政策衔接,按照新人新办法、老人老办法的原则制定相关政策,妥善安排竞争落聘、无岗位的人员。(3)完善国有资本有进有退、合理流动的机制,推动出版资本向市场前景好、综合实力强、社会效益高的出版企业集中,发挥国有资本的控制力和带动力。(4)转制为企业的出版社、报刊社、进出口公司等要坚持国有股份制、国有独资或国有绝对控股公司,省以上大型新华书店、书报刊印刷企业要坚持国有控股。(5)事业单位的主管者、出版企业的出资单位要依照法律和规定,切实加强对出版方向、经营状况、资产配置、重大决策、重要干部配备的管理和监督。(6)出版企业作为独立法人,自主经营,自负盈亏,其经营利润或国有股份的收益为出资人发展主业、扩大企业再生产服务。(7)赋予有条件的出版企业外贸自营权,鼓励企业扩大出版产品和服务出口,鼓励出版企业以独资、合资或合作方式,在境外兴办、合办出版社、报刊社和发行企业。(8)支持大型国有出版企业和出版、报业、发行集团实行跨地区、跨行业兼并重组,鼓励同一地区的新闻出版企业互相参股。(9)以资产为纽带的联合、收购、兼并、重组是培育有实力、有竞争力的大型出版、发行企业集团的快捷途径,政策上要予以支持。(10)建立市场准入和退出机制,明确准入资质和条件,严把准入关,通过评估等级、年检、诚信记录和两个效益的考核,淘汰不合格的新闻出版企事业单位,做到生死由业绩和市场决定。(11)完善行政许可,加快审批改革,推行政务公开,规范程序,减少环节,增强透明度,提高公信力。(12)面向农村的出版发行业和为社会公益事业服务的出版发行工程,政府在政策上给予优惠、财政上给予支持。国务院已经有相应的配套政策。以上这些要求和政策,不仅为新闻出版体制改革指明了方向,提供了政策支持,而且为新闻出版企业注入了强大的活力,为出版产业的发展增加了新的动力,必将推动新闻出版业在市场的竞争中发展壮大,为人民为国家做出更大贡献。

六是更加明确了新闻出版体制改革的工作指导。十多年探索的实践已经证明,新闻出版体制改革是一项复杂的艰巨的系统工程,必须高度重视,加强领导,建立党委领导、政府支持、宣传部门协调指导、行政主管部门具体实施的工作体制,必须保证中央确定的指导思想和原则得到贯彻;必须解放思想、实事求是、与时俱进、开拓创新,妨碍出版发展的思想观念都要坚决冲破,束缚文化发展的做法和规定都要坚决改变,制约出版业发展的体制弊端都要坚决革除。必须坚持先进文化前进的方向,落实科学发展观,使公益性的新闻出版事业和经营性的新闻出版产业协调发展,一手抓事业发展,一手抓产业壮大,事业和企业都要把社会效益放在第一位,实现两个效益的统一;必须分类指导、区别对待、循序渐进、逐步推开,根据东、中、西不同地区经济文化发展的不同水平,有组织有领导、分阶段分步骤地逐步推开,由点到面,不断深入。不搞一刀切,不刮一阵风,时间进度上不搞整齐划一,条件成熟的单位、部门、地区积极推进,积累更多的经验,以示范的力量引导后来跟进者。

论新闻出版业的五大创新[*]

新闻出版业对于我们来说并不陌生,人类文明的实践是同出版紧密联系的。学习过出版、新闻的人都知道,我们中国五千年的历史文化和我们今天的人了解传统文化都靠的是出版的兴起。当代中国新闻出版业是中国特色社会主义现代化事业建设的重要组成部分,它担负着创建和传播先进文化的历史责任,在传播文明、创新知识、普及科学、探索真理、执政立人、实现中华民族伟大复兴中担负着特殊的历史使命。许多人的文章也在探讨这个问题。一个民族的复兴首先是文化上的复兴,资产阶级文明是在资产阶级文艺复兴的基础上开始的,西方的霸权主义国家是因为它产生了文化霸权以及霸权主义式的语言,才能确立世界上的霸权地位。在今天,同样我们如果没有在文化上的发言权,就不能够占领世界市场,就不能称得上一个真正的独立自主的国家,西方一些政要在批评中国落后的时候就列举了这样的事实:中国现在出口的是电视机,而不能出口思想;中国出口的是农产品,而不能出口中国的文化,所以中国成就不了世界上的强国。他们是从中国目前文化的弱势方面来看中国的问题。从这方面说文化在中国的现代化进程中是相当重要的,而新闻出版事业是文化重要的组成部分,自然也担负着特

　　*　本文系作者在南京大学"部长论坛"上的演讲稿整理而成,曾刊载于《公共管理高层论坛》2006 年第 1 期。

殊的责任。

以上指出了出版业的重要性。从创新与出版业的重要意义来讲，如此重要的新闻出版业要如何发展呢？答案是创新。每次创新都标志着出版业的一次革命。例如，最初人们传播文化的方式只能是面对面的传授，也只有这样一种方式，因为那个时候还没有文字，还不能把它记载下来。人类发明了文字，即文字被创立，这是人类的第一个里程碑。文字的发明可以传播思想，将语言等记录下来，这是文字的创新。第二个里程碑是造纸。出版业的发展即是建立在"造纸"这样一个基础上。造纸成为传播的一个载体，进一步推动了文化的传播，甚至是远距离的传播。例如孔子授学这样的口述只能是面对面的，这也是传播文化，有了纸以后，做成书，这样可以进行远距离的传播。印刷的发明是又一次飞跃，印刷在中国经历了几个阶段，第一个阶段就像我们刻图章一样是刻的，它这样的数量很少，而且比较麻烦；第二个阶段是雕版，雕版比刻大有进步，能够大量地进行印刷；"活字印刷"的发明带来了更多的便利，纸张和活字印刷使出版业有了突飞猛进的发展。世界三大宗教中也有记载，由于造纸和印刷术的出现使得当代宗教能够跨国、跨洲，在全世界传播。宗教的传播与印刷的关系非常紧密，使宗教教义得以大量印刷，在全世界范围内传播。中国古代四大发明中出版业就占有两大项，即造纸和印刷术，前者属于材料，后者属于工艺。当代又对这些进行了改进，有了更先进的印刷技术，很长一段时间内我们引进外国的印刷设备来进行印刷、制造我们的出版物。改革开放以后又经历了一次重大的发明，在西方技术上实现了汉字、计算机系统的应用。前不久去世的王选教授对我们做出了重大贡献，因此还获得了"现代毕昇"的称号，获得了国家一等科学技术奖，这对我们新闻出版业有很大的推动，这就是说在文明发展中每一次创新都会带来出版业的繁荣和发展。因此，出版业的创新非常重要。在科技不断进步，社会发展日新月异的今天，如何进行新闻出版业的创新便是摆在我们面前的一大挑战。

我认为根据我国国情,新闻出版业的创新应从以下五个方面着手:

一、新闻出版体制的创新

体制问题是首要的问题。事实上,新闻出版体制贯穿于每个问题的每一个方面,我们现在存在的最大问题就是没有完全摆脱计划经济体制的影响,真正的新闻出版业的市场主体尚未完全形成,相当多的出版单位缺乏活力、缺乏创造力、缺乏竞争力。不是我们没有智慧、不聪明、没有创造,而是这个体制影响了我们创造力的发挥,所以我们喜欢大量引进别的国家的出版物、电影、电视剧、卡通动漫产品,这是我们民族面临的重大问题。任何文化传播都在于价值观,在于文化发展的方向,在于内容方面的影响。国家也认识到问题的严重性。从改革开放以来不断探索新闻出版体制方面的改革,现在主要在建立适合中国特色的新闻出版体制方面加大了力度,这个体制改革现在包括以下几个方面。

首先,创新宏观管理体制。

在宏观管理层面上,目前还存在不少问题,大家能感觉到的是关系不顺、体制不灵、各种矛盾比较多。要解决宏观管理体制就面临一个选择,应该采用哪种管理体制?党委领导、政府管理、行业自立抑或企事业单位自主经营,是单项运行,还是将几者综合运用?在综合运用的情况下,其权重分配和序列安排都是我们面临的问题,而且管理创新最终牵扯到政府职能的转变问题,新闻出版单位过去一直都附属到党政机关行政部门,现在要实现管理创新,即单位要管什么,政府要管什么,报社、出版社该管什么,那么第一步就要做到政企分开、政事分开、管办分离,这样政府才能一视同仁。政府的管理是对全民的管理,对全社会的管理,而不是对一个集团、一个单位的管理,这样就实现了社会管理,这是一个重大的转变。在企业本身,过去是政府投资、派人,现在实行政资分开,投资归投资,管理归管理,这样企业就获得了自主权,大型的企业还获得了自主经营权。

实现这样的转变以后我们才能构建一个层次分明、关系明确的管理关系,即对于政府的宏观管理和单位的微观管理要分清楚,这是内部机制的创新,这样才能把各方面的积极性调动起来,共同发展我们的新闻出版业。就目前的情况来看,最重要的是形成市场管理的中间组织,要加强行业自立,形成市场独立的主体,因为没有主体就没有市场,也就不会有产业。目前我们缺乏这些基本的要素。所以第一步我们要推动宏观管理体制的创新,建立新体制。重要的问题就是要让出版单位真正成为自主创新的实体,而不是现在的一个部门、一个单位,缺乏独立自主的资格。

其次,创新微观管理体制。

以前将所有的新闻出版单位都当成宣传单位是不符合市场管理的要求的。十二大以后做出了明确的规定,将新闻出版单位分为两大类,一部分是公益性的事业单位,一部分是经营性的单位。微观主体塑造是沿着这两个方面去做,但要分为三个部分。

第一个部分是社会公共文化服务体系。这个体系分为两大类,一个是国家兴办的公共文化体制,譬如我们新闻出版单位、少数民族文字的出版、少数民族文化发展的需求,基层文化事业的发展,具体形式包括科技馆、艺术馆、博物馆、图书馆这样一些为公共服务的体系,这是国家兴办的部分,纳入国家投资、国家管理、国家兴办这个范围;另外一个由国家扶植的事业,十六大讲了四大类,属于我们新闻出版的有两类,一类叫作党报、党刊;另外一类是人民出版社的一些对文化传承有重大影响的出版物。这样一些出版单位将来在体制上是应纳入国家政策扶植的。还包括广播、电视、国家性质的文艺演出团体,这是为公共文化事业服务的公益性事业的类别,主要的任务是搞活经营,满足人们文化的需求,对于这一部分是需要国家、社会、企业等各方面共建的公共文化服务体系。

第二个部分是能走向市场的经营性新闻出版单位。这部分的新闻出版单位要转机改制。走向市场是它们的必经之路,在同一的市场规则下竞争、生存、发展,适者生存,优胜劣汰。

第三个部分是要搞活企事业单位内部的体制。过去是按照党政机关的模式去管理企事业单位内部的劳动、人事、分配制度,这不符合企事业单位发展的需要。比如企事业单位本身有好有坏,正常优胜劣汰的机制是要靠市场,美国发展这么好的国家每年倒闭的企事业单位——他们是叫营利性或非营利性单位——能有15万个,这是正常现象。例如,一些行业不好了就会自然淘汰,那些方面好了就会增长。我们就缺少这样的机制。现在我们新闻出版到了不能生也不能死的程度,差的丢不出去,好的发展不起来,没有活力。在我们现在体制下人才留不住,往往是干得好的人留不住,不干的人"混"得很好,这就是内部人事制度不适应现在的竞争。在人事机构方面就是该进的人进不来,该出的人出不去,这是事业单位普遍存在的问题,也是机制问题。所以在微观方面要着重机制方面的创新,要形成一个能进能出、能上能下、能生能死的微观运行机制。在事业单位实行劳动、人事、薪资三项制度的改革,同时国家也改革对事业单位扶植的办法。应该形成根据绩效给予扶持的机制,对投入产出的关系进行研究,优化资源配置。

最后,创新是市场的创新。

新闻出版行业比较特殊,因为它对公众有影响,所以管制得比较死,按照国家统一的渠道发布新闻、发布图书、发行报刊。改革开放以后,实行了市场开放,一般程序是按照市场配置而不再是按计划配置,这样就需要对市场进行创新,我们现在仍然坚持开放我们整个的文化市场,兑现加入世贸时的承诺。开放以后就是国有的、外来的、民营的一起竞争的局面,那么我们就必须建立市场运行的统一的体系。原则上,我们要建立统一开放、竞争有序的市场,而不能是垄断的、封闭的或者是有地区风格的市场体系,这是一个目标。目前在市场创新方面,存在几个难点。第一个是市场主体不明显,也就是前面所讲的缺少独立主体资格的市场主体。第二个是市场规则不规范,在市场开放时就出现了很多问题,比如说假冒伪劣、盗版、假消息、有偿新闻的出现,这是市场规范不明。第三个是市场管理不到位,在过去是将人看作单位人来进行管理,现在是面向市场。如果管理不到位,就会出现市场管理覆盖不到的地方,就会出现违法经营的活动。第四个是市场监管不得力,就是出现问题后惩罚不力。有各方面的原因,比如说地方保护或者是为了局部利益等而处理的不得力,违法行为没有受到应有的惩罚,滋长了目前市场上一些违法活动,针对这些问题我们需要建立新的新闻出版运行体系,借鉴其他行业的经验,我们现在需要创造一个统一配送、由物流中心向连锁经营,以至于向终端销售中心配送的体系,同时纳入我们整个市场监管的体系。

这几个方面是目前在新闻出版体制方面应该着重注意的问题,也是我们建设创新型体制的保证,没有这样的体制创新就实现不了。

二、文化创新

创新主要是文化观念、创意方面的创新。新闻出版和文化的关系是非常紧密的,但新闻出版业是文化的传播而非源头。源头是每一个具有创造能力的知识分子、民间文化创造的艺人。现在文化创意等非常受关注,按我们的话说是内容创新的问题。传播是一个载体,传播的内容要创新,传播的体制才能变化。

内容创新,就是要思想进一步解放、与时俱进。中国文化有创造的一面,也有保守的一面。通过古籍来看我们几千年的历史就可以看出来,从易经到农历,一直到了民国时期,我们中国所有出的书基本上是依托前人的来发挥,大多是解释我们的祖宗所说过的话、所做过的事情,考证历史上发生过的事件,这是中国文化的主流。

中国文化产生这种保守一面的原因很复杂。一个原因是中国封建主义是一个专制的社会,不允许人们有思想、言论创造方面的自由,曾经发生过许多不利于创新的事情,许多朝代都发生过秦始皇"焚书坑儒"这样的事情。正是由于这样一个专制的文化使人们都不敢轻易地把自己的文化创意表达出来,只能借助于孔子、孟子、周易这些方向的演绎,发挥解释他们的思想,一直到康有为都没有摆脱这样的一个思想。康有为的大同世界是从汉朝时候的大同世界变过来,他也是往下推,这是文化创意上的一个原因。还有的原因是中国的思维方式也有缺陷,因为我们中国是一个崇尚形而上的国家。古语里面有:"形而上者,道;形而下者,器。"道和器用我们今天的话来说,道,就是讲的是道理、规律、规则,这是中国非常讲究的,历代文化的核心是研究"道"这个东西;器,很大程度上就是我们今天讲的物理、化学、数学。但是西方思维跟我们相反,它是形而下的,它非常重视自然科学的各个门类。这样一来,思维方式导致我们几千年重视四书五经这样一套文化传统观念,也因此形成了我们中华民族的道德基础,所以我们今天的道德观念、文化观念是长期文化激励的结果,不是一朝一夕的事情。

我们现在提倡创新思维,这对于我们的文化要进行反思,要提倡一些开放性的思维,研究那些我们还不认识的思维。对于新闻出版来说,有两个方面:一是要关注国内外发生的新思维,这是我们内容创新的一种重要方面。不能用我们过去的思维方式来看我们现在的丰富生活,因为我们现在有很多事物,比如计算机、互联网等。我们首先不认识它,不研究它,去排斥它,这种思维观念我们随后遇到了很大的损失。我们现在改变了态度,积极参与,研究它,认识它,为我所用。二是我们内容的创新,要关注各方面的社会创造,发现一些新的东西。

三、形式创新

形式创新也是我们要解决的问题,很多人担心传统的出版业会萎缩,新的出版形式,出版载体会取而代之,其实不然。美国曾经发生过互联网上来以后,数字出版上来以后,传统出版下降的局面,图书当时是下降15%,报刊每年下降6%,但是十年以后恰恰相反,变了。因为互联网虽有不受地域限制、流量大、来得快的特点,但是真正的文化,对于学术和研究来说,大家还是喜欢使用传统的出版。所以这并不是一个很大的问题。那么现在的问题在什么地方? 就是我们现在传统出版业要生存,你必须创新自己传播的形式,不能固守以前传播的模式。我出书的只会出书,出报的只会出报,出刊的只会出刊,音像制品我只会做音像制品,那不行。我们应借助现在各种传播载体来发展,改造我们传统出版业,这就是在形式上要创新。这几年,在新闻出版方面大家借鉴很多国外的经验,很多的创新,比如说报型、版面、刊物的编排,都有很多很多的创新,都有很多形式上的变化。图书也在开本、纸张选择、版面的处理上有很多国际上流行的形式,我们去借用了一些。但是光这些还不够,新的传播载体的冲击力是相当强的。像互联网数字出版,现在还发展到了手机新闻、手机报纸、手机小说都已经出现了。这种传播形式迫使传统出版业在传播形式上要创新,总体趋势是多媒体传播,多种载体是趋势。如果你不关注这一点,那么你在这个产业上会大大地落后。

四、技术方面的创新

在开头就已经讲到过这样一个问题:新闻出版业是一个实体产业。那么它对于产业的技术、材料、载体依赖是相当强的,所以必须在技术方面进行创新。技术方面的创新包括以下两大方面。

第一个是不断研究开发应用新材料、新载体,这是首先要解决的问题。从我们传播的历史来看,有最早的龟甲、竹简,再有纸,然后有了广播,后来就有了电视,到现在有了互联网,有了数字传播技术。它的载体在不断发生变化,那么就要积极开发和研究新的材料和载体,现在很多国家已经提出了完全数字化的新闻出版业的概念,所以我们就要研究他们数字化的一套办法。国内也有一些城市、一些单位,在这个方面很领先,因为它方便了社会,繁荣了市场。例如,现在上海、北京有一套数字印刷的设备,它能个性化地出书,能够一本一本地出。同学、老师的一篇学术论文，不能出著作，那么数字出版就简化了这个。已经有了一个作品，一个180页的书就可以印出来，价钱也不高，出一本也可以，出两本也可以。再比如数字化的报纸传播，我们国家一些报纸在国外也采用了这个技术，我当天就可以使报纸的版面用数字的方式传到外国去。用数字化的出版方式，要一张出一张，要两张出两张，完全改变了我们现在新闻出版产业的形式。材料和载体在新闻出版的比重相当大，每一次材料和载体的变化都会引起很大的革命。所以"十一五"期间，我们也把数字出版、多媒体融合作为我们一个新的重点来研究，这是载体和材料方面的。

第二个是技术方面的。材料载体发生了变化必然引起技术方面的变革，传统的出版产业技术含量低，大家都知道那一套办法，很多人都会做。现在我们进入信息化时代，信息化的技术已经广泛地引入到我们的出版业当中，这是现在遇到的很大的一个问题。为什么很多传统的出版单位书总是要到一个起点，几千本才可以开印，这是技术比较落后，整个生产流程还是处在过去的那个时段。如果有新的降低成本、提高质量的技术出现，生产方式就会发生深刻的变化。这主要体现在：一个是印刷技术的变革，前面就已经提到，激光照排就是我们印刷的一次革命，告别了我们几千年铅与火的时代，也不要一个很大的字库来对应，在计算机上就很快地完成了，这个技术的变化使我们的印刷向现代化迈进了一大步，但是现在又有更经济的印刷技术。"十一五"期间，我们将淘汰现有的基本印刷技术、装备，引进世界上最先进的数字化印刷技术。数字化的印刷将改变我们的工艺流程，这些工艺的改变也带来了新的问题，出版业整个运行状态经历了一次革命。比如说，传统的造纸，传统的广播，传统的电视、图书。我们电视台对于这种传播载体很容易进行把关。报纸也是，可以有夜班值班的总编辑把关，图书也是，图书编辑经过三审，也可以做到，这是一个很简单的技术。但是互联网数字出版就发生了很大的创新，互联网时代每一个人都是创造者，都是编辑，每一个地方都是印刷厂，每一个地方都是研究所。任何人可以从任何一个结点都可以进入传播的系统,那么这个技术局面就摆在那里。现在又带来了用新的技术手段,来解决技术发展过程中遇到的问题,这是出版业今后管理和发展的更深刻的问题。所以技术创新方面,我们研究新闻出版不能不研究技术、装备、条件变化所带来的影响及应对措施。

五、人才创新,也就是各种创新的聚合

最后一点是人才创新的问题。新闻出版业这个行业,不是一个需要重型装备的行业。大家都知道,它的主题就是人,在这个行业里面就是人,人才决定了我们这个行业兴衰成败。我们不能满足于对于中文和新闻人才的依赖。应该在上面几种创新的基础上,对于高校中的各类人才进行引进和发展。

没有足够的复合型、创新型人才,是支持不了我们这个行业的创新的。现在来建立一个创新性行业,我们现在要创新人才。从全国来讲,我们需要培养这样一系列的人才。首先要有新闻出版业领军人才,就是能够担当报业、期刊、图书出版、音像出版、网络出版领导人才的队伍。出版家这样的人才,近几年高等学校在这方面下了很大的功夫,原来我国在南、北有两所学校,设立新闻系,后来发展到有 140 多个高校,涉及了新闻出版,不但有了新闻,而且有了出版,出版方面的人才又细分为编辑、印刷等各个方面的人才。

这是我们改革开放以后新闻出版方面繁荣的重要原因。我们现在还要加强人才培养,进一步促进新闻出版业的繁荣。我们要具体培养下面几方面的人才。

第一个层次是领袖人物的培养。有一个很好的出版经营者和新闻记者编辑,我们就可以办好出版社。例子很多,譬如我们的商务印书馆,是从一个很小的作坊开始的,但是有了我们著名的出版家张元济先生,有了我们经营家王云五先生,他们在 20 多年的时间内,就使一个小

小的作坊式的出版社成为亚洲第一的出版社,在17个国家有了分社。这样的领袖人物对于新闻出版业来说是多多益善的,他们对于新闻出版业的作用相当大。

第二个层次是文化人的培养。专业人才、名编辑、名记者是我们的所需。要培养在世界上有盛誉的编辑记者人才。我们中国过去历史上出过很多编辑,现在也是我们推广整理知识的一个重要环节。一种创造性的知识能不能被我们所发现、加工吸收推广,编辑在当中起了关键的作用。我们要培养一大批懂得现代知识、有创造性思维的编辑人才,发现出版资源,整理出版资源,把它推广到全社会去。高级人才、高级编辑、高级记者等这是第二项我们要培养的人才。

第三个层次是市场营销人的培养。只有培养懂得新闻出版规律的、懂得市场经营的管理人才才能适应未来的发展要求。这是当前新闻出版单位所改制环节,实现市场化运行、企业化管理的关键性所在。过去新闻出版界,主要是文学、新闻系这样出来的学生,文化素养方面足以支持我们这个行业。但是这些人过于注重文化,不懂得市场,不懂得经营,不能把我们的产品推广到市场上,这是我们报社、出版社、杂志社普遍存在的弱点。而那些经营性的人才,他们又不懂得新闻出版,他们把其他行业推销的一套办法,用到了新闻出版行业,这样在推销产品上过度的商业化、庸俗化,损害了文化产品的意义和价值。市场上的不正当竞争,又导致了市场的某些混乱。另外我们现在主要是国内的市场,下一个目标是开拓国际市场,使中国文化在世界上有一定的地位,一定的影响,因而中国新闻出版国际化需要的人才是懂得国际市场开拓的这样的人才。

第四类是IT产业技术人才的培养。只有名记者、名编辑,还不足以完全支持我们这个行业创新。还要一些专门技术的人才,比如说网络出版行业的专业技术人才,印刷技术行业的专门人才,激光照排行业的专门人才,那么这些人才不一定要教授专家去做,他要有专门的技能,从国外高级职业技术学院培养出来的。这些人的缺乏,是我们出版物质量上不去的关键环节。现在我们很多出版单位没有专人,靠的是临时工,以前要经过严格的考核,专门的培训,现在没有。很多是靠的几个退休的临时工,图书的差错率越来越高,社会影响很强烈,由于操作的技术不到位,产品清晰度很低,现在很多东西只能在特定的印刷厂去印刷。这种情况,导致技术上不去。有这样的技术人员,就使我们的行业能成为创新性行业,使我们行业人才结构合理,配置适当,并按一定的比例来培养,才能在整体上提高我们行业的水平。

六、结语:政府要建立合适的上岗资格认证和培养体制

这几个方面的人才,没有哪一个方面都不行,我们在人才培养上要创新,新闻出版行业要向社会选拔社会优秀人才,事业单位改制后都要向社会上去招聘,我们已经开始准备了。前几年,在资格审核方面,只限于从业人员,从原来的编辑、记者岗位上来的人,通过考试来取得上岗资格。去年已经扩大到在校大学生,有相当一批学生还没有毕业就取得了这样的证书。下面要进一步向所有的行业开放,通过各方面的人才提高人才优势,帮助我们解决人才紧张的困难。第二个措施,我们要加强人才的培养。这个已经开展多年,依托高校,对在职人员文化素质再教育。先后依托大学,培养了一批具有硕士学位的人才。南京大学就是其中之一,培养的学生效果非常好。我们做过一些调查,我们还请他们来到母校座谈一次。他们已经成为各个行业的骨干力量。现在我们要更进一步,在一些有特色的大学,建立新闻出版行业的基地。另外一方面,我们还要送出去培养。我们与国外大型的传媒集团、知名的高等院校有很好的合作关系。选拔一批业内优秀的人才,通过把他们送出去,使他们懂得国际新闻出版,适合更加开放环境下的新闻出版人才,这就是我们从高层次上去选拔这样人才的道路。业内的培训、政策法律的培训、专业知识的培训是我们长年支持的工作,就使这个队伍能跟上时代的步伐。创新前进的这样一个队伍,不能停滞不前,我们新闻

出版业要走创新之路,基础是在创新人才的培养上。新闻出版行业改革发展的任务,就是突出创新这样一个主题。创新是我们国家民族的希望,创新也是我们新闻出版的希望。

新闻出版业创新任重而道远,坚持五大创新是新闻出版业发展的必由之路。

文化体制改革与改革中的出版业[*]

一、文化体制改革是个战略全局问题

这个问题主要应从我们的时代、我们党在改革开放以来对各项事业的改革,特别要从党的十六大以来关于文化体制改革和文化产业的发展战略思考讲起。主要有三个观点。

1.在经济全球化的背景下,世界文化交流日益频繁,特别是互联网技术的应用,使文化的边界已经突破了国界线。从整个全球来看,文化与政治、经济、社会已经相互交融,文化的作用越来越大。从我国来看,在全面建设小康社会,在实现我国现代化建设的战略目标中,文化的全局性、战略性地位和凝聚力、创造力、生命力的作用越来越突出。文化作为新兴产业突飞猛进,这已经是一个现实。所以,中央从"三个代表"重要思想开始,就把文化提到了党的三大支柱之一,提到了国家发展的全局上看待。代表先进生产力的发展要求,代表先进文化的前进方向,代表人民群众的根本利益,这里已经把文化提到了一个很重要的位置。党的十六大继续深化了"三个代表"重要思想,提出通过改革文

---

　　* 本文为作者于 2007 年 3 月 29 日在新闻出版总署武汉大学高级出版人才培养基地揭牌仪式暨柳斌杰署长受聘武汉大学兼职教授仪式上的讲话,根据录音整理,并经作者审定;曾刊载于《出版科学》2007 年第 5 期。

化体制,加快文化产业发展,提高我国的综合实力,包括硬实力和软实力。在这个前提上来看,文化不再是过去人们所认为的吃吃喝喝、玩玩乐乐的问题,而是国家发展、事业发展的一个全局问题。从发达国家的实例看得更清楚,比如美国,它的文化产业发展已经成为国民经济的主要支柱之一。

2.从我们时代来看,我们这个时代是以改革为旗帜的时代,邓小平理论的核心就是改革开放,如果没有改革开放,就不成其为邓小平理论。所以我们党在纪念建党85周年的时候,把中国共产党的活动分为三个阶段:第一个阶段是革命阶段,大约用了28年的时间;第二个阶段是建设阶段,探索、建立社会主义的基本经济制度、政治制度,也用了28年的时间;最近的28年时间是改革。所以我们党的历史可以用革命、建设、改革三个阶段来概括。当前我国正处于改革阶段,我们今天投身改革就像革命时期投身二万五千里长征一样。文化是我国产业、人民生活的重要部分,当然应该在我们的体制之中,所以也应该投入到改革的洪流之中。中央领导曾经说:宣传部门、文化部门既要宣传改革,又要深化自身改革。脱离了改革轨道,文化能发展吗?党的十六大之后,中央领导多次提出这样的问题,强调文化体制改革的紧迫性。但是当时文化领域的改革举步维艰,大家普遍过度强调它的特殊性,而否认它的一般性。所以改革的精神没有体现出来,社会效益和经济效益也没有充分体现出来。改革是我们各行各业都要完成的任务,也是发展的动力,以改革的精神去推动发展、推动管理,文化才能真正繁荣。

3.我国现行的文化体制已远远落后于现实,必须要加快改革。今年中央对文化体制改革提出的要求是加大力度、加快进度,因为它与我们当前的现实生活已经不相适应,文化生产力还没有充分解放出来。表现在五个方面。

(1)与经济基础不相适应。我们是以马克思主义为指导的,马克思主义的根本思想是存在决定意识,经济基础决定上层建筑,包括意识形态。今天,我们经过二十几年的经济体制改革,我国经济基础已经发生深刻变化,相应的上层建筑,包括文化意识形态领域也要适应这个变化。这是历史唯物论的最主要的观点。但是在"左"的思想的指导下,我们往往想用意识去决定存在,用主观主义去决定经济发展,主观上希望在很短时间内就能建成共产主义,实际上这是办不到的。因为存在决定意识,经济基础决定上层建筑,所以后来我们恢复了实事求是的思想路线。有了正确认识之后,发现我们正处于社会主义初级阶段,并将长期处于社会主义初级阶段。这就是我们经济体制发生变化的原因。既然经济体制变了,那么文化体制当然也要发生变化。

(2)与社会运行的体制环境不相适应。过去我国是计划经济,一切资源配置、一切产品分配都是按计划进行。最早是错误认识价值,把价值、价格作为内部核算的方法。现在已经走上了市场经济的道路,整个体制要求我们以市场来最大限度地配置资源,调节利益关系。这个体制要求我们相应的各项体制要与之相适应,而我们目前的文化运行方式是与之不相适应的。

(3)与人民群众文化精神需求不相适应。由于时代的进步,人们在思想上的需求出现了个性化、多样化的倾向,文化生活中的选择性、独立性越来越强,不是看一样的戏,不是读一种书,不是听一样的歌,已经步入一个多样性的文化世界中。所以我们文化生产部门,首先是出版行业,作为一个文化生产和传播的部门,我们要满足各种层次、各种文化修养、各种不同利益关系的人们的精神文化需求,要体现丰富多彩。而我们今天还没有能够达到这样一个水平。为什么盗版书、盗版音像制品、盗版软件到处盛行?其中有经济原因,比如价格问题,盗版和正版的差价问题,也有成本等其他一些经济原因,但是更重要的是我们不能够满足各种人群日益增长的精神文化需求。有这么大的市场,但是没有这么多的产品,就给其他盗版带来了机会。举例来说,加入世贸组织以后,我国每年进口的外国电影大片约20部,但实际上国内流行的大片却有4000多部。因为出租需要、人民需要,我们还不能满足他们。图书也是一样,实际上我们的图书市场是比较开放的,引进外国图书的权限在出版社和进口公司,它们可以大量地引进。据新闻出版总署公布的《2006 年全国新闻出版业基本情况》统计报告显示,我国2006 年共引进出版物版权 12386 种,但是还不能满足人民的要求,在我们国内流通的还有上万种非正常渠道引进或出版的书籍。这么大量的产品为什么有市场? 因为人民群众有需求,要是没有市场,估计也搞不成。所以在十六届六中全会上,在建设社会主义和谐社会的决议中,把文化发展的根本目标改成了满足人民群众日益增长的精神文化需求。换句话,如果满足了这个需求,文化产业就发展了。

(4)与技术进步不相适应。近年来技术发生的最大变化是信息和传播技术的革命,计算机、互联网和数字化这三大技术支撑的传播技术的革命,给我们新闻出版行业带来了最大的挑战。有人说这是几千年来前所未有的挑战。我们传统的文化生产、传播模式被现在高新技术所代替的趋势越来越明显。在这种条件下,如果我们的出版体制不改革,我们还继续实行计划经济的那套办法,仍然没有人投入技术领域,不去开发、研发新技术,不推广应用新技术,那么我们的传统出版业就要崩溃,就要被别人所代替。大家可以调查一下,现在应用数字出版的不是出版行业,而是 IT 行业、电子信息行业。它们已经做好了一切准备,如果我们的政策许可,它们完全可以代替传统出版业。那么我们现在的政策是给传统出版一个改革、发展的机会,让它们尽快进入新的技术领域。所以我提出两大任务:一是传统出版业要向现代化进军,二是用现代高新技术改造传统出版业生产、流通模式。不进行这样一个改革,只是叹息,是没用的。因为技术进步是不以人的意志为转移的,市场也不会同情弱者。要记住:要用新的体制来适应高新技术发展的需要。"十一五"规划中,国家重点支持数字化发展,其中都以技术为主导,因为最困惑的问题之一是技术问题。传播手段快捷、传播范围大、不受国界限制等等这些情况都使我们现在的体制不适应。如果大家都沉溺于国营事业单位那种落后体制,就没有投入、产出的机制,哪有人去投资搞高新技术开发?

（5）与国际文化竞争的要求不相适应。我们现在的文化弱势越来越明显。出了国界，看不到中国有什么声音和文化。这么大一个国家，我们在经济上很有影响力，影响到美国、欧盟、日本，这世界三大经济体都离不开中国。尽管美国有的人大量地制造摩擦，但是美国的老百姓还是喜欢中国的产品，喜欢中国的劳务，这一点是肯定的。所以中国的经济发展可以影响美元的权威和美国的就业，这显示了我国的经济地位。有了经济地位就有了在国际政治舞台上的发言权，起的作用越来越大。唯独在文化上我们还处于弱势。世界文化信息总量之中，中国这些年来没有超过4%，影响世界的100种书、100个作家、100种日报中都没有中国的。在国内，我们感觉这个报纸了不得，这本书发行量巨大，比如于丹的书发行量300万册，这都算不上什么。世界上发行量1000万册的书一年有100种，影响力比我国的畅销书要大得多。出版的这种弱势与我们的经济、政治地位不相适应。所以，中央三令五申强调文化"走出去"，参与国际文化市场的竞争。现在外国人看到的中国文化不是我们文化产业竞争力的体现，而都是政府组织的文化交流，发行的书也是作为外宣产品出去的，演出也是无偿提供的，不是靠竞争力进入国际市场的。互联网的领域更是别人在主导，它要是改变，我们就得跟着改变。互联网的汉字库也是在美国人手里掌握着，比如"珞珈山"组不成词，因为美国人还没弄清楚"珞珈山"到底是什么，因此也无法找到这个词组。现在我们每年要支付美国几十亿美元的专利费，否则我们的手机、网络全都是外文的。

"十一五"期间，国家设立了一个项目：建立中华字库。中科院、社会科学院、语委、新闻出版总署已经建立了一个项目组加紧研究，我们要花大价钱把中华字库建立起来。因为美国人毕竟对中华文化的了解不够，所以他们研发的汉字不够用。比如姓名的字比较复杂，他们掌握不了，这必然影响到我们的发展。汉字是中国的，但是字库为什么在美国呢？就是我们在技术上没有领先，计算机系统美国领先，资源分配不合理导致的。所以现在我们文化的发展与整个信息化的要求不相适应。这就要增强对改革的重要性与紧迫性的认识,而不是像有的人说的,出版社好好的为什么要进行改革。改革是体制上的变化,并不是一个单位、一个局部所能决定的,不管什么行业,整体上要转入市场经济体制,这是中国共产党所选择的目标。在共产主义的旗帜上,写上"市场经济",是中国共产党的一大创造,也是一个标志,文化行业能例外吗?

二、出版体制改革

1.出版业是文化产业中重要的、最具产业特征的行业。出版从原理上讲是一个加工制造的过程。不论是图书出版、报纸出版、期刊出版还是音像出版、电子出版、网络出版都具有这样的特征。它是把文化意识物质化,用载体把它积累下来,传播出去。创意是教授、专家、作家、文学家、艺术家的事情,它是我们的原材料,而我们是属于加工、推广这个阶段。教授、专家、作家他们创造了文化的内容和精神,而出版是一个加工过程,包括编辑加工、制版印刷,也是一个加工环节。出版物市场推广属于流通,也非常具有产业性特征。发行市场是一个市场问题,印刷业是地地道道的工业,由机械、设备制造一个产品,它是一个工业过程,更具产业特征。现在的版权研究,是知识产权转变为生产力的过程。它是精神转化为物质的过程,更是一个产业化的过程。国际上知识产权相关行业这个概念既包括了文化也包括了经济、工艺、设计,所以现在的创意产业范围很大,工业设计、建筑设计,不仅仅是文化问题,文化创意产业当然包括了文化的问题。我们把它归为意识形态的东西,把它和党的宣传工作联系在一起,强调意识精神,这是完全正确的,因为所有文化都包含价值观的问题,在价值观上自然要有一个选择。不同制度、不同理论指导下的文化价值观自然是不同的。所以在当代四大文化价值观主导世界的条件下,我们选择了马克思主义主导的社会主义这个价值观,我们就要坚持这个方向。

从经济属性来看,出版是一个制造过程、市场流通过程,表现了突出的产业特征。既然要重视产业属性,就不能忽略它的经济性。那现在的问题在哪里呢? 现在发展文化产业,有些单位忽视了文化品位。文化属性被忽视,把它等同于一般产品,为了赚钱,淫秽、色情、不良信息等都出来了,那就生产了文化垃圾。所以,两个方面都要重视。

出版业本身具有这些特点,所以出版业的意识形态属性、产业属性、文化属性都不容忽视,因此在改革过程中呈现出复杂局面。复杂不在于事物本身复杂,而在于认识复杂。有的人强调政治,有的人强调经济,有的人可能强调文化。这样使得我们在认识上存在很大的差异。强调意识形态的,就忽略了改革;强调产业属性的,就特别突出改革,试图用经济体制改革的一套办法来推动文化体制改革,忽视了文化的品位。文化产品没文化,甚至是文化垃圾,这也是目前引起反响的一个问题。什么东西都当做文化产品招摇过市、欺骗群众,那是不行的。因此文化体制改革选择路径的问题很重要。按照中央的精神,出版发行体制改革首先要把握三个方面。

(1)解放思想,转变观念。这是推进文化体制改革的前提。思想观念不转变,不能站在与时俱进的立场上去看待今天所发生的问题,那么旧体制、旧教条是无法突破的。尽管文化体制改革搞了这么多年,这个问题目前还是一个突出的问题。思想不解放,观念没有转变,对改革中出现的一些新情况、新问题束手无策。我建议,大学在这方面还要继续做出成绩来,帮助人们解放思想,与时俱进。

(2)把握方向是关键。改革也有方向选择的问题,总的来说,我们是要向市场经济方向转变,这是没错的,这是十三届四中全会就解决了的问题。我们改革的目标是建立社会主义市场经济体制。但是具体从出版来说,这个改革的方向始终也有干扰。

一种是"左"的干扰。就是以阶级斗争为纲的观念没有根除,在思想意识形态文化领域影响很深。这些年主要是经济领域里彻底否定了"左"的一套,而文化领域方面,"左"的影响没有完全根除。我们的先进武器，飞机、大炮、火箭、导弹都是企业制造的，没见过走偏了，怎么造几本书的出版社转企，就怕走偏了？企业体制是一种管理方式，更何况我们出版转制后仍是清一色的国有企业。北京某报有一篇讨论说"企业管理是世界上最先进的、最有控制力的管理形式"，相反事业单位是没有约束力的。

另一种是右的干扰。就是要把我们的新闻出版体制引向全盘西化的道路，照搬他们的一套。这也是不行的，因为中国有中国的国情。《中华人民共和国宪法》保障公民言论、出版自由是充分的。但西方认为我们在这方面不自由，这是一种偏见。美国电视台的一位主持人跟我当面辩论过这个问题。我说我们人民的基本权利是有保障的，他说我为共产党的体制辩护。我跟他说这是事实，我当即举例说明：中国的电视台有 1900 多个频道，广播有 2300 多个频道，报纸有 1900 多种，期刊 9000 多种，加上地方的内刊有 17000 多种，互联网站 70 多万，加上会议、讲台的演讲人，每天公开发言的人 1 亿多人，谁能管住这么多人的言论？这还怎么能说我们言论不自由？所以中国的言论、新闻是很自由的，出版也是自由的。我们充分保证出版自由，作为公民你写什么、画什么、做什么，完全是自由的，没有人去干涉。比如你要在家里无论做什么，没有人去干涉。在什么情况下有限制呢？就是在向社会推广时要选择。任何国家都是这样，这是公民利益。如果要把色情书推向社会，危害青少年，那就涉及社会责任的问题，我们需要选择，这是我们出版管理的原则。我们作为国家出版机构，负责向社会推荐产品的时候，要有选择，要把关，要符合国家法律的规定。这是我们出版管理和新闻出版的责任。再来看外国记者的自由，外国记者到中国来采访时，比如奥运会期间，在什么地方采访，采访什么人，是否需要中国人为你服务，都由外国记者定，都没有任何限制。这难道不是新闻自由？外国敌对势力总是在我们新闻出版的管理制度上做文章，企图把我们引向右的方面，学他们那一套，为他们的"颜色革命"打开方便之门，这一点我们是要高度警惕的。所以改革的方向是极其重要的，要把握正确的方向,排除"左"、右两个方面的干扰。

(3)步骤要妥当。思想统一了,改革的思路、方向都有了,步骤上也要和我们的实际相适应。我们要分类指导,区别对待,先行试点,逐步推开。这是文化体制改革的工作原则。

分类指导,是因为我国差别比较大。从地域上来说分为东中西部;从社会运行态势来讲,有市场化程度高的,有市场化程度低的,还有刚刚进入市场化的,比如新疆、西藏;从企业单位来说,出版机构也有不同,有的是经济条件好的,有的是经济条件很差的,有的是难以维系的。所以要进行分类指导。

区别对待,是因为出版业的职能不同。有的是为社会公益事业服务的,不营利也不能进入市场的,有的是可以在市场上竞争的,有的单位政府委托的职责多,有的单位少。这些都要区别开来。所以文化体制改革、出版体制改革都要区别不同情况去对待。

先行试点,已经证明是成功的。十六大报告把文化体制改革的基本思路讲得很清楚,之后中央就开始进行试点,在全国9个省市35家文化单位进行试点,我们新闻出版单位有21家进入了第一批的试点。试点任务到目前也已经基本完成,试点的经验在报纸、文件上都会逐渐登载。2007年1月还组织了改革报告团在全国各地巡回报告。第一批试点比较成功,体现了中央文化体制改革的精神,反映了企业发展的实际,促进了出版业的繁荣发展。凡是改制走上市场化道路的出版发行企业,国有资产的增值保持在40%以上,企业的利润增长都在20%以上,出现了一个大发展的局面,人员进行了优化重组,自然利润就提高了。今年仍然要一边试点一边推广。

这是出版体制改革首先要把握的三个方面。解放思想的问题、方向把握的问题、步骤安排的问题,都很重要。要是步骤安排不慎,操之过急,职工的认识还没统一或者是方案不正确,搞完之后还得再来一次,这种情况屡屡发生。为了防止文化体制改革出现反复,所以要逐步推开,改革一个成功一个。

2.改革的基本要求和基本步骤。以发展为主题,以改革为动力,以体制、机制创新为重点。改革的目的是为了发展,改革并不是目的,只是手段;体制、机制的创新为重点,解决体制不顺、机制不活的问题。具体来说有这样一些要求。

(1)改善宏观管理。目前新闻出版的管理体制仍然存在问题,所以要改善宏观管理。具体要求是改革后要做到党委领导,政府管理,行业自律,企业自主经营。

(2)转变政府职能。过去政府既办出版,又管出版,直接插手出版单位各种具体事务,市场经济不允许政府有这种超越法律的权限。今后必须要政企分开,政事分开,政资分离,管办分离,政、企、事各行其道。政府资本与投资给企业的资本也要分开,资产关系和行政关系不是一码事。政府的职能是管理,企业的职能是经营,事业的职能是服务。政府要坚持依法行政,加强公共服务。政府是公共机构,要为广大人民群众谋利益,而不是为几个企业的问题。

(3)塑造市场主体。既然是市场体制,那么就有市场主体,市场主体不是政府,而是企业,所以塑造市场主体,需要有大批出版企业脱颖而出。这是改革的重要任务。没有企业就没有产业,没有产业就没有市场,这是起码的常识问题。

(4)完善市场体系。使市场真正在配置资源上发挥主导作用,在调节利益关系方面发挥重要作用。完善投资体系、流通体系。投入就要有资本,资本就要有来源,我们过去的出版单位、政府部门、协会、学校、机关、事业单位多是挂名主管主办,实际很少有投资,资本市场没有形成,更没有流动起来。如出版环节上国家资本占绝对主导,在发行环节、印刷环节上大量吸收社会资本,包括外资。集中配送、连锁经营、信息化管理,这些现代物流方式、整个流通网络要建立起来,形成完整的市场体系。

(5)创新微观运行机制。每个企业、每个单位微观运行的机制要创新。不能再沿用过去计划经济遗留的东西,造成生存的困难。从资源配置上来说,计划分配已经过时;从企业运行来说,不生不死,没有进入和退出机制;从企业内部管理来说,能上不能下,能进不能出,有用的人进不来,没用的人出不去,企业缺乏活力。有的单位能干事的人干不了事,想混的人混得很舒服。这种体制怎么参与国际竞争呢?所以微观运行机制的创新,也是改革的一个重要内容。

改革的目标是要形成"两个格局""两个体系"。第一个格局是国有资本为主导,多种经济成分共同发展,广大人民群众积极参与的文化产业发展格局;第二个格局是以民族文化为主导,吸收外来优秀文化,让中华民族文化"走出去"的开放格局。两个体系分别是市场体系和创新体系。市场体系与我们整个经济的市场体系是相一致的,出版企业要融入到整个市场竞争中去。创新体系是要突出自主知识产权,加强知识产权的保护,提高我们民族创新特色的能力,为国家实现创新型目标服务。文化是一个最具创新特色的行业,文化一旦不创新就失去了生命,失去了光彩。简单地复制别人的文化,复制别人的知识,那么我们这一代人在历史上就是一个空白,没有给中华民族文化宝库增加一点新东西,就枉为一代人,所以要创新。我们今天看到的中国历史文化上沉淀下来的东西都是一代一代的创新积累起来的。任何东西都是有自然寿命的,唯独文化可以世世代代流传下去,文化创新可以永垂不朽,历史留下的只有创新。达到中央所提出的"两个格局"和"两个体系",那么这一阶段的任务就完成了。

在出版改革的过程中,要如何去完成这些工作呢?

要按照党的十六大所讲的,公益性文化与经营性文化要区分开来。要按照两种不同性质去设计改革,这是实际操作中要注意的。所谓公益性文化是政府出资为全体公民服务的,例如博物馆、图书馆、科技馆等。就出版业来说,人民出版社主要是为全社会服务的,主要负责马列主义著作、党和国家重要文献的出版;少数民族文字出版社,少数民族因为人数少、市场化程度低,要保护民族文化的多样性,国家就要扶持少数民族文字出版业;下一步对民族出版单位实行汉、民分开,民族文字出版完全是国家行为,由财政负责出版。还有盲文出版社、党报、党刊等,也要国家扶持。代表国家水准的文艺乐团,国家、省市广播电视和新闻传播机构,这些都是属于公益性文化单位。当然这些单位今后也不是我们现在的事业单位的概念,而是完全的独立实体。比如人民出版社,是事业单位性质,但是国家任何钱都不会给,是自收自支单位。国家在什么情况下给予补贴呢?就是出版国家需要的、党需要的而市场又小的出版物。例如要出《马克思恩格斯全集》,先预算成本,你能销售多少套,剩下的国家给予补贴。这就是按照项目补贴,今后国家文化补贴都是按照项目补贴。比如延边出版社出版韩文书,要出多少,用在什么地方,这个预算国家补贴。其他的一概不管。除了这些单位,其他的都分批逐步转制。转制要分为两次,第一次是由事业转向企业,再进一步,就是由单一的国有企业转为股份制。这是今后的主要发展方向。中央的文件上规定社会主义所有制的基本形式是股份制。现在很多出版社即使是单一的国有的出版单位也实行了国有股份制。比如上海《解放日报》、《文汇报》、世纪出版集团、新华发行集团都改成了国有股份制,组成法人治理结构,董事会来管理。目前大多数企业在进行第一次的转制,发行系统已经在进行第二次的转制。

在企业微观的机制创新上,目前转制企业完全实现人事、分配、劳动体制改革,走向了新的体制。按照国家试点,依次核销不良资产、库存、债务,放下包袱,轻装上阵。在人员上,采取多样政策,主要是不搞下岗再就业。文化体制改革不搞下岗再就业,因为文化人不同于产业工人,他的文化修养和知识能力足以适应几个单位的工作。那么文化企业的人员精简怎么做呢?就是分流安置。这涉及利益问题、保障问题。可以区别对待,"老人老办法、新人新办法",在文化体制改革中加入了"中人中办法",中人是指到离退休还有 5 年的人。老人按照事业单位的办法给予保障,新人由社会保障体系保障,给予中人一次自由选择的机会。愿意在现行体制下退休的,按照事业单位的保障;如果认为自己有竞争力,那就跟新人一起进入改革。有的集团创造了一个办法,成立了一个文献出版处,把当地人民出版社的中人和老人收编到这个出版处作为事业编制,人员都退休了,这个处也就没有了。最重要的还是做好社会保障工作,管起来,只出不进等。

在发行体制改革方面,目前的问题不是改制的问题,而是垄断经营留下的痕迹,地区封锁,条块分割打不破,我们讲的统一、开放、竞争、有序就是空话。要培育跨地区发行集团,通过收购、兼并、重组、股份制等等措施,来组建跨地区发行集团。就报刊改革来说,分为两个方向进行。首先是分清两种性质。党报、时政类的报刊和非时政类的报刊。党报党刊、时政类报刊,目前主要实行编辑宣传业务和经营业务两分开,管住编辑宣传,放开发行、广告等经营业务,党报也要经过消费者检验。除此以外的其他报刊,都要转企改制。

三、改革中的出版业

1.改革中的出版业发生了哪些变化?从大局上来说,改革中的出版业正在发生"大变革"。胡锦涛总书记在十六届六中全会上讲了"四个深刻"和"两个前所未有"。"四个深刻"是指经济体制正在发生深刻的变革,社会结构正在发生深刻的变动,利益关系正在发生深刻的调整,人们的思想观念正在发生深刻的变化。"两个前所未有"是指前所未有的发展机遇和前所未有的挑战。"四个深刻"带来了"两个前所未有"。这对我们出版业来说是适用的,也是完全正确的,我们判断社会问题,不能用一个方面去评价,而是有综合标准。在社会复杂的大环境下,我们判断任何事物不能只是一个字,而是一个过程。比如说过去我们总是用好坏来评价时势,这是极端化。其实判断事物的标准有真假、是非、好坏、善恶等多个方面,不同的侧面要用不同的标准来判断。面对今天这个复杂的社会,要抓住它的深刻本质,抓住它的主流。因为社会问题是复杂的,要看它的本质。比如资本主义有社会主义的因素,社会主义有资本主义的影子。但是社会总体的趋势决定社会性质。要用先进的世界观来看待社会。另一方面,宏观管理关系已经明确,政府的职能转变加快。现在全国各省区市,除了两家之外全都实现了政企、政事分开。政府回到自己管理的位置上来,把经营的自主权还给企业,还给市场。宏观管理关系已经明确,而且已经到位。

2.新型市场主体作用日益明显,转制企业发展良好。现在已经形成了一些出版集团公司和发行集团公司,无论是开拓市场、跨地区经营,还是文化"走出去",都有了主力和领头羊。一些出版发行企业集团公司通过上市募集资金60多亿元,资产实力大大增强。

3.多种所有制共同发展的产业格局开始形成。在形成产业格局方面、资本市场形成方面也采取了多种措施。在一些环节上开放了外资、民营的投资,向世界公布了我们开放投资的目录。大批外资和民营资本进入,印刷、发行业的民营企业超过国有企业,数量增多。在印刷领域,我们现在有2400多家合资的印刷企业,中国目前最大的印刷厂都是外资的,完全成为世界印刷基地,成为继美国、欧洲之后的第三大印刷市场,产值已经接近1000亿美元。其中有外向型的,加工了世界上40多个国家的印刷品,包括出版物。美国几十家名刊名社的印刷实际上都在中国,所以在整个出版的资本构成方面,已经形成了国有主导、民营、外资相结合的趋势。另外一个资本市场的开放,主要想通过上市、投资来募集文化发展的资本。目前在文化行业上市的公司有19个,新闻出版领域也有一些,比如北京传媒、博瑞传媒、新华传媒等,还有目前正在上市的辽宁出版集团公司、四川新华发行集团公司。这些上市公司都有一定的规模,每家募集的资金至少20亿元,可以大大充实我们的资本实力,为我们下一步的改革创造物质条件。

4.市场体系在逐步发育。近年来在市场体系建设方面投资很大,到目前为止,全国性的连锁总部已达到29家,地区性的有49家,所连锁的盟店超过6000家。市场体系逐步在建立,将来我们进一步扩大统一配送,连锁经营,加强全国网络建设。在市场开发上,我们要巩固城市,开拓农村,向国际市场延伸。市场经济最重要的是要转换市场,没有与之相对接的市场机制,那么这个市场机制就是假的,不起作用的。找不到市场,也就找不到消费者。要找到市场,这是社会效益与经济效益共同实现的关键。如果没有市场,社会效益和经济效益都为零。出版一本再好的书,没有人阅读就没有社会效益,卖不出去,就没有经济效益。有的人认为社会效益就是评奖,用一句调侃的话来说,就是"政府是投资的主体,领导是基本观众,获奖是最终目的,仓库是最后的归宿"。现在要树立一个观念,占领市场,就是占领阵地。比如美国的大片、日本的漫画、韩国的电视剧,它们并没有什么专门阵地,但是它们找到了中国这个市场,所以它们风靡中国。我们要学习人家用文化产品占领市场,而不是空话大话,强迫别人接受。这也是一个重大变化。

5."走出去"的能力有所提高。特别是最近两年,我们整个出版业"走出去"的愿望和意识得到增强。在国际舞台上出版业非常活跃。比如说每年全世界的重要书展有40多个,中国的形象得到树立,特别是法兰克福书展展示了中国的形象,推出了一批能够受到世界欢迎的出版物。今年我们还要参加莫斯科书展,中国是主宾国。莫斯科书展是俄罗斯"中国年"250项活动中的三个重大项目之一。这是在国际市场上亮相的机会。当然,这不仅仅是出版业的问题,随着国家经济实力的强大,经济形势的好转,世界上兴起中国文化热等种种客观条件使得竞争力提高,改革推动了发展,国际竞争能力得到提高,从以引进为主逐步走向以出口为主。从总量上来说,我国是世界第一出版大国,关键是不强。增强在世界上的影响力是中国出版业的当务之急。

6.公共服务体系能力得到加强,社会服务的能力提高。过去的出版业比较封闭,与社会联系很少,而现在的出版业与过去大大不同,我们与整个社会经济、文化产业的发展联系起来,公共服务工作不断加强。具体有三个方面:(1)公益性的出版事业进一步发展,为政府、党和国家服务的出版产品进一步增多。(2)为人民群众直接服务的工程项目也不断实施,比如"农家书屋"的建设,在所有的农村每一个村要建一个书屋。由政府主导,社会捐助,群众参与,农民自行管理,解决长期以来农村没有书读的问题。过去搞"三下乡"也有送书下乡,但是效果不佳,所以"农家书屋"建设是文化公共服务重大工程。再如我们倡导全民读书活动,提高文明素质和科技文化水平,加大全民阅读活动推广力度,农家书屋的建设,反过来也是开拓我们的图书市场,让我们的书走进千家万户。(3)关系国家文化积累的重大出版工程、古籍整理等,也是国家的公益事业。

7.法制日趋完善,国家政策投入力度加大。近年来我国加快了文化传播的立法,每年都要出台很多政策法规,做到有法可依、有章可循。政府管理体制在深化,政务公开和电子政务的实现,将会增加政策的透明度和政府的服务功能。

我国出版业发生了深刻变化,但是还存在一些问题。目前急需解决的问题是:(1)整个行业思想观念比较滞后,相当多的单位对改革发展持等待、观望的态度。(2)利益调整带来深层次矛盾,一些单位主管主办之间的矛盾突出等。(3)主体不强,主业不大,包括集团和出版社,在主体、主业上下的功夫不够,出版业增长率落后于国民经济。(4)结构调整没有取得重大进展,原有计划经济体制下配置资源的办法仍然占据主导地位。事实证明,要在一个静态的环境下调整结构是不可能的,必须在动态条件下才能收到实效。(5)政策支持力度不够。文化体制改革是系统工程,需要政府更多的政策支持。

改革已经给出版业带来了巨大变化,带来了实力、活力和竞争力,但目前面临的问题仍然很多,仍处于攻坚阶段。今年的任务是在高等学校出版社、中央部委出版社和非时政类报刊社三大类出版社改革上求得突破,按照中央领导的要求,要有实质性进展。地方性的改革按照转企改制的模式,由地方党委负责推进。为重点推进高等学校出版社、中央部委出版社和非时政类报刊社转企改制,已先后选择100家试点,加紧制订方案,逐步实施到位,预期会有更大突破。

总的来看,出版体制改革势头很好,但问题也不少,需要进一步研究。这就要求政府、出版单位还有高等院校,特别像武汉大学这样具有出版高层次研究人才的单位为我们出版业改革发展提供理论支持和实践经验。中央领导对于我们新闻出版行业的改革一直给予高度评价和有力支持,最近又提出了加快进度、加大力度的要求。我们一定要把思想统一到中央的精神上来,巩固出版体制改革所取得的成果,总结推广试点单位的经验,借助各方面的力量,大力推进出版发行体制改革,加快发展出版产业,为建设一个世界出版强国而努力奋斗。

深化行政体制改革,推动
政府职能转变*

新闻出版行政部门,是党和政府管理新闻出版事务的主管机关,是代表党和政府依法行政的执政主体,在新闻出版改革、发展、服务、管理工作中居于主要地位,具有重要的作用。行政体制改革不深入、政府职能转变不到位,就会直接影响和制约科学发展观的贯彻落实和新闻出版业的繁荣发展。解决这个问题是新闻出版业实现科学发展观的关键,也是我们深化改革的难点。

为了在深入开展的科学发展观学习实践活动中找到解决这个问题的突破口,我于2008年10—11月,深入基层,进行了为期半个月的调查研究,现将情况报告如下:

一、调查的基本情况

学习实践活动中,专门安排了调查研究时间,这给我提供了到基层调查研究的机会。我先后在广东省调查5天,带领调研组在江苏省、四川省调查5天,在福建省调查5天,共听取了辽宁、上海、江苏、浙江、安

---

* 本文系作者2008年11月25日所做的关于新闻出版行政改革调查报告。

徽、福建、广东、广西、重庆、四川、陕西、甘肃等 12 省（区、市）和南京、杭州、深圳、成都等 10 个城市政府或新闻出版（版权）局的意见,听取了 6 个省的党政主要领导意见并考察了 30 多个基层单位,召开了 8 个座谈会,看了一些地方送来的材料详细研究了新闻出版行政体制改革和政府职能转变的现实情况。调查之后,调研组组织了讨论,形成了调研报告,向党组汇报了大家反映的突出问题并在调研会上作了交流。整个调研使我深受教育,对新闻出版行政体制改革的一些问题有了新的认识和理解,简而言之就是三句话:改革的深入程度超过了其他部门,改革中碰到的困难超过了我们的估计,改革任务的艰巨超过前 10 年,必须坚定信心、战胜困难、敢于攻坚,以改革创新的精神完成党的十七大确定的行政体制改革的任务。

二、新闻出版行政体制改革取得重大突破

十年前,新闻出版行政体制改革开始进行,党的十六大之后的几年加大了力度,以理顺关系、政企分开、管办分离为重点,以转变职能为关键的新闻出版行政体制改革不断深化,取得了突破性的进展。主要体现在这几个方面:

一是理顺了行政管理体制。建立了党委领导、政府管理、行业自律,企业自主经营发展的各自职责明确的管理体制,新闻出版行政管理的层级架构更加清晰,自上而下的行政、执法系统逐步完备,各级政府职责和工作任务十分明确,市场监管和执法力量进一步增强。

二是实现了管办分离。长期以来,新闻出版是行政、企业、事业混在一起,管办不分、角色不明。通过改革,从总署到各地,全部实现了政企分开,政事分开,政资分开,管办分离,几百万人告别了"机关",走上了市场,政府实现了由办出版到管出版、由管脚下到管天下的根本性转变,为切实转变政府职能提供了前提条件。

三是规范了权力运行。深化行政审批制度改革,简政放权,减少审

批事项 70 多项，废除行政规范性文件 130 多件，下放审批权 40 多项。在党的十七大以后的机构改革中，总署贯彻落实国务院新三定精神，按决策权、执行权和监督权既相对分开又相互协调的要求，调整了机构设置，率先实现了行政审批集中办理，让权力在阳光下运行，一个月办理的审批事项超过过去的一年，使机关工作布局焕然一新。

四是转变了政府职能。近年来，总署及各地新闻出版部门逐步承担了经济调节、社会管理、市场监管和公共服务的职能，强调在宏观调控上下工夫，弱化直接干预；强调转变管理理念上下工夫，提高行政能力和服务水平；强调在新闻出版公共服务上下工夫，把权力型政府转变成服务型政府。新闻出版部门强化了公共服务职能，大力实施了农家书屋、重点出版、少数民族文字出版、全民阅读和文化环保等工程，惠及几亿人民群众，体现了新闻出版公共服务能力的增强和服务意识的提高。

五是坚持了依法行政。法制政府必须依法行政，这是行政体制改革的重点。在完善法规体系的基础上，总署各级新闻出版行政机关，学法懂法用法，依法办事、依法行政成为自觉行动。各地在市场管理中普遍提高了依法行政意识，注重利用法律手段实施监管，强化了法制的权威。

三、当前行政体制改革存在的突出问题

当前的突出问题是：尽管党的十六大以来新闻出版行政改革、政府职能转变取得了巨大成绩，但与科学发展观要求相比，远远滞后，不少问题影响科学发展观的落实。

（一）思想观念落后

"阶级斗争为纲"形成的"宁左勿右"的思想根深蒂固，重整治轻发展、重审批轻监管、重权力轻服务的思想观念在行政机关普遍存在，"发展是第一要务"、"以人为本"、改革创新、科学发展、包容多样、扩大开放这些新观念没有树立起来。判断、观察、认识、处理问题的思想方法落后于时代，跟不上中央的精神。

（二）职能定位不清

随着文化体制改革的深入，政企实行分开，而党企更加不分，新组成的出版、发行产业集团人、财、物划入同级党委宣传部门管理，违法违规增多，很多地方的行政管理部门感到难以有效行使行政管理职能，对行业的管理缺乏手段。集团公司定位不清，有的集团上收出版社的利润，影响生产单位的积极性，阻碍了发展。这需要从体制上、权力上、职责上理顺党委与政府、党委与企业、政府与企业之间的关系，使各方面职责走上法制轨道，形成合力。行政方面在中央、省、市各级管理部门的权限和职责的划分也还不够明晰，有些关系也没有真正理顺。

（三）行政职能转变还没到位

大部分省局在政企分开之后，感到无所适从。习惯于办出版，不习惯管出版；习惯于管脚下，不习惯管天下；习惯于抓审批，不习惯抓发展。行政管理思路、行政管理手段和行政管理方法创新不够，在积极主动地为行业和社会提供科学、高效的行政服务，为行业发展创造良好的政策环境、市场环境，搭建行业发展平台等方面的职能和作用远没有有效发挥。行业协会和中介服务组织亟待完善。转变政府管理职能，树立新的行政理念的任务依然十分艰巨。

（四）行政管理能力亟待提高

行政管理能力不适应的问题还比较突出。一些地方职能不到位，管理不得力，"管理就是收费、审批就是行贿、工作就是开会"老一套没有改变，领导无作为，方法、手段落后，应对复杂情况和突发事件、处理敏感问题的能力都不适应。多数干部不熟悉财税政策和市场运作的规则，不了解国内外出版产业、版权产业发展的形势和趋势。对通过运用宏观调控手段、合理调配资源、促进产业发展方面认识不足，不会运用政策、规划、经济、法律和技术的手段来管理和引导产业发展。学习能力、行政执行能力和推动科学发展的能力亟待提高。

（五）综合执法力量严重不足

县以下政府缺位，庞大的市场无人监管，这是老问题。现在部分地方在建立文化市场综合执法机构以后，出版、版权、"扫黄打非"三支力量统归综合执法队，新闻出版行政管理部门的日常监管、行政处罚权，也全部交给了文化市场综合执法机构。中心城市的出版（版权）行政机构模式混乱、摇摆不定，人心不稳，管理放松了，工作上又没人重视，新闻出版活动中的违法、违规行为，交由文化综合执法机构后并没有担当起来，地方新闻出版行政管理部门既无权又无奈。又如，版权行政管理和执法领域内的软件、网络侵权盗版等，不属于文化市场管理的范畴，却也因并入文化市场综合执法机构而无人负责。这种模式，很大程度上削弱了当地新闻出版、版权行政管理部门的职能，削弱了中心城市和基层市场监管的能力。

（六）新媒体管理难以到位

高新技术改变了媒体形态，新业态管理没跟上。对于互联网出版、手机出版、数字报刊、网络传媒等新媒体的快速发展，新闻出版法律法规没有及时跟上，界定不清，研究不够，管理缺位，存在职能交叉，执法中缺乏明确依据，难以操作，给行政管理带来困难。应尽快制定有关法规和制度，特别是加快以法人准入、产品准入、职业准入、岗位准入为基础的行业管理体系制度建设，以适应新形势下新业态的管理需要。

总之，行政机关改革、发展、创新、服务的意识不强，对待新事物、新情况、新问题，缺乏敏感性，没有主动调查研究和深入思考，科学管理知识准备不足，整体管理工作跟不上形势发展的要求。

四、深化行政管理体制改革的几点建议

（一）加大力度深化行政管理体制改革

认真贯彻中央2008年年初下发的《关于深化行政管理体制改革的意见》，从职责统一入手，完善纵向管理体系。总署作为全国新闻出版（版权）管理的最高行政机关，应将工作重心放在制定法规政策和标准规范、进行宏观规划和执法指导、研究新技术应用、推动信息化基础建设等方面。要加强经济社会事务的宏观管理，进一步减少和下放具体

管理事项,把更多的精力转到制定战略规划、政策法规和标准规范上,维护国家法制统一、政令统一和市场统一。地方政府新闻出版局要确保中央方针政策和国家法律法规的有效实施,加强对本地区新闻出版事务的统筹协调,强化执行和执法监管职责,做好面向基层和群众的服务与管理,维护市场秩序和社会安定,促进经济和社会事业发展。总署要尽快以工作规则的形式合理划分不同层级的责任,明确各级新闻出版行政部门的工作定位和职责重心。

(二)全力推进政府职能转变

深化行政体制改革的关键是转变政府职能,实现"四分开"以后,政府要把工作重点放在深化改革、科学发展、依法管理和公共服务上来,全心全意为大局和人民服务。取消或下放部分审批项目,进行审批流程再造,建立顺畅的运行机制。进一步改善管理方式,明确管理重点,减少直接控制和具体干预,做到不越位不缺位。省级新闻出版(版权)行政部门应结合"三定方案"理清职责,在贯彻落实和组织实施上下工夫,加强纵向沟通和横向协调,合理划分本地区的行政职责和行政资源,并至少作为政府直属机构在机构设置和职能配置上与总署相对应。中心城市的新闻出版(版权)行政力量应进一步强化,在审批和监管上得到更多授权。区县级新闻出版(版权)行政部门应将工作重心放在培育市场监管和服务上。最终实现服务型政府的要求。

(三)增加中心城市管理力量

加强市县市场管理。中心城市作为新闻出版生产、交易活动的中心也是新闻出版监管的重点地区,应进一步强化中心城市新闻出版管理部门的地位和行政力量,在本次机构改革中应保留单独设立新闻出版(版权)局,巩固以往工作的基础。市县级政府精简机构,实行三局合一,建立大文化综合局是一种趋势,也符合加强基层新闻出版(版权)行政力量的需要。应当积极配合地方政府机构改革,推动市县级建立文化广电新闻出版局,统一基层执法力量。适时派工作组深入市县,宣传中央有关情况,支持省级新闻出版部门与地方组织部门一起举办市县长培训班，提高地方政府对新闻出版(版权)工作重要意义的认识，确保本次地方机构改革中，新闻出版(版权)行政职能和执法力量进一步得到增强，保证新闻出版阵地延至广大农村。

(四)发布指导意见，推动建立高效新闻出版(版权)执法体系

新闻出版特别是版权执法工作范围广泛，影响深远，对提高国家科技实力和树立良好国际形象都具有重要意义。针对目前执法体系较乱的状况，建议及时发布加强新闻出版(版权)执法工作的指导意见，对各地"扫黄打非"工作、版权执法工作以及新闻出版执法体系建设提出明确要求和给予具体指导，促使地方政府充分认识到加强新闻出版和版权执法工作的重要性和紧迫性，并在机构改革过程中对此给予关注。

(五)完善法规政策，为科学发展提供法规政策保障

发展问题在以往行政法规中很少涉及，这是行政职能管理的根源。要以发展为第一要务，完善新闻出版法规，制定出版产业发展的法规和政策，为科学发展提供制度性保证。继续修订《出版管理条例》、《出版物市场管理规定》等相关法规，制定产业发展的相关政策，促进产业发展，满足人民群众的精神文化需要。

(六)解放思想、转变观念，增强行政能力和水平

面对新形势和新要求，要把解放思想、转变观念作为当务之急。要组织行政执法人员深入学习科学发展观，深入基层单位，了解改革开放的变化和人民的需要，切实转变观念，跟上形势，与时俱进。有计划、有目的地大规模培训行政人员，提高新闻出版(版权)机关工作人员的业务素质和行政能力，学会利用政策力量、经济杠杆推动产业发展的本领，提高对新媒体、新业态的把握能力，统筹管理、把握全局的能力。选择若干有影响的高等院校和大型企业，合作建立新闻出版(版权)专业人才培养、产业发展研究基地以扩大高级人才培养渠道，提高技术研发和创新能力。

(七)以转变职能为重点推进行政体制改革

总署机构改革和职能调整已基本到位，地方机构改革正在积极推

动,进一步转变政府职能,深化行政体制改革。要抓住开展科学发展观的学习实践活动的机遇,建议在此次学习实践活动中,出台有关深化改革、科学发展的意见,进一步推动行政体制改革,从根本上解决行政能力的问题。

文化体制改革既有路线图
也有时间表[*]

事实证明,不改革,就难以应对国际文化竞争,新闻出版单位就有可能在市场经济的大潮中成为一个个孤岛。改革是推动新闻出版业发展的巨大动力,哪里有改革,哪里就有新面貌;哪里有改革,哪里就有大发展。我们要进一步解放思想,打好新闻出版领域改革攻坚战,经过三年努力,基本完成"三大转变"的任务。

改革是我们这个时代的标志。文化体制改革本来就是整个改革的一部分。近年来,中央连续在文化体制改革方面作出重大部署,推动了文化体制改革深入发展。就新闻出版单位而言,如果再不改革,就有可能在市场经济的大潮中成为一个个孤岛。我们赖以生存的经济基础、传播技术、运行机制和国际环境变了,整个社会都是市场机制了,你不改革能行吗? 思想僵化一定没有出路。新闻出版业是一个典型的创造性行业,从内容生产到传播手段,从甲骨文到互联网,不断发展变化,什么时候能够离开创新?

最近我们对全国 24 家出版集团作了调查。17 家完成转企改制的出版集团公司,平均总资产增长 66.2%,利润总额增长 25.3%,最多的

* 本文曾刊载于《人民日报》2008 年 6 月 19 日。

翻了三番;而 7 家未改制的出版集团,平均负增长 43%。全国有 40 多家报业集团完成了事企分开,发行业的股份制改造和跨地区经营形成了新的格局。9 家改制到位的出版、报业、发行集团公司在境内外上市,初步确立了战略投资者的地位。

新闻出版领域改革任务占了文化体制改革任务的 2/3,现在,中央决策明确,改革已经没有政策上的障碍。深化改革,既有路线图,也有时间表。公益性出版单位要企事分开,该管住的要管住,该放开的要放开,建立新的运行机制。经营性出版单位要转企改制,建立现代企业制度和法人治理结构。印刷、复制、发行企业要打破地域和行业限制,形成统一开放、竞争有序、健康繁荣的大市场格局。三年内要完成 158 家中央在京出版社、103 家高校出版社以及 7 家地方出版集团的改革。报刊的改革要分三步走,国有企事业单位主办的非时政类报刊在第一阶段完成改革,第二阶段是行业协会等社会团体主办的非时政类报刊,第三阶段是部委所办的报刊。力争三年建立新体制的基本框架,完成中央交给我们的重塑市场主体和培育战略投资者、实现科学发展的任务。要进一步通过改革创新和企业重组,在我国培育出几家年销售超过百亿元的大型出版传媒集团公司,在国内外文化市场上真正发挥主导作用。

深化改革的实际行动是对改革开放的最好纪念。为什么政府职能不能转到服务上来?为什么出版单位不找市场靠政府?为什么能干的人在社内"混职业",在社外"干事业"挣大钱?都是体制改革不到位,机制转变不彻底。如果改革到位,收入能拉开差距,人才能充分竞争,资源由市场有效配置,价值能充分体现,谁还偷偷摸摸在社外干活呢?

加快发展方式转变是当务之急[*]

通过学习中央领导同志在省部级主要领导干部深入贯彻落实科学发展观、加快经济发展方式转变专题研讨班上的讲话精神,我们要进一步了解中央关于加快转变经济发展方式的整体思路和重大举措,深化对当前形势下加快转变经济发展方式重要性、紧迫性的认识,明确加快经济发展方式转变的基本要求和工作重点,增强贯彻中央决策部署的自觉性和坚定性。

一、加快新闻出版业发展方式转变的重要性和紧迫性

胡锦涛同志在讲话中明确指出,加快发展文化产业是当前和今后一个时期加快经济发展方式转变的八项重点工作之一。新闻出版产业作为文化产业的基础和核心组成部分,在文化产业发展全局中发挥着不可替代的作用。我们必须按照中央要求,深化认识,统一思想,明确任务,加大力度,在加快推进新闻出版业方式转变上取得实质性进展。

---

[*] 本文系作者 2010 年 2 月 26 日在总署党组中心组理论学习会上的讲话,曾刊载于《中国新闻出版报》2010 年 3 月 19 日、《中国出版》2010 年第 7 期,并被《新华文摘》2010 年第 10 期全文转载。

（一）加快新闻出版业发展方式转变，是贯彻中央要求、推动新闻出版业科学发展的必然要求

党的十七大提出了加快转变经济发展方式的战略任务，强调实现未来经济发展目标，关键要在加快转变经济发展方式、完善社会主义市场经济体制方面取得重大进展，坚持走中国特色新型工业化道路，坚持扩大国内需求特别是消费需求的方针。促进经济增长由主要依靠投资出口拉动，向依靠消费、投资、出口协调拉动转变；由主要依靠第二产业带动向依靠第一、第二、第三产业协同带动转变；由主要依靠增加物质资源消耗，向主要依靠科技进步、劳动者素质提高、管理创新转变。要以更大的决心和力度，推动这方面工作取得新的更大进展。这既是全党全国的任务，也是新闻出版行业的任务。

新闻出版业是中国特色社会主义事业总体布局和我国经济社会发展的重要组成部分，在全面建设小康社会战略全局中凸显出越来越重要的地位和作用。从产业经济的角度讲，它是发展文化产业的主阵地，日益成为我国经济发展新的增长点和经济结构调整的着力点；从政治建设的角度讲，它在推进马克思主义现代化、中国化、大众化，巩固舆论阵地、高举一面旗帜、坚持一条道路、形成一个理论体系方面作用巨大；从文化建设角度讲，它在普及科学知识、传承中华文明、培育民族精神、提高公民素质、推动社会全面进步等方面具有基础性、战略性地位；从民生的角度讲，它是信息交流的重要载体和千家万户的生活必需品，能丰富个人、家庭、社会的文化生活。

加快转变新闻出版业发展方式，对于促进新闻出版业又好又快发展，对于贯彻落实党的十七大关于推动社会主义文化大发展大繁荣的战略部署，对于推动我国转变经济发展方式，服务于经济社会全面协调可持续发展的大局，都具有十分重要的现实意义和长远意义。

（二）加快新闻出版业发展方式转变，是应对国际经济深刻变革、提升我国文化"软实力"和国际地位的必然要求

国际形势的新变化增加了我国转变发展方式的紧迫性和重要性，

也为新闻出版业改革发展带来了新的挑战和机遇。目前,虽然中国新闻出版对内对外的传播力、影响力有了显著提高,但与新形势、新任务的要求相比,与我国的经济实力相比,还存在很大差距,我们的文化"软实力"与经济大国的地位很不相称。

文化是基础工程、灵魂工程,文化的竞争已经成为不同国家、不同民族、不同政治力量竞争的焦点。而新闻出版是文化生产和传播的核心部分,是文化"软实力"的重要体现。面对世界主要发达国家陷入经济困境和国际经济秩序正在重构的新形势,我国正面临着巩固提升国际地位和在全球范围内谋求更大国家战略利益的历史机遇。这就要求我们用世界眼光、国际视野、战略思维,在广阔的空间中来定位和谋划新闻出版改革发展,加快转变发展方式,提升文化传播能力、掌握话语权,为增强我国文化"软实力",为中华文化走向世界乃至实现中华民族的伟大复兴提供坚实的基础。

(三)加快新闻出版业发展方式转变,是社会主义市场经济体制改革进入关键时期、新闻出版体制改革进入决胜阶段的必然要求

新闻出版业是国民经济的组成部分,新闻出版体制改革是国家改革开放的重要方面,新闻出版业转变发展方式是国家转变经济发展方式的重要环节。新闻出版业改革发展进程始终是跟国家改革发展进程同步的。同时,改革的目的是发展,改革的着力点是解决发展中的问题。当前,无论是从国家深化改革的要求来看,还是从新闻出版体制改革的要求来看,新闻出版业发展方式转变是我们进一步深化改革的关键着力点。

经过30多年改革开放,改革的战略定位、着力点和操作思路都在发生新的变化。从新闻出版体制改革来看,经过党的十六大以来特别是近年来的改革实践,新闻出版体制改革已从局部和浅层次的改革向全局性调整和系统化创新发展,确立了"一个体制"、"两个格局"、"三个体系"的改革总体目标。在转企改制完成以后,实现改革目标的关键点就是发展方式的转变。新闻出版业发展方式中存在的一系列问题虽然是多方面原因造成的,但根源在于体制机制不合理。因此,在当前

和今后一个时期的新闻出版体制改革中,我们必须更加主动、更加自觉地把加快新闻出版业发展方式转变作为工作的着力点。

(四)加快新闻出版业发展方式转变,是新闻出版业发展进入战略转型期、实现产业升级的必然要求

随着产业规模不断扩大、高新技术飞速发展、国际竞争日趋加剧,新闻出版业不可避免地进入了产业格局调整、产业形态转换的战略转型期。从行业整体层面来看,在这样一个历史时期,我们的发展方式面临着一系列重大选择。比如:旧体制和新体制的选择,发展传统产业与发展新兴产业的选择,外延式发展与内涵式发展的选择,单打独斗与集团化发展的选择,粗放型发展与集约化发展的选择,内向型发展与外向型发展的选择,高碳发展与低碳发展的选择。无论如何选择,转变发展方式已成为不可回避的紧迫历史课题。我们既要看到挑战,更要看到机遇,做好转变发展方式这个大文章。

当前,新闻出版产业发展出现了产业融合不断深化、新型出版势头迅猛、数字技术不断创新、产业形态日趋完善等新趋势,为新时期新闻出版业的发展拓展了前所未有的新空间。从国内来看,政府扩大内需和经济结构调整,文化产业的战略地位上升,国家实施文化产业振兴规划为新闻出版产业实施战略转型、结构调整和产业升级提供了难得的契机。我们提出了用10年时间,将我国从新闻出版大国打造成新闻出版强国的战略目标,出台了《关于进一步推进新闻出版产业发展的指导意见》。各地政府正在调整发展思路,文化产业投入加大,已经成为各地发展的亮点。从国际来看,全球经济调整正处于关键时期,为推动我国出版产业"走出去"取得实质性突破提供了良好时机。站在历史新起点上,我们要牢记使命,真抓实干,大力转变新闻出版发展方式,促进新闻出版产业大发展。

(五)加快新闻出版业发展方式转变,是保障人民群众的基本文化权益、满足人民群众的精神文化需求的必然要求

新闻出版业是生产和提供精神文化产品的主渠道。新闻出版业发

展方式转变的根本目的,是不断满足人民群众日益增长的精神文化需求。随着我国经济社会不断发展和人民生活水平不断提高,人民群众对精神文化生活的要求越来越高,满足人们多层次、多方面、多样性文化需求的问题更加突出。解决问题的出路唯有发展。

这就要求我们进一步加快新闻出版业发展方式转变,要以满足人民日益增长的精神文化需要为目的,统筹新闻出版事业和新闻出版产业发展,进一步提高新闻出版业发展水平,提供更多更好的文化产品和服务,更好地满足人们的精神需求,丰富人们的精神世界,增强人们的精神力量;要加快新闻出版公共服务体系建设,落实公共服务重大工程项目,切实保障人民群众基本文化权益;要以更开阔的思路、更有效的政策、更得力的措施,激发全民族文化创造活力,充分发挥人民群众在新闻出版业发展中的主体作用,让人民群众共享新闻出版业改革发展成果。

二、新闻出版业发展方式转变的进展和问题

(一)当前我国新闻出版业发展方式转变的进展

党的十六大以来,特别是近年来,在党中央、国务院的领导下,我们认真贯彻落实科学发展观,坚持把发展作为第一要务,在发展中谋改革,在改革中促发展,切实推动新闻出版业发展方式转变,取得了显著的成绩和进步。我国新闻出版事业得到长足发展,产业化水平不断提高,整个新闻出版业欣欣向荣。

从发展方式转变的角度来看,取得了如下重大进展。

一是传统出版业规模化发展成效显著。图书、报纸出版物品种、总量连续5年稳居世界第一位。音像、电子、网络等新业态不断加快发展,产品更加丰富。多种所有制、多种形式的出版物发行业蓬勃发展,十几万个流通网点遍布全国。印刷复制业拥有企业18万余家,行业总产值超过5700亿元,居世界前三位。新闻出版业总产值2010年已突

破万亿元大关,我国已成为名副其实的出版大国。

二是产业体系、结构、布局不断优化。目前,已基本形成了以图书、报纸、期刊、音像、电子、网络等六大出版和印刷、复制、发行、外贸等为主业,包括出版教育、出版科研、版权代理、出版物资供应、出版物进出口等在内的门类完整的产业体系。新闻出版业的印刷、发行和出版策划服务领域已经形成了国有、民营、外商投资等多种所有制形式共同发展的新格局。在区域布局上,珠江三角洲、长江流域、环渤海等地区形成了各具特色的产业集群。

三是新闻出版业市场化步伐加快,一批新型市场主体脱颖而出。目前,我国组建了29家出版企业集团公司,467家图书出版社已完成或正在转制,1000多家报刊走上了市场,30个省级新华书店系统完成了转制,出版、报业、印刷、发行等上市公司达39家。2007年以来,联合、兼并、重组、上市等资本运营手段开始全面进入出版业,同时产生影响和效益。

四是传统出版业的数字化转型加快,加速了出版产业链的优化和产业规模的扩大。据统计,截至2008年年底,中国580家图书出版社中已有90%开展了电子图书出版业务。互联网出版、网络游戏、手机彩铃、手机游戏、手机动漫等新的出版业态大量涌现。2009年,数字出版总产值已超过750亿元。

五是外向型发展取得积极成果。每年参与40多个国家或地区的书展、书市,宣传、展示和推介中国新闻出版产品,以产品带动文化"走出去",以市场竞争扩大我国文化的国际影响。版权贸易结构逐年改善,实物出口总量逐年增加,外国公司出版介绍中国的刊物达70多种。

六是新闻出版公共服务体系不断完善。2006年以来,先后组织实施了重点出版工程、农家书屋工程、东风工程、全民阅读工程、文化环保工程等新闻出版公共服务重大工程。大力开展全国性和地区性读书节活动,倡导和培育全民读书风气,促进了全民文化科学和道德素质的提高。

（二）当前我国新闻出版业转变发展方式存在的一些突出问题

面对党和国家事业发展提出的新要求,人民群众对更加美好生活的新期待,相对于发达国家新闻出版业发展的高水平,我国新闻出版业仍处于发展的初级阶段,距离成为新闻出版强国还有相当的差距,新闻出版业转变发展方式还存在一些突出的矛盾和问题。

其一,市场化程度低,资源配置方式落后,市场体系建设尚有较大差距。一些出版单位还是计划经济模式,不是独立的市场主体,许多出版资源配置还依靠行政手段,整个新闻出版业还处在半市场化阶段。新闻出版业市场条块分割、地方保护的状况长期没有根本性改变,甚至一些地方行政推动的集团化建设一定程度上助长了地区的垄断与封锁,统一、开放、竞争、有序的出版物大市场还没有完全形成。同时,区域之间的不平衡、产业部门之间的不协调现象也很突出,出版、印刷、发行之间不和谐的因素还很多,恶性竞争、无序竞争带来行业的混乱和国有资产的严重流失,行业秩序有待规范。此外,侵权盗版行为和非法出版的形势依然严峻。

其二,产业集中度低、规模小,结构不合理,企业布局分散并且弱小。一方面以图书、报纸、期刊出版等为代表的传统产业经历了高度增长阶段后出现增长乏力的局面,"小舢板"、手工式、单品种发展模式受到重大挑战;另一方面,以网络游戏、数字出版、手机出版等为代表的新兴产业增速惊人,发展势头已超过传统产业。

其三,研究开发投入少,科技创新能力弱,总体技术水平与国外先进技术尚有很大差距。高新技术对新闻出版各个方面所带来的影响都是革命性的,但相当一部分新闻出版单位对新技术反应迟钝,在发展高新技术、推动产业升级方面缺乏动力,创新能力不足。

其四,产业竞争力和企业国际竞争力低。国际竞争已经从产品竞争走向产业竞争。从企业层面来看,我国的新闻出版企业,一是普遍规模较小,实力较弱,经营业绩收入无论从哪一方面来说都处于劣势;二是在经营机制上,很多出版单位没有按照现代企业制度的要求进行机制再造,管理方式粗放;三是资本实力不足,难以有效参与国际竞争。

其五,公共文化服务体系建设尚待加强。我国正处于全面建设小康社会的重要时期,处于人民群众精神文化需求高涨期,而目前出版服务方式不能满足人民群众的要求,出版物的品种、数量、内容、质量也与人民群众日益增长的需求存在距离。在公共文化服务体系建设上,缺乏经费投入保障机制。公共服务的财政投入与新形势新任务不相适应。城乡之间、东西部之间的文化权益保障和文化资源分配不平衡现象仍旧突出。

其六,人才队伍存在结构性缺陷和骨干人才缺乏问题。近 10 年来,我国新闻出版业从业人员增长很快,但新闻出版业人才结构存在突出的缺陷:一是缺少大师级的作者和出版家;二是缺少既懂出版专业知识,又懂经营管理、熟练掌握现代高科技知识的复合型高端人才;三是缺少掌握数字出版工程技术的专业型人才;四是缺少懂得出版生产规律和资本市场运作的金融人才。这些都影响着产业整体水平的提高。

三、加快新闻出版业发展方式转变的着力点

加快新闻出版业发展方式转变,核心任务是体制机制转换,中心环节是结构调整,根本出路是自主创新,关键是要在"加快"上下工夫、见实效。

(一)加快改革,切实转变资源配置方式

改革是新闻出版业发展的必由之路。近年来,根据中央确定的"时间表"和"路线图",新闻出版体制改革加大力度、加快进度,取得了实质性的突破和重大进展。但是,塑造合格市场主体、营造良好市场环境等改革任务还远未完成。加快新闻出版业发展方式转变,必须进一步加快深化改革。

一是加快市场主体建设。企业是新闻出版产业发展的基础,经营性新闻出版单位转企改制是当前新闻出版体制改革的核心任务,也是

新闻出版业发展方式转变的体制保证。首先,要按照中央的统一部署和要求,继续扎实推进中央各部门各单位出版社体制改革,在2010年12月底前全面完成中央交给我们的这一重大改革任务。其次,要继续抓好地方经营性出版单位、印刷、发行单位的全面转制;已经转制的单位,要建立完善现代企业制度。再次,要加快推进非时政类报刊出版单位转制工作和党报、党刊发行体制改革,并于2011年年底前完成。同时,也要抓好公益性新闻出版单位的改革。

二是加快市场要素建设。打破条块分割、地区封锁和城乡分离的市场格局,加快形成统一开放的新闻出版市场体系,发挥市场在资源配置中的基础性作用。充分利用全国性和区域性产权交易机构,为新闻出版资本、产权、人才、信息、技术等要素的有序、有效流动搭建交易平台。培育发展版权代理、出版经纪等市场中介机构,提高新闻出版产品和服务的市场化程度。积极打造新闻出版产业发展交流平台,支持办好全国图书交易博览会等展会。在国家政策允许的条件下,充分利用发行企业债券、引进境内外战略投资、上市融资等多种渠道为企业融资。开展与国有银行及相关金融机构的战略合作,加快建立和发展中小新闻出版企业信用担保机制,允许投资人以知识产权等无形资产评估作价出资组建新闻出版企业,为产业发展争取良好的融资环境。

三是加快流通领域改革。要尽快完善出版物现代市场流通体系。培育全国性和区域性大型现代流通组织,通过整合出版物发行渠道,重点培育一批主业突出、辐射力强的大型国有或国有控股新闻出版物流企业和企业集团,按照经济区划和出版物流发展的客观规律,重点建设一批辐射全国的区域新闻出版产品物流中心。要积极扶持农村出版物市场和连锁网点建设,建立以大城市为中心、与中小城市相配套、贯通城乡的新闻出版产业流通网络。要继续鼓励新闻出版企业发展连锁经营,推动有条件的企业跨地区、跨国连锁经营,鼓励新闻出版企业发展电子商务,带动流通体系建设。

这里还要特别讲一下加快推进新闻出版企业集团化建设的问题。

　　集团化是新闻出版业调整结构、转变发展方式的重要途径,是新闻出版业打造规模优势、提升国际竞争力的重要手段。目前,虽然全国已经组建了29家出版发行集团、49家报业集团、3家期刊集团,但真正有实力、有竞争力和明显产业优势的并不多。

　　下一步,要以品牌为核心,以资产为纽带,以市场为导向,推动新闻出版企业跨媒体、跨行业、跨地区、跨所有制联合重组,培育新闻出版骨干企业和战略投资者。一是抓紧打造中国出版传媒"航空母舰"。在三五年内,培育出六七家资产超过百亿、销售超过百亿的国内一流、国际知名的大型出版传媒企业集团。二是鼓励和引导有条件的新闻出版企业集团面向资本市场融资,实现低成本扩张,进一步做大做强。

　　(二)加快调整,全面优化产业结构

　　推进产业结构调整,是加快经济发展方式转变的重要途径和主要内容,对推动经济从粗放型增长转变成集约型增长,实现全面协调可持续发展具有重大意义。新闻出版产业结构调整的重点是适应需求结构变化趋势,优化产业结构、企业结构、产品结构、消费结构,加快产业升级,完善产业体系,全面提升产业水平和国际竞争力。目前,我国新闻出版业产业结构仍以传统产业、学业消费为主,产业结构、产品结构趋同,新兴产业发展极不平衡,竞争力低下。加快新闻出版产业结构调整要重点抓好以下工作。

　　一是加快推进传统新闻出版业数字化转型。支持新闻出版企业积极采用数字、网络等高新技术和现代生产方式,改造传统的创作、生产和传播模式,加快从主要依赖传统纸介质出版物向多种介质出版产品共存的现代出版产业转变。积极推动音像制品、电子出版企业向数字化、网络化转型。实施数字印刷和印刷数字化工程,推动发展快速、按需、高效、个性化数字印刷。

　　二是发展战略性新型新闻出版产业。积极发展数字出版、网络出版、手机出版等以数字化内容、数字化生产和数字化传输为主要特征的战略性新兴新闻出版业态。加快发展民族动漫出版产业,特别是鼓励网络和电子游戏等产品的出版,提高民族动漫、游戏的数量和质量。推动对动漫、游戏出版资源的深度开发利用,不断提升其出版产品附加值。

三是加快提升产业集中度。建设新闻出版产业带、产业园区和产业基地,发挥产业集群优势。鼓励各地结合区域经济社会发展规划,优化产业集聚环境,利用优势新闻出版资源,突出产业特色,提高产业集中度和专业化协作水平,有计划地建设新闻出版产业带、产业园区和产业基地,实现产业合理布局,促进产业区域协调发展。重点发展少数民族语言文字出版、数字出版、版权创意等产业园区和基地,大力推进国家级产业园区和基地建设。

(三)加快创新,依靠科技力量促发展

加快新闻出版业发展方式转变,根本出路在自主创新。新闻出版业从来都是与新技术发展结伴而行的。必须站在现代科技发展前沿,抓住新一轮世界科技革命带来的机遇,更加注重自主创新,为加快新闻出版业发展方式转变提供强有力的科技支撑。

一是建立完善创新体系。建立以政策为先导、投入为保障、企业为主体、创新平台为支撑、市场需求为导向、产学研相结合的新闻出版科技创新体系。

二是鼓励原始创新。加快推广应用信息技术、数字技术等高新技术,引导新闻出版业加快内容形式、出版形态创新、传播手段创新、产业体系创新、商业模式创新。鼓励和支持新闻出版企业在数字出版、数字印刷、电子纸和新闻出版电子商务等方面进行自主研发,争取掌握一批数字出版、新媒体领域的自主知识产权和核心技术。

三是加快科技成果向现实生产力的转化。坚持科技为经济社会发展服务的方向,促进科技与经济更紧密结合,有效引导和支持创新要素向企业集聚,促进科技支撑与产业振兴、企业创新相结合,促进重大技术和产品推广应用,加快产业共性技术研发推广应用,通过实施一批具有战略性、引导性和带动性的重大新闻出版项目,加速推进产业和产品升级,提高企业和产品的市场竞争力。加快组织实施国家知识资源数据库、国家数字复合出版系统、数字版权保护技术研发工程、中华字库工程、国产动漫振兴工程、数字报业、国家重点学术期刊建设工程等重大骨干项目,提升新闻出版产业的整体水平。大力推动互联网出版创新,提供更多具有自主知识产权的网络新闻出版产品,构建数字化出版物生产、传播的网络平台。

(四)加快开放,发挥两个市场两种资源的作用

对内对外开放不够仍是我国新闻出版业发展的障碍。在对外开放不断扩大的新形势下,扩大对内对外开放是新闻出版业发展方式转变的一个重要方面。

从对内开放来看,与其他行业、国有企业、社会资本进行有序的对接和合作必须有新的突破。特别是要抓紧研究解决民营文化工作室的发展通道问题。要进一步激发民营文化工作室投身先进文化建设和出版产业发展的积极性、主动性和创造性。鼓励转企改制的出版单位,在确保国有资本主导地位的前提下,与民营文化工作室进行资本、项目合作。要积极研究民营文化工作室参与出版的通道问题,引导和规范个体、私营资本投资组建的非公有制文化企业以内容提供、项目合作、作为国有出版企业一个部门等方式,有序参与科技、财经、教辅、音乐艺术、少儿读物等专业图书出版活动。鼓励和支持非公有制文化企业开拓境外新闻出版市场。加强和改进服务,努力为非公有制文化企业持续快速健康发展创造良好的政策环境和平等竞争机会,发挥好新兴文化生产力的作用。

从对外开放来讲,要在吸收外来有益文化的同时,加快"走出去",增强中华文化的国际影响力和竞争力。一是要仔细分析欧美市场,明确我国新闻出版企业"走出去"的主攻方向。二是要重点打造一批具有竞争能力和抗风险能力的外向型企业,实施重点扶持,继续鼓励和支持有条件的新闻出版企业在境外设立新闻出版企业,实施并购,实现本

土化。三是要继续实施《中国文库》、《中国经典》、中国图书对外推广计划、中国图书对外翻译出版工程和国产音像制品"走出去"工程,打造具有自主知识产权和核心竞争力的国际知名品牌,扩大中国新闻出版产品的国际市场份额。四是要鼓励新闻出版企业与国际著名出版、制作、经纪、营销机构合作,创新国外营销方式和手段。五是要改革和改进国际国内市场展销、贸易活动模式,继续支持新闻出版企业高水平参加法兰克福国际书展等重点国际大型展会和文化活动,提升北京国际图书博览会等品牌的重要影响力,打造新的国际版权交易平台,发挥其在对外推广文化产品和服务方面的积极作用。加强印刷、复制、动漫开发外包服务业务,占领国际文化服务市场。

(五)加快建设,完善公共服务体系

发展社会事业和改善民生是转变经济发展方式、扩大国内需求的重要途径。新闻出版业加快发展方式转变的一个重要方面,就是加快新闻出版公共服务体系建设,用公共文化服务培育文化市场、服务人民群众。要继续实施重大出版工程、古籍整理工程、民族文字出版工程、农家书屋工程、全民阅读工程、文化环保工程等建设工程,建立和完善新闻出版公共服务设施和网络,扩大新闻出版公共产品和服务覆盖面。

充分发挥用好国家出版基金的作用,组织生产更多站在时代前沿、弘扬民族文化、体现国家水准、惠及子孙后代的国家级精品力作。将在新疆实施的东风工程扩展为少数民族地区新闻出版东风工程,通过实施这一工程,建设少数民族文字出版基地,组织少数民族文字出版协作体,提高民族语言文字出版供应能力,保障少数民族群众的权益。加强面向未成年人、农村、偏远地区、进城务工人员的出版产品供给和服务。为贫困地区及少数民族地区发行单位落实优惠政策,扩大农村发行网点和"三农"出版物的发行。大力开展保护未成年人健康成长的文化环保工程,深入开展"扫黄打非"斗争,坚持天天反盗版,保护知识创新能力、扫除文化垃圾,营造健康和谐的文化氛围。按照增加投入、转换机制、增强活力、改善服务的要求,深化公益性新闻出版事业单位人事和内部收入分配制度改革,建立健全竞争、激励、约束机制,着力提高生产能力和服务水平,充分发挥公益性新闻出版单位在公共服务中的骨干作用。利用市场机制的作用,引导文化资源向新闻出版公共服务领域合理流动,拓宽选择新闻出版公共产品的空间,增强新闻出版公共服务效能。

引入竞争机制,对重要新闻出版公共产品、重大新闻出版公共服务项目和公助性文化活动,要实行政府采购、项目补贴、定向资助,扩大服务范围,提高服务质量,增强服务效益。支持境内各类文化基金会和文化投资公司参与新闻出版公共服务。加快现代科技应用步伐,提高新闻出版公共服务的信息化、网络化水平。

(六)加快人才培养,为科学发展提供有力保证

加快新闻出版业发展方式转变,队伍素质和人才建设至关重要。

首先,要围绕科学发展选准干部、配强班子,建好队伍。坚持有利于科学发展的用人导向,加强领导干部和领导班子能力培养,在推动科学发展、加快发展方式转变的实践中考察、培养和提高干部,真正把贯彻落实科学发展观态度坚决而又有能力的干部选拔上来。要注重培养和使用新闻出版业发展急需的具有国际视野、战略眼光、懂得经济工作和意识形态工作、善于在发展变化的形势中把握发展机遇和应对风险挑战的干部,充实重要部门和骨干企业的领导班子。

其次,要加大人才培养力度,大力实施素质工程、领军人才工程和高技能人才工程。通过设立新闻出版人才培养专项资金,以定向培养、公开招聘、业外引进等方式,吸引和培养新闻出版产业发展所需的领导人才、管理人才、企业经营人才和专业技术人才,造就一批既懂经营又懂出版、能够进行跨媒体、跨国界经营的复合型、外向型人才。要进一步加强新闻出版专业学科建设,与国内外大学合作,建立人才培养基地,重点培养本科以上层次的新闻出版人才。要加强全员培训工作,完善新闻出版从业人员资格准入制度建设,加快建立行业职业准入和岗位准入制度,提高新闻出版所有从业人员推动产业发展的能力。要完善人才流动机制,形成有利于各类人才脱颖而出的体制环境。

开创新闻出版业改革发展新局面[*]

党的十七届五中全会通过的《中共中央关于制定国民经济和社会发展第十二个五年规划的建议》，提出了今后 5 年经济社会发展的主要目标，对文化建设提出了新要求，为深入推进文化体制改革，发展文化事业和文化产业指明了方向。在新的起点上，我们要用全会精神武装思想，统一认识，指导实践，推动改革，确保"十二五"期间新闻出版体制改革走在前列，进一步开创新闻出版业改革发展的新局面。

一、总结经验、凝聚力量

改革开放以来，特别是党的十六大以来，党中央和国务院作出了一系列重大决策，推动新闻出版体制改革在关键环节取得了突破性进展。2002 年，党中央、国务院批准了总署机关"四分开"的方案，39 个企事业单位两万多人分离出去。2003 年，中央决定在 35 个单位进行文化体制改革试点，新闻出版单位就有 21 家。我们大胆探索体制创新，全面完成了试点任务，为新闻出版体制改革向纵深推进提供了新鲜经验。2005 年新闻出版总署贯彻中央关于全面深化文化体制改革的决定，制

---

[*] 本文曾刊载于《求是》2010 年第 23 期，《中国出版》2011 年第 1 期。

定了9个分类实施方案,明确了分业改革的总体思路,按照先抓印刷厂、新华书店的改革和一批中央部委出版社、一批高校出版社、一批地方出版社的改革,再抓一批经营性报刊单位转企改制和党报党刊发行体制改革,落实了出版单位深化改革的目标任务。2009年年初,总署出台了《关于进一步推进新闻出版体制改革的指导意见》,进一步明确了改革的"时间表"和"路线图"。

经过8年的努力,中央确定的各项改革任务得到全面落实,新闻出版业面貌发生了根本变化。一是加快转企改制,打造了一批合格的市场主体。全国528家经营性图书出版社中有435家已完成转制,93家正在进行转企改制;3000多家国有新华书店完成转制;非时政类报刊转制1069家。转制后的企业联合重组,形成出版企业集团29家,期刊集团4家,发行集团24家,上市公司41家,资产、销售过百亿的有5家,改变了市场主体缺位的状况。二是深化事业单位改革,大力培育公共服务主体。坚持深化人民出版社、党报党刊等事业性新闻出版单位内部体制机制、人事制度、劳动制度、分配制度改革,健全考核、激励和约束机制,增强了内部活力和服务能力。49家党报党刊集团剥离了印刷、广告、发行、三产等经营性资产,组建了报业经营公司。推进民族语言文字出版单位的改革,实施民汉文字出版分开和专业基地化管理,加大投入和赠阅力度,提高了各类民族语言文字出版物的供给水平。三是不断扩大对内对外开放,形成以公有制为主体、多种所有制共同发展的产业格局。非公有资本和外资已经全面进入印刷和发行领域。在全国35.7万家新闻出版企业中,非公有制单位超过32.4万家,占机构总数的90.8%;其中,中外合资、合作或外商投资印刷企业2500多家、书报刊发行企业40多家,有效调动了社会资本参与文化发展。四是坚持深化行政体制改革,政府职能得到切实转变。新闻出版总署于7年前实现了政事分开、政企分开、政资分开和管办分离。"十一五"期间,出台、修订了26种法规规章,废止了100多项不再适用的规章和文件,精简、下放了60多项审批权,新闻出版总署在中央国家机关第一个建立了公开、透明的行政审批集中办理中心,一站式服务基层和群众。改革了书号、条码、CIP、软件、版权等管理办法,免费服务、方便基层。

改革激发了活力,推动了新闻出版事业和产业大发展。2009 年,生产图书 30 万种、70 亿册,出版发行报纸 439 亿份,出版期刊 31 亿册,电子书 76 万本,网络游戏、文学出版物 700 多万种。一批精品力作面世,《马克思恩格斯文集》《列宁专题文集》《植物志》《中国大百科全书》《辞海》等重大成果受到党和国家表彰,1000 多种中国化的马克思主义著作和政治理论读物在国内外产生了较大影响。在创造精神产品的同时创造了物质财富,2009 年新闻出版业总产出 10668.9 亿元,实现增加值 3099.7 亿元,其中,属于文化产业核心层的增加值达 1660 亿元,占同期全国文化产业核心层增加值的 60.1%。全行业营业收入 10341.2 亿元,利润总额 893.3 亿元,纳税总额为 620.3 亿元。新闻出版不仅是新闻、宣传的主阵地,也是文化产业的主力军,国民经济的新增长点,推动了我国文化建设和经济增长。

回顾新闻出版业的改革历程,有四个方面发生了较大变化。一是解放了生产力,使传统新闻出版业焕发了新的活力,生产能力大大提升。目前,我国日报出版规模居世界第一,图书出版品种与出版总量居世界第一,电子出版总量居世界第二,印刷复制业居世界第三,网络学术出版居世界第二。二是优化了产业结构,使新闻出版产业体系不断优化。现已形成以图书、报纸、期刊、音像、电子、网络、手机等媒体出版和印刷、复制、发行等为主的,包括教育、科研、版权代理、物资供应、国际合作等在内的完整的产业体系。在区域布局上,已经形成珠江三角洲、长江三角洲、环渤海地区等各具特色的产业集群和版权、出版、印刷、物流和数字出版基地,具备了一定的国际竞争力。三是促进了公共服务。2006 年以来,先后组织实施了打造精品力作的重点出版工程、服务农民的农家书屋工程、扶持民族地区发展的东风工程、提升国民素质的全民阅读工程、净化市场的文化环保工程五大公共服务工程,延伸了农村、基层、边疆的服务网络。重点工程基金每年支持 2000 多个出

版项目,传承了文明,丰富了公共阅读。农家书屋工程累计完成投资
60多亿元,建成农家书屋、社区书屋、职工书屋、连队书屋、民工书屋38
万家,惠及了几亿人民群众,带动了全民阅读,扩大了社会消费。四是
推动了"走出去"。目前,我国出版物已进入世界190多个国家和地
区,报刊发行覆盖80多个国家和地区。2009年出口图书、报纸、期刊
885万多册(份),比上年增长10.4%;版权贸易逆差逐年缩小,国内企
业在外办社、办报、办刊、办店、办厂290多家,"走出去"由版权、产品
层次向资本、渠道层面提升。

二、深化改革、加快发展

在新的起点上加快发展,就要坚定不移地深化新闻出版体制机制
改革。

一是坚持高举旗帜,围绕大力提升社会主义核心价值体系和传播
能力深化改革。深化新闻出版体制改革,必须坚持高举旗帜、服务大
局,牢牢把握社会主义先进文化的前进方向,把弘扬社会主义核心价值
体系贯穿到新闻出版改革的各个方面,坚持为解放思想、改革开放、科
学发展、社会和谐提供思想保证、精神动力和舆论支持,不断提高新闻
出版工作围绕中心、服务人民的能力。要以改革的思路和方法提高传
播马克思主义理论成果的能力,提高生产精品力作的能力,提高服务人
民群众的能力,提高舆论引导的能力。努力打造世界级文化名牌企业、
名牌产品、名牌工程、名牌市场,加快构建覆盖广泛、技术先进的传播体
系,用先进内容和先进技术相统一的产品占领国内外市场。

二是坚持统筹兼顾,围绕"两个主体"、"三个大型"、"四个体系"
深化改革。完成中央部署的改革任务,必须统筹兼顾、突出重点,加快
打造"两个主体",培育"三个大型",建立"四个体系"。确保2010年全
面完成各地各类出版社转企改制,加快非时政类报刊出版单位转企改
制和党报党刊发行体制改革;深化保留事业体制的新闻出版单位内部

改革,创新新闻出版公共服务运行机制;重塑合格的市场主体和优质的服务主体。培育一批大型出版传媒"航空母舰",重组一批大型印刷复制企业,组建一批大型发行物流集团公司,打造国家级出版传媒主力"舰队",这是调整结构、培育骨干企业的必由之路。推进资源、资本、产权、信息、技术、人才等新闻出版中介组织和市场建设,加快完善新闻出版产业要素市场体系;以构建全国性和区域性的新闻出版流通网络为目标,加快完善集中配送、连锁经营、电子商务为支撑的健康繁荣的大市场大流通体系;大力盘活国有文化资产,有序吸纳社会资本和境外资本,发挥金融、基金、股市、证券的投融资功能,建立有利于新闻出版产业发展的投融资体系;全面优化新闻出版业改革发展的政策环境、法制环境、市场环境,加快完善宏观调控、政策调节、公共服务、依法行政的科学管理体系。

三是坚持科学发展,围绕优化结构、加快转变发展方式深化改革。新闻出版改革已经把调结构、促转变作为重点工作,着眼于提高产业集中度和发展质量,在继续推动新闻出版产业集群、产业带建设的同时,有计划地扶持中西部地区特色产业基地、产业集群建设,促进产业的战略升级和区域新闻出版业的均衡布局。加强自主创新,以政策为先导、投入为保障、企业为主体,抓紧构建新闻出版内容生产、传播技术和产学研相结合的创新体系,促进创新成果向现实生产力转化。大力开拓国际市场,扶持一批重点外向型新闻出版企业,实施外向型重点工程,推动新闻、信息、版权、产品、服务、企业、资本、品牌等"走出去",支持各种所有制新闻出版企业在境外办社、办报、办刊、办厂、办店,三年内完成国际布局,提升国际竞争力。

四是坚持以人为本,围绕提高新闻出版公共服务水平、保障人民群众基本文化权益深化改革。把满足人民群众精神文化需求作为出发点和落脚点,是深化新闻出版体制改革必须坚持的基本原则。要加快建立健全面向人民群众、服务人民群众的新闻出版公共服务体制机制,组织实施好各种惠民工程,加快形成以政府为主导,以公共财政为支撑,以公益性单位为骨干,以重大工程项目为载体,吸引社会公众参与、全面覆盖各类人群、各个领域的新闻出版公共服务体系,保障人民群众基本文化权益。

五是坚持科技创新,围绕新兴传媒产业的大发展深化改革。新闻出版数字化、网络化是时代潮流,大力推动传统产业技术进步,加快培育新兴产业,促进文化与科技的融合,提高文化企业装备水平和科技含量,培育新的文化业态,是改革发展的任务。要通过一系列技术措施,推广高效节能环保技术和产品应用,发展环保、绿色、低碳新闻出版业。要从创新机制、规范标准、强化管理入手,突出数字化内容、数字化生产和数字化传输等关键技术的研发和应用,推动数字出版产业在国际上领先发展。

大力提升新闻出版业的
国际竞争力[*]

　　实施走出去战略是党中央、国务院赋予我们新闻出版战线的重大任务,是提升国家文化软实力和弘扬中华文化的重要手段,也是中华文明对人类进步事业有所贡献的重要途径,党中央对此始终高度重视。

　　2011 年 10 月召开的党的十七届六中全会,审议并通过了《中共中央关于深化文化体制改革、推动社会主义文化大发展大繁荣若干重大问题的决定》(以下简称《决定》)。《决定》在集中全党智慧的基础上,阐述了中国特色社会主义文化发展道路,确立了建设社会主义文化强国的战略目标,提出了新形势下推进文化改革发展的指导思想、重要方针、目标任务、政策举措,是当前和今后一个时期指导我国文化改革发展的纲领性文件,是党中央全面、深刻分析和审视当代中国所面临的形势任务,对文化改革发展所作出的重大决策。《决定》和胡锦涛总书记在全会上的重要讲话,不仅为新闻出版业下一步的改革与发展指明了方向,也为加快推动新闻出版业走出去带来了巨大的动力。在这样一个关键时期,我们召开走出去工作会议,全面总结"十一五"时期新闻出版业走出去工作取得的经验,表彰先进、树立榜样,研究部署新形势

---

　　* 本文系作者 2011 年 12 月 22 日在全国新闻出版走出去工作会议上的讲话,曾载于《中国新闻出版报》2011 年 12 月 23 日、《中国出版》2012 年第 1 期。

下如何推动新闻出版业走出去工作,这对贯彻落实好十七届六中全会精神,认真实施好《新闻出版业"十二五"时期发展规划》和《新闻出版业"十二五"时期走出去发展规划》,加快推动文化产业成为国民经济支柱性产业,加快推动我国向新闻出版强国迈进,不断提升我国新闻出版业的国际传播力、竞争力和影响力,无疑具有十分重要的意义。

一、"十一五"时期新闻出版业走出去的成效

"十一五"期间,我国新闻出版业全面实施走出去战略,版权输出、产品出口、数字传播、加工外贸和对外投资总体规模扩大,领域拓宽、形式多样,影响力显著增强,涌现了一批走出去的品牌产品和骨干企业,新闻出版业国际化进程明显提速,国际竞争力和影响力显著增强。

(一)版权贸易逆差不断缩小,输出数范围逐步扩大

经过多年的努力,我国版权贸易逆差情况大为改观,从 2002 年到 2010 年,我国版权输出数量逐年增长,特别是 2009—2010 年两年间更是实现了快速增长。2010 年全国共输出出版物版权 5691 种,引进出版物版权 16602 种,版权贸易逆差从"十五"末的 7.2:1 缩小到"十一五"末的2.9:1,五年间版权输出总量增长 275%。作为版权贸易主体的图书版权输出结构不断优化,特别是与重点发达国家之间的版权贸易逆差实现较大转变,对美、日、加、英、法、德、俄等重点发达国家的图书版权输出总量比"十五"末增长近 14 倍。对港澳台地区的版权输出依赖程度明显降低,占版权输出总量的比例从 2005 年的 59%下降到了2010 年的 34%。版权输出的产品形态越来越多元化,从过去比较单一的图书、期刊版权拓展到报纸、音像电子、数字版权等多种形态。

(二)出版实物出口稳步增长,部分产品在海外创出品牌

出版产品出口是新闻出版业走出去的中坚力量,尽管近年来受到数字化浪潮、金融危机和人民币升值等多重因素的影响,但新闻出版产品出口仍继续保持增长。2010 年全国出版物进出口经营单位累计出

口图书、报纸、期刊、音像制品、电子出版物96.5万种次,出口总量为1047.5万册(份、盒、张),出口金额为3758.2万美元。与"十五"末相比,出口数量增长近30%,金额增长7.4%,输出品种保持了大于引进品种的势头。目前,我国出版物已进入世界190多个国家和地区,据海关报告显示,今年又是突飞猛进的势头。尤其值得重视的是,一些重点产品在海外市场创出了品牌。

(三)数字出版产品出口势头强劲,境外收益不断提高

数字出版产品出口是新闻出版业走出去的新领域,发展迅猛。借助国外技术平台,我国数字出版产品大量输出海外,一些学术期刊的海外下载量、国际影响因子和国际投稿量明显增加。2010年我国期刊数据库的海外付费下载收入近千万美元,电子书海外销售收入超过5000万元人民币,网络游戏出口额突破2亿美元。依靠雄厚的资金实力,一些重点数字出版企业实现了在国际市场中的广泛覆盖和收益倍增。截至2010年年底,清华同方中文期刊全文数据库海外机构用户数量超过1000家,分布在38个国家和地区,五年累计出口额达3227万美元;汉王电纸书海外销量突破5万台;完美世界公司开发的10款民族游戏用户遍布四大洲60多个国家地区,海外收入超过9000万美元;盛大网络文学在线阅读,读者分布在几十个国家。

(四)印刷加工外贸产值逐年增加,顺差优势明显

印刷加工外贸既是新闻出版业走出去的一种模式,也是我国新闻出版国际劳务输出的重要渠道。2010年,我国印刷加工服务出口收入总计为661.65亿元人民币,占印刷工业总产值的8.6%。占全国印刷总产值3/4的珠三角、长三角、环渤海三大印刷产业带已成为全球重要的印刷加工基地。广东、北京、上海的印刷外贸集散地功能明显,输出规模逐年增长。中国印刷集团公司、北京华联印刷有限公司、深圳雅昌彩色印刷有限公司等企业的年出口额都达到了千万元乃至上亿元。

(五)国际投资成果丰硕,在外企业竞争力逐步形成

资本国际输出、在境外办实体是新闻出版业走出去的高级模式,要

求企业不仅有国际化发展眼光,有境外本土化运作经验,还要有境外投资的实力。据不完全统计,目前我国新闻出版企业已在境外投资或设立分支机构 459 项,其中,从事图书出版的分支机构 28 个,从事期刊出版业务的分支机构 14 个,报刊及新闻采编分支机构 275 个,数字出版子公司 15 个,出版物发行网点 65 个(包括网络书店 4 个),印刷或光盘复制工厂 45 个,出版教育、培训、版权、信息服务机构 7 个。另外,通过收购或参股建立的海外网点有 10 个。走出去企业的国际竞争力得到提升,跨国发展的经验也更加丰富。

(六)走出去渠道不断拓展,传播力不断增强

借助国外主流零售渠道,覆盖海外高端读者和主流人群,是我国新闻出版业拓展国际营销渠道的一个重大突破。"十一五"期间,经过"中国出版物国际营销渠道拓展工程"的助推,我国新闻出版产品成功进入国际知名图书连锁机构,一批优秀外文图书已经逐渐进入法国拉加代尔集团的 3100 多家国际书店销售网络,近万种图书通过"全球百家华文书店中国图书联展"被推介到五大洲的数十个国家。中国国际图书贸易集团有限公司和美国亚马逊公司联手启动的亚马逊"中国书店"合作项目,目前已有两万余种中国图书上线至美国亚马逊网站,并将在一年内达到 10 万种的规模。不少出版企业还十分重视与世界跨国出版传媒企业建立稳定的战略合作关系,将中华文化内容源源不断地传播到世界各地。

(七)国际书展参展水平和质量不断提高,中国主宾国活动成为亮点

国际书展是版权输出及实物出口的重要平台。自 2005 年以来,我国每年举办和组织参加 40 多个国家和地区的书展、书市,改变了过去年年"人变书不变"的状况,注重图书品牌和商业利益,参展水平不断提高,版权输出和实物出口逐年增加。这期间,先后在法国、俄罗斯、韩国、德国、希腊、埃及等国家举办了国际书展中国主宾国活动。特别是在 2009 年德国法兰克福国际书展中国主宾国活动举办期间,我国参展

团共签署版权输出合同 2417 项,相当于 2008 年的 5 倍多,超过当年版权输出总量的一半。2011 年法兰克福国际书展上,中国展团实现了版权输出 2424 项,再创历史新高。北京国际图书博览会经过多年培育已经成为世界四大书展之一,2011 年博览会期间实现版权输出 1652 项,版权引进与输出之比为 1∶1.46,实现我国图书版权输出的重大突破。国际书展及中国主宾国活动已成为中国出版物版权输出的重要平台,有力地推动了中外出版业的国际交流与合作和走出去战略的实施。

(八)走出去人才队伍日渐壮大,素质逐步提高

几年来,通过"请进来"、走出去等各种方式,开展了走出去专门人才培训,举办国际高层出版论坛,取得了较好成效。目前,各个出版集团和较大规模的出版单位都有专门的国际机构和人员,专职负责出版走出去工作。每年重要国际书展的参展人员也相对比较专业化,与几年前的状况相比大有改观。出版领域的版权贸易人才、出版翻译人才、外向型经营管理人才等人才队伍正在日渐壮大,一些企业也有外籍员工,成为走向国际的新力量。

总体说,"十一五"时期新闻出版业走出去工作成效显著、成果丰硕。这些成绩的取得,是广大新闻出版单位努力实践和不懈探索的结果,是新闻出版战线广大干部职工集体智慧的结晶。

二、"十一五"时期新闻出版业走出去的经验

"十一五"期间,新闻出版系统按照"高举旗帜、围绕大局、服务人民、改革创新"的总要求,进一步培育走出去主体,完善走出去政策,实施走出去项目,搭建走出去平台,扩充走出去队伍,不断创新合作模式,拓展国际渠道,积累了宝贵的国际化运作经验。总结五年来走出去工作的成功经验,对我们加快推动"十二五"时期新闻出版走出去工作,无疑具有十分重要的指导和借鉴意义。

（一）党中央、国务院的关怀支持是根本保证

党中央、国务院始终高度重视走出去工作，并在国家层面对走出去战略进行了重要部署。特别是进入新世纪以来，以胡锦涛同志为总书记的党中央根据国内外形势的新发展和新变化，对文化走出去提出了一系列新要求。党的十六大报告指出："继续扩大对外文化交流，增进人民之间的友谊，推动国家关系的发展。"党的十七大报告首次提出"提高国家文化软实力"的新要求，再次强调要"加强对外文化交流，吸收各国优秀文明成果，增强中华文化国际影响力"。十七届六中全会首次提出"建设社会主义文化强国"的宏伟目标，进一步提出要"提高文化开放水平，推动中华文化走向世界"。在坚定不移地实施走出去战略的同时，党中央、国务院还在国家"十五"、"十一五"、"十二五"时期发展规划、《国家"十一五"时期文化发展规划纲要》、《文化产业振兴规划》等重要文件中明确了一系列支持文化走出去的方针政策，有力地推动了中华文化走出去的实践。中央领导非常重视新闻出版业走出去，对走出去工作不断给予关怀与支持，每次北京国际书展，中央领导都亲自到场指导。特别是2009年法兰克福国际书展中国主宾国活动，多位中央领导同志先后几十次就活动的整体工作作出重要批示，并就工作中遇到的具体问题及时研究、大力支持，使该项活动最终取得圆满成功，在国际社会上引起强烈反响，有效展示和弘扬了中华文化精神。

（二）争取扶持政策是走出去的基本条件

党中央高瞻远瞩地提出实施走出去战略以来，新闻出版总署就把政策制定作为基本条件。经过努力，中央有关部门从出版产品和服务出口、出口重点企业和重点项目等方面提出了一系列鼓励和支持出版走出去的政策措施，如财政部等部门印发了《关于鼓励和支持文化产品和服务出口的若干政策》、《文化产业发展专项资金管理暂行办法》、《宣传文化发展专项资金管理办法》、《关于支持文化企业发展若干税收政策问题的通知》，商务部等部门出台了《关于进一步推进国家文化出口重点企业和项目目录相关工作的指导意见》、《关于金融支持文化

出口的指导意见》,等等。这些政策从财政、金融、税收、信贷等多个方面对走出去产品、企业和项目给予大力扶持,极大地调动了走出去企业的积极性,为新闻出版业走出去起到重要推动作用。

(三)深化新闻出版业改革是走出去的强大动力

党的十六大以来,我国新闻出版业深化改革,以转企改制为突破口着力培育新型市场主体,加快产业结构调整和发展方式转变,激活了走出去的动力。目前,经营性图书和音像出版单位已基本完成转企改制,非时政类报刊出版单位转企改制全面启动,120多家新闻出版企业集团成功组建,49家新闻出版企业成功上市。民营文化工作室有序参与出版策划服务,非公有资本和外资已全面进入印刷、复制、发行和新媒体硬件制作等领域,参与国际竞争是企业内在的发展冲动,不再是"被"走出去。经过改革,制约新闻出版业发展的体制性障碍得到进一步消除,新闻出版业的实力和竞争力不可与往昔同日而语。目前,我国日报总发行量居世界第一位,图书出版品种和总印数居世界第一位,电子出版物总量居世界第二位,印刷业年产值居世界第三位。2010年,新闻出版业总产出达到1.27万亿元。这就为新闻出版业走出去夯实了基础、铺平了道路、积聚了力量。如果没有改革,哪有条件和实力走向国际市场?哪有动力和能力参与世界出版业竞争? 只有改革后的企业才有动力。

(四)加强规划引导是落实走出去战略的关键环节

为贯彻落实中央精神,加快推动新闻出版业走出去,新闻出版总署高度重视政策导向和规划引导,一方面鼓励企业积极用好中央有关扶持政策加快走出去,另一方面在新闻出版业"十一五"发展规划、加快推动新闻出版体制改革与发展的指导意见等相关文件中出台了多项走出去的引导措施。特别是今年,新闻出版总署还专门制定下发了《新闻出版业"十二五"时期走出去发展规划》,提出对实现走出去的新闻出版企业,在出版资源上给予优先配置和政策倾斜;支持出版集团公司和具有一定版权输出规模的出版社成立专门针对国外图书市场的出版企业,经批准可配备相应出版资源;对列入走出去重点工程中的出版项目所需出版资源给予重点保障；对走出去成效显著的完全外向型的非公有制企业给予特殊扶持政策，等等。在《关于加快我国新闻出版业走出去的若干意见》中，提出要有效利用国家和相关部委的现有政策的同时，进一步优化新闻出版资源配置。对新增或续批的中外版权合作期刊，在原创中国内容被国外合作期刊转载的数量上作出明确规定；在出版单位等级评估办法中增加新闻出版产品与服务出口年收入、从事国际业务拓展人员数量两项走出去相关指标；在出版物进出口经营单位的考核指标中，明确年度出口金额增长幅度须大于进口金额增长幅度，并按出口实绩配置进口权限，在职称考评和"中国出版政府奖"等各种奖项的评定中增加走出去的内容等。这些引导措施，具有很强的针对性、指导性和实践性，有力地推动了新闻出版业走出去战略的落实。

（五）实施重大工程是落实走出去战略的重要举措

为有效推动新闻出版业走出去，新闻出版总署实施了一系列走出去重点工程。《大中华文库》工程、经典中国国际出版工程、中国图书对外推广计划、中国出版物国际营销渠道拓展工程、重点新闻出版企业海外发展扶持工程、文化产品和服务出口重点企业与重点项目奖励计划等工程的实施，目标明确、扶持到位，有效调动了新闻出版企业走出去的积极性。《大中华文库》已推出87种汉英对照版和15种汉韩对照版，56%的产品销往国外，成为国际著名大学、图书馆的必备中国书。经典中国国际出版工程致力于通过学术作品和文学作品的版权输出与合作出版，向国际市场全面、深入、准确地介绍当代中国的发展和中华文明的精髓，鼓励出版物面向发达国家主流读者发行，借助发达国家的全球影响力来扩大中国文化影响。工程入选项目学术和文学水平高，市场定位准，受到国外中国问题研究专家、学者的重视，产生了良好的带动和辐射效应，目前已有400多种获得资助的中国图书在海外出版发行。中国图书对外推广计划已在40多个国家推出千余种中国图书。中国出版物国际营销渠道拓展工程通过实施"借船出海"战略，构建包含国际主流营销渠道、海外主要华文书店、重要国际网络书店等在内的国际立体营销网络,破解了多年来困扰中国出版物走出去的渠道难题,推动更多的中国优秀出版物走向世界。可以说,走出去重大工程的实施,实实在在地带动了新闻出版业走出去。

(六)新闻出版企业主体作用是走出去的实践力量

随着体制改革的不断深入,中国新闻出版企业市场主体作用越来越大,它们不仅创造走出去的产品,而且寻求国外发展空间,直接在海外布点、投资、合资、合作,甚至并购国外出版公司。近年来,安徽出版集团在俄罗斯创建的新时代印刷有限公司业务已经拓展到了全俄境内的 10 个州,企业综合实力位居俄罗斯中央区前列。人民卫生出版社投资收购了加拿大 BC 戴克出版公司的全部医学图书资产。中国青年出版总社在英国注册成立了第一家以出版英文图书为主的专业出版社,而且实现了当年盈利。外语教学与研究出版社先后与牛津大学出版社等十多家国际著名出版公司合作,出版了 100 多种对外汉语教材,销往全世界 100 多个国家和地区,应用人数超过 1 亿。接力出版社、二十一世纪出版社的儿童系列书,都进入几十个国家。湖北长江出版集团出版的《狼图腾》已向全球输出 25 个语种的版权,全球销量 15 万册。中华书局出版的《于丹〈论语〉心得》已输出 28 个语种的版权、33 个版本,海外总销量达到 30.4 万册。一批具有实力和竞争力的新闻出版骨干企业通过成功实施以进带出战略、"借船出海"战略、本土化战略,成为走出去的典范。我们知道,微软、苹果、好莱坞就是美国文化的推动者。中外这些企业的成功经验证明,企业主体作用的发挥,是走出去的实践力量。我们要用这些典范带动其他新闻出版单位的外向型发展。

(七)科技创新是走出去的重要支撑

当今时代,人类社会已经进入技术创新不断涌现、结构调整不断加快的重要时期。科技竞争日益成为综合国力竞争的焦点,科技进步和技术创新成为新闻出版业发展的重要推动力。特别是以互联网为代表的信息技术的迅猛发展及其在新闻出版领域的广泛应用,使出版物的传播手段更加多样,传播渠道更加通畅,传播能力不断增强,也使得越来越多的出版物通过新型出版方式和互联网等传播载体在海外传播成为可能。国际上,发达国家的出版传媒集团主要业务均已融入互联网,并开展了大规模的电子商务,数字产品和服务收入在业务收入中的比重正在不断上升。我国数字出版产业的总产值每年均保持着高速增长的态势,以国际学术出版平台、网络游戏出版、手机出版、互联网出版等为标志的新型出版业态异军突起。科技进步和技术创新,丰富了出版形态,拓展了传播渠道。我们要大力使用这些跨国界出版平台和技术,为新闻出版走出去构建重要支撑。

三、充分认识做好"十二五"新闻出版业走出去工作的紧迫性

(一)应对变局、抢抓机遇,刻不容缓

当前,新闻出版业数字化、国际化、全球化趋势进一步走强。受金融危机影响,国际出版业兼并、收购、重组步伐不断加快,国际出版传媒格局出现新变化。资本、技术、人才等生产要素在世界范围内正在进行重新配置,对国际出版市场份额的争夺更加激烈。这对推动我国新闻出版业走出去,加快海外并购、拓展海外市场、抢抓海外资源,扩大国际出版市场份额,创造了有利的外部环境。随着我国经济社会的持续快速发展,我国的国际地位和影响力正在不断提升,国际社会渴望了解中国的愿望正日趋强烈。在中国经济保持持续增长的态势下,新闻出版业也呈现出快速发展的势头,一枝独秀的中国出版物市场引起了国际社会的广泛关注,世界上几乎所有国际大型出版传媒集团都以不同方式在我国设立了相关机构。这对我国新闻出版走出去,在国际上进一步赢得话语权、掌握主动权提供了有利条件。受互联网等新兴文化产业的冲击,世界范围内出版产业结构调整步伐加快,一批互联网技术、数字技术、移动通信技术企业正向内容产业进军,国际出版传媒企业也加快了数字化转型步伐,一个全新的出版产业正在形成,新兴业态的发

展成为国际出版业增长的新动力。这对我国新闻出版走出去,抢占新兴产业制高点提出了挑战也提供了机遇。及时应对、乘势而上就能前进,迟迟不动、坐失良机就会落伍,拉开的差距还会加大,甚至既走不出去,也守不住阵地。

(二)排除困难、解决问题,时不我待

我们要清醒地认识到,新闻出版业走出去还存在着不少问题。比如,我们生产的高质量作品仍然较少,一些出版物出口量虽然较大,但一时还难以进入国外主流渠道;版权引进和输出逆差仍旧存在,差距虽呈逐年下降态势,但总体状况仍未根本改变,输出到欧美等发达国家和地区的版权数量仍然偏少;一些企业对走出去的规律认识把握不够、动力不足,影响了走出去的效果;我国尚未形成具有国际影响力的出版传媒骨干企业,在国际竞争中难与国际大型出版传媒集团相抗衡;一些优惠政策尚未完全到位,走出去企业境外经营依然困难重重;外向型出版人才,尤其是从事海外投资和经营管理的领军人物仍然严重缺乏,等等。这些问题在一定程度上困扰和阻碍着新闻出版业的国际化之路,亟须我们开拓思路、创新举措,切实解决目前存在的问题,克服困难,打开局面。

(三)国际较量、实力竞争,只争朝夕

当今世界正处在大发展大变革大调整时期,世界多极化、经济全球化深入发展,科学技术日新月异,各种思想文化交流交融交锋更加频繁,文化在综合国力竞争中的地位和作用更加凸显,维护国家文化安全任务更加艰巨,增强国家文化软实力、中华文化国际影响力要求更加紧迫。由于意识形态的差异难以在短时间内消除,个别国家对我国国情的曲解,对中华文化固有的偏见,对世界范围内客观存在着的不同文化价值取向的交锋和对立心理,使我国新闻出版业走向世界增加了阻力和难度。与西方主要媒体和出版传媒集团强大的整体实力相比,我国新闻出版业的整体实力、影响力和竞争力都还较小。在新一轮国际竞争面前,我国新闻出版业在内容的原创性、人才、技术、设备、开拓国际市场等方面实力较弱,竞争力不强。新闻出版业走出去必须立足国际较量、实力竞争，只争朝夕地追赶发达国家。

（四）明确使命、深化认识，加快步伐

党的十七届六中全会的召开、文化强国战略的提出，对新闻出版业走出去提出了新的历史使命。站在新的历史起点，我们必须更加深刻地认识到，加快推动新闻出版业走出去是提升我国文化软实力、增强中华文化国际竞争力和影响力的必然要求；是发展国家公共外交、促进国际社会对中国的理解和认同的重要途径；是深化文化体制改革，打造新闻出版强国，推动文化产业成为国民经济支柱性产业的重要举措；是新闻出版业调整产业结构、转变经济发展方式的必要手段；是积极利用"两种资源，两个市场"，提高企业抗风险能力的现实需要。全行业一定要切实把思想和行动统一到中央的精神和要求上来，进一步加深对建设文化强国重要性和紧迫性的认识，切实增强机遇意识和忧患意识，切实增强推动新闻出版业走出去的使命感和责任感，增强主动性和积极性，以更加坚决的态度、更加坚定的信念、更加开放的眼光、更加务实的作风，加快新闻出版业走出去的步伐，不断推动中华文化走向世界，不断提升我国新闻出版业的国际影响力。

四、贯彻落实十七届六中全会精神，开创"十二五"时期新闻出版业走出去的新局面

党的十七届六中全会，审时度势提出了"坚持中国特色社会主义文化发展道路，努力建设社会主义文化强国"的战略目标，并提出到2020年，我国文化产业成为国民经济支柱性产业，整体实力和国际竞争力显著增强，以公有制为主体、多种所有制共同发展的文化产业格局全面形成，以民族文化为主体、吸收外来有益文化、推动中华文化走向世界的文化开放格局进一步完善等6个方面的奋斗目标。新闻出版业作为我国先进文化的主阵地、改革开放的排头兵和发展文化产业的主力军，应当在社会主义文化强国建设历史进程中作出更大的贡献。

2010年年初,在总结"十一五"时期新闻出版工作,规划"十二五"时期新闻出版业发展方向、目标任务和政策措施时,经中央领导同志批准,新闻出版总署党组提出了巩固新闻出版大国地位、向新闻出版强国迈进的战略目标,得到了全行业的广泛认同和积极响应,也得到了中央领导同志的充分肯定。2011年4月,新闻出版总署正式发布了《新闻出版业"十二五"时期发展规划》和《新闻出版业"十二五"时期走出去发展规划》,明确提出了新闻出版业要通过大力实施走出去战略,提升在国家政治、经济、文化、外交大局中的地位和作用。到"十二五"末,新闻出版业要向全世界推出一批有影响力的知名品牌和六到七家实力雄厚、有国际竞争力的龙头企业;要在30个左右的重点国家和地区完成市场布局;使新闻出版业走出去的政策体系更加完备,版权贸易逆差进一步扭转,新闻出版企业实力大大增强,新闻出版业的国际传播力、竞争力和影响力显著提升,一个覆盖广泛、重点突出、层次分明的新闻出版业走出去新格局基本形成。要实现上述目标,全行业必须共同努力,做好以下几项重点工作:

(一)不断开拓进取,创新走出去的思路

要准确把握市场需求,创造更多优秀版权产品,加快推动版权走出去,不断提高版权输出的数量和质量,优化版权输出的区域结构、语种结构、内容结构和市场结构。要加快推动数字出版产品走出去,鼓励和扶持新闻出版企业生产更多外向型数字出版产品,推动数字出版重点企业和产业基地走出去。要加快推动传统出版产品走出去,充分调动各种所有制企业产品出口积极性,使实物出口数量和金额继续保持增长。要加快推动印刷业走出去,鼓励印刷企业拓展海外印刷业务,扩大加工贸易,开拓国际新兴市场。要支持各种所有制企业投资境外新闻出版业、生产出口新闻出版产品,为新闻出版业走出去作贡献。要继续探索其他走出去的方式和途径,面向世界、开拓未来。

(二)加快内容创新,打造一批有影响的品牌产品

没有品牌,产品是走不出去的,这是实践的结论。由于缺少一批被

国际社会广泛认可的中国品牌出版产品,在很大程度上制约了中华文化的国际影响力。我们要加大对国际市场的研究,加强内容自主创新,力争在新闻报刊、大众图书、专业图书、教育图书、大众消费类期刊、专业类期刊、学术类期刊等重点领域打造一批具有自主知识产权和核心竞争力的国际知名品牌。要重点推出一批展示中华文化独特魅力、反映当代中国精神风貌和学术水准、贴近国外受众文化需求和消费习惯的品牌产品。要借鉴国际文化传媒市场运作模式,推动国内名刊名报名著进入欧美主流社会。要通过北京国际图书博览会、法兰克福国际书展、伦敦书展和重要国际书展中国主宾国活动等国际大型展会和文化活动,不断提高中国文化品牌的国际知名度和市场占有率。

(三)加快科技融合,推动数字出版产品走出去

相对于书报刊等纸介质产品,数字出版产品容量大、速度快、覆盖面广,更容易进入海外市场。"十二五"时期是数字出版产业快速发展的重要时期,要鼓励新闻出版企业积极利用新技术改进新闻出版产品形态,加大数字出版产品的版权输出和国际传播。鼓励和扶持新闻出版企业生产更多外向型数字出版产品和传播平台,重点支持电子图书、数字报刊、网络动漫、网络游戏、数据库出版物、手机出版物等数字出版产品进入国际市场。要搭建数字出版走出去内容投送平台,加快数字内容资源整合,发挥规模优势,全面提升我国数字出版产品的核心价值和数字出版企业的国际传播力。

(四)整合优势资源,构建立体化国际传播渠道

深入实施中国出版物国际营销渠道拓展工程,进一步拓展国际主流营销渠道。在投资建设、巩固发展自主经营渠道的同时,也要积极实施"借船出海"战略,一是加强与全球性和区域性大型连锁书店的合作,利用国外的主流渠道;二是积极利用海外资金、人才、管理经验等要素,整合和巩固海外华文出版物营销网络和渠道,进一步拓展海外市场;三是利用国际新型传播渠道,扩大市场覆盖面。要积极运用新技术,搭建数字内容资源跨境投送平台,加大对数字出版产品的输出,积

极开拓网络书店等新型出版物销售渠道。通过大力构建包括国际主流营销渠道、海外主要华文书店、重要国际网络书店在内的中国出版物国际立体营销网络,推动更多优秀中国出版产品走向世界。

(五)鼓励联合重组,打造一批外向型骨干企业

要加快推动新闻出版企业跨区域跨行业跨媒体跨所有制经营和重组,切实提高新闻出版企业的综合实力和竞争力,着力打造一批实力强大、竞争能力突出、具有世界影响力的综合性跨国出版传媒集团。重点扶持一批外向型骨干企业,通过独资、合资、合作等方式,到境外建社建站、办报办刊、开厂开店;鼓励和支持有条件的新闻出版企业以多种方式兼并、收购境外新闻出版企业,壮大企业自身实力;鼓励有条件的新闻出版企业通过上市、参股、控股等多种方式,扩大境外投资,参与国际资本运营和国际企业管理;引导各种所有制企业有序到境外投资合作,提高国际化经营水平,防范和化解境外投资风险。

(六)加强国际合作,提升新闻出版业国际竞争力

开展国际合作是推动中华文化走向世界,共享世界文明成果的有效形式。新闻出版企业是国际合作的主力军,在国际化的大趋势下,要继续扩大国际合作的领域和范围。在保持原有版权合作、项目合作的基础上,继续加强对文学类、科技类、少儿类、学术类等出版物的版权合作,不断提高版权合作的质量。要继续加强同发达国家、周边国家和地区的合作力度,探索同发展中国家的合作方式。鼓励新闻出版企业在动漫网游、期刊数据库、电子书等方面,加大对传统出版产品和数字出版产品的版权、技术、资源和人才等方面的合作力度。

五、努力为新闻出版业走出去营造良好的发展环境

为深入贯彻落实十七届六中全会精神,持续推动新闻出版业走出去,在出台《新闻出版业"十二五"时期走出去发展规划》的基础上,新闻出版总署历时一年多,又制定了《关于加快我国新闻出版业走出去

的若干意见》，吸纳了诸多专家学者和新闻出版企业的建议和意见，对当前我国新闻出版业走出去面临的态势与机遇、主要目标与重点任务及推动走出去的主要措施等问题进行了细化，使走出去工作更具可操作性。下一步的关键是要抓好落实。全行业要把中央和相关部委有关走出去的各项扶持政策落到实处，要把总署出台的《规划》和《意见》落到实处，形成新闻出版业走出去的良好发展环境，戮力同心，再创走出去的新辉煌。

（一）做好走出去布局规划

"十二五"时期，新闻出版业要加快完成走出去的国际布局，从战略高度对全球布局工作进行统筹规划和重点部署。要以发达国家、周边国家和地区为重点，以发展中国家为基础，以海外重点市场为依托，在 30 个左右的国家和地区有计划地进行布局布点，建立起覆盖广泛、重点突出、层次分明的走出去新格局。鼓励新闻出版企业走出去，在欧美发达国家和地区建立分支机构，加强与世界发达国家新闻出版企业的深层合作，生产出更多符合当地需求、有国际影响力的新闻出版产品，不断将中华文化推向国际主流市场。要加大对周边国家和地区走出去的力度，进一步加强沟通和了解，稳定中华文化传播的重要区域，加强承载中国优秀文化的新闻出版产品的带动力，使走出去工作出现新的成效。要重视对发展中国家的产品覆盖，加大新闻出版走出去在发展中国家的扶持力度，争取以优秀新闻出版产品的传播增进发展中国家对中国的了解和支持，扩大我国在发展中国家中的影响力。要增强对海外华文市场的联系，准确了解消费需求，加强与港澳台地区出版企业的合作与交流，联手开发国际市场，共同发展民族出版产业，更好地弘扬中华优秀文化。

（二）切实完善走出去体制机制

"十二五"时期，新闻出版业走出去要加快建立完善以政府为主导、企业为主体、市场化运作的新闻出版走出去运行体制和政策扶持、项目带动、平台支撑相结合的走出去运行机制。要实施差异化战略，根据不同国家和地区的不同文化需求,采取不同的走出去策略和方式。要实施多元并举,鼓励出版集团、专业出版社、数字出版企业和民营企业挖掘自身独特优势,拓展不同领域的国际市场。要实施本土化战略,注重与海外资金、技术、渠道、人才等要素相结合,开发推广适合当地阅读和消费习惯的出版物产品。要实施以进带出战略,借助国际合作企业的资源优势,带动出版物走出去。要实施科技带动战略,发挥高新技术的平台和渠道优势,推动出版物走出去。

(三)健全走出去机构

各地新闻出版行政管理部门要把推动新闻出版业走出去作为"一把手"工程,建立健全对外合作机构,指定领导专职负责走出去工作。重点地区和外向型企业要增加人员编制,理顺工作机制,确保经费支持。要做好走出去的相关指导、协调和管理工作,不断创新工作思路、提高工作水平,为推动走出去提供强有力的组织保障。充分发挥行业协会的作用,鼓励和支持企业在自愿基础上成立新闻出版产品和服务出口促进组织,加强行业自律,扩大对外宣传,维护企业权益,提供政策咨询和信息服务,帮助企业开拓海外市场。充分发挥投资促进机构、版权代理机构、人才培训机构、法律咨询机构、会展服务机构等社会中介组织的作用。要结合本地区实际情况,制定本地区新闻出版业"十二五"时期走出去发展规划,出台目标明确、切实可行的扶持政策。要加大对走出去工作的宣传与奖励,及时总结和推广各地区、各单位、各部门在走出去方面的典型经验,对走出去的年度优秀出版物、重点出口企业及版权输出优秀单位和个人给予重点奖励。

(四)落实走出去经济政策

加快推动新闻出版业走出去,要认真贯彻落实国家关于支持文化企业走出去的相关财政、金融、税收等经济政策,充分用好各部门设立的国家文化产业发展基金、国家出版基金、国家文化出口重点企业和项目扶持资金、民族文字出版专项资金等,做好走出去项目的申请、申报和组织等相关工作。要认真落实总署为推动新闻出版业走出去设立的相关扶持政策,特别是做好《新闻出版业"十二五"时期走出去发展规划》和《关于加快我国新闻出版业走出去的若干意见》这两个政策性文件的落实,积极争取地方党委、政府的重视和支持,加强部门间的协调和沟通,落实配套资金和相关政策,确保各项规划任务的完成。

(五)建设利用好走出去平台

要充分发挥会展平台作用,努力打造北京国际图书博览会、法兰克福国际书展、伦敦书展等具有重要影响力的国际出版、版权交易平台,下工夫办好大型国际书展的中国主宾国活动。探索以新疆、西藏、广西、云南、内蒙古和吉林等边疆省(区)为中心、建设辐射周边国家的新闻出版国际合作交易平台。以信息共享、互联互通为重点,构建翻译人才库、版权交易信息库、重点项目库、中外作家库,搭建多语种的国家级走出去信息服务平台,为企业提供市场供求、版权贸易、政策咨询、法律服务、翻译服务等全方位信息服务。

(六)抓好走出去工程

要认真做好"十二五"规划中有关走出去重点工程的实施与推广。经典中国国际出版工程要重点扶持外向型文学类、学术类精品出版物的翻译、出版、营销、推广,完善输出出版物境外销售额和影响力评价指标体系。中国图书对外推广计划要巩固品牌效应,完善长效机制。中国出版物国际营销渠道拓展工程要着力拓展国际主流营销渠道,扩大海外华文书店规模,挖掘国内外网络书店潜力,切实促进新闻出版实物产品出口。要加大"中外图书互译计划"实施力度,继续与30个重点国家签订双边出版交流与合作协议,不断扩充"中外互译图书"系列,办好"中外互译图书"展和"中外互译图书"双边出版经验交流会。要继续做好国家文化出口重点企业和重点项目的推荐工作,结合项目库建设,确保新闻出版领域重点支持企业和项目逐年递增。要着力实施新闻出版企业海外发展扶持工程,结合文化产业发展专项资金、宣传文化发展专项资金和国家出版基金,着力培育保障国家文化和意识形态安全、占领境外战略制高点的重点企业。要实施边疆地区新闻出版业走出去扶持计划,充分利用新疆、西藏、云南、广西、内蒙古、辽宁、吉林、黑龙江等省(区)与周边国家密切的经贸往来关系,扩大新闻出版产品与服务对周边国家的输出,对在境外建立或举办的出版物零售点和展览给予资金支持。

（七）培养走出去人才

新闻出版业走出去离不开一支高水平、高素质的专业人才队伍。"十二五"时期,要以外向型的经营管理人才、版权贸易人才、专业技术人才、翻译人才的培养为重点,构建新闻出版业走出去人才培养体系。要实施走出去领军人才引进计划,鼓励新闻出版企业聘用和引进符合走出去人才标准、拥有国际业务拓展经验的外向型新闻出版经营管理人才,依照国家有关规定,对其薪酬待遇给予相应的资助和补贴。要重点培养外向型专业技术人才,建立中外新闻出版企业专业技术人才交流培训机制,通过考试选拔外向型新闻出版专业技术人才,分期分批输送到重点跨国出版传媒集团中进行培训。要大力培养版权贸易人才,加大对版权贸易人才的培训力度。要实施翻译人才培养计划,建立中外翻译人才数据库,分期分批资助入库翻译人员赴境外就其所在专业翻译领域开展学术交流活动。同时,还要注重对国外人才与"海归"人才的引进,吸纳国际出版业的高端人才到中国发展,充分发挥国外作者、翻译人才、经营管理人才对新闻出版走出去的重要作用。

党的十七届六中全会的召开和国家"十二五"规划的制定与实施,为新闻出版业深化改革、加快发展带来了难得的机遇,也为继续推动新闻出版业走出去创造了更加有利的条件和更为宽广的空间。全系统一定要认真学习、深刻领会、贯彻落实,准确把握我国经济社会发展新要求,准确把握当今时代文化发展新趋势,准确把握人民群众精神文化生活新期待,把中央精神贯穿到推动新闻出版业走出去的全过程,不断攻坚克难、开拓创新,为实现新闻出版业"十二五"时期走出去的各项目标任务而努力,为早日建成新闻出版强国而奋斗!

换汤、换药,砸碎药罐子*

这几年,国际上对中国的关注度提高,希望了解中国的故事和中国的发展奇迹。2010 年,我国图书版权贸易引进输出比从 2005 年的 7.2：1 转变为 2009 年的 3.3：1,逆差明显缩小。中国已成为名副其实的出版大国。

但我国新闻出版业的国际话语主导权,还有待进一步提高。我们很少能提出关注人类文明的问题,也很少能提出全世界关心的、能变成世界议论中心的问题。要改善这种现状,就需要创新。我认为,创新不足是中国文化国际影响力弱的一个主要原因。

如果缺乏具有时代感的创新精神,就推不出能够代表这个时代的好新闻、好图书、好艺术作品。自己的故事没讲好,拿不出好东西来,只能大量引进外国的书,也就不可能掌握国际话语主导权。

创新包括内容创新、体制机制创新、技术创新等,其中最重要的,是要改变我们的文化生产模式。过去计划经济时代,新闻出版单位由国家完全养起来,没有形成一种内在的活力,竞争机制不适应当前市场经济的需要。别的门类都在按照市场经济的规律,而我们这个行业却游离于市场经济之外。

---

* 本文曾刊载于《人民日报》2011 年 2 月 18 日。

另外,现在人民群众接受的信息,阅读的知识门类越来越广泛。分众化、对象化、个性化的发展,需要我们出版单位提供适合各个门类、各种人群、各种文化程度、各种职业、各种文艺欣赏水平的文化。

更重要的是,国际出版市场是一个以跨国出版公司为主导的、开放的、竞争的市场。我们的这种体制不能适应国际文化竞争——文化生产力解放不出来,人的创造能量发挥不出来。

所以,必须要改造我们的体制机制,确立一种新的模式来参与国际文化竞争。其中,将经营性新闻出版单位从事业单位改为企业,是新闻出版单位走向市场的关键一步,也是加入国际文化竞争的必由之路。这一次,我们不仅要换汤,还要换药,还要把药罐子都砸碎了。

过去5年的改革,400多万人砸掉了铁饭碗,也带来了巨大的变化。“十一五”期间,图书品种增加到了135.8万左右。就是说,这5年来,平均每个人达到了26种书。不改革,这个生产能力是做不到的。

现在,文化体制改革必须是彻底的、可核查的、不可逆的、坚定不移地按照市场化的方向发展。因为它生产的是一种产品,要符合市场经济的规律,才能生产得好、生产得多。毕竟,没有市场谈何阵地?如果我们违背了它的规律,过分强调特殊性而否定了一般的规律性,它就不能持续。

进一步深化改革开放，加快构建
有利于文化繁荣发展的体制机制*

改革开放是我们这个时代的鲜明特征，也是中国特色社会主义文化建设的根本动力。党的十七届六中全会，在总结我国文化改革发展实践经验的基础上，专题研究"深化文化体制改革，推动社会主义文化大发展大繁荣若干重大问题"，并作出相应的决定，意义十分重大。这里，我就认真学习、贯彻、落实"进一步深化文化体制改革"的重要决策谈一些体会。

一、深化文化体制改革的实践基础

党的十六大以来，党中央把文化建设提到重要的位置上，坚持推进文化体制改革，解放和发展文化生产力，推动文化事业全面繁荣和文化产业快速发展，实现了文化的跨越式发展。

党的十七届六中全会提出"进一步"深化文化领域的改革开放，包含了两层意思：一是充分肯定了十六大以来，文化体制改革的方向和成功经验；二是明确要求要在新的起点上，进一步加快进度、加大力度深

---

* 本文曾刊载于《人民日报》2011 年 11 月 10 日。

化文化体制改革。前者是后者的实践基础。

党的十六大厘清了文化体制改革的基本思路,提出了公益性文化和经营性文化概念及其分类改革的要求,相应地提出了发展文化公益事业和文化产业的任务。这是全党在对现代文化认识上的一次思想解放和与时俱进,带来了文化领域的深刻变化。十六大之后,党中央迅速部署文化体制改革试点工作,选择了出版、报业、发行、演艺、电影等五个门类 35 家文化单位和 9 个地区先行先试,国务院出台了支持文化改革试点的优惠政策。经过两年多的努力,试点任务全面完成,一批自愿参与改革的文化单位和地区,也取得不少突破。中央及时总结试点工作的经验,于 2005 年年底,发出了《中共中央、国务院关于深化文化体制改革的若干意见》。这个文件的出台,标志着我国文化体制改革进入了全面推进的新阶段。

其后,我国文化体制改革主要是在四个方面推进,并且取得了突破性的进展:

一是推进文化行政体制改革,改变了政企不分、政事不分、管办不分的混乱局面,实现了政企分开、政事公开、事企分设、管办分离,政府、企业、事业单位各自回归本位,各自承担自己的任务,各自履行自己的职责。

二是加快经营性文化单位的转企改制,培育新型的文化市场主体。由于计划经济体制的影响,我国文化单位是按照行政级次配备的,实为行政部门和地方党政机关的附属机构,没有独立经营能力。在市场经济体制下,文化市场主体缺位,显然是难以发展文化。所以,中央把国有经营性文化事业单位转企改制作为文化体制改革的中心环节,紧抓不放。从 2003 年到 2011 年先后完成了出版、发行、电影单位转企改制,部分非时政类报刊、一般文艺院团、广电网络也完成了转企改制。转制后的文化企业迅速成长为新型文化市场主体,是文化大发展大繁荣的主力。

三是推动公益性文化单位改革,加强公共文化服务体系建设。对于主要是面向社会、承担公共服务职能的图书馆、博物馆、革命纪念馆等这一类单位完全变成公益单位,政府主导,为公众免费开放,创造社会效益;对于既是公共传播又有经营性产业的党报党刊、广播电视这一类单位,实行两分开:编辑、出版、播发等新闻宣传业务,仍然实行事业体制;印刷、发行、广告、电视剧制作、网络传输等,则要剥离出来,转企改制,独立运行。这两项改革也取得了突破,加上文化惠民工程实施,大大提升了公共文化服务能力。

四是调整结构布局,转变发展方式,提高竞争力。在转企改制的同时,重视产业、企业、产品结构的调整,组建了一批新兴文化产业的园区和集群,打造了一批文化企业集团,加快了文化创新和与高科技的融合,文化竞争力几年之内有了显著提高。

正是有了将近十年的文化体制改革实践基础和改革发展给文化领域带来的深刻变化,党的十七届六中全会决定:"进一步深化改革开放,加快构建有利于文化繁荣发展的体制机制。"这里的"进一步",也就是"在新的历史起点上深化文化体制改革"。

二、深化文化体制改革的总体目标

《中共中央关于深化文化体制改革　推动社会主义文化大发展大繁荣若干重大问题的决定》(以下简称《决定》)指出,必须与时俱进、开拓创新、坚定不移地加快推进文化体制改革。依据我国改革开放和社会主义现代化伟大事业的总趋势和坚持社会主义先进文化前进方向的总要求,全会确定的文化体制改革总体目标有四点:

一是在宏观层面上建立依法运营的文化管理体制。建立与市场经济体制相适应的文化宏观管理体制,是文化体制改革的首要目标。《决定》明确指出,"建立健全党委领导、政府管理、行业自律、企事业单位依法运营的文化管理体制。"这里讲了四个方面:党委领导就是各级党委要担负起文化改革发展的政治责任,管好方向,管好政策,保证党对文化建设的决策落到实处;政府管理就是各级政府要转变职能,履行好政策调节、市场监管、社会管理、公共服务的职能,依法管理好文化行政事务;行业自律就是要充分发挥文化行业组织的作用,制定行规公约作为协调、规范行业行为的准则,维护行业健康发展;企事业单位在改革中要成为独立的市场主体或事业法人,要独立承担经济、法律或刑事、民事责任,必须依法运行。这就要求在宏观上明确各自的社会职能、法律地位、运行规则、权责关系。

二是在微观层面上着力形成富有活力的文化产品生产经营机制。无论是文化企业还是文化事业单位,都是具体承担文化创造、生产、经营和服务的实体,必须改变其体制不顺、机制不灵、管理不善的现状,通过改革创新,形成富有效率、充满活力,人人奋发向上的生产、经营、服务机制。

三是在市场层面上充分发挥市场机制的积极作用。文化资源的配置主要依靠市场机制,改革政府包办一切文化的状况;文化产品的社会效益也要通过市场来实现,实现两个效益的统一;文化产业的投融资主要依靠市场来吸引,调动全社会的力量发展社会主义文化;解放和发展文化生产力,满足人们精神文化需求。

四是在国际层面上创新文化"走出去"的模式。文化"走出去"既是提升中华文化国际影响力的需要,也是我国开拓文化发展空间的必然选择。关键是要改革、重构我国文化"走出去"的体制机制,主要通过市场主体、市场渠道、市场竞争和名牌文化产品、超越他人的文化服务"走出去",让中华文明传遍世界。

三、深化文化体制改革的主要任务

《决定》对进一步深化文化领域的改革开放作了重点部署,明确提出了各项任务:

(一)深化国有文化单位改革

新中国成立 60 年来,我们党创办了数量巨大的国有文化单位,在文化建设中发挥了重要作用。但在市场经济体制下,落后的体制机制使其无法生存,更谈不上发展,必须通过改革让它焕发青春活力。中央决定加快国有文化单位体制改革,就是在科学界定文化单位性质和功能的基础上,区别对待、分类指导,加快推进。

一是加快经营性文化单位转企改制,培育合格的市场主体,这是文化体制改革的中心环节。《决定》要求:尚未转制的一般文艺院团、非时政类报刊社、新闻网站要加快推进转企改制;已经完成转企的出版、发行、影视企业,要加快股份制公司制改造,完善法人治理结构,落实资产经营责任制,建立现代企业制度;要创新文化企业的经营管理机制和投融资体制,支持企业自主创新、自我发展,通过上市、债券、股份制等多种方式面向资本市场融资,壮大国有文化企业的实力。

二是深化公益性国有文化单位的改革。担负公共文化服务责任的事业性文化单位,主要是明确公益性任务、强化服务功能、增强发展活力,全面推进劳动人事、收入分配、社会保障制度改革。要进一步推动党报党刊等时政类报刊社、事业性出版社、电台电视台、代表民族特色和国家水准的文艺院团等部分有经营能力的文化单位深化内部改革,编辑宣传业务和发行广告等经营业务要分开,实行企业化管理,增强面向市场、面向群众的服务能力。要创新公共文化服务设施建设和运行机制,变财政养人为财政养事,政府通过采购产品和服务的方式支持文化事业单位。凡是使用政府基金的文化单位都要有绩效评价考核办法,吸纳有代表性的社会人士、专业人士、基层群众代表参与监督管理,大型文化事业单位都应建立理事会,使公益事业更加公开透明。

(二)健全现代文化市场体系

文化市场主体、文化产品的流通如何同市场接轨,就是要靠现代文化市场体系。所以,《决定》指出,必须把构建统一开放、竞争有序的现代文化市场体系,作为文化改革的重要环节。具体强调三个方面:

一是培育传统文化产品交易市场,重点发展图书报刊、电子音像制品、动漫游戏等文化产品市场和演艺娱乐、影视剧等演出市场,有重点地打造一些全国性国际性的文化产品交易平台,办好国际性文化产业博览会等重点展会,扩大市场影响力。

二是发展大型文化流通企业和物流基地。要打破地域、行业界限,通过联合、重组、股份制等方式,加快建设重点文化流通企业和文化产品流通基地,尽快形成以大城市为中心、中小城市相配套、贯通城乡的文化流通网络,方便人民群众的文化消费。要大力发展连锁经营、集中配送、电子商务等现代流通组织和物流形式,提高流通环节的工作效率,保障有效供给。

三是培育文化发展的要素市场,实现文化资源的市场配置。产权、版权、人才、技术、信息等要素市场是文化市场发育的重点,要以改革创新的精神加快构建。《决定》特别强调,重点办好上海、深圳等文化产权交易所,引导和规范各类文化资产的交易。要加强行业组织建设,健全中介机构,发挥积极作用。

(三)创新文化管理体制

继续深化文化行政体制改革是文化体制改革的一个重点。要加快政府职能转变,强化政策调节、市场监管、社会管理、公共服务职能;要继续推动政企分开、政事分开、政府与中介组织分开、管办分离,理顺政府与文化企事业单位、政府与行业协会、政府与中介组织的关系,使政府、企业、事业、中介组织各行其道、各负其责,完善有利于管事管人管资产相结合的国有文化资产管理体制。加强国有文化资产管理,要重视国有文化无形资产和数字产权的管理。要继续推动副省级以下城市组建综合文化行政责任主体,要深入开展"扫黄打非",完善文化市场综合行政执法体制,强化市场监管,维护文化生产、经营市场秩序,保护文化环境。要落实谁主管谁负责和属地管理原则,严格执行文化资本、文化企业、文化产品市场准入和退出政策,落实职业资格管理规定和主管主办制度,综合运用法律、行政、经济、科技等手段提高文化管理效益。

(四)推动中华文化走向世界

开放是改革的重要内容,坚持以改革开放的精神重构中华文化走向世界的体制机制。统筹国内国际两个大局,开展多渠道多形式多层次的对外文化交流和文化贸易,广泛参与世界文明对话和文化市场竞争,增强中华文化传播力和影响力,维护文化多样性,推动人类社会文明进步。

一是创新对外文化传播方式方法,增强我国国际话语权。要改变被动应付为积极主动发声,回应外部关切,使国际社会了解我国的政策方针、基本国情、价值观念、发展道路,树立我国民主、开放、文明、进步的形象。

二是实施文化"走出去"工程,提升我国文化国际影响力。培养一批具有国际竞争力的外向型文化企业和中介机构,开拓国际文化市场,扩大文化贸易。完善支持文化产品和文化服务"走出去"的政策措施,完善译制、推介、合作、投资的扶持办法,鼓励大型文化企业在海外投资合作发展,鼓励重点媒体在海外开展传播业务,鼓励各类行业组织、学术团体在相应国际组织中发挥建设性作用,鼓励出版机构对外大力翻译推介中国精品力作,使中华文化的对外传播生气勃勃,富有成效。

三是拓宽对外文化交流渠道。加强海外中国文化中心和孔子学院建设,巩固对外文化交流阵地。把政府间文化交流和民间文化交流渠道结合起来,发挥各自的优势,实现优势互补。支持非公有制文化企业、非营利文化机构参与文化"走出去",在对外文化交流中发挥作用。支持海外华人华侨、中资企业,做传播中华优秀文化的使者。

四是以开放的心态对待国外优秀文化。《决定》指出,坚持以我为主、为我所用,积极学习借鉴一切有利于加强我国社会主义文化建设的有益经验、一切有利于丰富我国人民文化生活的文明成果、一切有利于发展我国文化事业和文化产业的经营管理经验和机制。这三个"一切"充分表明了我国文化开放和包容多样的胸怀。在具体工作上,《决定》提出,加强文化领域智力、人才、技术引进工作;学习先进制作技术和市场理念;吸引外资进入法律法规许可的文化产业领域,中国政府保障投资者的合法权益;开展知识产权保护国际合作,依法打击侵权盗版和假冒伪劣产品;鼓励外资企业在华进行文化科技研发,发展服务外包和文化产品的加工贸易;建立面向青年的文化交流机制,促进青年文化交流工作;中国政府将设立国际性的文化奖项和中华文化国际传播贡献奖,鼓励为人类文化创造和中华文化传播作出特殊贡献的外国专家、学者和文化工作者。这些改革举措将大大提升我国对外开放的水平,促进多元文化的共生共荣。

四、深化文化体制改革的保障机制

深化文化领域的改革开放,法律保障和政策保障是重要条件,必须要机制化、常效化。《决定》从三个方面提出了要求:

一是强调法律保障。《决定》指出,要制定和完善文化公共服务、产业振兴、产品管理等方面的法律法规,提高文化建设法制化、规范化、制度化水平。这就依法保障了文化改革成果。

二是强调政策保障。《决定》指出,要完善政策保障机制,落实支持文化改革发展的经济政策,加大财政、税收、金融、土地等方面对文化产业的政策扶持力度,设立国家文化发展基金,扩大有关文化基金和专项基金的规模。对文化内容创意生产、非物质文化遗产经营、捐赠和兴办文化公益事业,一律实行优惠的税收政策。对国有文化单位转企改制的扶持政策执行期限再延长五年。这些具有鲜明导向和含金量极高的经济政策,给文化改革发展创造了实实在在的物质条件,带来了前所未有的机遇。

三是强调财政保障。《决定》指出,要逐年提高文化支出占财政支出的比例,保证公共财政对文化建设投入的增长幅度明显高于财政经常性收入增长幅度,扩大财政覆盖范围,完善投入方式,加强资金管理和绩效考核。只要各级党委和政府在制定财政预算和资金分配计划时有所遵循,有统一的财政支持标准,建设公共文化服务体系的任务就一定能落实。《决定》要求提高彩票公益金用于文化事业的比重,鼓励社会组织、各类机构和个人捐赠资金兴办公益性文化事业,也是多渠道保障公益文化事业的办法。

进一步深化改革开放,加快构建有利于文化繁荣发展的体制机制,是推动文化建设的关键,也是一项复杂而艰巨的系统工程,需要全党上下解放思想、统一认识、与时俱进、开拓创新,坚定不移地深化改革、加快改革,用强有力的工作把文化体制改革的蓝图变成改革的现实。十七届六中全会《决定》为我们在新的起点上深化文化体制改革指明了方向、坚定了信心、提供了动力。我们一定要把《决定》学习好、宣传好、贯彻好、落实好,抓住机遇,攻坚克难,奋力开创文化改革发展的新局面,为中国特色社会主义文化建设贡献力量和智慧。

以改革为动力全面提升
我国的传播力*

很高兴到人民日报社与大家一起交流当前新闻出版领域改革特别是大家关心的报刊改革的问题。目前我国共有报纸 1937 种,其中党报 434 种。党报虽然从数量上只占报纸总数的 22.4%,但是在新闻传播的影响力、权威性等方面却占有举足轻重的地位。尤其是《人民日报》作为党中央的机关报,地位、作用更加突出。随着网络、手机等新兴媒体传播力日益增强,党报与其他传统媒体一样,也面临着严峻挑战。这些挑战,无论从国家层面看还是从新闻出版单位看,集中反映为对传播力的挑战。传播力决定影响力,传播力就是竞争力。新闻出版业是传播力构成的核心部分,也是传播力建设的主要方面。应对挑战,进一步提升传播力,必须深化新闻出版体制改革,加快新闻出版产业发展。所以,我想同大家交流的题目是:"以改革为动力全面提升我国的传播力。"主要谈三个方面的内容。

一、提升传播力的重要性和必要性

第一,从历史上看,我们党历来重视传播力建设。处在反动统治之

---

* 本文系作者 2010 年 4 月 2 日在人民日报社编委中心组学习会上的报告。

301

下的无产阶级革命领袖,最早投入战斗的武器就是新闻、出版、写作,他们的一个共同之处就是从办报办刊、写书、出版开始他们的革命事业的。马克思当了7年新闻记者、编辑,搞了20多年的出版,一生创办过多种报纸和刊物,他坚持以新闻出版写作来宣传共产主义的思想主张,唤醒全世界工人阶级联合起来,解放自己解放全人类。恩格斯用了30多年时间整理、出版马克思主义的著作,为无产阶级政党留下了宝贵的精神财富。在东方文化专制的条件下,列宁、斯大林、毛泽东以及中国共产党的早期领袖,都是冒着生命危险办报、办刊、出书,宣传革命,武装人民。他们最懂得新闻出版事业对巩固意识形态、引导社会思潮的重要性,在这方面的论述也比较多。这种传统对后来党的领导人影响很大,历届党的领导人都把新闻出版事业当做重要阵地。新中国成立前强调了文武两条路线,有过"一篇文章胜过一个师"的说法,把新闻出版作为战斗的武器。新中国成立后毛泽东同志在第一届中央政府机构很少的情况下设立了两个正部级机构:新闻总署和出版总署。邓小平同志恢复发展了新闻出版业,提出了改革开放时期开展"扫黄打非"斗争的要求。

第二,从时代特征看,传播力在国计民生中的作用更加突出。在经济全球化、文化多元化、社会信息化的今天,在计算机、互联网、数字化等高新技术的推动下,出版传媒业获得了前所未有的发展机遇,直接深入到了社会、家庭、个人生活的各个方面,对整个社会生存方式、生活方式、生产方式产生了巨大影响,对经济、政治、文化、社会的作用力越来越大。国际上早有传媒已由第四力量变为第二力量的说法,政治上"传媒选择总统"、军事上"情报打赢战争"、经济上"信息决胜竞争"、生活上"媒体引导潮流"已经是许多人的认识。虽然这是极而言之,但它也说明一个事实,在当今世界任何一个国家里,出版传媒业与国计民生息息相关。政治家不能不明白这一点,不能不重视这方面的工作。

第三,从现实需要看,传播力关系党和国家政权。一是我国经济社会发展的新任务,对新闻舆论支撑、文化软实力、传播力的建设要求更加迫切。实现夺取全面建设小康社会新胜利的奋斗目标,需要改变我国文化发展相对滞后的状况,进一步做好统一思想、振奋精神、凝聚力量的工作,更好地提供良好的舆论环境支持。二是社会矛盾日益复杂、社会思想多元多变,主流媒体提高传播力的任务更加繁重。面对改革进入攻坚阶段的各种深层次问题日益凸显,面对某些人们情绪上的波动和思想上的困惑,面对多种因素引发的社会热点,新闻媒体时时经受着考验,怎么去化解矛盾,怎么去消解热点,怎么去引导群众,都是党和国家赋予新闻出版业的重大责任,都是每一位新闻出版工作者一定不能马虎的大问题。三是敌对势力加紧思想文化渗透、思想理论领域噪音杂音时有出现,巩固社会主义意识形态的工作更加迫切。以美国为首的西方国家极力推行意识形态新战略,进行所谓"文明战争",策动"颜色革命",拼凑"民主同盟"。法轮功、民运、台独、藏独、疆独等敌对势力在境外合流,与境内别有用心的人遥相呼应,加紧对我进行渗透和破坏。他们集中攻击我基本政治制度、新闻出版制度和司法制度等,利用互联网、非政府组织、宗教活动等形式和渠道,向我进行渗透。一些别有用心的人利用传媒、出版、互联网发表文章,攻击马克思主义,宣扬历史虚无主义、新自由主义、民主社会主义,攻击党的路线方针政策,利用历史问题大做翻案文章,丑化党的形象。在这些事关意识形态领域斗争的大问题上,有效抵御西方思想文化渗透,维护我国国家利益和文化安全,需要大大提高我们的传播能力。

第四,从中央要求看,提升传播力的重要性被提到了前所未有的高度。党的十七大报告明确指出要提高国家文化软实力,"在时代的高起点上推动文化内容形式、体制机制、传播手段创新,解放和发展文化生产力是繁荣文化的必由之路"。强调"运用高新技术创新文化生产方式,培育新的文化业态,加快构建传输快捷、覆盖广泛的文化传播体系"。胡锦涛同志近年来多次强调,谁的传播手段先进、传播能力强大,谁的思想文化价值观念就能更广泛地流传,谁就能更有力地影响世界。胡锦涛同志在《人民日报》创刊 60 周年之际考察人民日报社的讲话中明确指出:"当前,世界范围内各种思想文化交流、交融、交锋更加频繁,西强我弱的国际舆论格局还没有根本改变,新闻舆论领域的斗争更趋激烈、更趋复杂。在这样的情况下,新闻宣传工作任务更为艰巨、责任更加重大。"这些都充分反映出中央把文化发展和文化传播的重要性提到了前所未有的高度。

第五,从新闻出版工作的地位作用看,提升传播力是我们的核心使命和任务。新闻出版业是中国特色社会主义事业总体布局和我国经济社会发展的重要组成部分,在全面建设小康社会战略全局中凸显出越来越重要的地位和作用。从产业经济的角度讲,它是发展文化产业的主阵地,日益成为我国经济发展新的增长点和经济结构调整的着力点;从政治建设的角度讲,它在推进马克思主义现代化、中国化、大众化,巩固舆论阵地、高举一面旗帜、坚持一条道路、形成一个理论体系方面作用巨大;从文化建设角度讲,它在普及科学知识、传承中华文明、培育民族精神、提高公民素质、推动社会全面进步等方面具有基础性、战略性地位。从国际文化较量的角度看,新闻出版是文化生产和传播的核心部分、文化软实力的重要体现,日益成为不同国家、不同民族、不同政治力量竞争的焦点。总的来看,新闻出版承担着营造有利于经济社会又好又快发展的国际国内舆论环境的重要职责,传播力建设是其核心使命和任务。全体新闻出版工作者,要增强政治意识、政权意识、责任意识,不负重托、不辱使命,为提升我国的传播力而努力。

第六,从加快经济发展方式转变的要求看,提升传播力恰逢重要历史机遇。胡锦涛同志前不久在中共中央党校的讲话中再次全面阐述了加快经济发展方式转变的问题,并明确指出,加快发展文化产业是当前和今后一个时期加快经济发展方式转变的八项重点工作之一。发展新闻出版业完全符合中央关于"三个转变"的要求,这是我们国内发展环境面临的重大机遇。新闻出版业是生产和提供精神文化产品的主渠道之一,贯彻中央关于更加重视消费对经济的拉动作用、进一步扩大国内需求的决策部署,就要更加重视新闻出版业发展;新闻出版产业日益成为现代文化产业和创意产业的一个核心部分,并成为信息服务业的核心部分,从业人员上千万,在服务业整体构成中举足轻重,贯彻中央关于增加服务业在国民经济构成中的比重的要求,也要求更加重视新闻出版业发展;新闻出版业作为新世纪的朝阳产业,是绿色经济、低碳产业,随着与数字技术、信息网络技术的加速结合,数字出版、互联网出版、手机出版、数字印刷、数字发行等新闻出版新业态层出不穷、发展势头迅猛,以高素质人才聚集和科技创新与新技术应用为特征的新闻出版业日益成为战略性新兴产业,贯彻中央关于加快经济发展方式向依靠科技进步、劳动者素质提高和管理创新转变的要求,更需要加快发展新闻出版业。同时,面对世界主要发达国家陷入经济困境和国际经济秩序正在重构的新形势,我们正面临着巩固提升传播力和加快"走出去"的历史机遇。我们要用世界眼光、国际视野、战略思维,在广阔的空间中来定位和谋划新闻出版改革发展,进一步提升文化传播能力、掌握话语权,为增强我国文化软实力提供坚实的基础。

二、新闻出版业改革和发展实践充分证明,改革在推动新闻出版业发展、提升传播力中具有关键作用

第一,改革大大提高了新闻出版业的整体实力和传播力。改革是我们这个时代的旗帜,也是各项事业发展的巨大动力。改革开放以前,中国新闻出版业长期在计划经济的轨道上运行,不要说在国际上的传播力、影响力,就连国内的基本需求都难以满足。改革开放以来,特别是党的十六大以来,在党中央、国务院的领导下,新闻出版业在改革中前进,在创新中发展,改革和发展都取得了历史性的突破。

2002 年,新闻出版总署在国家机关率先完成与所属新闻出版单位的"三分离";2003 年开始,按照党中央、国务院对文化体制改革进行试点的决定,我们从体制创新入手,积极推进 21 家新闻出版单位的改革试点任务,为出版发行体制改革向纵深推进提供了新鲜经验。2005

年,总署贯彻中央关于全面推进和深化文化体制改革的精神,明确了深化出版发行体制分类改革的总体思路,大力推动一批中央部委出版社、一批高校出版社、一批经营性报刊转企改制,继续推动地方出版单位深化改革,推进各级各地出版单位转企改制。为加快改革进程,2009 年年初,总署出台了《关于进一步推进新闻出版体制改革的指导意见》,进一步明确了改革的"时间表"和"路线图"。同时,着眼在发展中谋改革、以改革促发展,今年年初以总署 1 号文件的形式出台了《关于进一步推动新闻出版业发展的指导意见》。经过这些年的努力,新闻出版体制机制发生了根本变化,新闻出版业发展方式得到切实转变,传播力和影响力明显增强。

一是改革使传统出版业规模化发展成效显著,产业体系、结构、布局不断优化,整体实力和传播力增强。我们坚持推进集团化、产业化、市场化改革,使新闻出版业生产、组织、营销、管理方式发生重大变化,劳动生产率得到空前提高。从 1978 年到 2009 年,我国的图书产品增加 18.4 倍;报纸、期刊的产品增加近 10 倍。图书、报纸出版物品种、总量连续五年稳居世界第一位。音像、电子、网络等新业态不断加快发展,产品更加丰富。多种所有制、多种形式的出版物发行业蓬勃发展,十几万个流通网点遍布全国,服务城乡。2009 年,全国新闻出版业逆势上扬,总产值增长 20%左右,图书销售增长 20%左右,新媒体出版增长 42%左右,投资总额增长 35%左右。印刷复制业行业总产值超过 5700 亿元,居世界第三位。新闻出版业产业规模、生产能力持续扩大,总产值突破万亿大关。我国已经成为名副其实的出版大国。目前,已基本形成了以图书、报纸、期刊、音像、电子、网络等媒体组成的出版、印刷、复制、发行、外贸等为主,包括出版教育、出版科研、版权代理、出版物资供应、出版物进出口等附属门类完整的产业体系。在区域布局上,珠江三角洲、长江流域、环渤海等地区形成了各具特色的产业集群,一批出版、印刷、物流和数字出版基地已经或正在形成,有的已经具备一定的国际竞争力。

二是改革转换了体制机制,一批新型市场主体脱颖而出,催生了全新的传播格局。改革开放以来,全国国有印刷和发行企业率先基本转为企业,成为市场主体。2003 年以来,我们紧紧抓住经营性新闻出版单位转企改制、重塑市场主体这个关键环节,积极稳妥、有序有效地推进转企改制工作,一大批出版发行单位成功转制为企业。目前,按照中央确定的"路线图"和"时间表",全国 268 家地方出版社中,除拟保留公益性质、有待中央批准的 21 家出版社外,其余 247 家已基本完成转制工作,103 家高校出版社的转企改制工作已于 2009 年年底基本完成。为确保出版单位转制工作按时间表进行,总署还下发了《关于加快推进经营性图书、音像和电子出版单位转制工作的通知》,明确要求,对于 2009 年年底前未完成转制的地方和高校出版社,2010 年年底前未完成转制的中央各部门各单位出版社将予以注销,不再保留,遗留问题由主办单位自行负责。另外,中央及地方出版集团、图书出版社所属的音像电子出版单位已随图书出版社一并完成或正在转制过程中。2009 年,中央各部门各单位出版社体制改革工作全面启动,所有 148 家经营性的中央各部门各单位经营性出版社要在 2010 年年底前完成转制。截至今天,已有 146 家出版社报送了改革方案,有 118 家已经批复方案,年底前将全部完成经营性出版社的转制任务。

三是改革使新闻出版企业集团化建设加快推进,股份制改造、上市融资和跨地域经营取得新突破,企业传播力、竞争力明显增强。总署积极鼓励新闻出版企业把转企改制同兼并重组、股份制改造结合起来,以资本为纽带实现战略重组与资源整合,打破区域限制、行业垄断,实行跨地区、跨媒体、跨行业经营,努力打造大型新闻出版企业和企业集团。2007 年 5 月,四川新华文轩连锁股份有限公司在香港上市,成为第一家通过 IPO 方式在香港联合交易所主板挂牌上市的国有大型出版物发行企业。2007 年 12 月,辽宁出版传媒股份有限公司在上海证券交易所上市,成为国内首家将编辑业务和经营业务捆绑后整体上市的出版集团公司。2008 年 9 月,中国证监会正式批复同意安徽出版集团以出版、印刷等文化传媒类资产认购科大创新股份公司定向发行股份,成为第一大股东,并更名为时代出版传媒股份有限公司。中南出版传媒股份有限公司上市的三年豁免日前已获得国务院同意,拟公开上市发行股票。江西省出版集团公司将转企改制和重组上市合二为一,集团公司所属6家图书出版社、1家电子音像出版社、7家报刊社整体转制为公司制企业,目前正在重组鑫新股份实现借壳上市目标。

与此同时,出版发行企业兼并重组、跨地域经营迈出新步伐。图书出版方面,江西出版集团与中国宋庆龄基金会联合重组的中国和平出版社有限公司正式挂牌成立,吉林出版集团和中华工商联合出版社进行了实质性的联合重组。发行方面,江苏新华发行集团公司与海南省新华书店系统共同组建海南新华发行有限责任公司,江苏发行集团控股51%,海南将全部资产和业务整合进新公司,占有股权49%;海天出版社并入深圳发行集团,深圳出版发行集团2007年正式组建;安徽新华发行集团2007年兼并重组了安徽文化音像出版社;浙江、四川、辽宁等发行集团的跨地区经营业务已颇具规模并不断拓展新的业务空间。2009年以来,辽宁出版传媒集团公司借助上市融资平台与天津出版总社、内蒙古新华发行集团公司以股权加现金的方式开展跨地区合作;江苏凤凰出版传媒集团有限公司、山东出版集团有限公司就双方重大出版工程合作、互相开放图书市场、印刷物资联合采购等项目进行战略合作,通过互利双赢共同加快发展;中国出版集团公司整合转制后的中国民主法制出版社,成为第一家与原主管主办单位全国人大办公厅脱钩的中央转制出版社。中国出版集团公司最近又以51%的持股比例,控股宁夏黄河出版传媒集团有限公司,与广西出版总社跨地区联合事宜也正在推进中。

出版物连锁经营获得较快发展,经总署批准从事出版物全国连锁经营的企业已有30家,24个省市的新华书店实现了省内或跨省连锁。出版物电子商务发展迅速,浙江新华的博库书城网、重庆新华的重庆书城网等主营出版物的网上经营企业快速成长。业内非公有经济进一步发展,一些民营发行单位年销售规模已突破10亿元;新审批设立中外合资、合作或外商独资发行企业已近 10 家。

四是改革使传统出版业的数字化转型加快,加速了出版产业链的优化和传播力的增强。我们坚持推动传统出版业的数字化转型。截至 2008 年年底,580 家图书出版社中已有 90% 开展了电子图书出版业务,电子书发行总量超过 3000 万册,收入达 3 亿元,同比增长 50%。互联网出版、网络游戏、手机彩铃、手机游戏、手机动漫等新的新闻出版业态大量涌现。2009 年,数字出版总产值已超过 750 亿元。信息技术和网络技术的发展,催生了新的内容载体、传播形式和阅读方式。据不完全统计,2009 年,我国国产电子阅读器销量约 71.6 万台,承载图书 3000 多万册,销售额超过 10 亿元。预计 2010 年将达 300 万台,销售额 60 亿—70 亿元。

五是改革使对内对外开放不断扩大,大大拓展了传播领域。我们坚持资本和市场逐步放开,使民营资本和外资有序进入发行、印刷领域;坚持股份制改造和推动上市,吸纳了大量社会资本,2007 年以来,联合、兼并、重组、上市等资本运营手段开始全面进入出版业。新闻出版业的印刷、发行和出版策划服务领域已经形成了国有、民营、外商投资等多种所有制形式共同发展的新格局。目前,全国民营发行企业达 11 万个,中外合资、合作或外商投资书报刊发行企业 40 多家,印刷企业 2500 多家。

六是改革使"走出去"步伐加快,增强了对外传播力。我们坚持实施"走出去"战略,每年参与 40 多个国家或地区的书展、书市,以产品带动文化"走出去",以市场竞争扩大我国文化的国际影响。版权贸易逆差比例从 2002 年的 15∶1 下降到目前的 4∶1;实物出口总量逐年增加,图书出口达 730 多万册,是进口的两倍;报刊出口达到 400 多万份,发行到了 193 个国家和地区,年均增长 62.4%。2009 年,法兰克福国际书展中国主宾国活动,成为新中国成立 60 年来在国际上举办的规模最大、影响最广的文化交流活动,极大地提升了中华文化影响力和我国文化软实力。

七是改革使新闻出版公共服务体系不断健全,完善了传播网络。我们坚持转变政府职能,把更多的精力放到社会事业上。2006年以来,先后组织实施了重点出版工程、农家书屋工程、东风工程、全民阅读工程、文化环保工程等新闻出版公共服务重大工程。2008年起,正式设立国家出版基金,支持了一大批国家出版项目的实施。农家书屋建设累计投入资金60多亿。东风工程的启动,为解决新疆等地区群众看书看报难问题迈出了实质性步伐。截至今年春节前,全国建成农家书屋30万家。

第二,报刊业改革已经打破了过去的传播格局。近年来,随着文化体制改革的不断深入,报刊体制改革冲破陈旧观念的束缚,解放思想,转变观念,在创新体制机制,打造新型市场主体,转企上市,整合报刊资源,改革报刊发行方式,与国外期刊开展版面合作等方面进行了一系列的探索,取得了很大的成绩。目前,有5家报业集团或报刊社的经营部分上市,1069家报刊转企,63家期刊与国外开展版面合作,辽宁等省报与地市报战略合作以及党报进报亭、进家庭的发行体制改革取得初步成效,中国科学出版集团公司、中华医学会分别整合200多家和100多家期刊,形成国内最大的期刊集群,等等。这些改革,一是完全打破了党报一统天下的局面,形成了都市类媒体、网络媒体等多种媒体共同发展的局面;二是有效整合了报刊资源,大大拓展了媒体的传播渠道、传播空间和传播能力。

三、进一步深化新闻出版体制改革的目标和任务

(一)关于新闻出版体制改革的总体目标和主要任务

2009年3月,新闻出版总署出台了《关于进一步推进新闻出版体制改革的指导意见》。这标志着新一轮新闻出版体制改革的帷幕拉开,新闻出版体制改革走向全面推进、纵深发展的关键阶段。该指导意见提出的四个方面的改革目标、八大改革任务、五项保障措施,让新闻出版体制改革的蓝图愈加清晰。新一轮新闻出版体制改革的目标是要实现"一个体制、两个格局、三个体系"。"一个体制"即:党委领导、政

府管理、行业自律、企事业单位自主经营的宏观管理体制。"两个格局"为：以国有为主导，多种经济共同发展的产业格局；以民族文化为主，吸收人类优秀文化共同发展的开放格局。"三个体系"是：一个统一开放、竞争有序、健康繁荣的市场体系；一个以人为本、面向基层、惠及大众的公共服务体系；一个技术先进、传输快捷、覆盖广泛的传播体系。新一轮的新闻出版体制改革，还要着力打造中国出版传媒业的航空母舰，让中国的出版传媒企业不仅能够经得起市场竞争的风浪，也能提高中华文化在国际上的竞争力、传播力和影响力。

当前，新闻出版体制改革加大力度、加快进度，取得了实质性突破和重大进展。但是，塑造合格市场主体，打造新闻出版"航母"，营造良好市场环境等改革任务还远未完成，必须进一步加快深化改革。今年是总署确定的改革决胜年，我们要推动改革在以下关键领域和重点环节上取得新突破。

一是全面完成经营性新闻出版单位转企改制，重塑市场主体。企业是新闻出版产业发展的基础，经营性新闻出版单位转企改制仍是当前新闻出版体制改革的核心任务，也是新闻出版业发展方式转变的体制保证。第一，要按照中央的统一部署和要求，继续扎实推进中央各部门各单位出版社体制改革，在 2010 年 12 月底前全面完成中央交给我们的这一重大改革任务。第二，要开展高校出版社和地方出版社改革督察验收工作，推动这些出版单位在转企的基础上加快产权制度改革，完善法人治理结构，真正建立现代企业制度，尽快成为真正的市场主体。第三，要继续深化音像电子出版社体制改革，特别是重点推动独立的经营性的音像电子出版单位转制工作，确保在年底前全面完成转制任务。第四，要加快推进非时政类报刊出版单位转制工作和党报党刊发行体制改革，全面落实中央关于深化报刊出版单位分类改革的工作部署。同时，也要抓好公益性新闻出版单位的改革。

二是完善现代出版物市场要素建设，形成统一开放的新闻出版市场体系。建设现代市场体系，充分发挥市场在资源配置中的基础性作用,是转变新闻出版业发展方式的基本内容。今年,新闻出版部门要继续加强资本、产权、信息、技术、人才等新闻出版市场要素建设,着力打破按部门、按行政区划和行政级次分配新闻出版资源和产品的传统体制,打破条块分割、地区封锁和城乡分离的市场格局。充分利用全国性和区域性产权交易机构,为新闻出版资本、产权、人才、信息、技术等要素的有序、有效流动搭建交易平台。培育发展版权代理、出版经纪等市场中介机构,提高新闻出版产品和服务的市场化程度。通过努力,实现生产要素合理流动和资源优化配置,加快形成统一开放的新闻出版市场体系。

三是深化流通体制改革,营造现代新闻出版大流通体系。要着力加强以跨地区连锁经营、信息化管理和现代物流为特征的大型现代新闻出版物流通企业建设,构建全国性和区域性现代新闻出版大流通体系。通过整合新闻出版物发行渠道,重点培育一批主业突出、辐射力强的大型国有或国有控股物流企业和企业集团。按照经济区划和新闻出版物物流发展的客观规律,建设一批辐射全国的物流中心。要继续扶持农村连锁网点建设,建立以大城市为中心、中小城市相配套、贯通城乡的新闻出版物流通网络。继续鼓励新闻出版企业发展连锁经营,推动有条件的企业跨地区、跨国界连锁经营,特别是要鼓励企业利用电子商务等先进物流技术,开展第三方物流服务,带动流通体系建设,推动新闻出版物市场流通方式转变。总之,要在市场要素改革的基础上,通过不断深化流通体制改革,积极发展新闻出版流通、物流产业,重点通过建立新型出版物配送体系、加大连锁经营、电子商务、搭建交易平台、规范市场秩序等方式,努力营造现代新闻出版大流通体系。

四是深化投融资体制改革,为新闻出版业开辟安全有效的投融资渠道。过去,中国出版业的发展多是靠国家投资和出版单位自我积累,因此发展速度慢,规模小。近几年,我们逐步改革新闻出版的投融资体制,通过资本市场募集产业发展资金,加速了产业发展。今年,加快投融资体制改革仍是改革工作的重点之一。要在充分利用新闻出版系统内国有资本的同时,有效地吸纳系统外社会资本和境外资本,实现以资本扩张带动业务扩张、规模扩张和效益扩张。下一步,我们将有计划地推动多家出版企业上市。要进一步拓宽融资渠道,积极引导企业采取内部融资、业内融资、业外融资、发行企业债券、引进外资、上市融资等多种融资方式,壮大实力,加快发展。新闻出版总署在2009年与多个国有银行进行战略合作的基础上,继续开展与其他国有银行及金融机构的战略合作,加快建立和发展中小新闻出版企业信用担保机制,允许投资人以知识产权等无形资产评估作价出资组建新闻出版企业,为产业发展争取良好的融资环境。

五是进一步扩大开放,拓展新闻出版业发展空间。在对外开放不断扩大的新形势下,扩大对内对外开放是新闻出版业发展方式转变的一个重要方面。从对内开放来看,与其他行业、国有企业、社会资本进行有序的对接和合作必须有新的突破。特别是要抓紧研究解决民营文化工作室的发展通道问题。在对外开放方面,要继续加强版权引进,继续鼓励引进世界各国的优秀出版物,吸收各民族创造的优秀文化和科学知识。要拓宽外商投资领域,引进战略投资者。

六是打造中国新闻出版业的"航空母舰",推进新闻出版领域资源整合。集团化是新闻出版业调整结构、转变发展方式的重要途径,是新闻出版业实现规模优势、提升国际竞争力的重要手段。今年,我们要按照中央领导同志的指示精神,通过大力实施"三个一批",重点推进出版发行企业联合重组,加快培育出版传媒骨干企业和战略投资者,打造中国新闻出版业的"航空母舰"。今年要重点推动中国教育、科技、卫生等领域的新闻出版资源先行整合,组建几个导向正确、主业突出、实力雄厚、管理规范、运行高效、核心竞争力强的出版传媒集团。

七是加大行政体制改革力度,创新管理方式,提高行政效能。行政体制改革,作为新闻出版体制改革的重要组成部分,具有影响全局、带动各方的关键作用,是新闻出版体制改革的关键环节。今年将继续加快建立和完善党委领导、政府管理、行业自律、企事业单位依法运营的新闻出版管理体制和富有活力的新闻出版产品生产经营机制。按照建设服务政府、责任政府、法治政府和廉洁政府的要求,继续推进政企分开、政事分开、政府与市场中介组织分开,使政府真正履行好政策调节、市场监管、社会管理、公共服务的职能。要继续改革行政审批制度,减少审批事项,下放审批权限,简化审批程序,提高行政效能。按照中央部署,继续推进文化综合执法改革,确保"扫黄打非"和知识产权保护工作落到实处。继续加强中介机构和行业组织建设,使其依照有关法规和章程履行市场协调、监督、服务和维权等职责。

(二)关于报刊业改革

关于报刊业改革,我讲三个问题。

第一,当前报刊业面临的严峻挑战。

一是改革带来的资本挑战。大家知道,我国文化体制改革从2003年启动试点,这几年改革步伐不断加快,目前文化体制改革已在全国全面铺开,新闻出版体制改革则走在文化体制改革的前列,得到了中央领导尤其是胡锦涛总书记的充分肯定。但是我们要看到,传统报刊的改革还是比较落后的,在新闻出版总署管理的十大行业中,报刊体制改革相对滞后。在国外,报刊业一般都是大型的媒体集团,有着雄厚的财力和广泛的影响力,综合实力位居前列。国内却是图书出版业由于改革步子大、政策足、利用得好,走在了改革的前列,经济实力、影响力不断增强。

目前,国内各出版集团已经纷纷转企改制,辽宁出版集团、安徽出版集团等均整体上市。江苏凤凰出版集团不管是总资产,还是营销总收入,都超过百亿元。四川新华文轩在香港上市募集资金达23亿港币,资产规模也将超百亿。广东、浙江等地的出版集团,整体实力都有大幅提升。可以预见,未来若干年中国的新闻出版业总资产、总规模、影响力可能会形成以若干出版集团为龙头的格局。就文化体制改革而言,报业跟图书出版集团相比是落后了,报业下一步该怎么办? 现在出版集团都纷纷上市,兼并重组。中央也鼓励国有传媒集团兼并重组。

鼓励谁？肯定是鼓励有实力的国有出版集团去兼并重组小报小刊等其他出版单位，这就是资本的挑战。社会资本、民营资本介入报刊业，目前还是有一些政策限制。但是这些改革在先的大型国有出版集团，下一步必然将作为国家支持的主体，市场经济的主体，投资的主体。由于它改革在先，国家政策、资源有倾斜，资金也支持，所以将会越做越强，越做越大。

当然报业也不是说没有改革，包括报刊业经营部分上市的也有一些，但至今还没有一家整体上市。党报中，《解放日报》经营部分借助新华传媒上市，《广州日报》的部分经营业务借粤传媒上市。另外，《成都商报》的博瑞传播、《中国计算机报》的赛迪传媒也是经营部分上市。但这些仍然只是探索，还有一些新情况新问题需要我们加强研究，比如《北京青年报》的北青传媒，上市以后不仅没有带来预期的更大规模的发展，反而带来一些束缚，出现了一些不良状况。这种新形势对报刊业既是机遇也是挑战。

二是新媒体的挑战。新媒体加剧了报刊业下一步生存、发展的难度。手机、互联网网民现在超过 3 亿；新浪网、搜狐网、腾讯网影响力剧增，有人说这些网站是报刊业的"私生子"，但其实力、影响力居然远远大于报刊业。许多地市级党报、都市报某条新闻被新浪、搜狐转载，还以此为荣。互联网已有议题设置的能力，报纸不得不通过网上有多少人关注某事件来判断这一事件的重要性。

在新媒体及金融危机的双重冲击下，世界报业普遍面临发展的危机问题，美国报业普遍不景气，几大报业集团均出现不同程度的破产，报纸的从业人员从 10 年前的 41.5 万人减少到目前的 30 万人。在法国，除了《体育队报》之外，其他全国性的报纸都在亏本经营。据世界知名的管理咨询公司贝恩公司统计，"过去 10 年互联网的利润占全球创意行业利润的份额由 4% 上涨至 22%，且它是以牺牲报纸业利润为代价的，同期报纸业的利润由 40% 下降至 14%。"我国的一些计算机类报刊，由前些年几亿元的年收入下滑到几千万元。随着手机 3G 业务的推开,传统媒体更会感到生存的危机,如果仍不加紧改革创新的步伐,美国某些报社的今天就有可能是我国报业的明天。

三是传统媒体相互竞争的挑战。面对来自各方的挑战,传统媒体已纷纷开始改革创新。《人民日报》改版;《京华时报》、《环球时报》等进行企业法人登记;《中国汽车报》、《中国能源报》加速转企改制。中央人民广播电台在中央广电媒体中率先改革,收听率正在迅速上升。中央电视台依托电视、在央视网基础上创办中国网络电视台,积极拓展互联网传播新领域,不断扩大主流媒体覆盖面和影响力。人民日报社、中央人民广播电台、中央电视台都是强势的中央级媒体,都在不停地改革和探索。这实际上是一个启示,就是中央深深意识到要增强中央媒体在地方的影响力,乃至在国际上的影响力。地方媒体如何奋起直追,在新的竞争环境下生存发展改革创新,值得报人重视。

四是媒体公信力的挑战。互联网带来了海量的信息,同时也带来了虚假新闻和失实报道,带来了新闻行业风气的浮躁。比如有些记者不出去采访,在网上下载信息,摘编新闻,导致虚假新闻屡禁不止。2009年,新闻出版总署对《上海证券报》、《半岛都市报》、《时代周报》等十几家刊发虚假失实报道的报纸进行公开通报。其中"中国的财富91%集中在高干子女的手上"的虚假报道,是几年前网络上的虚假信息,却在几年后经过报纸报道在大范围内传播。当然这跟互联网也有关系,互联网网民年轻人多,60%是25岁以下的年轻人,60%月收入只有1500元左右,50%左右是单身,另外"仇富"、"仇官"的现象在网上盛行。所以,一旦有与官员、高干、富翁有关的负面信息,就传播得非常快。现在网络也不完全是代表民意,很多网络信息、重大新闻是网络背后推手制造出来的,而我们传统媒体纷纷跟进,带来最后的结果是传统媒体公信力的丧失。长此以往,大家认为网上说的都是真的,因为传统媒体也跟进了。这几方面的挑战带来了我们报刊业生存的危机。

第二,报刊业分类改革的目标、原则和重点任务。

长期以来,中央报刊单位在坚持马克思主义在意识形态领域的指导地位,宣传党中央的方针政策,创新和传播科学文化知识,丰富人民群众的精神文化生活等方面,发挥了积极作用。但是,在社会主义计划经济体制下,按照行政级次和部门分配报刊出版资源,与我国报刊出版体制与人民群众日益增长的报刊阅读需求、全面建设小康社会的文化发展目标任务不相适应,与完善社会主义市场经济体制、实现社会主义文化大发展大繁荣的战略要求不相适应,与文化开放格局中增强文化传播能力、确保国家意识形态安全和文化安全不相适应,与高新技术在新闻传播领域迅猛发展和广泛运用的趋势不相适应。我国日报年千人拥有份数和期刊年人拥有份数与国际水平相比还有很大差距,报刊总体上规模小、资源分散、结构不合理;市场化程度低、实力不强、市场竞争能力弱;国际舆论引导力和影响力不强;有的甚至靠卖报号、刊号维持生存,导向不正、质量低劣、内容低俗,影响群众切身利益,损坏报刊业社会形象。目前,新闻出版领域图书、音像、电子出版单位体制改革进入决胜阶段,根据中央关于文化体制改革区别对待、分类指导、循序渐进、逐步推开的原则,深化中央和中央各部门各单位报刊出版单位分类改革的条件已经成熟。

报刊业改革的目标是:按照中央文化体制改革总体部署和要求,坚持社会主义先进文化前进方向,坚持建设社会主义核心价值体系,坚持将社会效益放在首位,实现社会效益和经济效益相统一。坚持发展是第一要务,大力培育公共服务和市场经营两大主体,巩固和加强党报党刊等党和国家重点时政类报刊在多元传播格局中的主导地位,促进报刊业全面协调可持续发展。坚持全面提升舆论引导能力、提高新闻传播能力、改善文化服务功能,更好地服务于党和国家工作大局,服务于人民群众精神文化需求,服务于国家科研事业和行业的发展,加快向报刊出版强国迈进的步伐。

报刊出版单位分类改革的主要原则是:与加快报刊业发展方式转变,调整产业结构相结合;与推动报刊业以资源和资本为纽带,实现跨媒体、跨行业、跨地区发展相结合;与推动报刊业实现集约化、立体化发展,培育大型国有报刊传媒集团和战略投资者相结合;与推动传统报刊业积极发展数字化、网络化新型出版业态,加快向现代传媒业转型相结合;与建立科学的报刊市场准入和退出机制,转变资源配置方式相结合。通过改革,破解报刊产业集中度低、条块分割、粗放经营、低水平重复建设的弊端,实现报刊业向质量型、效益型、集约型的科学发展方式转变,加快报刊出版事业和产业发展,实现事业和产业升级,解放和发展报刊出版生产力。

报刊出版单位分类改革的基本方法是:坚持整体规划、分类指导、区别对待、分步推进;坚持谁主管谁负责,明确管理责任,把握正确导向;坚持深入调查,科学界定类别,明确不同要求,精心制订方案;坚持统筹协调,充分调动各方面积极性,形成工作合力。

报刊业改革的任务主要有几个方面:

一是抓好宣传与经营两分开,积极推进党报党刊发行体制改革。鼓励组建独立的发行公司,完善营销网络,加强市场运作,不断提高传递时效、扩大覆盖范围。需要注意的是,在推进两分开的过程中,要防止社会资本特别是境外资本直接或变相介入宣传编辑业务,禁止买卖刊号或者出租版面,禁止采编人员与经营人员混岗。

二是抓好党报集团下非时政类报刊和重点新闻网站的转企改制。目前总署已在研究制订报刊出版单位分类改革实施方案。按照中央要求,分期分批推进中央非时政类报刊出版单位转企改制,2010年年底完成列入首批转企改制任务的报刊出版单位转企改制工作。我们将把转企改制与推动报刊资源整合及治散治滥结合起来,制定市场准入门槛,健全报刊退出机制。今年要在全国范围内推开报刊评估退出工作,推出一批优秀品牌报刊企业和品牌报刊,退出、调整和停办一批不具备出版能力和条件、不具备市场生存的报刊,对于刊号资源要向党报集团倾斜,增强主流报刊新闻传播能力、舆论引导能力和市场竞争能力。积极推进重点新闻网站转企改制,建立现代法人治理结构,借鉴商业网站经营方式,不断提高竞争力、增强影响力。

三是突出抓好现代传播体系建设。对于重点党报传播能力建设，国家将着眼长远、整体谋划，加大投入和支持力度，切实提高我国媒体特别是重点党报的实力和竞争力，努力打造影响力强、覆盖全球的国际一流媒体。要坚持主体业务做强、多种业态并举，努力在采编网络、营销体系、传播技术和人才队伍建设等方面取得突破性进展。要统筹传统媒体与新兴媒体发展，充分运用先进技术改造传统传播模式，加强新闻网站建设，积极开辟手机报、电子报等新的传播渠道，构建覆盖广泛、技术先进、传输快捷的现代传播体系。

这里，我再介绍一下中央和中央各部门各单位报刊出版单位的分类改革。

中央和中央各部门各单位报刊出版单位分类改革的主要任务是，根据报刊出版单位的不同类别，明确不同的改革要求，按照谁主管主办谁负责的原则，由主管主办单位根据要求分别实施改革。

对实行事业体制的时政类和参照时政类报刊的出版单位，进行内部改革，培育服务主体，逐步建立以政府为主导、以时政类和参照时政类报刊出版单位为主体的报刊公共服务体系。深化单位内部人事、收入分配和社会保障制度改革，建立健全激励和约束机制。事业单位和行政机关不得相互混岗。在单位内部实行宣传和经营业务两分开。将所属非时政类报刊及经营性资产，改制或组建为企业，通过市场运作发展壮大，为宣传主业服务。在实行宣传和经营两分开过程中，要防止社会资本特别是境外资本直接或变相介入宣传编辑业务。推动党报党刊等主流媒体出版单位建立健全党委领导和法人治理结构相结合的领导体制，完善宣传和经营业务两分开的管理体制，不断创新体制机制，全面提高服务能力和服务质量。积极推行党报党刊发行体制改革，鼓励和支持组建独立的发行公司，完善营销网络，加强市场运作，切实扩大覆盖范围，不断提高传递时效，增强党报党刊等主流媒体的新闻传播能力、舆论引导能力和市场竞争能力，培育在舆论宣传领域占主导地位的大型综合性报刊传媒集团和战略投资者。

对非时政类报刊出版单位逐步实行转企改制,培育市场主体。改革中,要牢牢把握先进文化的前进方向,牢牢把握正确的舆论导向,建立健全新形势下报刊出版企业的管理体制,确保报刊出版企业坚持把社会效益放在首位,努力实现社会效益和经济效益的统一。按照建立现代企业制度的要求,完善法人治理结构,重塑市场主体。非时政类报刊出版单位转企改制要与调整报刊结构、推动资源整合、治散治滥、做大做强结合起来,按照转变发展方式,实现"做强做优一批、整合重组一批、退出停办一批"的目标。选择一批成长性好、运营规范、具有较强实力和竞争力的报刊出版企业进行重点培育,以资源资本为纽带,以市场配置为基础,以政府推动为引导,实现跨媒体、跨行业、跨地区兼并重组,打造大型综合性和专业性、集约化和立体式报刊传媒集团和战略投资者。打造一批走内涵式发展道路的"专、精、特、新"现代报刊出版企业。建立健全企业法人准入退出标准。严格限制分散弱小的报刊出版单位单独成立出版企业;严格限制规模小实力弱、管理松散、存在挂靠现象、不具备管理能力的部门及非法人单位作为报刊出版企业的出资人。淘汰一批体量小、资质差、不符合国家有关办报办刊规定的报刊出版单位。

在报刊出版单位分类改革的政策保障上,要专题研究制定时政类和参照时政类报刊出版单位改革实施意见,协调中央国家有关部门出台和落实对时政类和参照时政类报刊出版单位的扶持政策。对时政类和参照时政类报刊出版单位要优化资源配置,增加政府投入,实行优惠税收政策,并改进扶持方式。重点加大党报党刊等主流媒体出版单位内部改革的力度和政策扶持力度,发展壮大党报党刊等主流媒体的实力,全面增强影响力、提升竞争力。

第三,新形势下增强党报传播力建设的几点意见。

党报是重要的思想文化阵地,具有鲜明的意识形态属性。为适应当前媒体格局的深刻变化,提高党报传播能力,需要注意以下几点:

一是增强党报传播能力建设,既要遵循媒体建设规律,也要按照市场经济规律办事。尤其是党报经营方面,不能按照以前事业单位的办法搞宣传,要按照市场化的办法,实行企业化运作。另外,要利用国家资金的杠杆作用,带动社会资金。比如百度公司搜索引擎就投入了七八十亿元,这样的项目单靠政府资金支持是不可能完成的。

二是增强党报传播能力建设,在增加硬件投入的同时更要注重内容的建设。我们要有传播实效的观念,要做到有效传播,务求实效。报社要研究科学的成效评估体系,客观分析党报传播能力实效,每年都要拿出具体数据来说话。

三是深化改革,创新体制机制。增强新媒介环境下党报传播能力建设不能沿用老办法,要用改革创新的精神予以推进,创新体制、机制、内容、传播手段等。

四是加强传播能力建设要项目化,并且责任到人,分年度贯彻落实。抓文化建设要像抓工程一样,要有项目的概念,做好项目论证。论证要细化,区分轻重缓急,成熟一个安排一个。坚决防止在党报传播能力项目建设中出现"拍脑袋决策、拍胸脯保证、拍大腿后悔、拍屁股走人"等情况的出现。

五是要注重各类人才的培养。目前党报缺少经营管理人才、网络人才、金融经济类人才、国际传播人才。党报要增强新媒介环境下传播能力建设,必须把人才建设放在与抓项目、抓改革同等重要的地位。

在深化改革中兴起社会主义
文化建设新高潮[*]

党的十七届六中全会,深刻分析了我国现代化建设的新形势新问题,深入总结了十六大以来我国文化改革发展的新经验新情况,深刻探讨了中国特色社会主义文化发展的新道路新任务,顺应历史前进的潮流,反映广大人民群众的愿望,集中全党的智慧,作出了《中共中央关于深化文化体制改革 推动社会主义文化大发展大繁荣若干重大问题的决定》(以下简称《决定》)。

全会通过的这个《决定》,表明了我们党高度的文化自觉、自信和自强意识,确定了中国特色社会主义文化发展道路,提出了建设社会主义文化强国的战略目标,明确了在新的历史起点上推进文化改革发展的指导思想、重要方针、目标任务、政策举措,是当前和今后一个时期指导我国文化改革发展的纲领性文件,也是我们以改革创新为动力,掀起社会主义文化建设新高潮的行动指南。我们一定要学习好、领会好、贯彻好、落实好。

---

* 本文系作者学习党的十七届六中全会《中共中央关于深化文化体制改革 推动社会主义文化大发展大繁荣若干重大问题的决定》的体会,曾刊载于《中国出版》2011 年第21 期。

一、具有历史意义的战略决策,体现了高度的文化自觉自信自强

(一)高度的文化自觉

文化是政党的思想旗帜,民族的精神家园,国家的精神支柱。能不能全面把握精神生产和文化导向,是执政党的文化自觉问题。

中国共产党是以爱国主义为核心的中华传统文化的继承者,也是以马列主义为指导的社会主义文化的创造者、推动者。建党 90 年来,党的三代中央领导集体和以胡锦涛同志为总书记的党中央一贯重视文化改造和文化建设,在培育先进文化方面大有建树,与时俱进地推进文化发展。面对当前的形势,党中央又把文化改革发展作为党的全会的议事主题,这是党的历史上的第一次,是社会主义文化建设的一个里程碑。全会作出的战略决策表明,中国共产党代表先进文化的前进方向,体现了中国共产党人高度的文化自觉、自信和自强意识。

在中国共产党的领导下,我们国家正在奋斗中崛起,我们民族正在自强中走向复兴,我们的文明正在创新中实现跨越,作为民族之魂的文化,如何在我们全党全国人民为之奋斗的事业中更好发挥凝聚力、创造力、生命力的作用,的确是需要我们解放思想、与时俱进、认真思考的问题。同时也应看到,我们所处的时代是一个全球大变革大调整大发展的时代,经济的全球化和传播技术的革命,带来全球文化的交流交融交锋,文化国界已经十分模糊。由此也带来了中国文化的深刻变革,大改革大开放大发展带来的挑战也空前复杂,我们必须要面对。正是基于这一点,党的十七届六中全会,从贯彻落实十七大精神、兴起文化建设新高潮的需要,实现"十二五"奋斗目标、加快全面建设小康社会的需要,提高文化软实力、在日趋激烈的国际竞争中争取主动的需要,解决当前文化建设面临的突出问题、推动文化科学发展的需要出发,以改革创新的精神,从战略上研究部署文化改革发展,为继续解放思想、坚持

改革开放、推动科学发展,促进社会和谐提供精神动力和文化条件。这充分体现了我们党的高度文化自觉。

(二)坚定的文化自信

在我国5000年文明发展的历程中,创造出了源远流长、博大精深的中华文化,不仅为中华民族提供了自强不息的精神力量,也为人类的文明作出了重要的贡献。每一个中华儿女都为之骄傲。在中国共产党领导下培育起来的红色革命文化,至今具有强大的生命力。尤其是改革开放以来形成的中国特色社会主义理论体系,铸就了新时代中国文化的灵魂,在世界上产生了很大的影响力。历史证明,我们有理由对我国的优秀文化坚信不疑。但也有影响我们文化自信的东西,例如,文化上的"西强我弱"之势没有根本改变,我国文化改革发展中还存在一些突出问题,社会文化共识尚有一定的差距,公民文化素质亟待提高,一些领域道德失范、诚信失落、心灵失衡确实存在,社会上一些人的人生观、价值观、荣辱观存在扭曲,网络文化亟待规范,文化产品还需提高,舆论环境和文化环境还需净化,公共文化服务水平不高,文化产业规模不大,制约文化发展的体制机制性问题没有根本解决,缺少文化大师、名家、中国文化国际影响力有限,等等。这些问题的存在并不影响我们的文化自信,因为这些问题是我国改革发展中的问题,是日益增长的精神文化需求与落后的文化生产力的矛盾,我们有信心按照"动力在改革,出路在发展"的要求去解决这些问题和矛盾,开创文化改革发展的新局面。党的十六大以来,我们党坚持"四位一体"的布局,把文化建设提到战略地位,坚持推进文化体制改革,创新文化事业发展理念,解放和发展文化生产力,大幅度地提高了人民基本文化权益保障水平,大力发展了文化产业,大力推进文化"走出去",一下子改变了我国文化改革发展的态势。这个实践证明,我们党能够使十几亿人口的物质生活不断改善,也能够让十几亿人口的精神生活更加丰富多彩。全会表明,全党对社会主义文化建设的前景充满信心,文化自信进一步提升。

（三）清醒的文化自强

全会提出从文化大国走向文化强国的战略思想，这是全党文化自强的决心和标志。这一战略决策的提出，也是在科学发展观指导下，深入分析我国文化建设的现实条件、内外环境、机遇挑战和经济政治社会基础的情况下确定的，是清醒的、有把握的、经过努力可以实现的。它表现在三个方面：

一是认识上的清醒。全会一致认为，社会主义先进文化是马克思主义政党的精神旗帜，没有先进文化的引领，没有全民族精神力量的充分发挥，没有人民精神世界的极大丰富，一个国家一个民族不可能自立于世界民族之林。二是布局上的清醒。全会一致的共识，物质贫乏不是社会主义，精神空虚也不是社会主义，没有社会主义文化的繁荣发展，就没有社会主义现代化，必须把文化建设作为中国特色社会主义事业；总体布局的重要组成部分，与全面建设小康社会、与坚持和发展中国特色社会主义、与中华民族的伟大复兴实践结合起来。三是工作上的清醒。《决定》明确指出，在文化改革发展的工作上，我们要准确把握我国经济社会发展的新要求，准确把握当代文化发展的新趋势，准确把握各族人民精神文化生活的新期待，增强责任感，抓住机遇，应对挑战，求真务实，乘势而上，在科学发展的道路上推动社会主义文化大发展大繁荣。

二、坚持中国特色社会主义文化发展道路，努力建设社会主义文化强国

党的十七届六中全会站在时代发展和我国战略全局的高度，科学地把握我国文化改革发展的特点和规律，明确地提出了"坚持中国特色社会主义文化发展道路，努力建设社会主义文化强国"的战略思想，这是全会一个历史性的贡献和最大的亮点，必将振奋全党全国人民的文化精神，提升全国人民的文化追求，也会在世界上产生重大影响。

应该说,这一战略思想也是历史地形成的,在实践中探索的。改革开放以来,我们党提出了一系列指导文化改革发展的理论观点和方针政策,不断深化对社会主义文化发展规律的认识,形成了这一战略思想的基础。中国是在中华文化的历史传统和以马克思主义为核心的现代先进理论指导下建设社会主义新文化的,不可能照抄照搬封建主义文化和资本主义文化,包括现代西方文化发展的模式,走他们的老路,必须要走一条适合中国国情、顺应时代潮流、具有鲜明特色的社会主义文化发展道路。这条道路已经有了基本的方向,已经体现在《决定》的指导思想、基本方针、目标任务之中。再强调以下几个要点。

坚持中国特色社会主义文化发展道路,必须以马克思主义为旗帜,以毛泽东思想和中国特色社会主义理论体系为指导,以社会主义先进文化引领风尚,教育人民、服务社会、推动发展、高扬党的精神旗帜。

坚持中国特色社会主义文化发展道路,必须以人为本,发挥人民在文化建设中的主体作用,牢记文化发展为了人民,文化发展依靠人民,文化发展的成果由人民共享,满足人民精神文化需求,培养有理想、有道德、有文化、有纪律的社会主义公民,促进人的全面发展。

坚持中国特色社会主义文化发展道路,必须继承和发扬中华优秀文化传统,大力弘扬中华民族的伟大精神,巩固中华民族共有的精神家园,把继承文化传统、弘扬革命文化、发展社会主义先进文化、吸收人类的优秀文化成果结合起来,创造更加展现高度文明的中国文化。

坚持中国特色社会主义文化发展道路,必须深化文化体制改革,创新文化发展的体制机制。进一步深化国有文化单位的体制改革,完善市场体系,充分发挥市场在文化资源配置中的积极作用,解放和发展文化生产力,激发社会文化创造活力。

坚持中国特色社会主义文化发展道路,必须坚持一手抓公益文化事业,一手抓文化产业,做到"两手抓"、"两加强"。形成以政府为主导,以公共财政为支撑,以公益文化单位为骨干,按照公益性、基本性、均等性、便利性的要求,保障全体人民的文化权益的服务体系;培育一批有实力、有竞争力的大型文化骨干企业,形成以公有制为主体、多种所有制共同发展的文化产业格局,努力提高我国文化产业整体实力和竞争力,培育国民经济支柱产业。

坚持中国特色社会主义文化发展道路,必须坚持把社会效益放在首位,实现社会效益和经济效益的统一,把文化内容的先进性作为文化的灵魂,创新内容形式和传播的方式方法,保持文化的生机活力。

关于努力建设社会主义文化强国的目标,《决定》作了大致的表述:社会主义先进文化深入人心,社会主义精神文明和物质文明全面发展,全民族文化创造力持续迸发,社会主义文化生活更加丰富多彩,人民的基本文化权益得到更好保障,人民思想道德素质和科学文化素质全面提高,中华民族的精神家园更加巩固,为人类文明进步作出更大贡献。当然,文化强国的目标是要分步实现的,所以《决定》要求,第一步完成"十二五"规划的改革发展任务,第二步实现 2020 年实现小康社会文化改革发展的目标,一共六个方面,这就为文化强国建设打下坚实的基础。我们应当脚踏实地地努力工作,从一个一个目标的实现中走向文化强国。

三、进一步深化改革开放,兴起社会主义文化建设新高潮

改革开放是我们这个时代的鲜明特征,是中国特色社会主义文化建设的根本动力,也是这次全会决策的重点。党的十七届六中全会通过的《中共中央关于深化文化体制改革　推动社会主义文化大发展大繁荣若干重大问题的决定》标题中就突出了"深化文化体制改革",可见这是一个重大问题。

（一）进一步深化文化体制改革的实践基础

《决定》提出"进一步"深化文化领域的改革开放,包含了两层意思:一是充分肯定了十六大以来,文化体制改革的方向和成功经验;二是明确要求要在新的历史起点上,进一步加快进度、加大力度深化文化

体制改革。前者是后者的实践基础。

党的十六大厘清了文化体制改革的基本思路,提出了公益性文化和经营性文化概念及其分类改革的要求,相应地提出了发展文化事业和文化产业的任务。这是全党在对现代文化认识上的一次思想解放和与时俱进,带来了文化领域的深刻变化。十六大之后,党中央迅速部署文化体制改革试点工作,选择了出版、报业、发行、演艺、电影等五个门类35家文化单位和9个地区先行先试,国务院出台了支持文化改革试点的优惠政策。经过两年多的努力,试点任务全面完成,一批自愿参与改革的文化单位和地区,也取得了不少突破。中央及时总结试点工作的经验,于2005年年底,发出了《中共中央、国务院关于深化文化体制改革的若干意见》。这个文件的出台,标志着我国文化体制改革进入了全面推进的新阶段。

其后,我国文化体制改革主要是在四个方面推进,并且取得了突破性的进展。

一是推进文化行政体制改革,改变了政企不分、政事不分、管办不分的混乱局面,实现了政企分开、政事公开、事企分设、管办分离,政府、企业、事业单位各自回归本位,各自承担自己的任务,各自履行自己的职责。

二是加快经营性文化单位的转企改制,培育新型的文化市场主体。在市场经济体制下,文化市场主体缺位,显然是难以发展文化。所以,中央把国有经营性文化事业单位转企改制作为文化体制改革的中心环节,紧抓不放。从2003年到2011年先后完成了出版、发行、电影单位转企改制,部分非时政类报刊、一般文艺院团、广电网络也完成了转企改制。

三是推动公益性文化单位改革,加强公共文化服务体系建设。对于图书馆、博物馆、革命纪念馆等这一类完全变成公益单位,政府主导,为公众免费开放,创造社会效益;对于既是公共传播又有经营性产业的党报党刊、广播电视这一类单位,实行两分开:编辑、出版、播发等新闻宣传业务,仍然实行事业体制;印刷、发行、广告、电视剧制作、网络传输等,则要剥离出来,转企改制,独立运行。这两项改革也取得了突破,加上文化惠民工程实施,大大提升了公共文化服务能力。

四是调整结构布局,转变发展方式,提高竞争力。在转企改制的同时,重视产业、企业、产品结构的调整,组建了一批新兴文化产业的园区和集群,打造了一批文化企业集团,加快了文化创新和与高科技的融合,文化竞争力几年之内有了显著提高。

《决定》里的"进一步",也就是"在新的历史起点上深化文化体制改革"。

(二)深化文化体制改革的总体目标

《决定》指出,必须牢牢把握正确方向,加快推进文化体制改革。全会确定的文化体制改革总体目标有四点。

一是在宏观层面上建立健全党委领导、政府管理、行业自律、企事业单位依法运营的文化管理体制。

二是在微观层面上着力形成富有活力的文化产品生产经营机制。无论是文化企业还是文化事业单位,都是具体承担文化创造、生产、经营和服务的实体,必须改变其体制不顺、机制不灵、管理不善的现状,通过改革创新,形成富有效率、充满活力,人人奋发向上的生产、经营、服务机制。

三是在市场层面上充分发挥市场机制的积极作用。文化资源的配置主要依靠市场机制,改革政府包办一切文化的状况;文化产品的社会效益也要通过市场来实现,实现两个效益的统一;文化产业的投融资主要依靠市场来吸引,调动全社会的力量发展社会主义文化;解放和发展文化生产力,满足人们精神文化需求。

四是在国际层面上创新文化"走出去"的模式。文化"走出去"既是提升中华文化国际影响力的需要,也是我国开拓文化发展空间的必然选择。关键是要改革、重构我国文化"走出去"的体制机制,主要通过市场主体、市场渠道、市场竞争和名牌文化产品、超越他人的文化服务实现"走出去",让中华文明传遍世界。

（三）深化文化体制改革的主要任务

《决定》对进一步深化文化领域的改革开放作了重点部署,明确提出了各项任务。

第一,深化国有文化单位改革。新中国成立 60 多年来,我们党创办了数量巨大的国有文化单位,在文化建设中发挥了重要作用,但在市场经济体制下,落后的体制机制使其无法生存,更谈不上发展,必须通过改革让它焕发青春活力。中央决定加快国有文化单位体制改革,就是在科学界定文化单位性质和功能的基础上,区别对待、分类指导、循序渐进、逐步推开。

一是加快经营性文化单位转企改制,培育合格的市场主体,这是文化体制改革的中心环节。《决定》要求,推进一般国有文艺院团、非时政类报刊社、新闻网站转企改制;拓展出版、发行、影视企业改革成果,加快股份制公司制改造,完善法人治理结构,形成符合现代企业制度要求、体现文化企业特点的资产组织形式和经营管理模式。要创新文化企业的经营管理机制和投融资体制,支持企业自主创新、自我发展,通过上市、债券、股份制等多种方式面向资本市场融资,壮大国有文化企业的实力。

二是深化公益性国有文化单位的改革。担负公共文化服务责任的事业性文化单位,主要是明确公益性任务、强化服务功能、增强发展活力,全面推进劳动人事、收入分配、社会保障制度改革。要进一步推动党报党刊、电台电视台管理和运行机制,推动一般时政类报刊社、公益性出版社、代表民族特色和国家水准的文艺院团等有部分经营能力的文化单位深化内部改革,实行企业化管理,增强面向市场、面向群众的服务能力。要创新公共文化服务设施建设和运行机制,变财政养人为财政养事,政府通过采购产品和服务的方式支持文化事业单位。凡是使用政府基金的文化单位都要有绩效评价考核办法。吸纳有代表性的社会人士、专业人士、基层群众代表参与公共文化服务设施管理,建立理事会,使公益事业更加公开透明。

第二,健全现代文化市场体系。文化市场主体、文化产品的流通如何同市场接轨,就是要靠现代文化市场体系。所以必须把构建统一开放竞争有序的现代文化市场体系,作为文化体制改革的重要环节。具体强调3个方面。

一是培育传统文化产品交易市场,重点发展图书报刊、电子音像制品、动漫游戏等文化产品市场和演艺娱乐、影视剧等演出市场,有重点地打造一些全国性国际性的文化产品交易平台,办好中国国际文化产业博览交易会等重点展会,扩大市场影响力。

二是发展大型文化流通企业和物流基地。要打破地域、行业界限,通过联合、重组、股份制等方式,加快建设重点文化流通企业和文化产品流通基地,尽快形成以大城市为中心、与中小城市相配套、贯通城乡的文化产品流通网络,方便人民群众的文化消费。要大力发展连锁经营、物流配送、电子商务等现代流通组织和物流形式,提高流通环节的工作效率,保障有效供给。

三是培育文化发展的要素市场,实现文化资源的市场配置。产权、版权、技术、信息等要素市场是文化市场发育的重点,要以改革创新的精神加快构建。重点办好上海、深圳等文化产权交易所,引导和规范各类文化资产的交易。要加强行业组织建设,健全中介机构,发挥积极作用。

第三,创新文化管理体制。继续深化文化行政体制改革是文化体制改革的一个重点。要加快政府职能转变,强化政策调节、市场监管、社会管理、公共服务职能;要继续推动政企分开、政事分开、政府与中介组织分开、管办分离,理顺政府与文化企事业单位、与行业协会、与中介组织的关系,使政府、企业、事业、中介组织各行其道、各负其责,完善管人管事管资产管导向相结合的国有文化资产管理体制。加强国有文化资产管理,要重视国有文化无形资产和数字产权的管理。要继续推动副省级以下城市完善综合文化行政责任主体,要深入开展"扫黄打非",完善文化市场综合行政执法体制,强化市场监管,维护文化生产、经营市场秩序,保护文化环境。要落实谁主管谁负责和属地管理原则,严格执行文化资本、文化企业、文化产品市场准入和退出政策,落实职业资格管理规定和主管主办制度,综合运用法律、行政、经济、科技等手段提高文化管理效能。

第四,推动中华文化走向世界。开放是改革的重要内容,坚持以改革开放的精神重构中华文化走向世界的体制机制。统筹国内国际两个大局,开展多渠道多形式多层次的对外文化交流和文化贸易,广泛参与世界文明对话和文化市场竞争,增强中华文化传播力和影响力,维护文化多样性,推动人类社会文明进步。

一是创新对外文化传播方式方法,增强我国国际话语权。

二是实施文化"走出去"工程,提升我国文化国际影响力。

三是拓宽对外文化交流渠道,提高中华文化传播力。

四是以开放的心态对待国外优秀文化,为我所用。

(四)深化文化体制改革的保障机制

深化文化领域的改革开放,法律保障和政策保障是重要条件,必须要机制化、长效化。《决定》从三个方面提出了要求。

一是强调法律保障。加快文化立法,制定和完善文化公共服务保障、文化产业振兴、文化市场管理等方面法律法规,提高文化建设法制化水平。这就依法保障了文化改革成果。

二是强调政策保障。要完善政策保障机制,落实支持文化改革发展的经济政策,加大财政、税收、金融、用地等方面对文化产业的政策扶持力度,设立国家文化发展基金,扩大有关文化基金和专项基金的规模。对文化内容创意生产、非物质文化遗产项目经营、捐赠和兴办文化公益事业,一律实行优惠的税收政策。对国有文化单位转企改制的扶持政策执行期限再延长五年。

三是强调财政保障。要提高文化支出占财政支出的比例,保证公共财政对文化建设投入的增长幅度高于财政经常性收入增长幅度,扩大财政覆盖范围,完善投入方式,加强资金管理和绩效考核。《决定》要求提高各级彩票公益金用于文化事业的比重,鼓励社会组织、机构、个人捐赠和兴办公益性文化事业,多渠道保障公益文化事业。

进一步深化改革开放,加快构建有利于文化繁荣发展的体制机制,是推动文化建设的关键,也是一项复杂而艰巨的系统工程,需要全党上下解放思想、统一认识、与时俱进、开拓创新,坚定不移地深化改革、加快改革。只要抓住了这个关键,文化建设的其他五项任务,即树立核心价值观、创造文化艺术产品、构建公共文化服务体系、发展文化产业、造就文化建设大军,才能有强大的动力推进,文化建设上的突出问题才能得以解决,真正的社会主义文化建设新高潮才能到来。

党的十七届六中全会《决定》为我们在新的起点上深化文化体制改革、推动社会主义文化大发展大繁荣指明了方向,坚定了信心,提供了动力。我们一定要用全会精神统一思想认识,抓住机遇,攻坚克难,奋力开创文化改革发展的新局面,为中国特色社会主义文化建设贡献力量和智慧。

政治体制改革必须
坚持正确方向*

一、改革开放以来政治体制改革理论不断创新

党的十一届三中全会以来,在以邓小平、江泽民同志为核心的党的第二代、第三代中央领导集体和以胡锦涛同志为总书记的党中央领导下,政治体制改革作为我国全面改革的重要组成部分,在困难中果断开拓、在曲折中稳步前进、在发展中逐步完善,理论认识不断深化,实践经验不断丰富,为经济社会的发展提供了政治方向和制度保障。

(一)改革开放总设计师邓小平对我国政治体制改革的设计和决策

邓小平的政治体制改革思想是他把马克思主义基本原理与中国的实际情况相结合,在我国革命和建设的长期实践中,特别是在经历了"文革十年"动乱之后,深刻反思我国政治体制的弊端而提出来的。

一是提出了改革任务。早在 1978 年 9 月,邓小平在谈到党和国家面临的任务时就说过,"我们的上层建筑非改不行"。1980 年 8 月,邓小平在中共中央政治局扩大会议上作了《党和国家领导制度的改革》

---

* 本文系作者 2010 年 11 月 11 日在新闻出版总署党组中心组第十一次理论学习会议上的讲话,曾刊载于《中国出版》2011 年第 2 期,收入本书时有删节。

的报告,系统地提出了政治体制改革的问题,指出党和国家现行制度中存在的种种弊端,必须进行政治体制改革,就是要在坚持和发扬社会主义政治制度优势的前提下,革除政治体制方面的弊端,为我国的经济发展和社会全面进步提供更加有力的政治保证,使我国社会主义事业更加充满生机和活力。

二是提出改革的内容和评价标准。1986年,邓小平指出:"政治体制改革包括什么内容,应该议一下,理出个头绪。我想政治体制改革的目的是调动群众的积极性,提高效率,克服官僚主义。改革的内容,首先是党政要分开,解决党如何善于领导的问题。这是关键,要放在第一位。第二个内容是权力要下放,第三个内容是精简机构,这和权力下放有关。"1987年3月27日,邓小平在会见喀麦隆总统时提出了评价政治体制的三条标准:"评价一个国家的政治体制、政治结构和政策是否正确,关键看3条:第一是看国家的政局是否稳定;第二是看能否增进人民的团结,改善人民的生活;第三是看生产力能否得到持续发展。"

三是强调了民主和法制。邓小平在指导政治体制改革中反复强调,没有民主就没有社会主义,就没有社会主义的现代化。我们各种政治制度和经济制度的改革,要坚定地、有步骤地继续进行。这些改革的总方向,都是为了发扬和保证党内民主,发扬和保证人民民主。同时他又指出,必须把发扬社会主义民主同健全社会主义法制结合起来。社会主义民主和社会主义法制是不可分的。不要社会主义法制的民主,不要党的领导的民主,不要纪律和秩序的民主,绝不是社会主义民主。为了保障人民民主,必须加强法制,必须使民主制度化、法律化,使这种制度和法律不因领导人的改变而改变,不因领导人的看法和注意力的改变而改变。这是一个关系到党和国家是否改变颜色的大问题。必须健全社会主义法制,有了法制,我国的社会主义建设才能有领导、有秩序地和健康地进行。社会主义法制是保持社会政治局面稳定的重要条件。没有稳定,没有秩序,没有纪律,就不能集中力量进行社会主义建设,而只有使所有的人都在宪法和法律规定的范围内进行活动,才能做到这一点。

四是指出政治体制改革既要积极又要稳妥。邓小平指出,政治体制改革"这个问题太困难,每项改革涉及的人和事都很广泛,很深刻,触及许多人的利益,会遇到很多的障碍,需要审慎从事。因此,进行政治体制改革,首先必须坚持四项基本原则,这是一个前提,也是一个大原则;其次,必须解放思想,实事求是,从中国的具体国情出发,既要大胆借鉴和汲取世界各国的有益经验和文明成果,又不能照搬其他国家特别是西方国家的政治模式;再次,必须分步骤、有领导、有秩序地进行,既要积极又要稳妥。只有这样,才能有助于社会主义政治制度的自我完善和自我发展,而不致走入歧途,导致社会主义国家向资本主义的蜕变"。

(二)以江泽民为核心的党的第三代中央领导集体全面创新和发展了政治体制改革的理论

党的十三届四中全会以后,以江泽民为核心的党的第三代中央领导集体深刻分析世纪之交国内外形势的发展变化,正确把握党的历史方位,科学回答了在社会主义市场经济日渐深入的条件下建设一个什么样的党、怎样建设党的问题,提出了"三个代表"重要思想,并在继承和发展邓小平政治体制改革思想的基础上,始终把政治体制改革作为当代中国全面改革的重要组成部分,继续加强和全面推进政治体制改革,在理论和实践上进行了新的探索与创新,提出了一系列新观点与新论断。

一是进一步指明了政治体制改革的必要性和紧迫性。早在1990年3月18日的一次讲话中,江泽民就明确地指出:"我们的政治体制改革要坚定不移地进行下去。""进行政治体制改革就是要兴利除弊,建设有中国特色的社会主义民主政治。"在党的十四大报告中,江泽民指出:"同经济体制改革和经济发展相适应,必须按照民主化和法制化紧密结合的要求,积极推进政治体制改革。""我们应当在发展社会主义民主、健全社会主义法制方面取得明显进展,以巩固和发展稳定的社会政治环境,保证经济建设和改革开放的顺利进行。"在新的历史条件下,江泽民使我们明确政治体制改革是完善中国特色社会主义总体布局的必然要求,是深入推动经济体制改革和生产力发展的必然需要和内在要求。

二是进一步深化了政治体制改革的主要原则、目标和方法步骤。政治体制改革不是要削弱党的领导,而是为了加强和改善党的领导。这要做到"三个有利于","要有利于巩固社会主义制度,有利于巩固党的领导,有利于在党的领导和社会主义制度下发展生产力"。政治体制改革要通过党和国家领导制度、干部制度的改革和机构改革,通过克服官僚主义、形式主义和提高工作效率,通过建立健全各种形式的责任制和民主决策、民主监督制度,大力发扬社会主义民主,充分调动广大工人、农民、知识分子和各方面的积极性、创造性来实现。政治体制改革要坚持不懈地加强和改善党内民主,以不断促进人民民主的发展。江泽民指出:"我们进行政治体制改革的目的很明确,就是为了完善因而也是为了更好地巩固和坚持社会主义政治制度,为了充分发挥这些政治制度对发展人民民主、保障国家统一安全、促进经济社会发展的优越性。"政治体制改革不能丢掉我们社会主义制度的优越性,不能搬用西方那一套所谓的"民主",要根据我国自己的实践、自己的情况来决定改革的内容和步骤。进行政治体制改革,建设社会主义民主政治,是一个发展的历史过程,需要从中国的国情出发,在党的领导下有步骤、有秩序地推进。

三是进一步明确了政治体制改革的主要内容。1998 年 12 月,江泽民指出:"人民代表大会制度和中国共产党领导的多党合作、政治协商制度以及民族区域自治制度,适合中国国情,鲜明地体现了有中国特色社会主义民主政治的本质和特点,具有自己的优势和强大生命力。任何时候都不能动摇、削弱和丢掉这些制度,决不能照搬西方政治制度模式。""我们进行的政治体制改革,就是在党的领导下,发展人民民主,健全国家法制,改革政府机构,改革领导制度和干部制度,努力建设有中国特色社会主义民主政治。"要进一步完善党的领导体制和领导形式,使其更加有利于加强党的领导,有利于国家的安定。体制应当逐步加以明确,并使之规范化。要进一步坚持和完善人民代表大会制度,坚持和完善中国共产党领导的多党合作和政治协商制度,推进依法治国进程,建设法治国家。

(三)以胡锦涛为总书记的中央领导集体对政治体制改革理论的深化和继续发展

党的十六大以来,国际国内形势发生了广泛而深刻的变化,世界范围内经济实力和综合国力竞争空前激烈。我国经济社会发展在保持良好势头的情况下,也出现了一些必须高度重视并抓紧解决的突出矛盾和问题。以胡锦涛为总书记的党中央紧紧抓住实现什么样的发展和怎样发展这个基本问题,深刻分析和把握我国发展的阶段性特征,创造性地提出了科学发展观等重大战略思想。同时,高度重视政治体制改革,在继承和发展邓小平、江泽民政治体制改革思想的基础上,进行了卓有成效的理论创新,在推动政治体制改革方面做了大量工作,尤其是中国特色社会主义民主政治在不断发展和完善中越来越充分地显示出巨大的优越性。

一是进一步指明了政治体制改革在中国特色社会主义"四位一体"总体布局中的重要地位。2006 年 4 月 21 日,胡锦涛访美期间在美国耶鲁大学发表重要演讲时指出:"没有民主就没有现代化。如果把 28 年来中国经济社会发展所取得的成就,仅仅归因于中国进行了经济体制改革,这显然是不全面的,也是完全不符合实际的。事实是,从 1978 年以来,中国进行了包括经济体制改革、政治体制改革、文化体制改革等在内的全面改革。凡是对中国有比较深入了解的人就会得出这样的结论。无论是在经济体制改革方面还是在政治体制改革方面,中国都取得了重要成果。20 多年来中国经济持续快速发展的事实也表明,中国的政治体制是基本适应中国经济发展的要求的。"2004 年 1 月,胡锦涛访问法国时在法国国民议会发表演讲,指出:"中国的改革是全面改革,涉及经济、政治、文化等各个领域。我们不仅进行经济体制改革,也进行政治体制改革。发展社会主义民主政治,是我们始终不渝的奋斗目标。""没有民主就没有社会主义,就没有社会主义现代化。我们积极推进政治体制改革,完善社会主义民主的具体制度,保证人民充分行使民主选举、民主决策、民主管理、民主监督的权利。"

二是进一步明确了政治体制改革的方向。2003年2月在党的十六届二中全会上,胡锦涛在《关于建设社会主义政治文明》的讲话中指出,发展社会主义民主政治,建设社会主义政治文明,必须坚持社会主义方向,最根本的是要坚持党的领导、人民当家作主和依法治国的机制;必须坚持工人阶级领导的、以工农联盟为基础的人民民主专政,不能削弱和放弃人民民主专政;要坚持走中国特色的政治发展道路,坚持和发展我国社会主义政治制度的特点和优越性;需要有领导、有步骤地全面加以推进。在纪念党的十一届三中全会30周年大会上,胡锦涛指出:"我国政治体制改革是社会主义政治制度的自我完善和发展,必须坚持中国特色社会主义政治发展道路,坚持党的领导、人民当家作主、依法治国有机统一,坚持社会主义政治制度的特点和优势,坚持从我国国情出发。我们需要借鉴人类政治文明有益成果,但绝不照搬西方政治制度模式。"

三是进一步指明了我国政治体制改革的突破口和关键点。即健全民主制度,丰富民主形式,切实推进党内民主制度建设,以党内民主促进人民民主。党内民主是党的生命,对人民民主具有重要的示范和带动作用。以党内民主推动人民民主,是建设中国特色社会主义政治文明的战略选择,是一条切实可行的具有中国特色的民主政治发展之路。胡锦涛指出:"人民民主是社会主义的生命,人民当家作主是社会主义民主政治的本质和核心。没有民主就没有社会主义,就没有社会主义现代化。"大力发展基层民主,进一步坚持和巩固人民当家作主的政治地位,进一步反映和实现人民群众的意志和愿望,密切党和政府同人民群众的联系,有利于调动一切积极因素为改革开放和社会主义现代化建设服务。在纪念党的十一届三中全会召开 30 周年大会上,胡锦涛指出:"我们要始终坚定不移地发展社会主义政治文明,深化政治体制改革,坚持和完善人民代表大会制度、中国共产党领导的多党合作和政治协商制度、民族区域自治制度以及基层群众自治制度,壮大爱国统一战线,推进社会主义民主政治制度化、规范化、程序化,更好地保证人民当家作主,巩固和发展民主团结、生动活泼、安定和谐的政治局面。"

在深圳经济特区建立 30 周年庆祝大会上,胡锦涛强调指出,经济特区要坚定不移深化改革,全面推进经济体制、政治体制、文化体制、社会体制改革,努力在重要领域和关键环节改革上取得突破。在讲话中,胡锦涛强调,要坚持中国特色社会主义政治发展道路,加强社会主义政治文明建设,不断推进社会主义政治制度自我完善和发展,保证人民当家作主,增强党和国家活力,调动人民积极性。要扩大社会主义民主,加快建设社会主义法治国家,依法实行民主选举、民主决策、民主管理、民主监督,保障人民的知情权、参与权、表达权、监督权。要推进行政管理体制改革,进一步转变政府职能,建设服务型政府。这就对我们积极稳妥地推进政治体制改革提出了新的更高的要求。

二、改革开放以来我国政治体制改革在稳步推进

改革开放 30 多年来,我国的政治体制改革究竟取得了哪些成就呢?我认为至少有以下几个方面:

(一)社会主义民主政治的各项基本政治制度逐步完善和发展

一是把坚持党的领导和人民当家作主统一起来,坚持和完善了人民代表大会制度,使人民当家作主有了更加健全的制度保障。在组织上,进一步健全和加强各级人大常委会的组织。在制度上,形成了一系列制度规范,使人大工作进一步制度化、规范化,加强了人大的立法工作和对宪法、法律实施的监督,加强了对行政、审判、检察机关的监督,并以法律的形式固定下来,取得了一定的成果。

二是进一步完善中国共产党领导的多党合作和政治协商制度,调动各方面的力量,发扬人民民主。多党合作和政治协商制度逐步制度化、规范化,不断深化了执政和参政议政的良性互动,实现了对大政方针、重要问题多渠道、多形式的沟通和探讨。中国共产党不断加强了与民主党派的合作和协商,支持民主党派和无党派人士更好地履行参政议政、民主监督职能,选拔和推荐更多优秀党外干部担任领导职务;各民主党派参政议政的形式逐步制度化,组织更加健全,规模不断扩大,自身建设得到加强,更具生机和活力。

三是民族区域自治制度进一步健全和完善,少数民族权利得到保障。民族区域自治制度是中国共产党解决国内民族问题、实现各族人民当家作主的基本政策。经过 30 多年的发展,这一基本制度重新焕发了青春。特别是全国人大常委会于 2001 年 2 月对《民族区域自治法》进行修改,使民族区域自治成为国家的一项基本政治制度,强调要继续坚持和完善民族区域自治制度,使其在国家和社会主义现代化进程中发挥更大的作用,不仅进一步保障了少数民族的各项权利,而且促进了少数民族地区的经济社会发展。

四是选举制度改革取得重大进展。改革开放后,逐步形成了具有中国特色的选举制度体系,选举制度朝着科学化、民主化、规范化方向发展。1979 年通过了新的选举法和地方组织法,选举法后又经过 4 次重要修改和补充,选举制度得到完善,做到了民主选举有法可依。在选举的具体实施方面,扩大了直接选举的范围,县级直选也得到了顺利推行,在部分领域实现了差额选举。

(二)党政关系进一步明确,党政分开取得一定成效,党的领导方式和执政方式得到转变

针对存在已久的党政不分、以党代政和权力过分集中等弊端,党的十三大正式提出要逐步实行党政分开的改革原则和思路。改革 30 多年来,实现了党政职能分开,党严格在宪法和法律的范围内活动,党管干部而不代替民主选举,充分尊重人民代表大会及其常委会、行政机关

的任免权并实行分类管理,党的纪律检查部门与政府监察部门分设而合署办公,集中查处党风、党纪、政纪问题,依法处理法律方面的问题。实行党政分开,使我国权力结构和领导体制中的党政关系规范化,为全面协调处理当代中国的各种政治关系创造了良好的前提条件。30 多年来,执政方式的转变是政治体制改革的一大亮点。第一,实现了执政理念转变。党的十五大提出了依法治国的基本方略,要求将党政关系放在执政党的执政方式这样一个全新的视角来深入考察,强调了执政为民。第二,实现了向科学执政的转变,推动了社会主义民主政治制度的规范化、科学化。第三,实现了向民主执政的转变。十七大报告指出,人民民主是社会主义的生命。在政治体制改革过程中,民主执政的实现主要体现在党内民主和人民民主两大方面,将民主执政的理念贯彻到了各项基本政治制度及其运行当中,使人民当家作主原则得到了充分体现和全面贯彻。第四,实现了向依法执政的转变。依法行政作为政治体制改革的成果和经验写进党章、党规等以规范党组织和党员的行为的制度;坚持和完善依法处理党委与人大、政府、政协以及人民团体的关系;在党的领导下,国家制定了一系列法律法规,中国特色社会主义法律体系基本形成,这是政治体制运行的基础。

(三)权力结构日趋合理,机构设置比较科学,运转高效、富有活力

经过 30 多年的改革和调整,我国政治权力结构已经日趋合理。主要表现为:在党内关系上,健全了党的组织机构,实现了党中央内部的适度分权,党员的民主权利也得到了制度保障;在党和国家政权的关系上,把党的主张转变成为体现国家意志的法律规章由国家权力机关执行,党转为在国家宪法和法律的范围内活动;在国家政权的内部关系上,权力机关与行政机关、司法机关的关系进一步理顺,权力机关与行政机关、司法机关之间权力的授受关系更加明确,行政机关、司法机关向权力机关负责并报告工作的制度形成;在中央和地方关系上,形成了中央与地方之间合理的权力分配关系,地方的自主权得到了发挥;在政府和社会组织的关系上,政府将管理权适当下放给各种经济组织和社

会组织,加强了政府对社会事务的宏观调控;建立健全了党和国家的权力监督制约机制,纪律检查监督机构逐步完善。

30多年的政治体制改革,党政机关精简机构工作不断进行,政府机构经历了6次改革,逐渐得到精简,政企不分、政事不分、管办不分的现象有所改善,政府工作人员的素质得到了提高。地方政府机构改革相继铺开,逐步减少中间层次,扩大了地方的自主权。

(四)依法治国成为基本方略,法制建设取得重大进展

党的十五大首次确认"法治"概念,把过去提的"建设社会主义法制国家"改为"建设社会主义法治国家",将依法治国确立为基本治国方略。改革开放以来,我国用30年左右的时间,完成了一些国家用几百年才完成的形成自己国家法律体系的任务。到2009年年底,全国人大及其常委会通过的现行有效的法律230多件,国务院行政法规600多件,地方性法规7000多件,基本形成了中国特色社会主义法律体系,为人民当家作主提供了坚实的政治和法制保障。

(五)基层民主制度有较明显发展,人民民主权利得到保障,公民有序政治参与不断完善

基层民主制度的发展是改革开放以来中国政治体制改革的一大亮点。我国已经建立了以农村村民委员会、城市居民委员会和企业职工代表大会为主要内容的基层民主自治体系。广大人民在城乡基层群众性自治组织中,依法直接行使民主选举、民主决策、民主管理和民主监督的权利,对所在基层组织的公共事务和公益事业实行民主自治,已经成为当代中国最直接、最广泛的民主实践。更为可喜的是,基层民主已经逐步实现了制度化、法制化。人民真正享有了宪法规定的各种权利。知情权随之扩大,人民的监督权也因监察制度的完善而得到了增强。公民政治参与的形式逐渐丰富,公民参政议政的途径不断拓展。

(六)干部人事制度改革取得显著成果,党风廉政建设进一步加强

大力推进干部人事制度改革,坚持公开、民主、竞争、择优和德才兼备的干部选拔任用原则,保证了人民群众的知情权、参与权、选择权和

监督权。废除了领导干部职务终身制,逐步实施了党政领导职务任期制。建立了国家公务员制度,实现了干部人事工作的科学化、民主化和制度化。制定和颁布了《公务员法》,相继出台配套法规,进一步健全了我国公务员管理的制度体系,为科学、民主、依法管理公务员队伍提供了重要依据。党风廉政建设进一步加强和深化。30 多年来,中国共产党始终将党风廉政建设放在重要位置,不断加强对党组织和党员自身的党风廉政思想的培养,并通过组织建设、制度建设以及采取许多重大措施对腐败问题作出了制度上和体制上的预防和严惩,有力地消除了腐败现象给国家和社会所带来的负面影响,树立了党和国家清正廉明的形象。

总之,改革开放 30 多年来,我们始终坚持中国特色社会主义政治发展道路,始终坚持党的领导、人民当家作主和依法治国的有机统一,始终坚持循序渐进、扎实推进,始终把推动政治体制改革同推动经济体制改革有机结合起来,不断推进社会主义政治制度自我完善和发展,积极稳妥地推进政治体制改革,激发了全体人民的创造性、积极性和主动性,促进了经济、政治、文化、社会的全面协调发展,有力地推动了中国特色社会主义建设事业的繁荣与发展。

三、深化政治体制改革必须坚持正确方向

党的十一届三中全会以来,我们党和国家始终高度重视政治体制改革,始终坚持不懈、积极稳妥地推进政治体制改革,取得了举世瞩目的成就。这一点我在前面已经作了比较充分的说明。在充分肯定我国政治体制改革成就的同时,我们也要看到,在我国目前的政治体制中,还存在一些与社会主义市场经济体制和现代社会管理状况不相适应、在不同程度上妨碍社会主义制度优越性充分发挥的因素。我国社会主义民主政治建设,无论是同我国经济社会发展的新形势相比,还是同保障人民当家作主、维护社会公平正义的新要求相比,仍有不足和弊端,

依然需要不断改革和完善。在我国政治体制改革过程中,一个十分突出和重要的问题是,必须始终坚持政治体制改革的正确政治方向。

然而,长期以来,由于对我国政治体制改革认识不明确,对政治体制改革的基本性质和时代、中国特色认识不够,在政治体制改革问题上,有一部分人存在着许多模糊、错误认识。这些模糊、错误认识,如果不加以纠正、澄清,就会在不同程度上搞乱我们的思想,甚至动摇我们的立场,干扰我们的方向。我们要时刻警惕政治体制改革滞后论、主张照搬照抄西方多党制的三权分立、盲目"引进"西方的一套制度,盲目自满、忽视政治体制改革等一些错误论调。政治体制改革上这些"左"的或右的错误都是十分有害的,必须坚决反对。

搞好政治体制改革,必须始终坚持正确的政治方向。政治方向问题,涉及扛什么旗、走什么路的问题。在这样一个涉及党和国家命运的问题上,不容忽视,不容动摇,必须旗帜鲜明。我国政治体制改革只有坚持正确方向,才能有力保证政治体制改革目标的实现,为党和国家兴旺发达和长治久安提供坚强制度保障。关于坚持政治体制改革正确政治方向问题,以下几个方面必须做到:

一是必须坚持党的领导。我国政治体制改革之所以必须坚持中国共产党的领导,这是由我们党的先进性、我国社会主义建设实践经验等多方面因素决定的。中国共产党是中国工人阶级的先锋队,同时是中国人民和中华民族的先锋队,是中国特色社会主义事业的领导核心,代表中国先进生产力的发展要求,代表中国先进文化的前进方向,代表中国最广大人民的根本利益。这就决定了我国的政治体制改革必须坚持党的领导。政治体制改革不是要削弱而是要加强和改善党的领导,不是要抛弃而是要有利于巩固党的领导,坚持党总揽全局、协调各方、发挥领导核心作用,使社会主义民主制度的完善同党的执政能力、执政方式的完善同步推进,保证党领导人民有效治理国家。

二是必须坚持社会主义制度。这是由社会主义制度的巨大优越性和我国政治体制改革的基本性质决定的。较之资本主义制度和人类历史上以往的一切剥削制度,社会主义在理论上和实践中都表现出巨大优越性。较之以往一切剥削制度,社会主义制度更加注重保障全体人民特别是广大普通劳动者的基本权益,更加强调社会公平正义;既能广泛发扬民主,又能实现高度集中;既能切实保障人民当家作主的权利,又能最大限度地集中社会资源、提高国家效率。而我国政治体制改革的基本性质是社会主义政治制度的自我完善和发展,也决定了我国政治体制改革必须始终坚持社会主义制度,而不能背离社会主义制度。

三是必须坚持中国特色社会主义政治发展道路。这主要是由于中国特色社会主义符合中国的国情和历史,在实践中焕发出巨大活力,展现出了巨大的优越性。自改革开放以来,我国人民生活水平不断改善,综合国力不断提高,国际影响力显著增强,创造出了令人惊异的"中国模式"和让人称羡的"中国经验",特别是经过以市场经济为导向的深刻改革而不断发展和完善起来的中国特色社会主义,既能发挥市场机制的调节效力,又能充分发挥集中统一的国家功能,体现出较之传统社会主义更大的优越性。1998 年抗洪,应对汶川特大地震,举办北京奥运会、上海世博会,应对国际金融危机冲击……在关键时刻、重大时节,正是社会主义制度巨大的政治优势,催生了全国各族人民团结一心、众志成城的强大合力,使我们能够昂然战胜自然风险的挑战、经济危机的冲击、政治风波的考验,使我们能够圆满组织、成功举办各种重大国际活动,在中华大地创造奇迹。这一切表明,沿着中国特色社会主义政治发展道路开展政治体制改革,是成功实施我国政治体制改革的不二选择。脱离我国历史文化传统、政治经济社会现状和国民素质与心理诉求,盲目照搬西方政治体制模式,热衷于多党轮流执政和分权制那一套,必将造成国家的灾难,民族的不幸。对此,我们必须有清醒认识。

四是必须坚持循序渐进、扎实推进。坚持正确政治方向,积极稳妥推进政治体制改革,必须坚持循序渐进、扎实推进。在我们这样一个13 亿人口的大国搞政治体制改革,必须从实际出发,与我国生产关系和生产力发展相适应,与经济体制改革相适应,与我国历史条件、经济发展水平、文化教育水平相适应,有秩序、有步骤地展开。我们一定要充分认识到政治体制改革是我国全面改革的重要组成部分,要勤于思考,珍惜时机,有所作为,无愧于时代,无愧于人民。针对具体领域、部门和问题,要科学合理地确定改革目标、方法、进度;要有时间表,不能遥遥无期。

政治体制改革涉及不同政权组织及其相互关系和运行机制的调整,涉及不同领域、不同部门、不同环节。在完善制度、增强活力、提升能力方面,要紧密联系实际,结合问题和目标,精心选择着重点和突破口,努力在重要领域和关键环节实现我国政治体制改革的新突破。政治体制改革搞好了,社会主义民主法制更加健全,社会就会更加和谐稳定;政治体制改革搞不好,甚至搞错方向,就会给国家和人民带来灾难。政治体制改革必须慎之又慎,不能失误。经济体制改革出现了失误造成损失还有改正的余地,政治体制改革一旦失误,就难于挽回,就会造成灾难性的后果,苏联就是前车之鉴。我们要做头脑清醒、态度积极、做法稳妥、敢于担当的改革者,以自己的智慧和力量,不断谱写中国改革开放事业的新篇章。

四、新闻出版体制改革也是政治体制改革的重要内容

新闻出版制度是社会政治制度的一部分。我国的新闻出版制度是我国社会主义政治制度的重要组成部分。新中国成立 60 多年来,我们逐步建立了以宪法为根据、以法律法规为主导、以行政条规为补充、以部门规章为辅助的完整的新闻出版制度体系和行为准则。依法开展新闻出版活动,依法进行新闻出版管理,是依法治国基本方略和依法行政基本要求在新闻出版活动中的具体体现。因此,它也是我国政治体制改革的重要内容。这些制度和法律法规,贯彻了马克思列宁主义、毛泽东思想、邓小平理论、"三个代表"重要思想和科学发展观的基本精神,体现了党和国家新闻出版工作的指导方针、基本政策和任务目标,规范

了新闻采编发布和出版市场秩序,明确了新闻出版管理的职责、权限,划清了合法行为和违法犯罪的界限,规定了相应的法律责任,为新闻出版活动和新闻出版管理提供了法律依据,也保护了党和国家、人民群众、新闻出版工作者和新闻当事人的根本权益。

积极推进新闻出版改革,既是我国经济、文化体制改革的重要任务,也是我国政治体制改革的重要内容。通过不断加强和完善新闻出版制度建设,推进新闻出版体制改革,进一步推动政府职能转变,加强市场监管,以新的体制机制推动新闻出版业繁荣发展。党的十六大以来,在党中央直接领导下,新闻出版体制改革取得了突破性进展。新闻坚持"三贴近"做到及时准确、公开透明,报道和监督职能得到充分发挥,出版转企改制、调整结构、发展产业,增强了活力,管理实现了政企分开、政事公开、管办分离、宏观调控、依法行政。改革的成果已经惠及国家、人民和新闻出版行业。但是,作为政治制度的新闻出版和作为产业、事业的新闻出版,仍然存在着体制机制方面的问题,必须继续加大力度,深化改革,这是我们全行业的艰巨任务。

一是要用先进的思想文化引导社会、教育人民、促进事业。新闻出版工作肩负着在新闻出版领域巩固党的执政基础、实现党的执政使命的重要职责。一切改革都要有利于加强和改善党对新闻出版工作的领导,有利于牢牢把握社会主义先进文化前进方向,有利于旗帜鲜明地坚持社会主义意识形态;有利于用一元化的指导思想引领、主导多样化的社会思潮;有利于始终把建设社会主义核心价值体系贯穿到新闻出版工作的各个方面。新闻出版体制改革要牢牢把握党对新闻出版工作的领导权,提高和彰显先进文化的影响力、传播力和覆盖面。要始终坚守马克思主义主阵地,充分认识自己肩负的社会责任和历史使命。要始终坚持喉舌原则,生产体制和运行机制发生什么变化,新闻出版作为党和人民喉舌的性质不能变,党管媒体不能变,党管干部不能变,正确的舆论导向不能变。

二是要进一步加快新闻出版法律法规建设。新闻出版立法工作重点要在解决新闻出版业改革发展的深层次问题,推动发展方式转变、促进产业健康快速可持续发展方面取得新进展。要加快《出版管理条例》、《音像制品管理条例》和著作权相关条例的修订工作,努力把新闻出版体制改革的经验、做法总结概括出来,写入行政法规,进一步巩固新闻出版业改革发展成果。要努力在网络出版、数字印刷、音像制品进口、网络游戏、境外新闻出版机构驻华办事机构的管理等方面加快行政规章和规范性文件的制定或修订工作。要根据新闻出版改革发展实际,把那些推进新闻出版体制改革、发展战略性新兴业态、提高市场监管和公共服务迫切需要的法规和制度创新事项优先纳入立法计划。要按照国务院要求,对那些与上位法相抵触、与同位法规定不一致、调整对象已消失或明显不适应经济社会发展要求的规章和规范性文件进行修改或废止,并向社会公布继续有效、废止和失效的规章和规范性文件目录,提高依法行政能力。

三是要加快推动新闻出版行政管理体制改革。行政管理体制改革,作为政治体制改革的重要组成部分,具有影响全局、带动各方的关键作用。要继续加快建立和完善党委领导、政府管理、行业自律、企事业单位依法运营的新闻出版行政管理体制。按照建设服务政府、责任政府、法治政府和廉洁政府的要求,继续推进政企分开、政事分开、政府与市场中介组织分开,使政府真正履行好政策调节、市场监管、社会管理、公共服务的职能。要继续推进行政审批制度改革,减少审批事项,下放审批权限,简化审批程序,提高行政效能。按照中央部署,继续推进文化综合执法改革,确保"扫黄打非"和知识产权保护工作落到实处。继续加强中介机构和行业组织建设,使其依照有关法规和章程履行市场协调、监督、服务和维权等职责。

四是要加快新闻出版单位转企改制和行业重组工作。加快推进新闻出版单位转制,重塑市场主体是当前新闻出版体制改革的重点任务。经营性新闻出版单位转企改制是实现新闻出版业发展方式转变的重要基础。要按照中央的统一部署和要求,继续扎实推进中央各部门各单位出版社体制改革,在 12 月底前全面完成中央交给我们的这一重大改革任务。要继续深化音像电子出版社体制改革,特别是重点推动独立的经营性的音像电子出版单位转制工作,确保在年底前全面完成转制任务。全面落实中央关于深化报刊出版单位分类改革的工作部署,要加快推进非时政类报刊出版单位转制工作和党报党刊发行体制改革,党报集团、企业集团和政府所办非时政类报刊和重点新闻网站的转企改制是当前的重点。按照中央要求,分期分批推进中央非时政类报刊出版单位转企改制,年底要完成列入首批转企改制任务的报刊出版单位的转企改制工作。要把转企改制与推动报刊资源整合及治散、治滥结合起来,制定市场准入门槛,健全报刊退出机制。要与邮政联手积极推进党报党刊发行体制改革,党报党刊内部要抓好宣传与经营两分开,鼓励组建独立的发行公司,完善营销网络,加强市场开拓,不断提高传递时效、扩大城乡的报刊发行面。

五是要加快建设多媒体协调发展的现代传播体系。在新技术的带动下新媒体、新业态迅猛发展,正在极大地改变着新闻出版的传播形态和传播方式。我们要解放思想,更新观念,高度重视互联网、手机等新兴媒体对社会舆论的影响,及时把现代科技成果转化到新闻出版业发展中来,推动各种文化传播方式的互动融合。要善用新媒体、占领新阵地,牢牢掌握对新兴媒体建设和管理的主导权。要整合多种宣传资源,构建定位明确、特色鲜明、功能互补、覆盖广泛的舆论引导新格局。要突出抓好现代传播体系建设,把发展主流媒体和新兴媒体作为战略重点,加大支持力度,打造主流媒体与核心书刊在新闻出版多元传播格局中的强势地位。要坚持主体业务做强、多种业态并举,努力在采编网络、营销体系、传播技术和人才队伍建设等方面取得突破性进展。要统筹传统媒体与新兴媒体发展,充分运用先进技术改造传统传播模式,加强新闻网站建设,积极开辟手机报、电子报等新的传播渠道,构建覆盖广泛、技术先进、传输快捷的现代传播体系。

"坚持中国特色社会主义政治发展道路,坚持党的领导、人民当家作主、依法治国有机统一,积极稳妥推进政治体制改革,不断推进社会主义政治制度自我完善和发展",是我们党在改革开放和社会主义现代化建设的关键时期,从中国特色社会主义总体布局出发作出的重要战略部署,全行业必须紧紧抓住新世纪新时期的重要战略机遇期,奋力推进新闻出版体制改革,抓紧制定完善"十二五"规划,努力为全面建设小康社会服务,推动我国改革开放和社会主义现代化建设伟大事业沿着正确的方向不断前进!

要思考进一步深化体制改革问题*

一、要从总体上把握新闻出版体制改革

第一，先弄清楚改什么，怎么改，改革后是什么局面。中央 2003 年、2004 年有文件，2005 年对全面推开也有文件。新闻出版本身还有两个文件，文化门类中就是新闻出版发了两个文件。因为新闻出版体制改革涉及政治体制问题，实际上我们是用文化体制改革来进行政治体制改革，任何国家新闻出版体制都是政治体制，需要比较慎重地来推进这项改革，既要解放思想、深化改革，又要符合我们基本制度的要求。大局是要知道的。

20 多年前进行了一些探索，尽管那时候思路不是很清楚，但是做了各种各样的努力，比如办民营书店，开放个体户经营书摊，印刷企业开放，对外合资，版权进行合作等。这是经历了一段探索。新世纪前后，因为加入世界贸易组织，要开放文化市场，当时发了 17 号文件，那时候叫做新闻出版广播影视业改革，当时还没有文化体制改革的概念。那时是为了应对加入世贸以后文化市场开放的要求来改革。这段探索应该说是跟中国市场经济体制改革相适应，做了有益的尝试。但是那

---

* 本文系作者 2012 年 4 月 12 日就起草进一步深化新闻出版体制改革有关文件同新闻出版总署改革办同志的谈话，收入本书时有删节。

时候总体上的思想没解放出来,基本上是框架下的改良。

党的十六大是一个新的起点。十六大引入了两个概念:文化体制改革,文化产业发展。而且论证了文化产业是文化繁荣发展的重要途径。那时候讲文化产业还是从文化的角度去讲的。还有一个重大的贡献是,把文化分成了公益性和经营性。公益性讲的四类,党和国家的重要媒体,代表国家水准的文艺院团,公共博物馆和社会科学研究,这四个方面带有公益性的性质,国家是可以扶植的,其他没有讲国家扶植。2003年就开始按照十六大的精神搞试点,应该说这时候是新闻出版方面真正体制改革的开始。

到现在将近十年了,这十年做了一件事情,就是三大转变:一是政府改革,转变管理体制。让管理体制实现政企分开,政事分开,管办分离,政资分开。总署率先进行了这方面的改革。原先总署是整个北京中央机关直属单位最多的单位,包括两个新华印刷厂,几万人的单位,通过剥离,现在剩下两千人的队伍;三大集团都划出去了;包括全国各地的,武汉、上海的都划给了地方,划给了集团。所属的出版单位组成了中国出版集团,所属的新华书店总店组成了新华发行集团,所属的印刷厂(包括新华印刷厂)组成了中国印刷集团,交给了国资委。这是政府转变职能。二是事业转变为企业,打造市场主体。搞市场经济,要发展产业。企业是产业的基础,是市场的主体。搞市场没有主体,谁去搞?那么,紧迫的任务就是塑造新型市场主体。主体从哪来?需要将国有单位进行转变,让它当市场主体。三是转变发展方式,就是后来的产业化、市场化。因为有了市场主体,就按照市场规律运行,就完全不同于过去计划经济方式的发展。当然这个转变还要继续,因为整个中国经济现在核心问题、关键问题是转变发展方式。中央讲了,一个是改革攻坚,一个是转变方式,两大任务。这是我们第一个阶段的改革,重点任务就是三大转变。到目前为止,我们的主要工作就是做了转企改制。这个大前提,你们一定要清楚。

第二,我们现在为什么起草这个文件?因为第二阶段的改革要开始,转企只是改革的起步,距离改革完成还差得远。这个文件需要解决什么问题? 需要解决如何进一步深化改革,完成第二阶段改革任务,也可以说在 2020 年建成完全的市场经济体制的这段时间,我们新闻出版业如何进一步深化改革。这个问题中央领导同志有明确的指示,就是第二阶段的改革主要是"三改一加强",所有文化单位都要按照这个步骤来。改革的第一阶段是转企改制,像院团、广播电视、网络、电视剧、电影等,第一阶段全是转企改制的任务;第二阶段的任务就是"三改一加强",要改革、改组、改造和加强管理,要加强现代企业制度的建设,完善法人治理结构,要达到这一步。现在的银行、大型国有企业都是通过这一阶段才形成的,否则我们国家怎么能一下子有 40 多家企业进入了世界 500 强? 我们十年以前还没有一个企业进入 500 强,就是通过"三改一加强"才做大了企业。我们出版业也是一样的,领导同志已经讲了,转制完了以后即刻进入"三改一加强",所以我们这个文件要解决的问题就是这一阶段的任务。

第三,最近十年的改革中,新闻出版改革在文化体制改革方面坚持探索、攻坚,取得了突出的成绩,中央领导一直给予高度肯定,一致认为我们是改革开放的排头兵,在文化领域、事业单位的改革方面为全党提供了经验,锦涛同志也专门讲过的。但是也要看到我们的改革问题还不少,还没有到位,没有进入现代企业发展的轨道。有些单位可能名称变了,牌子换了,社长变成董事长、总经理了,表面上这些事情做了,但真正的企业没建立起来。所以长春同志在江西讲这个问题,真正的企业建立起来的标志就是上市。能过了上市这一关,标志着企业真正建立起来。没有达到上市公司的水平,说明企业水分还大得很。他讲了五条上市公司深化改革带来的变化。所以我们要正确分析已经进行的工作和下一步的艰巨任务。

我先给你们讲这三点,清楚大局,在这个背景下,再研究我们下一阶段改革的任务,我们起草的这个文件就是要设计我们下一阶段整个新闻出版体制改革的重点问题。

二、怎么写这个文件

我想有这么几个重要问题。

第一,联合重组,用市场的办法组建大型的国家出版集团。这个问题要突出,"三改一加强"强调了改组,不光要改革,还要改组。首先是中央层次大集团的建设。原先我们已经组建了三大集团,现在我们应该提出四大集团,下一步将外文局改组成一个企业集团。把这个要加进去,从中央层次上形成四大集团。

第二,组建两大过千亿的新华发行集团。其他行业目前大的企业,分法有几种,我们可以参考,比如石油分为三大块,勘探石油为主的中石油,石油化工为主的中石化,另外分出来一个中海油。因为世贸组织规定同一类企业必须三个以上,你要符合市场规则的要求。电力也是分了好几个,五大发电,两大电网,把华能国际单独分出去了,它也有它的分法。我们为什么分两个呢? 因为邮局,邮政公司它本身就是一个发行企业,物流企业。如果我们再有两大集团,就形成国有的三大集团,这也是符合市场规则。我们要把它办成两个超过千亿的大型流通企业。这个已经调研过两三年了,两三年时间无非是两种意见:一种就是按地域切块,长江以南,长江以北;一种是交叉,南方集团可以有北方的,北方集团可以有南方的。这个就是新华发行集团,这个牌子就是新华。这个方式跟出版不一样,这个方式以股份制的方式来进行,参照国家一张网的办法来做。股份制不影响地方利益,就是你有多少资本,你参与、享受整个大公司的利益就有多少,不影响地方利益,不剥夺地方投资的权利,这样就没多少阻力。因为新华书店在统一的时候,有三种模式:一种模式是行政划拨,像安徽;一种是重新股份化,像广东;一种是逐渐回收,像浙江。还有一些没有统一的,还是各自为政经营,县级新华书店都在全国进货,没有进入全省的网络渠道,像辽宁。没有网络,各自为政,这也是辽宁之所以做不大的主要原因。我们大的集团组建只有一个办法，就是股份制。要是划拨，会引起地方的阻力；要是收购，都是国有资产，本来就是国家投资的，方式也不合适。

第三，报刊集团化问题。这是重组的一个重要问题。中央以主要报刊为基础集团化，像《人民日报》、《经济日报》、《光明日报》、《中国日报》等，以这样一些大报为基础实行集团化，这个你们再研究一下。地方上，原则上每个地方由报业集团、出版集团、期刊集团统一管理。不隶属于报业集团、出版集团以外的报刊，无影无踪的这种小单位，管理风险太大，要管也管不好。所以要实行统一，集中管理。这是第三个要解决的问题，也是一个重组的问题。重组以外剩下的企业，就成了像国外市场上补充一样，它不起大的作用，大的集团就会主导了这个市场。国外的情况都是这样，国外的出版社很多，但是能发挥作用的出版社很少，大集团左右了百分之八九十的市场，跨国传媒集团左右市场。

第四，建设市场体系。六中全会特别强调市场体系建设任务，这个市场体系不光是产品市场体系，它首先是一个资本市场体系的问题。要有重组、兼并、联合，就要有资产、资本市场体系。能够挂牌交易，而不是在私下里搞黑市。我们的资本市场要形成，就像上海那样，报刊市场挂牌交易，要有资本的市场。还要有融资的市场，这就是版权，无形资产、质押这一类的市场体系，特别以版权交易为主体的资本市场、融资市场。二是产品市场的问题。产品市场就是大型的交易市场的形成，图书批发配送体系，报刊的发行体系，这都是一个产品市场的问题。三是市场网络的问题。我们讲的是以大城市的书城为骨干，以中小城市的书店为主体，以县、乡图书销售网点为依托，联通社区、融通书屋这么一个全覆盖的体系。这是一个市场大流通体系，将来配送畅通的一个体系。目前，这个体系还没有，几个快递公司都是邮政公司办的。少数省有报纸发行体系，有一小时发行圈，但大多数省还没有。市场体系要好好研究一下。

第五，关于各种资本有序进入的问题。民营工作室只能跟大集团、有控制力的出版社进行合作，不能随便和杂乱的出版社进行合作，这几年我们是有教训的,这些杂乱的出版社,一旦民营资本一进入,非得出问题不可,去年珠海出版社就是一个教训。所以,民营工作室必须是跟大集团、有完善的机制和控制力的出版社合作,不允许再跟那些杂乱的出版社合作。这样会自动淘汰一批既没有出版能力,也没有实质性的出版权的民营企业,这样民营企业会自动向大集团靠拢。这个问题再研究研究。

第六,政策措施的问题。第一个政策措施就是政府部门、党政机关所办的出版企业,一律脱钩。这是按照中央的文件,这同中央去年发的事业单位和党政部门一律脱钩的文件是一致的。因为现在主要是中央部门,条件是党政机关,不包括协会、学会,因为它们是另外一码事。我们说的是政府统一出资的,就是财政部出资的,我们有权把管理体制理顺。其他的出版企业可以自愿地加入集团,也可以独立经营。我们通过市场的手段,不是靠行政的手段让它退出。我们大集团掌握了、主导了市场资源,逐渐的它就退出了。四大公司、两大新华集团作为中央、国务院直接管理的大型文化企业,由国务院来统一管理。业务上可以由总署来管理。领导班子的主要负责人由总署提出意见,中组部、中宣部考核,报国务院任命。这样,资产管理、行政管理、业务管理就明确了。

另外,就是在重组过程中,集团要承担起对这些出版社改革发展指导的任务。不再由部门来制定它的规划指导,而是按照行业、专业来进行指导。

党报党刊的集团化可以考虑按照党报侧重政治、经济、文化、科技、对外这样的类型来进入不同的集团,这是经过实践证明的一个非常好的办法。《人民日报》接手的几个部委的行业报、专业报,现在办得很好。所以将来可以在《人民日报》、《经济日报》、《光明日报》、《中国日报》下面再设立一些专业的报纸,统一指导,形成一个力量。

所有这些改革,进一步的改革,还继续享受我们转企改制过程的一些政策,不因为它们集团化而不再享有,像几年免税的政策、支持发展的政策还是继续保留,中央财政支持的还继续保持支持,在若干年以内还不变。人员就是按照转企改制所确定的人员,就是集团化的过程中也不能精简或者不接收。现在有这种情况,光要报号、刊号,不想要人员。这些都是要随同一起进行的,操作办法你们再研究一下,具体操作还是参照国企改革的办法。这是这个文件的主要问题,是改革第二步"三改一加强"的主要问题。

在写法上,我看了你们提交的两个稿子(23 号和 29 号),我觉得前面还是要写一段的。第一个阶段,就是三大转变这个阶段的任务基本完成,要有一个总的概括;下一步进入深化改革的阶段,主要目标就是通过"三改一加强",做大做强我们的出版传媒企业。事业单位最后说一句,凡保留新闻出版事业单位的按照国家事业单位的改革的要求统一进行。

大家按照这个思路,把以前的研究成果再用上,再把它调整一下,鲜明一点,有特色一点。要有几个明确的信号:第一,转企改制阶段的任务已经基本完成了,我们进入改革的第二个阶段。整个文化体制改革下一步继续深入,在六中全会以后会有一个新的水平,下一步进入"三改一加强"的改革阶段。第二,我们要培育国家的大型航空母舰,四大集团,两大发行集团。这要非常明确。第三,报刊要实行相对集中化的管理,包括中央、省市。新闻舆论原则上跟权力和金钱是不能沾边的,所以报刊要相对的集中化管理。当然,报刊将来都要推向市场,这个长春同志讲了,党报党刊将来也一律要进入市场,只是时间的问题。

将来是个什么样的,中央文件讲的几个格局,几个体系都讲了,改了以后就是那样,我们现在这一阶段就要讨论这个目标,这也是巩固前一段的改革成果。否则,改革将前功尽弃。你们是改革的参与者、亲历者,也应该是推动者。我刚才说的这几个意思,你们再研究研究,通过写好这个文件,把这些体现出来。

只有坚持改革开放才能
解放和发展生产力[*]

由中央宣传部、中央文献研究室选编的《论文化建设——重要论述摘编》一书,在八个专题下选编了毛泽东、邓小平、江泽民和胡锦涛同志关于文化建设的重要论述,集中反映了我们党关于文化建设的重要思想、重要理论和基本精神,充分体现了几代中国共产党人对文化工作的深刻认识,充分体现了马克思列宁主义、毛泽东思想、邓小平理论、"三个代表"重要思想在马克思主义文化观上的新发展和科学发展观在文化建设上的新实践。认真学习好、领会好、使用好这部《摘编》,对于我们深入贯彻党的十七届六中全会精神,正确认识和把握党的文化强国战略和文化发展道路,进一步深化文化体制改革,推动社会主义文化大发展大繁荣,具有重要的指导意义。

一、解放文化生产力必须解放思想

中国共产党是由经过了五四新文化运动锻炼出来的一批先进分子发起成立的,她的文化基因中具有高度的批判精神和改革精神。毛泽

---

* 本文系作者 2012 年 2 月 16 日在《论文化建设——重要论述摘编》(学习出版社、中央文献出版社 2012 年版)出版座谈会上的发言摘要,曾刊载于《人民日报》2012 年 2 月 16 日。

东同志一直强调抛弃教条、推陈出新、批判继承、发展创新。邓小平同志明确指出,改革就是解放生产力,而只有解放思想才能推进改革。江泽民同志强调解放和发展文化生产力,必须首先从僵化的思想观念、落后的体制机制、不合时宜的方式方法上解放出来。党的十六大以来,以胡锦涛同志为总书记的党中央继承了三代中央领导集体解放思想、开拓创新的文化思想,进一步指出,只有坚持解放思想、实事求是、与时俱进,才能大力推进文化内容形式、体制机制、传播手段的创新,解放和发展文化生产力。由此打开了文化改革发展的新思路,更加坚定了我们党在文化建设中的自觉意识,丰富了文化改革发展的新实践。应该说,这十年是我国文化改革发展取得辉煌成就的十年,我国文化影响力有了历史性的提高。

二、解放和发展文化生产力必须坚持改革开放

胡锦涛总书记指出,深化改革,加快发展是提高国家文化软实力的必由之路。要以改革为动力,推动形成以公有制为主体、多种所有制共同发展的文化产业格局和以民族文化为主体、吸收外来有益文化的市场格局。这既是对文化改革发展的要求,也是十六大以来文化改革发展经验的总结。

党的十六大对文化改革发展作出了全面部署,明确了文化体制改革的思路和发展文化产业的要求。新闻出版业率先破局,深化改革,经过试点,取得了经验,获得中央领导的高度肯定。随后整个改革在全行业推开,并不断加快和深化,文化生产力获得空前解放。

一是培育新型市场主体,增强竞争发展的活力。出版、报刊、发行、印刷四个领域20多万个单位完成转企改制,走上竞争发展的路子。转制后企业开发能力大增,产品品种质量大幅提升,国有资产年均增长60%,营业收入年均增长30%,经营利润年均增长21%以上。

二是改革生产经营机制,调动人的内在积极性。全行业460多万

事业身份的人告别了"铁饭碗",解决了"干和不干一个样,多干少干一个样"事业单位痼疾,机制到位的出版社职工收入两年翻了一番,企业发展和个人利益结合更加紧密,产生了干事创业的巨大力量。

三是大力推进"三改一加强",培育国家的出版传媒"航空母舰"。把改革、改组、改造结合起来,推动结构调整,转变发展方式,组建了120多家出版、报业、发行、印刷集团,控制力已达市场的83%,能够引导文化方向和舆论导向,推动内容、技术创新,参与国际竞争,是我国文化的国家力量和文化发展的战略投资者。

四是坚持有序开放,不断壮大实力。我们依据国家政策,在印刷、发行、技术方面对内对外开放,80%以上的投资都是来自外资和民营资本,2400多家大型印刷企业是外资,11万个发行企业是民营,印刷赶上世界先进水平,发行扩大了网点。出版、报业的开放主要是证券市场,我们有49家企业在境内外上市,融资净值1600多亿。

实践证明,凡是改革开放的地方和单位,文化生产力就能得到解放和发展,新闻出版业发展就能突飞猛进。改革深入的几年间,生产图书150多万种,超过此前3000年图书出版总量,年销售图书70多亿册,年发行报纸450多亿份,均居世界第一位,学术著作、学术论文出版居世界第二位,音像电子出版居世界第二位,印刷业总产值居世界第三位,全国新闻出版总产出已达1.5万亿元。如果没有改革开放,我们哪里会有这么大的发展力量?结论只有一条:只有坚持改革开放,才能解放和发展文化生产力,才能真正建设社会主义文化强国。

三、解放和发展文化生产力必须与时俱进

在党的十七届六中全会《决定》中,党中央把"深化文化体制改革"写在《决定》的标题上,并把它作为"推动社会主义文化大发展大繁荣"的动力。既坚持了共产党人改革创新的基本品格,又体现了与时俱进的决心。学习《摘编》,更要加深对全会精神的理解,更要坚决贯彻全

会《决定》的战略部署,紧紧抓住难得的机遇,全力推动文化改革发展。

一是全面落实《国家"十二五"时期文化改革发展规划纲要》,结合新闻出版业"十二五"时期改革发展的十一个具体规划,落实任务、落实责任、落实政策,把全会的决策部署变为行动。二是继续推进非时政类报刊出版单位转企改制,在十八大前基本完成中央确定的改革任务。深化新闻出版事业单位改革和党报党刊发行体制改革,加快推动完成转企改制任务的出版单位联合重组和建立现代企业制度,深化行政体制改革和理顺社会管理体制。三是推动出版传媒企业集团化建设。鼓励出版传媒企业进行跨媒体、跨地区、跨行业、跨所有制、跨国界发展,打造和培育国家出版传媒主力"舰队"。四是继续支持符合条件的新闻出版企业在主板上市,鼓励和引导中小新闻出版企业在中小企业板及创业板等市场上市,利用社会资本壮大主体,做强主业。五是推动产业基地、产业园区和产业带建设,重点支持数字出版、版权创意、绿色印刷等产业基地建设,培育新闻出版产业新的增长点。六是加快推进科技创新与技术融合。重点支持新媒体、新产品、数字内容传播体系、内容资源整合、关键平台技术的研发和重要技术标准的创立,在重大项目建设上取得突破。七是大力实施"走出去"战略,扩大新闻出版产品出口,加强版权贸易,拓展国际营销渠道,支持各种所有制的新闻出版企业到境外投资、兼并、收购,建社建站、办报办刊、开厂开店,在国际舞台上发展。八是加强新闻出版资本、产权、信息、技术、人才等要素市场建设。加快建立信用监管制度和失信惩戒制度,为解放生产力提供支持。

2012年是全面贯彻落实六中全会精神、迎接党的十八大胜利召开的重要一年,新闻出版业要继续巩固发展思想文化主阵地,继续当好改革创新的排头兵,继续成为文化产业的主力军,继续创造繁荣发展的好环境,努力在建设社会主义核心价值体系方面取得新进展,在文化改革发展方面迈出新步伐,在推进文化与科技融合方面取得新突破,在拓展国际文化市场方面取得新成效,发挥文化建设领跑者的作用。要进一步学好《摘编》,把理论力量变成实践力量,努力做好文化建设的各项工作,以优异成绩迎接党的十八大胜利召开。

改革要啃硬骨头，发展
要用真功夫[*]

我国改革已进行了 30 多年，确实到了攻坚阶段和关键时期。"中国特色"理论、制度、道路的形成在于改革开放，坚持和发展也要靠改革开放。现在一些方面在改革上空喊不行动、空转不挂挡，甚至在改革的名义下倒退，引起了社会的普遍担忧。温总理的《政府工作报告》给人们以极大的鼓舞，是一个实事求是的报告、改革开放的报告、振奋人心的报告、充满希望的报告。五年的政府工作我认为有五大亮点：

一是处理危机和应对突发灾害的能力大大提高，集中力量办大事的政治优势得到了发挥，在汶川地震、玉树地震、舟曲泥石流、北京奥运会、上海世博会和支持新疆、西藏加快发展等方面表现精彩，增强了人们对社会主义制度的自信。

二是支持"三农"的政策力度前所未有，几十项政策解决了一部分最困难的问题，稳定了中国社会的农业基础，促进新农村的建设，正在破解二元结构中的"三农"难题。

三是规划建设公共服务体系，在改善和服务民生方面有了好的起步，使公共权力在维护全体人民具体利益上发挥作用，体现人民政府的

---

　　* 本文系作者 2013 年 3 月 5 日在第十二届全国人大一次会议四川代表团审议《政府工作报告》时的发言，曾刊载于《中国新闻出版报》2013 年 3 月 8 日。

本质特征。

四是坚持深化各个领域的改革，特别是在财税、文化、科技、教育、卫生、政法、行政等方面的改革有不少突破，总体上坚持了改革开放这个强国之路。

五是制定实施了创新驱动战略，科技创新能力增强，天宫一号、航模下水、北斗导航、蛟龙潜水等成功例证振奋了国人精神，为我国依靠科技创新发展硬实力打下了基础。

当然，报告也提醒我们，基本国情、基本矛盾、发展中国家的国际地位等三个"没有变"，环境复杂、矛盾突出，应当保持高度清醒和奋发图强的精神状态，用改革发展扫清前进道路上的各种障碍。

改革要啃硬骨头，发展要用真功夫，不能靠空洞的口号、泡沫式的数字浪费难得的机遇。为此，我提三点建议：

第一，围绕"两个一百年"的目标和"中国梦"的实现，深入研究当代中国社会经济政治文化发展规律，对国际问题要看清，国内问题要看透，民生问题要看远，社会矛盾要看深，抓住实质性、根本性、长远性的问题，啃几个改革的硬骨头，谋几个发展的根本之策，像市场的公平竞争问题、分配和贫富差距问题、社会公平正义问题、整个社会的创造力问题、公民的基本权益保护问题，都不可回避。

第二，要建立各项政策执行后果的评估和审查机制，及时纠正政策性失误，帮助党和政府及时调整政策，防止"集中力量办坏事"和自我评价中的永远"正确"。政策性失误任何政党、政府都是会有的，可怕的是没有纠错机制、长时间得不到纠正。这在我国探索社会主义制度的过程中有过教训，应引以为戒。

第三，要下决心在关键领域、关键环节实现改革的新突破，要特别重视关乎公权、公产、公款使用、处置、配置的体制机制改革，打破长期存在的以权谋私、以产谋利、以款谋位的权力链，把权力关进笼子，让公产为人民谋利，让公款依法使用，建设不谋私利的党、清正廉洁的政府。

中国发展的条件和环境变了，到了依靠生产力提升的时期，"个位数发展"更是实实在在。生产力是历史前进的最终动力,这就是人的素质、科学技术、装备制造、创造能力和主动精神,这比上项目、抓工程更难。提高社会生产的质量和效益,促进人与自然、人与社会、人与人友善、和谐地全面发展,不下点真功夫是办不到的。那些只顾政绩不计后果、只顾眼前不顾长远、只顾本位不顾全局、只顾任内不顾后人的发展办法,要坚决给予制止,造成一个真改革、真发展、有后劲的良好局面。

坚持改革创新，推动融合发展[*]

党的十八大是在我国进入全面建成小康社会的决定性阶段召开的一次十分重要的会议，提出了一系列新的思想、新的论断、新的政策、新的举措，受到了国内外的高度关注。提出了道路的自信、理论的自信、制度的自信，在我们党历届代表大会中第一次详细论述了中国特色社会主义道路，用八个必须专门讲了我们的道路到底是什么道路，具有重要历史价值。大会提出的在 2020 年全面建成小康社会、在 2049 年建成社会主义现代化国家、在中国特色社会主义道路上实现中华民族伟大复兴的战略目标，将激励几代人为之献身、为之奋斗。

民族要复兴，文化是先导。党的十八大提出的"扎实推进社会主义文化强国建设"，就是与实现上述三大战略目标，与改革发展的理论、实践和转变作风、联系群众方面的新要求密切相关，是很有针对性的。十八大之后，我国文化建设必须在"扎实推进"上下功夫。

一、"扎实推进"是文化强国建设的新要求

党的十七届六中全会提出建设文化强国战略目标以来，全党全国

---

* 本文部分内容曾刊载于《人民日报》2013 年 3 月 8 日。

掀起文化建设新高潮,文化体制改革不断深入,文化事业、文化产业繁荣发展,全民族的文化自觉、自信、自强空前坚定,文化改革发展生机勃勃。但与此同时,实践中对建设什么样的文化强国理解并不一致,是文化 GDP 强? 还是文化精神强? 个别地方甚至打着发展文化产业的旗号搞"圈地运动",建设什么"孙大圣故里"、"潘金莲故乡",花巨资复活封建糟粕,完全偏离了文化强国建设的正确轨道。十八大报告强调,社会主义文化强国建设要"扎实推进",这对于如何认识文化强国、如何科学推进文化强国建设具有重要的现实的指导作用。

第一,"扎实推进"的前提是坚持正确道路。建设文化强国要坚持社会主义先进文化前进方向,走中国特色社会主义发展道路,就是在中国共产党的领导下,高举中国特色社会主义伟大旗帜,在中国特色社会主义理论体系指导下,坚持社会主义先进文化方向,以科学发展为主题,以建设社会主义核心价值体系为根本任务,以满足人民精神文化需求为出发点和落脚点,以改革创新为动力,发展面向现代化、面向世界、面向未来的,民族的科学的大众的社会主义文化,培养高度的文化自觉和文化自信,提高全民族文明素质,增强国家文化软实力,弘扬中华文化,努力建设社会主义文化强国。

第二,"扎实推进"的目标是实现中华民族文化复兴。中国有着源远流长的文化创造,形成了古老的文明古国,积累了宝贵的文化财富。"五四"运动以来,新文化运动推动了新文化建设,形成革命文化、红色文化、民族文化等特色文化。改革开放以来,又发展了改革创新的时代精神。这一点我们既要清醒,也要自信。从世界历史看,一个大国强国兴起在文化上首先要强大起来,民族复兴须以文化复兴为先导,先秦诸子百家的学术争鸣形成的封建文化造就了中华帝国,希腊的政治、罗马的哲学造就了西方古代文明的根基,英国、法国、德国都是依靠制度文化、科技文化成为世界大国,西班牙、葡萄牙、荷兰依靠海洋文化成为一时的世界强国,当代美国是以民主自由的价值观影响了全世界。正如党的十八大提出的,全面建成小康社会,实现中华民族伟大复兴,必须推动社会主义文化大发展大繁荣，兴起社会主义文化建设新高潮，提高国家文化软实力，发挥文化引领风尚、教育人民、服务社会、推动发展的作用。

第三，"扎实推进"的内容是强"魂"健"体"。建设文化强国要加强社会主义核心价值体系建设，用社会主义核心价值体系引领社会思潮、凝聚社会共识、丰富人民精神文化生活，引导培养自觉履行法定义务、社会责任、家庭责任、热爱劳动、崇尚创造、知荣辱、讲正气、做奉献、促和谐的现代公民，引导形成自尊自信、理性平和、积极向上的社会心态。要形成与国家富强、民族振兴相适应的文化整体实力和竞争力，这里有三个硬指标：一是文化产业成为国民经济支柱产业；二是培养一批国际知名、传播力强、创新水平高的文化企业；三是造就一批名家大师和民族文化代表人物。

第四，"扎实推进"的动力是改革创新。文化建设的大好局面来自于不断深化的文化体制改革，正如中央领导多次讲到的，哪里有改革，哪里就有大变化；哪里有改革，哪里就有新局面。建设文化强国要进一步深化文化体制改革，破除阻碍文化科学发展的体制机制障碍，砸烂不合时宜的精神枷锁，充分发挥人民群众创新精神和创造活力，充分用好改革这一中国发展的最大红利，解放和发展文化生产力，实现社会主义文化繁荣发展。

第五，"扎实推进"的关键是科学发展。文化与经济、文化与民生、文化与社会、文化与技术的融合渗透，是当代文化建设的大趋势。要从"五位一体"总布局出发，坚持发展第一要义，坚持以经济建设为中心，促进文化与经济的融合发展；要与时俱进，以民族文化为主体，学习借鉴国外文化创新有益成果，促进传统文化现代化和现代文化民族化；要发挥科技在文化生产和传播中的特殊作用，深入实施科技带动战略，促进文化内容和载体的科学化发展。

二、"扎实推进"必须坚持改革创新

我国文化体制改革真正走上科学道路是从党的十六大开始的,从十六大前适应性的改革、应对性的改革,转变为实质性的改革,这是很了不起的一步,是中国特色社会主义文化建设的新起点。十年改革,有力地解放和发展了文化生产力,推动文化建设不断取得新成就,探索走出了中国特色社会主义文化发展道路,显著提高了全民族思想道德素质和科学文化素质、显著增强了国家文化软实力,为坚持和发展中国特色社会主义提供了强大精神力量。

党的十八大之后,文化强国建设的关键依然是深化改革。因为文化体制改革进入攻坚期和深水区,制约文化科学发展的体制机制障碍亟待破除、人民群众的文化创造力亟待进一步发挥,文化创造力和传播力亟待提高。如果停滞不前,将会前功尽弃。文化战线一定要按照十八大"扎实推进社会主义文化强国建设"的新要求,进一步改革开放、攻坚克难,坚定不移地深化文化体制改革,向改革要活力、向改革要动力、向改革要优势,加快推进文化强国建设,为实现"三大目标"作出新的更大的贡献。

第一,铸造文化之魂,让中国人在精神上立起来。文化建设的核心是让中华民族精神上强大起来,真正有文化自信、民族自信和当代中国的理论、道路、制度自信。要坚持将社会主义核心价值体系建设贯彻到文化建设的各个环节,创造、选择、提倡、传播引导社会风尚和照亮人们心灵的先进文化,大力传承爱国主义和改革开放精神,积极推介弘扬民族精神和时代精神、传播真理和科学技术的优秀作品,为全面提高公民道德素质和文化科学素质服务。要把有利于形成社会主义核心价值观的理论、科学、文艺方面的好作品传播放在首位,用文化品位高、内容质量好和正确导向强的优秀文化作品,教育人民、促进发展,铸牢中国特色社会主义文化之魂。

第二，深化文化体制机制改革，激发创新活力。现在为什么出不了大师、大家、名家呢？不是现在的中国人笨，而是由于体制机制性的障碍影响了人民的创造力。破解这一难题就要用进一步深化文化体制机制改革去激发全体人民的文化创造活力。要加快完成转企改制，使各类市场主体到位；加快落实"三改一加强"，建立现代企业制度，打造文化领域的"航空母舰"和战略投资者，培育市场主导力量。加快文化事业单位改革，培育公共服务的主体和建设公共服务体系。加快完善市场体系、培育各类要素市场，加速版权向现实生产力的转化。继续深化管理体制改革，在做好宏观调控、依法行政的基础上，积极为改革发展提供政策支持，鼓励企业事业单位和中介组织自主运行，发挥市场主体和服务主体的作用。通过深化改革，切实形成有利于文化创造源泉充分涌流、文化创造活力持续迸发的文化体制和机制。

第三，促进产业跨越发展，壮大文化硬实力。文化内容，作为一个精神，必须有一个载体，这就是文化的魂和体的关系。封建社会为什么修庙、立牌坊，主要是通过载体实现精神价值。文化除了精神、内容以外，是以物质形态出现的，也需要硬实力。生产、流通、消费要符合经济发展规律，过去我们这点是缺位的，所以越做越弱。要大力发展文化产业，为文化之魂的传播提供强有力的经济载体。要大力实施文化重大项目带动战略，加快提升产业基地、产业园区、产业带的聚集能力和开发能力，发展以数字文化为主体的新媒体新业态，提升文化产品内容质量、市场覆盖面和传播能力，改造流通企业和市场网络，加快开拓农村和国际两个市场，提高新闻出版产业规模化、集约化、专业化水平，整体增强文化产业的创造力和竞争能力。以文化产业的跨越发展，为社会主义先进文化传播提供高效平台和有力保障。

第四，加强公共服务建设，服务文化民生。文化是关系亿万人民、涉及千家万户的民生产业，做好文化公共服务是中国特色社会主义建设的标志。文化建设的重要任务就是满足人民群众的精神文化需求。要加快文化公共服务平台建设，将全民阅读同提高公民素质和社会主义核心价值体系建设结合起来,不断采取新形式深入下去;推动以"东风工程"为重点的少数民族文字出版工程落到实处,努力惠及更多的民族兄弟;支持欠发达地区文化基础建设,继续做好农家书屋的可持续发展工作,巩固农村思想文化阵地,让人民享受更多的精神文化生活。

第五,改造新闻、文化传播体系,提升文化传播能力。传播力决定影响力,要借助高新技术手段加强传播平台和渠道的技术改造和升级,为内容传播提供手段,以传播能力有效影响国际舆论,展示中国形象、维护文化安全、确保国家利益。要加快构建和发展技术先进、传播快捷、覆盖广泛的现代文化传播体系,形成与我国经济社会发展水平和国际地位相称的文化传播能力。要加快高新技术主导的新媒体、新平台、新载体的研发和使用,巩固提高新闻、文化传播的传统载体和发行方式,加快数字化转型和传播平台建设,应用新技术、新媒体传播先进文化。要积极实施对外传播品牌工程,拓展对外传播国际渠道,培育对外传播知名企业,深入实施文化走出去战略,扩大中国文化的国际影响力。

第六,改进文化管理方式,维护文化安全。文化安全是一个战略问题,在国际国内信息互相渗透、官方民间想法双向交流、网上网下言行互相影响、文化经济生活互相关联的现实情况下,文化的交流交融交锋已经成为常态,改进管理、减少矛盾已是当务之急,维护文化安全更加成为艰巨的任务。要以法规为依据、以"扫黄打非"为切入点,加大管理力度,严厉打击非法出版和非法传播,打击严重侵权盗版行为,防范敌对势力渗透,维护正常市场秩序和保护版权创造能力。要创新文化管理的体制、机制和方式,形成党委领导、政府管理、行业自律、文化企事业单位依法运营的新格局。要理顺行政管理体制,转变职能、管办分离,切实发挥好党委、行政、市场各自管理的职能,依法维护公民利益、市场秩序和国家文化安全。

三、"扎实推进"要走融合发展之路

美国人杰里米·里夫金预言,21 世纪将会出现的第三次工业革命,是以互联网、物联网、信息平台与新能源融合、工商贸等生产方式和公民生活方式变革的、家庭化的革命,将改变经济发展的整个模式。事实上,世界的本源是统一的,资源、人力、能量就是那么多,每一次革命改变的不过是资源、人力、能量的组合、分配、使用方式,调整和变化了各种生产关系,第三次工业革命所强调的这种融合发展,实际上是包括文化在内的人类发展的一条必然之路。

文化内涵丰富、外延宽泛,可以指人类在改造客观世界过程中创造的物质成果和精神成果的总和,也可以指人类在改造客观世界过程中创造的精神成果。我党提出建设文化强国是从中国特色社会主义事业"五位一体"总布局出发把握文化范畴,重点研究部署与经济建设、政治建设、社会建设、生态文明建设相对应的文化建设。推进文化融合发展,不仅符合人类发展的一般规律,更是中国特色社会主义"五位一体"总布局的内在要求,是对科学发展观全面协调可持续基本要求和统筹兼顾根本方法的贯彻落实,也是落实十八大关于"扎实推进"文化强国建设的具体体现。

第一,坚持发展第一要义,促进文化与经济的融合发展。要以经济建设为中心,在"五位一体"总布局中发挥好文化建设对经济建设的推动作用。要着力发展文化产业这个新的经济增长点,将文化产业发展成为国民经济支柱产业;还要发挥文化产业作为创意经济和现代服务业的独特优势,按照全面协调可持续的要求,使之成为经济结构战略性调整的重要支点、转变经济发展方式的重要着力点,为推动科学发展提供重要支撑。要抓好发展这一解决所有问题的关键,推动文化产业跨越式发展,在社会主义市场经济条件下更好地满足人民多样化精神文化需求;要按照社会主义市场经济体制的要求,打造现代文化市场主

体,构建现代文化产业体系,形成公有制为主体、多种所有制共同发展的文化产业格局,加快发展各类文化产品和产权、信息、技术、版权等要素市场,推进文化产业投融资体系建设,建立和完善统一开放竞争有序的现代文化市场体系。

第二,坚持与时俱进,促进传统文化与现代文化的融合发展。在我国五千多年文明发展历程中,源远流长、博大精深的中华文化,为中华民族发展壮大提供了强大精神力量,为人类文明进步发展作出了不可磨灭的重大贡献。中华传统文化是辉煌灿烂的,但是也有缺陷。我们的祖先崇尚的是以求善为主的道德文化,是形而上的,反对形而下的。西方文化属于求真的文化,崇尚科学,从科学的角度探究宇宙、地球和世界。我们今天搞文化建设一定要与时俱进,要看到传统文化的缺陷,看到西方科学文化和中华道德文化的互补性。要在弘扬民族优秀文化传统和"五四"运动以来形成的革命文化传统的基础上,学习借鉴国外文化创新有益成果;要以民族文化为主体,广泛参与世界文明对话,促进文化相互借鉴,增强中华文化在世界上的感召力和影响力。在这方面,我们党有着高度的文化自觉,从成立之日起,就既是中华优秀传统文化的忠实传承者和弘扬者,又是中国先进文化的积极倡导者和发展者,不断以思想文化的新觉醒、理论创造新成果、文化建设新成就团结带领全国各族人民、推动党和人民事业向前发展。

第三,坚持科技是第一生产力,促进文化与科技的融合发展。文化与科技历来彼此融合、互动发展,从造纸术、印刷术,到机器印刷业、无线电、广播、电视,直到信息时代的互联网、数字化、计算机这些现代技术,科学技术的每一次重大进步,都会给文化的发展样式、传播方式、表现形式带来革命性变化;并且谁的传播手段先进、传播能力强大,谁的思想文化和价值观念就能更广泛地流传,谁就能更有能力影响世界。历史和现实的经验都一再证明,文化要始终保持蓬勃生机和创造活力,必须站在科技发展的最前沿,及时把科技成果运用到发展中。以新闻出版业为例,不管你高兴不高兴,不管你愿意不愿意,数字出版在全球范围内已经取得实质性的突破，走上了快速发展之路，在数字阅读大幅上升的数字时代，出版传媒企业如不转型，就是死路一条。转型意味着变革，但这种变革不是对过去的彻底否定，也不是新与旧、活与死的替代关系，不是有了"数码照相"就彻底扔了"胶卷"，而是一种适应性的变化。转型的最高境界不是替代而是融合，新媒体技术正在使出版业向着更宽泛的内容产业各领域扩展。图书、杂志、报纸、广播、电视、网站、无线互联及通讯等将发挥各自的载体优势，全方位满足用户的内容需求。这种会聚与融合不仅会对原有的产业做加法，也将衍生出新的产业。这种融合将使内容产业真正实现效益最大化、覆盖最大化，人们的精神文化消费将变得空前丰盛。但是，无论如何转型，出版业传承文明、传播智慧的本质和赖以立身的社会价值不会改变。出版将以新的技术、新的业态和载体更加满足个性化需求，更加凸显社会特色，更加体现人类的文明精神。

建设文化强国不是喊口号，而要虚事实做、埋头实干，贯彻落实好十八大"扎实推进社会主义文化强国建设"的要求，切实推动文化改革发展，让全体人民的精神创造力、文化工作者的文化创新力迸发出来，共铸中华民族"文化之魂"。

附　　录

关于文化体制改革的媒体专访

柳斌杰：早改革，早适应，早主动[*]

过去20多年来，随着中国经济的快速、持续发展，中国的传媒业已成长为国民经济中拥有巨大发展前景的产业。我国的新闻出版业与国民经济其他领域相比，改革相对保守。随着入世带来的压力，新闻出版的产业化认识不断深化。《财经时报》就我国新闻出版改革的诸多问题专访了国家新闻出版总署副署长柳斌杰。

《财经时报》：去年，新闻出版署和国家版权局合并成立现在的新闻出版总署，由过去的副部级上升为正部级机构。这主要出于什么原因？

柳斌杰：中国经过20多年的经济体制改革，社会主义市场经济体制已经基本形成。新闻出版行业虽然属于意识形态领域，但是，它更是产业，也要按市场经济规则运行。政府近年进行大幅度改革，政企分开，管办分离，原来参与行业管理以及企业运行的政府机构，要转变为行业监管部门，履行政府职能。它的主要任务是宏观调控、依法行政、市场监管、公共服务。新闻出版行政管理机构也由行业管理转变为全社会管理。新闻出版覆盖各行各业，市场遍及社会各个角落，行政监管必须加强。

---

* 本文系作者接受《财经日报》记者张立伟专访，曾刊载于《财经时报》2002年11月16日，收入本书时的标题为编者所加。

去年,与新闻出版总署同时,国家工商局也升格为国家工商总局,国务院领导当时说,物质商品市场由国家工商总局管理,精神产品市场由新闻出版总署负责管理,新闻出版总署要对新闻出版活动以及新闻出版物市场进行监管。

《财经时报》:升格后,职能有所变化吗?

柳斌杰:新闻出版市场管理职能扩大了,现在,新闻出版总署对图书、报纸、期刊、音像、电子、网络等6种出版活动及其产品进行市场监督;监管的领域也增多了,包括印刷、出版发行、市场流通、出版产品进出口等。同时对直属出版社、新华书店、印刷厂等具体业务实体,进行改革,组建集团,与总署脱钩,它们已经成为独立法人实体,新闻出版总署对它们只是一如对其他出版机构一样进行市场监管。

过去核心的问题是政企政事不分,新闻出版单位有直属和不直属之分,如有关出版政策和资源倾向自己的"亲儿子",很难保证公正执法。现在不管是新闻出版单位、党政部门,还是高等院校办的新闻出版单位,都是一视同仁,公平竞争。

《财经时报》:新闻出版总署建立起市场监管的执法队伍了吗?

柳斌杰:去年,中央机构编制办公室与新闻出版总署就建立执法队伍进行了调研。按国务院领导要求,我国地市(包括地市)以上的地区和城市建立独立的新闻出版局,在印刷、新闻出版产业比较集中的重点县市也要设立。其他县市,可与当地文化局合署办公,但要有专管新闻出版的副局长,由上级派出执法队伍管基层市场,建立从上到下的专门的统一的市场执法机构和队伍,解决新闻出版管理"高位截瘫"的问题。

《财经时报》:根据一年前中国入世的承诺,中国的新闻出版领域将在1年后对外有限度地逐步开放,新闻出版总署在这方面有何最新的政策?

柳斌杰:与国内的经济体制改革相适应,中国去年加入世界贸易组织时有3个方面的承诺:逐步开放商品贸易和服务贸易以及与前两项相适应的知识产权保护。涉及出版业的主要是出版物贸易，分销服务和版权保护。挑战较大的是出版物分销服务开放问题。出版物分销服务业，我们承诺入世1年后，开放一部分城市的分销市场，3年后零售领域全部放开。第三年，出版物批发也要放开。5年后，出版物的分销企业在数量、范围、股权方面不再进行限制。我们目前正在做的就是落实承诺。一是制定相应政策。我们现在正在制定的外资进入出版物分销发行领域的暂行规定主要是有计划的允许外资进入中国出版物分销市场，明确国有主渠道与其他投资主体的关系和外资准入办法。二是试点。我们早已允许国内各种资本进入出版物的发行领域，我国已经有了57000多个个体私营的书店、音像店，是国有店的4倍还多。现在我们主要是在外资进入方面进行一些试点。当然试点中首先会允许港澳台资本进入，凡是外资享受的政策，将首先向港澳台资本开放。三是向外资开放的准备。入世5年内，主渠道还是国有资本控股，其他国有企业也可以控股。

这份暂行规定将在年底前颁布。目前已经有一批外资企业向新闻出版部门提出申请。只要符合条件的，总署会予以批准。一些大型新闻出版单位经营性的子公司与香港企业集团有希望成为第一批获准的出版物分销合资企业。我们的原则是出版物的编辑业务和经营业务相对分开，一切外资都不准进入编辑业务。全世界140多个世贸成员中也只有7个国家承诺开放出版物编辑业务，但市场都是开放的。我们也是遵循这个惯例。

《财经时报》：与跨国企业竞争，我们需要做些什么？

柳斌杰：这需要体制上进行改革，第一要政企分开，管办分离。第二要实施"集团化战略"，组建集团，集中资源优势，把我们的出版业、发行业做大做强。否则，小而全、散而乱，无法竞争。第三要深化内部机制改革、劳动人事分配制度改革要有大突破。新闻出版是高智力产业，人才是关键，竞争主要是人才的竞争。外资企业推行人才的本土化，高薪聘请优秀的主持人、记者、编辑是很有道理的。我们就要应对。

中国的新闻出版单位要建立吸引人才、留住人才的机制，能不能推出首席记者、首席编辑？能不能给有贡献的优秀人才 100 万年薪呢？这就要解放思想，与时俱进。

新华书店没有完全适应市场的能力，市场意识比较缺乏，中国出版物发行主渠道领域正进行几项改革，新华书店要改造成股份制公司，吸引更多资金，有利于建立现代企业制度。一切分销企业都要推向市场，学会竞争。我们还要大力发展连锁经营、集中配送，加快物流业的现代化。

在外资大规模进入之前，严格上说，我们有 3 年的保护期，3 年内，我们必须由计划经济走向市场经济的轨道。早改革，早适应，早主动。

《财经时报》：目前我国在新闻出版领域建立一些集团，这些集团是否有上市的可能？

柳斌杰：目前仅仅是集团化的第一步。我国已经组建了 38 个报业集团，7 家出版集团，1 家期刊集团以及 5 家发行集团，很快还会有几家集团获得批准。在未来 3—5 年内，我国将建立 100 多个新闻出版集团。

现在的集团化，大多数只解决政企分开，管办分离问题，有突破的集团也只是进入调整结构，进行内部改革等。还没有达到公司制改造的水平，真正的法人治理结构还没有建立，比如国有资产授权经营，产权问题还没解决，还谈不上上市。下一步，在条件成熟时我们会选择一些经济效益好的、市场化程度高的企业进行公司制改造，准备上市。

《财经时报》：有传言说政府计划把广州日报集团的非编辑业务整合，作为上市试点。

柳斌杰：没有。现在仅仅只有一家就是博瑞传播，四川的《成都商报》，由政府同意给它配置了国有股权，它们用报社的资金收购了一家上市公司的股份，成为大股东，改为"博瑞传播"。但作为一些试点的发行集团，2—3 年内上市是很有可能的。

地方上对新闻出版的改革还是有顾虑的，新闻出版总署督促几个省给予新闻出版单位国有资产授权经营，当地政府有顾虑，怕局面不好控制，拖了几年都不办。市场化比较好的四川新华书店发行集团，最近省政府才授权资产经营。这算是走出了一大步。

《财经时报》：统计资料显示，中国传媒业1998年利税首次超过烟草业，成为中国排名第四的支柱产业。并将成为21世纪中国的支柱产业。你同意这种观点吗？

柳斌杰：新闻出版确实是一个很大的产业，除了搭载的内容是属于文化意识形态外，其他生产的整个链条都是产业。是新经济的主要内容和重要组成部分。我国新闻出版业的增长速度超过了国家GDP的增长速度。随着小康社会的到来，精神产品的市场消费还要大幅上升，发展会更快。

新闻出版产品的基础建设、加工制作、包装设计、市场分销等和其他工业产品是一样的。过去我们过分强调意识形态，忽视他的商品属性、产业作用，其实，在（20世纪）50年代，我们政府就明确规定新闻出版单位是企业。目前国外的新闻出版集团都是非营利性企业，而我们确定为事业性质，企业化管理。如果不把新闻出版当作产业，就没有发展。新闻出版是知识密集型产业，目前利润比较高，是因为政府政策的保护，还不是真刀实枪的竞争。

新闻出版业在中国是新兴产业，只要认识上去了，当作产业去办，发展会更快。新闻出版业是知识经济的基础产业，人民群众的生活水平提高也要求更多的精神享受，在西方发达国家有个统计，收入每增加1000美元，物质消费和精神消费的比例就会发生倒转。

《财经时报》：当我们的出版物分销业市场化后，势必对上游的编辑业务增加压力，但是，现在很多出版社、报纸期刊等的编辑部门抱怨管得太严，这个矛盾如何解决呢？

柳斌杰：过去，我们政府在产业方面的政策不明确，对一些出版物的生产管得过死。现在正在改革，该管的要管住，该放的要放开。

从管理上来说，要减少政府审批项目，高度集中的计划经济的做法要改。比如一些项目选题、版面都要批准,管得过死,影响效率。现在正在清理一些审批项目,解决高度集中的办事方法,给予新闻出版单位更多的自主权和发展权。限制发展的第二个方面是体制问题,新闻出版单位部门所有、单位所有。每个社都有一个主管部门,主管部门的性质决定了出版物的性质。行业主管部门管理过死,主管单位还要加码,无所适从。现在实行集团化就是要打破行业限制、条块分割和地区封锁。第三,过去计划经济下配给的资源,政府垄断保护,使新闻出版单位只生不死,这是造成低水平重复、浪费资源的主要原因。这些都影响了新闻出版事业的发展。将来将依靠法规,在法律的范围内充分发挥新闻出版单位的自主创造性。现在,国务院正在制定、修改关于著作权、印刷、出版、发行等方面的法规,改变过去领导一句话,就会决定一张报纸、一本书命运的做法。

新闻法在大多数国家都没有,新闻自由的含义太广,理解多有不同,制定新闻法条件不成熟,过早出台可能不利于新闻传播的发展。因此,中国目前不会制定新闻法的。但是,更主要的是出版者的素质问题。比如,外国的卡通、书籍等进来了,很受欢迎的产品。但是,我们的从业人员就开发不出来。一讲商品化,往往向格调很低的方向发展,地摊化,这是通病。

新闻出版总署近来正计划邀请几家外国中介调查公司来中国成立合资公司,以社会中立者的角度,调查中国新闻出版市场,规范虚报发行量以及其他混乱的行为,进一步培养诚信服务、敬业奉献的职业风尚。

《财经时报》:柳署长,请问你对我国新闻出版业未来的发展有什么评价?

柳斌杰:我国新闻出版事业最近10多年来发展迅速,跟过去比较,社会影响、产业规模、从业队伍都有了很大发展。报纸由90年代的1400种发展到今天的2100种,期刊由7000家发展到8889家,图书、音像出版单位在这10多年也增加了200多家。人们的思想解放,观念更新起到了推动作用，环境更加宽松了。印刷技术和互联网等新技术的出现，使我国新闻出版告别了铅与火的时代，创造了大发展的条件。但是，同国民经济其他领域相比，新闻出版行业思想解放还不够，影响了新闻出版业的发展。目前还是管得过死，干涉过多，缺乏产业意识，市场秩序不好。去年以来，中央发了文件，对新闻出版业的发展指出了明确的方向，这两年发展变化很大，从上到下，改革愿望强烈。

入世以后，新闻出版分销领域的开放对中国新闻出版业未来提出更大的挑战。大家对新闻出版产业化认识程度提高了。很多省加大投入，有的省一年内有7—8个亿（元）的投入，特别是民间资本参与建设出版物分销网络。目前，正处于变化的时期，大家正在解放思想，利用国内外两种资源、两个市场，寻找发展的出路，不会倒退回去了。到2010年，新闻出版业将完全成为市场经济体制下的充满活力的一个产业。我国新闻出版业是意识形态领域的阵地，是创造精神财富和物质财富的新兴产业，也是先进生产力的推动者和先进文化的建设者。虽然只向外资开放分销领域，但是，它会对各方面产生很大影响，今后3—5年是关键时期，搞得好，我们的新闻出版业增加了活力、壮大了实力、提高了竞争力，就能和西方发达国家的跨国公司一起竞争。搞不好，会很被动。市场竞争不同情弱者，我们应有一种紧迫感。

柳斌杰:走向"三贴近",
提高公信力[*]

与已初步确立的社会主义市场经济体制相比,肩负舆论导向和宣传任务的我国文化体制改革相对滞后,而新闻出版业的革新则面临着更多的历史遗留问题。十六大已明确提出,要深化我国文化体制改革,加快我国文化产业发展。中共中央政治局常委李长春同志也多次强调,文化体制改革的重点是解决体制和机制创新问题,"一切妨碍先进文化发展的思想观念都要坚决冲破,一切束缚先进文化发展的做法和规定都要坚决改变,一切影响先进文化发展的体制弊端都要坚决革除"。

2003年6月底,我国文化体制改革的有关会议在京举行,这标志着文化体制改革的大幕已徐徐拉开。作为文化体制改革的重要组成部分,我国新闻出版业的管理体制将作出怎样的调整?日前,本报记者就这一话题在京独家专访了国家新闻出版总署副署长柳斌杰。

一、最大的变化:走向"三贴近"　提高公信力

记者:党的十六大之后,李长春同志提出宣传思想文化工作要坚持

*　本文系作者接受《广州日报》记者李宗品专访,曾刊载于《广州日报》2003年7月24日,收入本书时的标题为编者所加。

"三贴近"。请您谈谈新闻出版工作坚持贴近实际、贴近群众、贴近生活的现实意义。

柳斌杰：党的十六大选出的新一届中央领导，认真贯彻"三个代表"重要思想，把维护、实现和发展广大人民群众根本利益当作头等大事来抓，一切为老百姓着想。在宣传文化领域特别是新闻出版方面，也存在着老百姓很不满意的东西，例如报刊乱摊派增加群众负担，打开电视新闻镜头都是会议和领导，国内外重大事件新闻反应迟钝，乱编教材教辅，新闻报刊不关心群众利益、不关注社会热点、不反映人民群众呼声等问题。针对这一情况，李长春同志代表党中央明确提出了从"三贴近"入手，改进新闻出版工作的要求。中央的这个要求一提出，立即得到人民群众和新闻出版战线的拥护。新闻出版界很快就有了实际行动，改进"两会"报道、精简会议新闻、改革领导内外事活动报道、伊拉克战争24小时全景报道，抗非典新闻宣传贴近现实、防病健身出版物快速出版直送千家万户……信息准确及时、真实、透明，舆论引导鲜明生动、以理服人，出版产品贴近群众、适销对路。这些变化拉近了新闻出版与人民群众的距离，提升了我国新闻的竞争力，增加了人民群众对政府、对媒体的信任，受到了国内外一致好评。

短短半年多的最大变化是走向"三贴近"，提高公信力。实践证明，新闻出版业坚持"三贴近"，是落实"三个代表"重要思想的具体实践，是改变形象应对挑战的治本之策，是深化改革、加快发展、促进繁荣的前进之路。只要坚持"三贴近"，新闻就能提高公信力，出版产品就会受欢迎，新闻出版业就会有广阔的前景。

二、最大的问题：远离市场　远离群众

记者：全国文化体制改革已进入全面深化阶段，而新闻出版管理体制的改革是其中十分重要的一部分。那么新闻出版改革的必要性是

什么？

柳斌杰：一个国家的经济、政治、文化应该协调发展，不能说经济体制是市场的，文化体制是计划的，那样意识形态就不能反映经济基础，没有用了。经过二十多年改革开放，经济基础变了，而文化体制特别是新闻出版还是老一套，当然要改。我国整个文化体制是建立在计划经济的基础之上的，已经不适应社会主义市场经济的要求，最大的问题是离市场比较远，而新闻出版这一块则离市场更远。长期以来，我们一直是把新闻出版业作为宣传和意识形态来看待，更多强调的是它的宣传任务和舆论导向，而很少讲新闻出版的产业属性、商品属性和市场要求。这样一来，它存在的问题就比较多，若按现在市场经济的要求，目前我国新闻出版业从体制、机制到运行方式都很难做到"三贴近"要求。最突出的问题，就是新闻出版业远离了市场，飘在空中，而远离市场的结果就导致新闻出版远离了实际、远离了群众、远离了社会丰富多彩的生活。确切地说，我国现行新闻出版一套管理体制已不能完全适应社会主义市场经济基础。

造成目前新闻出版业工作上"三脱离"的原因，主要有两方面：一是从客观上来看，新闻出版是个特殊的行业，一方面作为大众传媒它和政治体制密切相关；另一方面作为产业，又与经济基础密切相关，新闻出版业制造、销售的是自己的产品，除了一部分产品内容有意识形态色彩，整个生产过程和其他产品是一样的，也有投入产出，它也要经过设计、加工、制造、制作，然后进入市场销售。因此，新闻出版是具备意识形态和产业双重属性的行业，在国家整个政治体制和经济体制改革没有形成基础的前提下，奢谈新闻出版体制的改革是没有可能的。二是从主观上来看，我们长期受传统观念的影响，对新闻出版的社会功能缺乏正确的认识，往往是强调了一个方面，忽视了另外的很多方面。比如：强调领导机关的需要比较多，强调人民群众的需要比较少；强调一元化思想指导比较多，强调满足社会各个层次多样性的需求比较少；强调社会效益比较多，强调经济规律比较少。这样的思维方式，使得人们对新闻出版业的改革很敏感,总是不敢想、不敢讲、不敢做,改革滞后也就在所难免了。

针对新闻出版在工作上的"三脱离"问题,中央提出从"三贴近"入手来改进新闻出版工作,我认为是解决当前这个问题的关键。经过20多年的改革开放,中国社会经济生活发生了根本的变化,社会主义市场经济的框架已基本形成,政治体制也经历了多次大的变革。与此同时,科学技术也改变了信息传播的方式,互联网作为新兴的媒体,其影响不可小视。在这种现实情况下,新闻出版业必须打破过去在某些管理环节上设定的条条框框,参与市场竞争,对市场作出快速反应。如果新闻出版业仍固步自封,游离于市场经济体制之外,那就会远离实际、远离生活、远离群众,其影响力必将大大削弱,无法应对信息时代的挑战,也无法应对今后国际化的市场竞争。

三、最大的调整:体制、机制、管理和评价系统

记者:与中央"三贴近"原则相适应,您认为我国新闻出版行业从体制和机制上,目前应作出哪些调整?

柳斌杰:这次改革重点是改革体制,转换机制,创新管理。首先,从体制上,要改变原来计划经济那一套政企、政事不分,按行政级次配备资源和高度集中的审批制,这种管理体制已经僵化,已不能适应现实生活的快速反应和产业发展的市场要求;其次,从机制上,过去我们新闻出版单位内部行政化严重,自我封闭、统得很死,干部能上不能下,人员能进不能出,分配平均主义,没有活力,没有积极性;最后,新闻出版管理整个评价体系有一套独立的原则,并不与书报刊本身的社会反响接轨,没有"人民满意不满意"这个根本标准,现在必须改变。今后,新闻出版业的评价体系将在坚持正确导向的前提下依据市场、依据发行量来确定(专业性强的学术刊物除外),给记者编辑创造深入生活、了解实际、满足人民需要的一种机制。出版物发行量上不去,其实也就没有

了宣传阵地,就谈不上社会效益,要牢牢树立市场就是阵地的意识。

具体来说,体制上体现"三贴近"原则,就是要让新闻出版靠近市场,实行政企、政事分开,管办分离,把凡是能够推到市场的都要推向市场。因为市场本身就是贴近消费者的东西,有自己的一套运转规律。我们准备按照企业化管理的原则,让新闻出版行业中经营性的单位都走市场的路子,按现代企业制度建立管理体系,运用市场法则来调节其内部活动,在整个市场上确立能进能出、优胜劣汰的竞争机制,不再依靠行政手段来配置新闻出版资源。非经营性的单位,也必须转换机制,搞活内部,提高服务水平,贴近人民群众,争取更多读者。

再者,我们将建立一个灵活、快速、有效的运行机制,以适应现代社会快节奏运行、信息生产量大、传播要求高的特征。这就要求报业集团、出版集团、发行集团、期刊集团内部发生"化学反应",从人事制度、分配制度、劳动制度、人才管理、技术进步等方面入手,坚决打破新闻出版单位原来的行政层次结构,坚决改变长期以来新闻出版单位内部形成的"套个级别、评个职称"却不问市场效果的行政化倾向。目前,新闻出版总署正在全国推行新闻采编人员、出版编辑和发行人员职业资格准入制度,提高新闻出版职业的准入门槛和从业人员的素质。

四、最大的冲击:让权力退出报刊经营

记者:前不久,中宣部和新闻出版总署下达了"除科技期刊外全国报刊暂停征订"的通知,是不是意味着国家将对国内报刊业格局进行较大规模的整顿?

柳斌杰:为了防止报刊订阅出现麻烦,上个月出台暂停报刊征订的通知,主要原因有两个:一是报刊业面临结构大调整,近期内部分报刊可能退出市场;二是为了减轻群众负担和规范报刊发行,中央正在下决心治理报刊散滥和纠正党政部门所办报刊利用部门权力向百姓摊派订阅的问题。目前,这项深得民心的报刊专项治理工作已经着手进行,待

今年9月底之前完成时,国家将发布调整之后新的报刊征订目录,改变靠职权摊派报刊的发行方式,并全面恢复下年度报刊征订工作。另外,除各级党政部门、省级和省级以下行业组织所办报纸、期刊外,其他报刊已于近日恢复征订,外界有些猜测是没有根据的。

"让权力退出发行市场"是此次改革非常重要的一个目标。从整个行业长远发展利益出发,我们对报刊业结构已经确定了这样一个调整准则:办好党和国家的重要"喉舌"。这里所说的"党和国家的重要喉舌",按不同层次划分主要包括:中央级的一报一刊(即《人民日报》和《求是》杂志)、各省市党报党刊各一份、各地级市党报。原有县级党报原则上一律停办。其他报刊,中央部门所办的实行管办分离,省级党政部门所办的原则上划转,地市级党政部门不办报刊。省级和省级以下若干党政部门所属社会团体不办报刊,已办的一律停办。通过这次治理,进一步压缩党政部门报刊总量,实行管办分离,政企、政事分开,切断利益纽带,使报刊独立经营,照章纳税,自负盈亏。解决权力发行、强行摊派和群众负担过重问题是本次报刊专项治理工作的重要目标。权力退出发行,市场才能公平,群众才能满意。

另外,在行业布局上,我们不再搞"遍地开花",而是突出培育一些新型的市场主体,以大型的报业集团、出版集团、发行集团、期刊集团为龙头,建立起一支强有力的竞争队伍,让优势资源逐渐向优势集团集中,自然淘汰那些"小而滥"的出版物。首先,要打破我国新闻出版业在经营上的地域界限,国家将鼓励新闻出版集团跨地区、跨国界经营,国际上有的大传媒集团在近80个国家办报、办刊,市场覆盖面相当大,我们国内还要搞地区封锁?同时,国家还鼓励大集团进行跨媒体经营,因为多品种经营在市场中具备更强的抗风险能力。其次,下一步国家将鼓励优势集团通过兼并、收购、重组、参股、控股多种手段壮大自己实力,优化新闻出版业结构,也解决重复、低水平报刊的退出机制问题。

五、最大的开放:出版物分销市场欢迎国内外资本

记者:我国新闻出版业市场准入的限制一直很严格,此次改革在报刊出版经营权方面有无更大的解放?新闻出版业可否向行业外融资?民营资本和外国资本在新闻出版行业能有怎样的作为?

柳斌杰:性质决定体制,体制决定机制。国家对不同性质的新闻出版单位将采取区别对待的市场准入制度。今后,新闻出版产业的格局,将按市场要求做出如下调整:所有新闻出版单位将划分为经营性出版企业和公益性出版事业单位两大类。公益性事业单位或担负国家重要喉舌作用的单位,以政府为主导,资本投入也是以政府为主,这些单位的经营部分可和宣传业务两分开,按照编辑要管住,市场要放开的原则,剥离出来的经营业务完全可以按企业方式去运作;经营性出版企业则可完全建立现代企业制度,放开手脚去竞争,原则是"市场主导、社会投资、共同发展",完全要借助市场法则,公平竞争,优胜劣汰。经营性的新闻出版企业和公益性的出版事业单位,均须领取国家新闻出版总署核发的经营许可证,然后才能到工商部门注册登记,依法经营,受法律保护。

在新闻出版发行、分销方面,国家鼓励民营资本和外资参与行业发展,1992年出版物零售业就已经向民营资本开放,今年5月1日零售业务又对外资放开,到2004年12月,批发业务也将向民营资本和外资放开。对于报业集团和某些事业性出版集团的市场开放,采取编辑业务和经营业务分离的办法。其中,经营部门和广告、印刷、发行、仓储等业务可组成有限责任公司或股份有限公司,向行业外的国有大型企事业单位融资,由集团控股;编辑业务则仍由国家统一管理,只在行业内"流通",对行业外的国有资本会逐渐放开,放开时间早晚将取决于改革的进程和规范程度。

六、最大的行动：构建全国统一的出版物"大流通"、"大市场"

记者：过去，新闻出版在发行和分销方面一直存在着条块分割和地方保护主义的问题，此次改革是否提出相应的解决办法？

柳斌杰：我国未来的新闻出版销售市场，将是各种所有制公平竞争、共同发展的局面。我们提倡统一、开放、竞争、有序的"大流通"、"大市场"的概念，不主张个体操作、小农经济那一套办法。这就要求组建一批具有控制全国市场能力的大型经营集团，借助这些集团的市场网络，打破目前条块分割、地区封锁、垄断经营的局面，这些局限在报刊发行方面尤为突出。国家将加快构建全国"大流通"市场的步伐，方式就是借鉴现代物流体系，集中配送、连锁经营，建立快速的网络通道，缩短从生产者到消费者之间的距离，逐步解决过去按行政级别设置的"总发行、一级批发、二级批发、三级批发"的问题。那种陈旧的发行方式，可谓"层层盘剥"，既降低效率又增加成本，既不利于消费者，也不利于出版者、经营者。当前的重点是鼓励跨地区经营，鼓励竞争，打破垄断和封锁。

此外，国家还将建立全国统一的出版物市场信息网络系统，也就是利用现代信息技术把市场网络建立起来，避免出现全国供求信息不畅的现象。目前，国家正在加紧制定市场网络的技术标准，并已在一些省市进行局部试验。今后，政府的责任不再是管发行企业的内部业务，而是制定竞争规则、规范市场行为维护市场秩序，以一整套市场管理的法规让经营者依法放手去经营。

柳斌杰:哪里有改革,
哪里就有新局面[*]

2013 年 3 月 10 日,我国新一轮机构改革方案出台。有着 26 年历史的新闻出版总署与国家广电总局合并,北京市西城区宣武门外大街 40 号新闻出版总署的牌子即将摘下,全国人大代表柳斌杰成为这块牌子下的最后一任署长。

"随着社会经济基础的变化,上层建筑必然要适应经济基础,所以改革变化是绝对的,稳定不变是相对的。"柳斌杰日前接受了新华社记者专访,在论及机构改革时他毫不躲避地回答了所有问题,从语气到表情都很平静。他认为,一个领域出现机构职能重叠、多头管理的情况,如果实行大部门制能解决问题,当是改革应有之义。

一、"哪里有改革,哪里就有新局面"

"您给自己这些年工作打多少分?"即将结束任期之时,面对记者的问题,柳斌杰爽快地给出评价:"客观地……优秀吧。"说完,哈哈大笑起来。

---

* 本文系作者接受新华社记者周劼人专访,新华社 2013 年 3 月 12 日电。

——从书号的计划调节到完全放开,从严格专业分工出版到鼓励创新,图书品种从十几万种到如今的超过四十万种,适应了分众化、对象化、个性化读书趋势。

——在新闻出版领域提出"两种性质、两种体制、两种机制"的改革思路,事业产业分开,组建了120多家出版传媒集团,49家出版传媒企业在境内外成功上市,成了中国文化体制改革的排头兵。

——推动市场化改革,使新闻出版业既生产精神财富,也生产物质财富,总营收入从10年前不到3000亿元,一跃而到现在的1.6万亿元。

——在新闻出版管理上实行了市场准入、产品准入、职业准入、岗位准入,减少对新闻出版单位在微观层面的干预,清理、减少了100多项审批事项,下放了50多项审批权,把不少的发展权交给了市场。

——法兰克福书展在世界的精彩亮相、伦敦书展刮起中国风、世界知识产权组织保护音像表演外交会议召开并缔结《视听表演北京条约》……中国国际声望大大提升。

这样的一些数字和事实,不仅客观地展示了新闻出版总署署长柳斌杰履职以来的成绩,也记录了他在这个行业里,为突破思想观念和体制机制障碍所做的努力。

"改革是我们这个时代的旗帜,也是各项事业发展的巨大动力。5年的实践证明,哪里有改革,哪里就有新局面。"2007年9月14日,就任新闻出版总署署长不久的柳斌杰,曾在人民日报《中国新闻出版业的六大转变》一文中这样写道。

这篇文章,成为当时很多人解读新闻出版领域发展趋势的风向标,而文章中透露出来的改革锐气,也让之前不了解他的人,颇受振奋。人们确实也发现,"改革"二字,被写在了柳斌杰履历的角角落落,也印刻在了他工作中的点点滴滴。

二、改革的本色　求真的底色

新闻出版总署署长办公室内安静而又明亮,沙发边的茶几上摆放着一尊邓小平同志的塑像,端坐着,微笑着,凝望远方。这位中国改革开放的总设计师开启了一个全新的时代,而那些岁月也正是柳斌杰新闻生涯中感悟最深的时光。

在当时,喇叭裤、长头发、高跟鞋、Disco 刚刚出现,在社会上引发的反响各有不同,观点褒贬不一,甚至出现了一些机关出台措施管束的情况。和别人不同,柳斌杰认为生活、风俗、文化的东西应该跟着社会一起进步,落后的会淘汰,新的会被创造出来或者引进来。于是,他在《中国青年报》上发表了评论《生活要美化》,引导了当时社会上对于类似问题的看法。

从柳斌杰的工作履历上看,从工厂到机关,从中央到地方,再从地方到中央,无论当工人、下矿井,还是进机关、入企业,40 多年来他从未离开过新闻出版相关的工作。

出身在中国西北贫困地区的柳斌杰,早年曾在基层矿厂工作过很长一段时间,这其中就有在白银公司第三冶炼厂政治处担任宣传组长的经历。

1978 年恢复"高考"后,柳斌杰先后考入北京师范大学、中国社会科学院研究生院,研习西方经济学和马克思主义,并获硕士学位。1981 年离开校园后,他即进入共青团中央从事新闻宣传工作,直至担任共青团中央宣传部部长、中央统战部报刊宣传领导小组组长。此后柳斌杰还曾在四川工作长达 8 个年头,曾担任过四川省委宣传部部长。2002 年,柳斌杰进京,先后任新闻出版总署副署长、署长等职。

"我接触参与媒体的过程比较长,60 年代就办过报纸。后来到北京主管主办过很多青年报刊,恢复了一批青年报刊,管理和主编过《中国青年杂志》、《中华儿女》、《21 世纪》……"他这样概括自己在传统媒体方面的"从业经历"。

而对新媒体、三网融合、建立更先进更快捷的信息平台等建设，他也是不遗余力地推进。在四川他就主编过《互联网与大学生》，看到互联网的影响力。他曾对清华大学新闻学院的学生谈过一个观点："什么是'主流媒体'？不是说党报党刊就是主流了，而要真正达到传播效果，影响到更多人的认知才能叫主流。"

2011 年 11 月 17 日，柳斌杰开设了微博实名账号。在微博上，他倡导新闻真实、做人真诚，批评公款消费，引发社会关注。

"做新闻必须要有一种包容、开放、平等的心态，才能在复杂的舆论环境中善于吸纳公众的意见。"也许正是几十年不离新闻的经历，让柳斌杰时刻关注社会变迁，探究时代真意，不断尝试；而"新闻人"的经历也让他的改革进取多了"求真"的底色。

三、他虽转身，但改革还要继续

2009 年，他因大力推动新闻出版改革，被评为当年"中国改革十大年度人物"，成为年度行政级别最高的获奖者。柳斌杰多次开诚布公地坦言，未来新闻出版行业更需要突破，改革还要继续。在他的设想中：报刊刊号的配置方面应更多地引进市场竞争机制；应建立国家级数字新闻传播平台，让网络上新闻信息的知识产权得到保护；要引导民间资本更多地参与新闻出版业发展……

在 3 月 5 日四川代表团审议政府工作报告时，柳斌杰更是大声疾呼"改革要啃硬骨头、发展要用真功夫"，指出现在一些方面在改革上空喊不行动、空转不挂挡，甚至在改革的名义下倒退，引起了社会的普遍担忧。强调要保持高度清醒和奋发图强的精神状态，围绕"两个一百年"的目标和"中国梦"的实现，抓住实质性、根本性、长远性的问题，啃几个改革的硬骨头，谋几个发展的根本之策；要建立各项政策执行后果的评估和审查机制，及时纠正政策性失误，帮助党和政府及时调整政策,防止"集中力量办坏事"和自我评价中的永远"正确";要下决心在关键领域、关键环节实现改革的新突破,要特别重视关乎公权、公产、公款使用、处置、配置的体制机制改革,打破长期存在的以权谋私、以产谋利、以款谋位的权力链,把权力关进笼子,让公产为人民谋利,让公款依法使用,建设不谋私利的党、清正廉洁的政府。

这些既是他在新闻出版总署署长任上一直推动却未尽的愿望,也是一名改革者面对改革攻坚阶段和关键时期的呐喊。柳斌杰说,"中国特色"理论、制度、道路的形成在于改革开放,坚持和发展也要靠改革开放;在新闻出版领域,改变地区封锁、条块分割的现状,建设统一开放、竞争有序的出版物大市场,促进文化大发展大繁荣也必须靠改革开放。

大部制改革为这些愿望的实现创造了更多条件。3月10日,国务院大部制改革方案公布,新闻出版总署成为新组建的国家新闻出版广电总局一部分,新组建局还加挂国家版权局牌子,加强知识产权保护。改革的担子落在了这个职能更全,也更清晰的新的部委。

而柳斌杰卸下新闻出版总署的担子,则会把更多精力投放到他的另一个工作平台——清华大学新闻学院院长。

"高官"就任大学新闻学院院长?清华大学学生报纸《清新时报》的学生记者张晔,还记得当时听到这个消息时心存的一丝疑虑。然而很快,在不久后对柳斌杰的一次专访中,她就发现这个"未来的院长"身上"毫无违和感",又具有"朴素严谨的新闻观"和强烈的"改革意识",这彻底颠覆了她对"新闻官"的看法,张晔甚至开始期待新院长的到来。

专访时,记者问:"您的到来会给新闻教育事业带来什么?"

"改革!"柳斌杰没有丝毫犹豫,就给出了答案。

他谈到,一些新闻教育改革的想法在他的脑海里也在酝酿,如:改革现有的清华招生结构,利用这个平台培养一批开放的、国际性的,能够引领我们媒介发展新潮流的领军人物,而非仅仅培养一批记者;改革现有的教学模式,通过经济学、法学、自然科学与新闻传播学交叉,培养触类旁通、具备复合背景的人才……

面对大学新闻学院院长这个新挑战,他能给自己打一个怎样的分数? 莘莘学子和新闻教育界都拭目以待。

柳斌杰:用大智慧解放软实力[*]

在过去十多年间,中国新闻出版业,特别是出版业,经历了脱胎换骨的大变局。作为这场革新运动的领导者之一,原新闻出版总署署长柳斌杰以创新性思维设计路线图和时间表,引领产业完成加速跑,在体量和质量上达到历史的新高度,为中国文化体制改革树立了新典范。

风云多际会,时势造英雄。2002 年 3 月,柳斌杰以开明务实的地方文化体制改革者身份进入中央新闻出版管理高层。在此后的 11 年间,特别是 2007 年 4 月担任署长以来,他以高超的领导艺术,不动声色地改写了行业的运行规则和版图,在具体的历史语境中,为中国新闻出版业拓展了尽可能宽广的生长空间,称其为"千年未有之变局"并不为过。

4 月 2 日,经多方联系,柳斌杰在原新闻出版总署 14 层的办公室接受了《出版人》的专访,畅谈改革思路,剖析改革难题,展望产业未来。

一、历史地位:引入市场机制,打造强势产业

《出版人》:改革开放以来,或者新中国成立以来,乃至百年来的中国新闻出版史上,您如何定位自己任期的历史地位?

---

* 本文系作者接受《出版人》记者冯威专访,曾刊载于《出版人》2013 年第 4 期。

柳斌杰：在历史长河中，中国出版业曾以造纸术和印刷术对人类文明作出过重要贡献。近百年来，随着西学东渐和西方出版技术引入中国，近代中国知识分子开始探索建立现代出版业。清朝末年，实行变法革新，提倡用新法来规范新闻出版业，中国兴起了报刊、图书出版热，迎来近代中国第一个出版高潮期。在此后短短的几十年间，中国出版业进入高速发展期，巅峰时在世界上居于领先地位。

1949年，新中国成立，党和政府高度重视出版业发展。在1956年之前的7年间，一方面是创办了国营的出版单位，一方面通过公私合营改造了私营出版单位，这段时期是中国出版业恢复发展的一个良好时期。

改革开放以来，随着大批报刊社和出版社恢复建制和新办，中国出版业进入了新的发展时期。但是，这一时期出版单位的生产力和创造力没有得到解放，原因就是体制弊端，以计划经济配置资源和分配产品，虽然有大量的出版机构，仍然出现"书荒"局面。

世纪之交，党和国家意识到出版领域的政策、体制和机制束缚了进一步解放出版生产力，因而进入探索改革时期。随着社会主义市场体制的建立，出版业改革不断试点，比如，允许地方创办出版社，允许民营企业进入发行业等。2001年12月11日中国正式成为世界贸易组织成员之后，为履行向世界全面开放市场的承诺，出版业进行了以应对加入世贸、市场开放为目标的改革。不过，这些都是适应性改革，不是本质上的改革，没有解决文化产品生产的体制和机制问题。

2002年11月召开的党的十六大，是文化体制改革的一个新起点。中央经过多方面调查研究，解决了文化领域长期争论的一个问题。中央认为，文化具有意识形态和商品经济两种属性。其中，有关商品属性的按照市场经济体系管理，有关意识形态属性的按照公共服务体系管理。两种属性决定了两种性质，两种性质确定了两种体制，两种体制决定了两种机制。这个认识一下打开了文化体制改革的新思路。

2002年3月，我调入新闻出版总署，主抓出版和改革工作。十六大之后，按照党的十六大的精神，我提出"功能决定性质，性质决定体制,体制决定机制"的改革思路,整体规划了新闻出版领域的改革。这一改革是实质上的体制改革和真正意义上的思想解放,打破了中国新闻出版业长期沿用的传统体制,开始引入市场机制,大多数经营性出版单位"转企改制",成为市场主体;小部分为大众服务的公益型出版单位,沿用事业管理办法,成为服务主体;政府与企业和资本分开,回归本位,成为管理主体。当时阻力是很大的,有人在我讲话的文章上批了"奇谈怪论",我一笑置之。2003年改革试点开始,新闻出版21家单位进入,占了全部试点的3/5,顺利完成后又全面推开。所以中央领导说:"斌杰同志是改革最困难的时候打开了局面。"

"转企改制"后的出版企业在机制上实行企业管理制度,激活了创造力。此后,又进行公司制、股份制改造,培育上市开辟融资渠道,这些措施一下子解放了出版生产力,彻底改变了中国出版业面貌。第一,把"书荒"变成了"书海",图书品种从十几万种到超过四十万种,既造就了精品力作的高峰,又极大地满足对象化、个性化和分众化阅读的时代要求。第二,扩大了对外开放。中国的图书进入190多个国家和地区,图书和版权贸易高速增长;世界上所有的畅销书,其他民族创造的文明成果,及时引进中国出版发行。第三,开辟了公共服务体系。整理出版了所有少数民族文献资料和典籍,满足了少数民族读者的阅读需要;实施了"农家书屋"工程,在短短5年内将10多亿册图书送到60万个"农家书屋",实现了"村村有书屋"。第四,产业大发展,十年间产业增长了5倍,达到1.5万亿,成为文化产业主力军。

我认为,过去十年是中国出版历史上最辉煌的一个历史阶段,满足了社会文化传播的需要,满足了教育科技发展的需要,满足了人民大众生活的需求。我曾经说过,这十年时间铸造了中国当代出版的十座高峰,即马列理论、历史、古籍、文学、学术、科学、法律、工具书、艺术和汉译名著,其文化品位和成书规模都是古今中外无与伦比的。得益于改革开放的政策,得益于广大新闻出版人高度热情的参与,中国新闻出版业成为一个强势文化产业。

《出版人》：您2007年4月在新闻出版总署署长任职演讲中时曾表示——今后将"多用智慧，少用权力"。在引领新闻出版业实现跨越发展的过程中，您个人起到什么作用？

柳斌杰：我个人主要在四个方面比较系统地提出来了一些主张和意见，得到大家的认同和支持。

第一，我主张出版要追求一种文化精神。因为图书是民族的记忆，永久的产品，一切文化的基础，所以要多出精品力作。我连续发表多篇文章，强调铸造文化之魂、提高文化品位，追求文化精神，把民族精神世世代代传承下去、发扬光大，使中华民族在精神上立起来。

第二，我主张出版的重点是"传承文明、记录历史"。"传承文明"，就是把先人创造的文化世世代代继承下去。"记录历史"，就是如实记录中华民族所有的精神创造和历史事件，即使有些事情在今天不合时宜，也有责任把它记录下来。要提倡出版导向，但是，有历史价值的东西一定要留存下来。所以，我很尊敬那些敢于担当的出版社和出版人。我认为，出版人要有这种历史担当，要学习历史上那些有骨气的文化人，为中华民族留下真实的历史。我常常对出版机构讲，要把这些文化创造留下来，虽然今天不传播，也许一二百年以后，人们对这件事情会产生另外的认识。我思想上是比较开明的，基本上不给出版社什么指令，只是要求新闻出版单位要有社会责任感，在选择、加工、出版上作出正确判断，严把导向，要给人民提供健康的精神食粮。我相信他们有这种良知和能力。这给行业一种创造环境。

第三，我力主改革。在推进新闻出版体制改革方面，我可以说是冒了风险，鼎力往前推动的。我是以发展出版业、建设文化强国、强大民族精神、提升国际影响力为出发点和原则来推动这场改革的，所以我是坚定不移的。

第四，我特别关注文化民生问题。我认为，社会主义国家的文化成果应该惠及更广大人民群众，提出并设计了五项惠民工程，倡导实施国家出版工程、农家书屋工程、少数民族新闻出版东风工程、全民阅读工程和文化环境保护工程。文化是精神上的阳光、空气和水,人人成长、生活都离不开的,这个文化的特性要把握好,就是要惠及所有人。

你刚才提到的"多用智慧、少用权力",是我一贯做人和做官的准则。我一直认为,只靠权力工作的人办不成事情,因为一旦没有了权力,那些事情全做不成。做官的人一定要用智慧,把权力作为推动智慧实施的平台来看待,那些事情才不至于随着权力失去而消失。

我在这方面做了以下几件事情。第一,发展多样文化。一段时期,有些矛盾非常尖锐。我在从政策到具体问题的处理上花费了大量心血,既维护了政策原则和规定,也尽量地满足社会各方面的需要,缓和了一些矛盾。第二,改革管理思路。我不主张党政部门直接干预微观市场主体的生产经营活动。我学习和借鉴了别国文化市场管理的一些经验,从"四大准入"——职业准入、岗位准入、资本准入和产品准入入手,来实现党和国家管理的要求。相应的,我们清理、减少了100多项审批事项,下放了50多项审批权,以更加适合发挥企业和人民群众的创造性的办法代替老办法。建设文化强国的一个重要标准就是使全体人民的文化创造力迸发出来。为使新闻出版业适应这一趋势,我们在处理问题时一般都不是使用权力,而是靠思想、靠服务来加以规范,建设和谐行业。这就大大减少了政务性矛盾。

二、改革主线:既遵循文化创造规律,又遵循经济发展规律

《出版人》:在纷乱的现象中,您一直以超前、开明和务实的改革家形象和实绩带领新闻出版业不断解放思想、突破制度障碍。您衡量一个事物是否代表未来趋势的标准是什么? 在寻找改革突破口、设计顶层制度、谋划路线图中,贯穿的"红线"是什么?

柳斌杰:在思想上,我主要有两个根据,一个是真理,一个是科学,我不迷信权威,这也是我为人处世的一个根本原则。科学讲究规律,我把文化生产当作有规律的文明演进事物来看待,而不是一些杂乱纷呈

的事情。

我刚进入新闻出版总署的时候，业内在争论一个现象：图书品种上升，单品种发行量下降。当时，主流的观点认为，这是出版业发展不健康的表现。但是，我不这么看。我认为，全民读一本书的时代已经过去了。信息社会，文化传播快、知识寿命短是基本特点。所以，个性化、对象化、分众化阅读的时代已经来临，因此，我们要给人民群众更多选择，满足各种各样的阅读需要，因而也必须打造一个多品种的出版时代。为此，我主张全部放开书号，让该出来的都出来。事实证明，书号改革效果非常好，人民群众多元化的阅读需求得到满足，出版业也开拓出更大的发展空间。

在推进改革的过程中，我首先坚守文化创造的规律。我认为，文化是一个不断积累和沉淀的过程。随着人民群众实践经验和精神创造越来越丰富，需要更多载体和平台来记录它们。其次，文化的生产和传播要符合经济发展规律。文化产品具有商品属性，要符合经济规律。我按照经济规律加强出版管理，效果也非常好。很多过去认为很难解决的思想内容方面的问题，用经济的办法都得到化解。

我沿着以上两条路线设计改革路线图。首先，坚决按照党的十六大的要求做到分类指导、区别对待，经营性出版单位一律转企改制，公益性单位区别对待。在出版领域，绝大部分出版社完全实行了"转企改制"，进而进行股份制和公司制的改造，一步一步地构建现代企业制度，使它们走上健康发展的道路，先后组建了120多家出版传媒集团，其中，49家出版传媒企业上市成为公众公司，接受经济规律的支配，也接受社会公众的监督。事实证明，这些出版机构公司化之后，迸发活力，发展强劲。现在，我们的管理任务比过去大大减轻，因为，他们意识到作为企业法人主体对社会必须承担法律责任。

其次，改革政策设计配套化。出版改革实现了平稳推进，就是因为政策安排非常周到。比如，人员政策、社保政策保障有力，分流有序。特别是对出版企业实行自转企之日起至2018年全部免税的优惠政策，总金额达 300 多亿元。因此,目前出版业的发展活力第一推动力来自政策支持力量,帮助它们真正走上现代企业制度,积聚足够力量应对市场变化。

总之,出版改革整体设计,既遵循文化创造的规律,提供充分的自由空间,又遵循经济发展的规律,用符合市场的机制加以约束,它们共同构成出版改革的主线。出版改革的直接目标,就是整个出版企业充满活力,具有创造精神,市场竞争能力不断提升,同时,保障文化精神的提升、文化阵地的坚守。

我主张坚定不移地推进改革开放,文化领域也不例外。特别是中国加入世贸组织后,我们发现,世界各国没有采取中国这样的文化发展方式。别国可以做得没有风险的事情,我们当然也可以做得没有风险。我主张尽力实现更加开放的政策。中华民族文化曾经辉煌过,但是,对近代文明贡献不多。因此,我们要吸收其他民族的优秀文化来丰富中华民族文化,尽快提升软实力。中国人在智慧上并不比外国人差,为什么后来落后了呢? 就是因为传统文化的内在缺陷和文化创造的环境不好。我们要把思想解放出来,要敢于同世界对话,敢于和世界文明竞争。中国文化精神要真正得到世界承认,就要关注人类文明进步面临的共同问题。而我们传统的话语体系已经脱离了现代语境,自说自话,竞争力自然弱。所以,我为出版改革设计的一个大目标就是:创造具有活力、更加开放,具有世界竞争力的中国文化。

《出版人》:在您的任期上还有一大贡献,就是为民营书业正名并力推支持政策。我们注意到,在历任署长中,您是在讲话中谈及民营书业最多的一位。您如何看待民营书业在当代中国出版史和文化史中的地位? 在您释放民营出版生产力的过程中,采取了哪些"智慧"做法?

柳斌杰:其实,在中国历史上,两千年前书业便分为两种类型,一个是官方修书,一个是民间私刻。可以说,几千年来,民间都有一股巨大的力量推动出版业进步。改革开放以来,随着对外开放政策的实施,国有经济开始向民营资本开放。民营经济成为中国现代化发展的一个重要推动力。如何把民营力量引导到文化发展中，这是我思考的问题。

我刚进入总署的时候，民营发行已经存在一段时间，但是，称其为"二渠道"。国有出版社订货会在大型展馆堂而皇之地进行，而"二渠道"在小宾馆中偷偷摸摸地进行。我认为，这是不公平的。我首先取消"二渠道"称谓，让它们登堂入室，让民营发行渠道和国有发行渠道同样参加各种订货会和书市。期间，我们陆续批准了一批民营发行公司的成立，甚至使一部分民营公司获得总发权，承认民营渠道的合法经营地位。

问题在于，这些民营发行公司与工作室联合起来做书，"买卖书号"。这个问题的解决就有难度了。我不能突破禁区，现行法律规定出版社必须是国有资本，民营资本不能介入。而事实上，文化工作室已经具备了相当的创造力，相当一批畅销书是民营公司策划，然后，通过"买卖书号"方式挂在出版社名下出版。

在现行的法律体制下，我主张开辟三条给民营书业实现发展的途径：一是允许民营工作室加入主要出版集团，变为后者的编辑室或工作室。二是建立出版实验区。在具有管理体系的条件下，建立民营出版基地，如北京出版创意产业园区。三是给予民营出版定向出版任务。像浙江、上海等地一些历史上传承下来的非常著名的民营出版单位，享受特殊出版政策。

那么，我如何看待民营书业？

第一，民营文化工作室聚集了一批高素质的精神创造者。他们不再是过去那种没有文化、光卖书的从业者。其中，有些还是回国的留学生，与国际出版资源具有天然联系。这种已经形成的文化创造力不能空放，一定要把它纳入到发展规划中来。第二，现在有时还叫体制内、体制外，我很不赞成。我们现在已改革了体制，为什么还要区分体制内外呢？我们将通过深化改革打造一个统一体制。第三，鼓励政策、资源公平配置。不因为出身和所有制人为限制，这也是机构改革的题中应有之义。下一步，我们将进一步给民营书业提供发展政策支持，其中，既涉及民营书店房租减免、享受退税政策，也包括国家重大项目的投资和扶持政策。此外,民营出版工作室和国有出版机构如何实现对接、搭建平台,也是下一步改革要研究的问题。我们在2012年已经研究了有关政策,待批准后,出版业将会有更大融合,获得更大发展空间。对于民营书业来说,只要为建设文化强国贡献力量,我们就应该把它视为国家政策的统一受益者。

三、难点问题:体制障碍有待再破,市场秩序还须理顺

《出版人》:在您的主导下,整个新闻出版改革风生水起,为中国文化体制改革树立了新榜样。您认为,出版改革还留有哪些遗憾,还有哪些关键或"深水域"问题有待破解?

柳斌杰:出版改革已进入了一个关键时期。我们按照两种性质、两种体制的思路向前推进,进展很快,也很顺利。但是,现在,遇到了几个大的瓶颈和难点。

第一,出版机构部门所有制亟待打破。现在,出版单位虽然已经转企改制了,但是,实际上还是为部门所有,阻碍了改革的深化。因为利益关系,出版机构难以获得发展能力,好的出版社做不大、做不强。为了把它们解放出来,今年,我们将出台政策,促进转企改制的出版单位脱离原来所属部委,实现"脱钩",真正成为独立的市场主体,按照自愿原则,以利益为纽带,以产权重组为基础,组建出版传媒集团,实现组建文化航母大战略。

第二,各种所有制体制衔接有待进一步打通。不同所有制在一个平台和一个原则下竞争,现在还没有完全做到。社会各界也一直在呼吁,能够给各种企业公平发展机会,体制融合势在必行。

第三,出版产业门类比较单一,打破界限、融合发展尚未实现。外国的传媒企业,比如新闻集团、兰登书屋和贝塔斯曼等,从业务门类上说,涉及传播的所有门类。而中国的传媒企业多是分业经营,不利于发展。在新闻出版总署与广电总局合并之际,我注意到网民期望值很高

的一个议题是打破报刊出版和广播电视的界限，促进媒体大融合。

以上三个问题是在体制性障碍层面影响当前发展的主要问题。当然，我感到遗憾的问题还不只是这几个。比如，如何能够在政策上实现突破，调动更多社会参与，使新闻出版传播领域渠道更加广阔，这个问题也还没有完全解决。比如，在扶植一部分企业参与国际竞争"走出去"方面，我们虽然也鼓励所有法人主体到海外投资，但是，扶持政策还没有普惠到民营文化企业，而民营出版在"走出去"方面潜力很大。比如，中央确定建立的三大"国字头"出版集团，还没有全部组建到位。中国出版集团组建已经到位，下一步即将上市。中国教育出版传媒集团还没有实现完全整合，上市股改困难重重。中国科技出版传媒集团组建任务还很艰巨，一些部委只是拿出非主力资源参股，始终不大不强，这就是受部门所有制影响，利益阻力太大。原来设想，这三大集团，再加上凤凰传媒、中南传媒、时代出版等发展比较好的地方集团，中国有了六七家重要的出版传媒集团，就能够在世界市场上起到重要作用。但是，这个目标还没有完全实现，还得继续推进。

另外，在报刊出版改革方面，还有两个问题正在推进。一个是报刊编辑部改革。报刊编辑部不具备法人资格，是无法进入市场的，因此，必须把它改造成为法人和合格的市场主体。一个是学术出版问题。这个改革方案正在调研落实中，既要解决学术论文发表难，解决卖版面、乱收费问题，也要解决学术质量不高、滥竽充数问题，还要解决中国学术平台和国际学术平台交流对接问题。

以上这些问题都是过去想了、做了而没有完全做到位的问题，也是很遗憾的问题。

《出版人》：在您的改革思路中，把企业交给市场是一个解决众多问题的纲领性解决方案。您认为，目前在行业市场规范方面，还有哪些问题亟须解决？

柳斌杰：在市场规范领域，目前亟须解决以下几个问题。

第一，资源配置的公开透明、公平合理问题。这是计划经济遗留下来的问题。目前,市场出现的问题主要源于资源性矛盾,要依法公平配置资源。

第二,市场分割问题。这一现象还没有根本改变,甚至在集团化过程中强化了地区市场封锁,有的相邻两省都不相往来。下一步,亟须解决统一开放、竞争有序的市场问题,要对流通渠道进行彻底改革。

第三,文化执法问题。改革以后,国家组建了文化综合执法独立机构,由文化管理部门和执法机构多头实施管理。有的是执法重复,行政部门也管,执法部门也管;有的是执法缺位,行政部门不管,执法部门也不管。下一步,还要理顺这些关系。

第四,人民群众反映强烈的问题。在新闻领域,主要是假报刊、假记者站、假记者、假新闻"四假"问题。在出版领域,主要是学术论文发表难的问题。每年各种有发表需求的论文410万篇,而传媒平台只能发表100多万篇。这一供求关系失衡使假学术期刊大量出现,随之产生了版面乱收费等问题。

第五,教辅出版问题。一些不法书商与学校和行政部门勾结,从事非法教辅出版活动,蔓延滋事,难以控制。按照国家政策,将来规范整顿的结果就是一本课本配备一种辅导材料,统一层次将由市到省再到全国,一步一步实现统一,改变混乱的教辅产、供、销、用市场。

所有这些问题都要通过推进改革,加以逐步解决。

四、发展前景:局署合并体现国家意志,媒体融合发展是关键

《出版人》:随着新闻出版总署和国家广电总局合并,新闻出版总署作为一个独立部委也将进入共和国的历史。您觉得"局署"合并,对于新闻出版业的机遇和挑战何在?

柳斌杰:近几年,在党中央国务院的支持下,新闻出版业发展很快,被中央领导高度评价为改革开放的排头兵、文化产业的主力军、思想文

化的主阵地和落实六中全会的领跑者。在我卸任的时候，中央领导同志对我本人工作也给予高度评价，作出多方面肯定。我想，这是新闻出版全战线上千万职工共同努力的成果。我作为最后一任署长，也感谢他们对新闻出版改革发展所作出的贡献和对我本人的支持。业内大多数同志一起奋斗了十多年，在离开现职岗位的时候，我还是希望他们能够继续保持奋斗的精神和改革的锐气，努力推动新闻出版业向前发展。中央领导同志部署机构改革时也强调，要能够保持新闻出版业改革发展的大好势头，不能因为机构改革受到影响。

从总体上来说，此次机构改革是作为政府管理机构的上层建筑随着经济基础的变化而变化的结果，机构稳定是暂时的，改革是永恒的，以后可能还会有新的调整。1949年新中国建立之初，中央决定成立新闻总署和出版总署两个机构，足以体现党对新闻出版工作的重视。这次组建国家新闻出版广电总局是新闻出版体制改革的第七次。这一变化带来机遇，也带来挑战。

从机遇方面来说，有三个方面。首先，有利于政府管理职能进一步整合。将来，传媒系统还要继续整合，应该把各种渠道全部整合在一起。此次机构合并向这一方向大大推进了一步，但11个传播渠道只进来了7个。第二，有利于传媒业融合。传播渠道是随着技术的变化而发展的。目前，报纸、期刊、图书、音像制品、广播、电视、电影等传统媒体与互联网、手机、数据库等新媒体共同构成多元化传播渠道。机构合并将有利于实现各个门类融合发展，有利于组建中国统一开放的传播平台。第三，有利于调整内部管理职能。该市场管理的归于市场，该企业负责的归于企业，政府审批事项太多，会束缚生产力发展。同时，机构改革有利于优化部门和队伍结构。

从挑战方面来说，也有三个方面。第一，业务管理融合的挑战。两个部委的业务部门少数是相关的，大部分是不重合的，如何实现融合管理是一个大问题。如果长期不能融合在一起，那么，机构改革的效益就发挥不出来。第二，管理方式转变的挑战。新闻出版和广电的管理重心具有差异性。简言之,广电管理是单一型的上位管理,主要从入口把关,而没有市场问题,看不看不影响播出。而新闻出版的管理是扩散型的全程管理,各种相关生产机构 57 万家,而且要通过产品销售达到社会效果,不但要入口把关,更要进行市场经销和管理。因此,在管理方式上存在差异的两个部门合一后,面临管理法规设计和清理的任务。第三,发展问题的挑战。应该说,当下中国的文化传播力还不是很强,数量多、规模大,但是,大而不强,竞争力不够,这一点在传统媒体领域表现尤为明显。如何提升传统媒体的传播力是一个很大的问题。我曾经给主流媒体讲过一句话:国家认定你的主体地位,并不能等于你就有主流作用,因为选择权掌握在老百姓手中。

《出版人》:您对解决主流媒体的困境,有何建议?

柳斌杰:我认为,两部委合并后,第一位要解决的就是主流媒体现在面临的尴尬。中国现在已经形成了两个舆论场。主流媒体讲的是一套语言体系,老百姓不太认可,有时候关注的人就是我们这些领导,老百姓戏称为"写谁谁看,演谁谁看"。而新媒体生动活泼地反映了社会现实,反映了人民群众的呼声,影响力在日益提高,但带来的问题是负面信息扩散快。这两种舆论场各有存在的合理性,但至少现在还不能融合为一体。两个部委合并以后所管理的范围正好是以传统主流媒体为主的,如何提高传播力是一大要务;否则,传统媒体的社会影响力和对文明进步发挥的作用就会受到限制。

解决这个问题的关键不在于投多少钱,不在于声光电设备用得多好,而在于思想内容能够吸引观众、打动听众,能够引导社会舆论向前发展。这就需要研究当前传播舆论融合发展的新趋势。第一,传媒、文化和经济的融合,既是文化现象,也是经济现象;既创造精神财富,也创造物质财富。第二,传播和科技的融合。新闻媒体借助科技力量产生了新的社会效益。第三,传统内容和现代内容的融合,包括历史传统、革命传统和现代创新文化将进一步打通。第四,国际和国内的融合。现在在新闻文化传播领域,国际的就是国内的,国内的就是国际的,已经没有国际界限。而我们在体制上还信守国际国内两套运作体系，大大削弱了传播能力建设。第五，各种传媒渠道的融合。未来传播模式是一种信息多渠道、多样式传播，提升价值利用空间。第六，与市场的融合。长期以来，文化生产和传播远离市场，官办官养官享，既没有社会效益，也没有经济效益，作为社会生产难以为继。现在要下决心解决这种寄生文化生态，与文化消费市场结合起来，为民生服务，把文化深入到人民群众中。

我认为，融合发展是新的总局未来谋划发展的最关键问题。解决得好，就会迅速地提升中华文化的传播力；解决得不好，挑战会越来越严峻。

《出版人》：我们近来听到业界有一种担心：在新的管理机构中，虽然新闻出版名列于前，但是，如果不算印刷业的话，出版业的体量较小。有人担心未来在扶持政策、资源分配中能否保持延续性力度？对此，您的看法是？

柳斌杰：这种担心是不必要的。国家"十二五"文化改革发展规划纲要已经制定，新闻出版领域90多个项目列入其中，国家投资已经和即将到位。内容创造方面国家有多项基金扶持精品力作生产，列入的项目越来越多，这种做法已经机制化，不会变。我们现在强调的是，在改革发展的关键时刻，对于新闻出版的传世精品和技术发展的支持，特别是标志性的出版工程和国家级数字平台建设，只能加大力度，不能削弱。在机构改革中，我提出加强新闻出版业发展的六条意见，多位中央领导看过并采纳了主要意见，也体现在新的职能中。因此，新闻出版业不会被削弱，作为国家文化基础，会继续得到加强，一切都会稳步推进，各项基金和政策投入还会继续增加，新闻出版业还会蓬勃发展。

作者附记

 "没有改革开放就没有中国特色社会主义"这句话,我是心领神会的。所以,在30多年的改革开放进程中,我都是旗帜鲜明地投身其中,进行了大量的改革开放理论探索和经济、政治、文化领域的改革实践,形成的思考、讲话、文章、经验调查有几百篇,约300多万字。根据业内同志的建议,先就文化体制改革这一主题编选成集。为了压缩篇幅、突出主题,本书第一部分是从上百篇文章中辑录的主要论点,删繁就简;第二部分是选择了不同时期的少量改革文论,以明思路;附录是收入了几篇记者采访,深化背景。目的是让读者能够全面理解文化体制改革,进一步落实中央的决策,深化文化体制改革,为建设文化强国提供强大动力。

 感谢人民出版社相关同志为本书出版所做的大量具体工作。尤其要对参与本书编辑工作的黄书元、辛广伟、洪琼、张德军等同志表示衷心感谢!

 由于本书并非我对文化强国建设的全面思考,没有包括坚守文化之魂、发展文化产业、创新文化管理、繁荣新闻出版等方面的文章。就文化体制改革而言,也只是择其要者,以斑窥豹,难免失当之处,欢迎大家指正。

柳斌杰

2013 年 10 月 1 日

责任编辑:洪　琼

图书在版编目(CIP)数据

论文化体制改革/柳斌杰 著. −北京:人民出版社,2013.10(2013.12 重印)
ISBN 978 − 7 − 01 − 012736 − 1

Ⅰ.①论…　Ⅱ.①柳…　Ⅲ.①文化事业-体制改革-研究-中国
　Ⅳ.①G12

中国版本图书馆 CIP 数据核字(2013)第 251843 号

论文化体制改革
LUN WENHUA TIZHI GAIGE

柳斌杰　著

人 民 出 版 社 出版发行
(100706　北京市东城区隆福寺街 99 号)

北京华联印刷有限公司印刷　新华书店经销

2013 年 10 月第 1 版　2013 年 12 月北京第 2 次印刷
开本:710 毫米×1000 毫米 1/16　印张:27.25
字数:370 千字

ISBN 978 − 7 − 01 − 012736 − 1　定价:58.00 元

邮购地址 100706　北京市东城区隆福寺街 99 号
人民东方图书销售中心　电话 (010)65250042　65289539

版权所有·侵权必究
凡购买本社图书,如有印制质量问题,我社负责调换。
服务电话:(010)65250042